Johnson · Budnik
WIR WERDEN ÜBERLEBEN

Sandy Johnson · Dan Budnik

Wir werden überleben

*Gespräche mit
indianischen Stammesältesten*

Aus dem Englischen von
Martha Mayr

Diederichs

Die Originalausgabe erschien unter dem Titel The Book of Elders bei HarperSanFrancisco, a division of HarperCollins Publishers, New York

© Sandy Johnson, Dan Budnik 1994

Für meine Mutter

Die Deutsche Bibliothek – CIP-Einheitsaufnahme
Johnson, Sandy:
Wir werden überleben : Gespräche mit indianischen Stammesältesten / Sandy Johnson; Dan Budnik. Aus dem Engl. von Martha Mayr. – München : Diederichs, 1996
　Einheitssacht.: The book of elders <dt.>
　ISBN 3-424-01295-5
NE: Budnik, Dan:

© der deutschsprachigen Ausgabe Eugen Diederichs Verlag, München 1996
Alle Rechte vorbehalten

Lektorat: Matthias Wolf
Umschlaggestaltung: Ute Dissmann, München
Produktion: Tillmann Roeder, München
Satz: SatzTeam Berger, Ellenberg
Druck und Bindung: Huber, Dießen
Papier: holzfrei, chlorfrei Werkdruck, Schleipen
Printed in Germany

ISBN 3-424-01295-5

Inhalt

Einleitung	7
SIOUX	**15**
Pete Catches	15
Arvol Looking Horse	27
Carole Anne Heart Looking Horse	32
HOPI	**38**
Martin Gashweseoma	38
Thomas Banyacya	43
DINEH	**50**
Roberta Blackgoat	50
TULALIP	**57**
Janet McCloud	57
ONONDAGA	**69**
Leon Shenandoah	69
Audrey Shenandoah	77
Alice Papineau	84
SIX NATIONS	**92**
Sara Smith	92
MOHAWK	**103**
Craig Carpenter	103
PIT RIVER	**112**
Willard Rhoades	112
SCHOSCHONEN	**121**
Frank Temoke	122
Carrie Dann	126
CREE	**132**
Vernon Harper	132
Rose Auger	138
WARM SPRINGS	**149**
Verbena Green	149
Drei Schwestern	157
Sylvia Walulatuma	157
Nettie Queahpama	162
Matilda Mitchell	165
UTE	**166**
Bertha Grove	166
SEMINOLEN	**174**
Sonny Billie	174
Annie Jimmie	179
APACHEN	**183**
Mildred Cleghorn	183
HAIDA	**189**
Lavina White	189
BELLA BELLA	**195**
Emma Humchitt	195
KIOWA	**201**
Gus Palmer	201
YUROK	**208**
Georgiana Trull	208
PUEBLO	**213**
Santiago Leo Coriz	213
LAKOTA / SEMINOLEN	**220**
Mike Haney	220
Epilog	233
Postskriptum	235

Einleitung

> Der rote Mann ist allein in seinem Elend. Wir sehen ihn, von der Ausrottung bedroht, am Rande des Abgrunds stehen ... und schon bald wird man von ihm als von einer Rasse sprechen, die einst existiert hat und jetzt ausgestorben ist.
>
> George Armstrong Custer
> in seiner Ethik-Semesterarbeit in West Point

> Heute, sieben Generationen später, habt ihr wieder Interesse an uns, nachdem mit eurer eigenen Kultur nicht mehr viel Staat zu machen ist. Das Land, das ihr uns weggenommen habt, aus dem ihr uns herausgetrickst habt, ist allmählich so vergiftet, daß es euch nicht mehr ernährt. Eure Flüsse und Ströme sterben. Und ich frage mich, warum ihr euch jetzt an uns wendet. Liegt es daran, daß wir in all dieser Zeit niemals aufgehört haben zu beten? Oder weil wir nie aufgehört haben, zu trommeln, zu tanzen und Gesänge zum Schöpfer zu singen? Und daß es euch irgendwie, irgendwie niemals gelungen ist, uns zum Schweigen zu bringen?
>
> Sioux-Ältester
> Rosebud-Reservation

Es klingt unwahrscheinlich, doch meine drei Jahre dauernde Reise durch das Land der Indianer begann in meiner Wohnung in Manhattan, in einer Nacht, die ich für die schwärzeste meines Lebens hielt. Die beiden Jahre zuvor waren Jahre des Verlusts gewesen. Vater und Bruder waren innerhalb eines Jahres gestorben; die Veröffentlichung des Romans, an dem ich mehr als zwei Jahre gearbeitet hatte, war verschoben worden, was mich finanziell in Schwierigkeiten brachte, und außerdem war wieder eine Beziehung durch eigene Schuld gescheitert.

Dazu kam ein ungutes Gefühl über die von mir geplante Biographie über Katherine Drexel. Bei meinen Nachforschungen über das Leben dieser »Millionärs-Nonne«, die wegen ihres Lebenswerks – vor einem Jahrhundert hatte sie Schulen für die Indianer gegründet – als Kandidatin für eine Heiligsprechung gilt, stellte ich fest, daß meine Kenntnisse auf dem Gebiet der indianischen Geschichte und Kultur begrenzt waren. Abgesehen von Darstellungen in Schulbüchern, geschrieben von Nichtindianern, hatte ich kaum etwas gelesen. Und vor *Der mit dem Wolf tanzt* hatte ich, wie die meisten von uns aus den Städten der Ost-

Einleitung

küste, mein Wissen über die Indianer aus Hollywood bezogen. War es den Schulen der Katherine Drexel, diesen Internaten tatsächlich gelungen, die Indianer zu christianisieren und zu Bleichgesichtern zu machen? Es war weiß Gott eine dunkle Nacht.

Was dann geschah, könnte man als Traum bezeichnen, sieht man einmal davon ab, daß ich in meinem Dämmerzustand meine Augen nicht geschlossen hatte. Plötzlich waberte ein helles, weißes Licht wie ein Wetterleuchten durch das abgedunkelte Zimmer. Ich vermutete einen Sturm, doch als ich ans Fenster trat, war die Nacht draußen klar. Zwischen den Hausdächern sah ich die Sterne schimmern. Das Licht war in meinem Zimmer. Ich fragte mich, welcher Wahnsinn mich wohl ergriffen hatte, als plötzlich im Mittelpunkt des Lichts das Gesicht eines Menschen sichtbar wurde. Es war unverkennbar ein Indianergesicht: hager, zerfurcht, hohe, kräftige Backenknochen, eine gebogene Nase, langes, zerzaustes Haar. Was mich jedoch davon abhielt, laut aufzuschreien und nach der Nachttischlampe zu greifen, waren seine Augen. Sie blickten mich an, weise und voller Mitgefühl, sie erinnerten mich an die Augen meines Vaters. Er streckte die Hände aus, als ob er mein Gesicht berühren wollte, und dann waren Licht und Gesicht unvermittelt wieder verschwunden.

Eigenartigerweise dachte ich am nächsten Tag nicht mehr an das, was ich erlebt hatte. Erst eine Woche später, als ich gerade bei Saks in der Fifth Avenue einkaufen wollte, durchfuhr mich der Gedanke: *Ich muß mich aufmachen und es selbst herausfinden.*

Meine Reise quer durch Nordamerika zu den Reservationen der Indianer begann im Juli 1989 in South Dakota zur Zeit der Sonnentänze. Ich flog nach Rapid City und mietete ein Auto. Auf der Karte hatte ich gesehen, daß die Route 44 durch die Badlands und an der Gedenkstätte bei Wounded Knee vorbeiführte.

Die untergehende Sonne warf rosafarbene Schatten auf die muschelgrauen Felsen und majestätischen Sandsteinformationen, die sich über die Lehmböden der Badlands erhoben. Das Land erstreckte sich meilenweit vor mir. Während die Sonne noch am Horizont glühte, ging bereits ein bleicher Vollmond auf.

Ich ließ die Badlands hinter mir und fuhr in die hochgelegenen, offenen Plains. Die erste Indianersiedlung war Manderson, eine Ortschaft aus Wohnwagen und mit Dachpappe gedeckten Hütten mit zerbrochenen Fensterscheiben, dazu Auto- und Lastwagenwracks in baumlosen Vorgärten. In schreiendem Kontrast dazu stand eine gepflegte, holzverkleidete weiße Kirche inmitten einer akkurat gemähten Rasenfläche. Einige Kilometer weiter südlich, an der Route 28, kam dann Porcupine Butte, wo auf einem Schild »Häuptling Big Foot ergibt sich« zu lesen war. Später erfuhr ich, daß hier eine von Häuptling Big Foot angeführte Gruppe von Minneconjous, mehr als zweihundert Männer, Frauen und Kinder, die bei Pine Ridge Zuflucht suchen wollte, durch das siebte Kavallerieregiment gefangen genommen und zum Wounded Knee Creek getrieben worden war. Nur wenige Kilometer weiter stieß ich auf eine weitere geschichtsträchtige Stätte – hier hatte das Massaker von Wounded Knee stattgefunden. Die kleine Kirche auf der Erhebung oberhalb von Wounded Knee hatte hundert Jahre später zur Zeit von Wounded Knee II den Mitgliedern der *American Indian Movement* (AIM), der Bewegung amerikanischer Indianer, als Hauptquartier gedient – damals, als dem *Trail of Broken Treaties*, dem Pfad der gebrochenen Versprechen, die tragische, von Gewalt gekennzeichnete Besetzung folgte. Während der Belagerung kamen zwei Indianer und ein Angehöriger der Bundespolizei ums Leben, und viele Indianer erlitten schwere Verletzungen.

Schließlich erreichte ich den Highway 18, wo ein Schild auf die Rosebud-Reservation im Osten und die Pine Ridge-Reservation im Westen hinwies. In beiden Gebieten hatte Katherine Drexel Schulen errichtet. Ich beschloß, meine Reise in Rosebud zu beginnen.

Im Grunde hatte ich keinerlei Vorstellung von einer Indianerreservation. Aber ich war nicht darauf gefaßt gewesen, wie banal die Häuser des *Housing and Urban Development*-Programms, die HUD-Häuser, aussahen, die das Bundesministerium für Wohnungs- und Städtebau entlang der baumlosen Straßen errichtet hatte. Ebensowenig hatte ich mit den ausgeweideten Pickups und Autos gerechnet, die wie achtlos weggeworfene, verrostete Bierdosen überall herumstanden. Nichts spezifisch »Indianisches«, nur ganz normale amerikanische Armut.

Dann entdeckte ich, daß gerade ein Powwow stattfand. Die Tänzer, darunter auch kleine Kinder, waren in vollem Schmuck; wie exotische Vögel stießen sie herab und wirbelten durcheinander, und ihre Füße, an denen sie Mokassins trugen, stampften zum Klang von Trommeln und Liedern mit hohen, schrillen Tönen den Boden. Ich sah zu den Zuschauern auf den Tribünen hinüber, und zum ersten Mal blickte ich in Gesichter aus dem Land der Indianer.

»Sie sehen aus wie jemand, der im falschen Traum aufgewacht ist.«

Erschrocken drehte ich mich um und sah einen hochaufgeschossenen, schlaksigen Indianer in Jeans, Wildlederweste und mit einem Cowboyhut über seinen langen Zöpfen.

»Wo kommen Sie her?« wollte er wissen.

»New York.«

»Und Sie sind den ganzen Weg gefahren, um uns, die wilden Indianer, zu besichtigen?« Er grinste, aber seine Augen waren hinter den verspiegelten Gläsern seiner Sonnenbrille nicht zu erkennen.

»Ich wollte mit den Ältesten sprechen«, sagte ich und kam mir bei diesen Worten einigermaßen lächerlich vor.

»Da haben Sie aber Glück, Lady! Hier kommt mein Onkel. Ein richtiger Medizinmann, ein aufrechter, edler Indianer.«

Ich warf ihm einen argwöhnischen Blick zu, dann sah ich in die Richtung, in die er zeigte. Zwei junge Japanerinnen waren einem kleinen, rundgesichtigen Mann in einem karierten Hemd und mit einem breitkrempigen Hut auf dem Kopf behilflich, sich zu setzen. Im nächsten Moment zog mich die Hand dorthin, wo der alte Mann saß.

»Hallo, Onkel! Die Lady hier ist den ganzen Weg von New York hergekommen, um einen Medizinmann kennenzulernen.«

Der alte Mann sah mich an, seine Augen hatten die Farbe von Brombeeren, dabei zog er an seiner Zigarette. »Glauben Sie keinem Medizinmann, der eine Armbanduhr trägt oder Geld von Ihnen will«, sagte er. Er trug eine Uhr mit einem drei Zentimeter breiten Uhrband aus rostfreiem Stahl, die seinen Arm jedoch nicht klein erscheinen ließ. Die Brombeeraugen lachten. »Und passen Sie auf die Coyoten auf!« Ich begriff immer noch nichts.

»Coyoten«, wiederholte er. »Der Trickster, der Schwindler.«

Die Japanerinnen lächelten, aber ich war mir nicht recht sicher, ob sie etwas verstanden hatten. »Diese Mädchen sind hierher gekommen, um bei mir zu studieren«, sagte er mit

Einleitung

rauher Stimme. »Ich habe ihre Eltern behandelt, als ich letztes Jahr in Japan war, da habe ich mich mit Menschen beschäftigt, die durch Hiroshima böse Narben davon getragen haben.« Die Frauen, die immer noch lächelten, nickten. »Die Gesichter sind jetzt gut. Alles geheilt.«

Ich verbrachte eine Woche in Rosebud. Ich besuchte St. Francis, Katherine Drexels Schule, und sprach mit Priestern und indianischen Ältesten, die mir ihre stark voneinander abweichenden Versionen über die Folgen und Auswirkungen des Schul- und Internatssystems erzählten.

Robert Steed, der Medizinmann, den ich als ersten kennengelernt hatte, führte mich in die Schwitzhüttenzeremonie und die Yuipi-Heilzeremonie ein, und er machte mich auch mit dem manchmal recht speziellen Humor der Lakota vertraut. So antwortete er auf meine Frage, ob er auch die Patienten des örtlichen Krankenhauses behandeln würde: »Zum Teufel nein! Zu viele *moonwalker*, Mondwandler dort«. Mondwandler? Eine Großmutter erklärte mir später, daß Robert Frauen in ihrer »Mondphase« (Menstruation) gemeint hatte, deren Einfluß zu stark ist, als daß sich ein Medizinmann in ihrer Nähe aufhalten sollte.

Ich hatte vorgehabt, für dieses Buch ein ausführliches Gespräch mit diesem ganz besonderen Menschen zu führen. Leider kam ich zu spät. Robert Steed starb im Sommer 1992, unmittelbar vor dem Sonnentanz.

Von Rosebud aus fuhr ich nach Pine Ridge. Das war die erste Reservation, die Katherine Drexel vor genau einhundert Jahren besucht und wo sie Häuptling Red Cloud kennengelernt hatte. Der alte Häuptling, der angesichts der Lage seines Volkes verzweifelt war, erzählte ihr damals, er wolle eine Schule für die Kinder einrichten mit den Schwarzkitteln, den Priestern, als Lehrern.

Pine Ridge mit seinen sechzehntausend Einwohnern ist ein Gebiet von gut achthunderttausend Hektar mit Straßen ohne Namen, von denen die meisten nicht asphaltiert und von tiefen Furchen durchzogen sind. »Die Stadt« besteht aus einem Sioux Nation-Supermarkt mit weißen Eigentümern, einer Münzwäscherei, dem Postamt, einer Tankstelle und einem *convenience store,* einer Art Tante-Emma-Laden, der Tag und Nacht geöffnet hat. Öffentliche Verkehrsmittel gibt es keine, dabei steht jedoch weniger als einem Fünftel der Haushalte ein Auto zur Verfügung. Die Arbeitslosigkeit liegt bei neunzig Prozent, und Shannon County zählt zu den ärmsten Gebieten der Nation. Pine Ridge ist das Soweto der Vereinigten Staaten.

Es wurde dunkel. Ich fuhr über die Grenze nach Nebraska in die nächstgelegene Stadt und verbrachte die Nacht in einem Motel. Früh am nächsten Tag war ich wieder auf dem Highway und verließ den Ort in Richtung Norden. Mein Ziel war die Holy Rosary Mission, die auch als Red Cloud Mission and School bekannt ist. Dort hielt ich an und stieg aus. Die stattlichen Stein- und Ziegelhäuser stehen inmitten anmutiger Gärten mit stillen, baumbestandenen Wegen. Über einer der Türen las ich einen Namen: Drexel Hall; ich trat ein und fand eine Kunstgalerie sowie einen Laden mit Geschenkartikeln vor, wo Werke lokaler indianischer Künstler ausgestellt waren. Ich stellte mich Bruder Simon, einem großen, bärtigen Mann in schwarzer Kutte, vor. Er leitet die Galerie, und ich erklärte ihm den Zweck meines Besuches. Er machte mich mit dem Rektor der Schule, Robert Brave Heart, einem Lakota Sioux, bekannt.

Man lud mich zum Mittagessen in den Speisesaal ein und setzte mich neben einen jungen Jesuiten, der mir so provozierende und intelligente Fragen zu der Biographie stellte, daß ich ihm schließlich meine Bedenken hinsichtlich der »Heiligkeit« von Katherine Drexels Leben und der von ihr gegründeten Schulen eingestand. Seiner Meinung nach waren diese Bedenken nicht unbegründet, und *sotto voce* fügte er hinzu: »Machen Sie weiter! Die Geschichte muß erst noch erzählt werden.«

In der weißen Gesellschaft treten Indianer kaum in Erscheinung. Sie arbeiten weder am Schalter unserer Bank, nicht als Angestellte in einem Lebensmittelladen, noch bedienen sie uns in einem Restaurant. Auch vor der Kasse in einem Supermarkt stehen wir nicht mit ihnen in der Schlange. Mir kam das erst richtig zu Bewußtsein, nachdem ich eine Weile in Santa Fe gelebt hatte, wo Indianer ein wesentlicher Bestandteil der städtischen Kultur sind, und dann auf einer Reise zurück nach New York, wo Indianer nicht Teil dieses Schmelztiegels sind. Beim Lunch in einem New Yorker Restaurant fragte mich ein befreundeter Schriftsteller, woran ich gerade arbeitete. Als ich es ihm erzählte, fragte er erstaunt, ob es überhaupt noch richtige Indianer gebe. Ich nehme an, er meinte »richtig« im Sinn von »nicht akkulturiert«, das heißt, nicht an die Kultur der Weißen angepaßt. Andererseits mußte ich gestehen, daß auch ich mir über diese Frage kaum Gedanken gemacht hatte, bis mich diese jüngste Serie von Ereignissen auf meine ganz persönliche Odyssee durch das Land der Indianer geschickt hatte.

Dabei gibt es, verstreut über ganz Nordamerika, mehr als dreihundertfünfzig Indianerreservationen, doch liegen sie, vor den flüchtigen Blicken des weißen Reisenden verborgen, an staubigen, unbezeichneten Straßen abseits der Highways und Einkaufszentren des modernen Amerika. Gelegentlich bezeichnet ein Schild die Grenze einer Reservation. Häufiger ist jedoch ein unvermittelter Szenenwechsel der einzige Hinweis darauf, daß man die Welt der Weißen verlassen hat: Statt auf holzverkleidete, weißgestrichene Farmhäuser, umgeben von Zäunen aus Pfosten und Brettern, stößt man auf klapprige Wohnwagen mit einem heruntergetrampelten Drahtzaun außen herum. Und anstelle eines Ford Escort steht ein »Indianerauto« in der Einfahrt, ein Pickup, dessen zerbrochene Scheiben mit Plastikfolie und Klebeband repariert worden sind.

In den meisten dieser Reservationen lebt ein »Ältester«. Ein Ältester ist ein Mensch, der, unabhängig von Geschlecht und Alter, das Wissen um die Traditionen und die Weisheit des Herzens weitergibt, ein Mensch, der wahrhaftig und würdig auftritt, egal, wie arm er ist, und der demütig geblieben ist, gleichgültig, wie sehr man ihn verehrt. Ein Ältester dient seinem Volk, auch wenn die eigene Speisekammer leer ist oder der Körper vor Erschöpfung schmerzt. Selbst wenn nichts mehr zu geben ist, Tür und Herz stehen immer offen. Einige Älteste verfügen über Kenntnisse in der Naturmedizin, die der dominanten Kultur entweder noch nicht bekannt sind oder die sie nicht anerkennt. Einige heilen kraft einer Spiritualität, die weit intensiver ist als die Spiritualität jener, die schwarze Roben überstreifen und sonntags predigen. Wieder andere heilen mit Gesängen. Ihre Arbeitsplätze und die Stätten ihrer Gottesdienste sind Schwitzhütten, Berge und Flüsse, sie befinden sich unter mächtigen Redwood-Bäumen und neben dem allerkleinsten Sämling. Ihre Kollegen sind Adler und Steine, Mais, Tabak und Wasser. Ihr Lehrer ist das Feuer.

Unma'ciya'tan ist ein Wort aus der Sprache der Lakota-Sioux und bedeutet »von der anderen Seite, aus der anderen Welt«. Älteste, die Medizinmänner oder -frauen sind, empfangen

EINLEITUNG

nach mehrmaligem Fasten und der wiederholten Suche nach Visionen Botschaften aus der anderen Welt und kommunizieren mit der »anderen Welt«. Durch Meditation und Versenkung werden ihnen Weisungen und heilkundliches Wissen zuteil. Einige werden in Familien von Heilkundigen hineingeboren. Andere lernen die Gesänge, die Zeremonien und den Gebrauch der Heilkräuter von Lehrern, die Medizinbündel an ihre Schüler weitergeben.

Angesichts der Faszination, die der Schamanismus unverändert auf die weiße Gesellschaft ausübt, behalten die Mitglieder eines Stammes das Verhalten eines Medizinmannes heutzutage genauestens im Auge. Er wird heftig kritisiert, falls er die Reservation verläßt und außerhalb Geld für eine Zeremonie verlangt oder wenn er weiße Frauen sexuell belästigt, die sich mit der Bitte um Rat an ihn gewendet haben und ihn in manchen Fällen dabei zu ihrem Guru machen. Ähnlich würde man über ihn urteilen, sollte er in der Öffentlichkeit ein zu großes Aufhebens von sich machen.

Medizinfrauen arbeiten hauptsächlich mit Kräutern, Wurzeln und durch Handauflegen. Sie behandeln psychische Probleme durch ihre Weisheit, ihr Mitgefühl und mit ihrer Gabe des »zweiten Gesichts«.

Spirituelle Führer oder heilige Männer gelten ebenfalls als Heiler. Sie sind die Priester und Propheten, die die Krankheiten der Seele heilen. Nicht alle Heilkundigen sind an Kontakten zu Weißen interessiert. Ein Ältester der Sioux hatte es so ausgedrückt: »Zuerst haben sie uns das Land weggenommen, und jetzt wollen sie auch noch unsere Pfeife, alle diese Möchtegerns, diese New Age-Gestalten, die mit ihren Kristallen daherkommen und einen Medizinbeutel kaufen wollen, in dem sie diese dann herumschleppen können. Wenn du unseren Weg lernen willst, komm und geh den roten Weg mit uns, aber sei still und höre zu.«

In ihrer Kindheit mußten diese Ältesten mitansehen, wie ihnen ihr Land weggenommen wurde und wie Bison und Hirsch, von denen sie sich hauptsächlich ernährten, verschwanden. Sie sahen ihre Stammesgenossen an Krankheiten und Hunger sterben. Sie sahen, wie Eisenbahnlinien ihre Ländereien durchschnitten, ihre Jagdgründe zerstörten. Sie weinten lautlos. Die Regierung verbot ihnen, ihre Religion auszuüben und verfügte, daß alle Kinder, sobald sie sechs Jahre alt geworden waren, aus ihrem Elternhaus entfernt und in staatlichen oder kirchlichen Internatsschulen untergebracht wurden. Diesen Kindern hat man eingetrichtert, daß Indianer Bürger zweiter Klasse blieben, bis sie die Reservationen verließen und sich nahtlos in die tonangebende Gesellschaft der Weißen eingliederten. Man erzählte ihnen, ihre frühere Kultur sei zum Aussterben verurteilt. In den Lesebüchern lasen sie, ihre Eltern und Großeltern seien Wilde – ohne Arbeit, Gesetz und Gott. Irregeleitete Missionare, die Demütigung mit Demut verwechselten, bestraften sie, wenn sie ihre eigene Sprache benutzten und machten sich über ihren »heidnischen Aberglauben« lustig. Das Ergebnis waren sieben Generationen zerbrochener Familien. Und als weitere Folge haben die heute Dreißig- bis Vierzigjährigen, Männer wie Frauen, mit Drogen und Alkoholismus zu kämpfen.

Um den Fluch dieses Erbes zu brechen, erziehen viele der Ältesten von morgen ihre Kinder dazu, stolz auf ihre Tradition zu sein. Sie befürworten Bildung, aber eine Bildung, die durch Spiritualität ausgeglichen wird und die den Unterricht über ihre eigene Kultur, Tradition und Sprache einschließt.

EINLEITUNG

Im Mittelpunkt dieses Buches stehen Älteste, die ihr Leben der Aufgabe widmen, ihre Kultur für die Kinder der Siebten Generation zu bewahren und zu schützen. Sie sprechen über die Herausforderungen, denen die heutige Jugend gegenübersteht, die, den Weissagungen zufolge, die Menschen zu ihren Wurzeln zurückführen wird.

Die Aussagen vieler Ältester erscheinen hier zum ersten Mal im Druck, und einige von ihnen sprechen Dinge an, die bisher als zu heilig galten, als daß man sie einer Öffentlichkeit mitgeteilt hätte. Jetzt erheben sie ihre Stimme im Namen von Mutter Erde, die, glaubt man ihren Prophezeiungen und dem eigenen Augenschein, am Rande der Vernichtung steht. Sie gewähren uns Anteil an ihrem Wissen vom Heilen – an den Wegen, uns selbst, einander und den Planeten zu heilen.

Viele Bücher über Indianer sind von Nichtindianern geschrieben worden; dieses hier haben sie selbst, in ihren eigenen Worten geschrieben. Sie berichten freimütig von ihren persönlichen Kämpfen, allen Widrigkeiten zum Trotz auf dem Pfad zu bleiben. Ihre Geschichten von dem, was sie verloren haben, und von dem, für dessen Bewahrung sie kämpfen, sind gleichermaßen tragisch und heldenhaft. Sie gewähren einen tiefen Einblick in Leben und Herz dieser außergewöhnlichen und oft mit übernatürlichen Fähigkeiten begabten Männer und Frauen.

SIOUX

Pete Catches: Der heilige Traum

Während meines Aufenthalts in Pine Ridge lernte ich mehrere Lakota-Älteste kennen. Wiederholt hatte ich von dem Oglala Pete Catches, einem heiligen Medizinmann, gehört, und man hatte mir empfohlen, ihn aufzusuchen und mit ihm zu sprechen. Auch eine Wegbeschreibung hatte ich mitbekommen: »Einfach über diese Anhöhe dort, und beim zweiten großen Baum biegst du links ab. Dann halte Ausschau nach dem Felsbrocken auf der rechten Seite. Verfahren kannst du dich nicht.«

Die nächsten paar Tage verfuhr ich mich jedoch einige Male. Am vierten Tag, ich war fast schon so weit, Pine Ridge zu verlassen, entschloß ich mich, es ein letztes Mal zu versuchen. Diesmal fiel mir ein Baum auf, den ich zuvor nie gesehen hatte, außerdem ein Felsen, bei dem ich mir sicher war, daß er früher auch nicht da gewesen war. Eine staubige Straße schlängelte sich einen ziemlich steilen Hügel hinauf, der zu steil für das niedrige Fahrgestell meines Mietautos war. Die Räder drehten durch und gruben sich tiefer und tiefer in den sandigen Boden ein, bis der Wagen aufsaß. Ich hätte aufgegeben, wenn es eine Wendemöglichkeit gegeben hätte. Aber dann machte ich auf der Spitze des Hügels neben einer Art Laube aus Pinienästen einen Wohnwagen aus, und urplötzlich und unerklärlich rollte der Wagen weiter, und ich konnte den Rest des Weges problemlos zurücklegen.

Zwei Stufen führten zu einer klapprigen Aluminiumtür hinauf, an die ich zaghaft klopfte. Von innen kam die Stimme eines Mannes, der fragte, wer da sei. »Ich heiße Sandy«, antwortete ich und war mir nicht recht sicher, was ich sonst noch sagen sollte, um mich vorzustellen. »Augenblick! Ich ziehe mir bloß schnell ein Hemd über.« Die Tür ging auf, und halb im Schatten stand eine große, hagere Gestalt. »Hallo«, sagte ich, als er die Stufen herab kam – und hielt inne. Ich starrte ihm ins Gesicht und hielt die Luft an. Es war das Gesicht, das mir in meiner New Yorker Wohnung erschienen war, und wieder blickten mich diese weisen und mitfühlenden Augen an. Es schnürte mir den Hals zu, und ich hatte zu kämpfen, um meine Tränen zurückzuhalten.

Ich setzte zu einer Erklärung an, aber er winkte ab und nickte. »Ich weiß schon«, sagte er sanft, »komm, wir wollen miteinander reden.«

Geraume Weile saßen wir schweigend unter der Laube und blickten auf die Reservation hinab, die sich unendlich weit vor uns ausdehnte. Er säße gerne hier, im Sommer, um die Sonnenauf- und -untergänge zu beobachten, erzählte er mir. »Oft hängt auch der Mond noch am Himmel, wenn die Sonne aufgeht.« Das betrachte er als besonderes Zeichen. »Ich lebe hier an einem natürlichen Ort«, sagte er, »wo die Seele weiter und weiter wird angesichts dieser Schönheit.«

Er sprach von einer Zeit, in der im Land Einheit herrschen würde und ein echtes spirituelles Teilen zwischen Indianern und Nichtindianern. Er war umgeben von einer Stille, die beruhigend wirkte. Seine großen, schmalen Hände ruhten locker auf seinen Knien, und als ich zu reden anfing, nickte er verständnisvoll und wissend.

SIOUX | *Ich erzählte ihm von der Biographie, die ich zu schreiben versuchte.*
»Das Thema Indianerschulen ist äußerst komplex und setzt eine gewisse Weisheit voraus, möglicherweise mehr, als du im Moment hast«, sagte er freundlich. »Ich bin auf die Holy Rosary hier in Pine Ridge gegangen, die Schule, die deine Katherine Drexel gegründet hat, aber mit neun Jahren bin ich abgehauen. Ich habe Glück gehabt; andere haben es auch probiert, aber sie sind geschnappt und zurückgeschleppt worden.«
Vorsichtig fragte ich ihn, ob er mich zu dieser Reise aufgerufen habe.
»Manchmal nehme ich die Gestalt eines Adlers an.«
Ich wartete auf weitere Erklärungen, aber es kamen keine. Ich fragte ihn, ob er der Meinung sei, ich solle mein Vorhaben fallenlassen. Nach einer langen Pause erwiderte er:
»Verstehen kommt zu seiner Zeit.«
Wir redeten stundenlang, auch noch, als die Sonne schon längst untergegangen war. In der Sprache der Lakota gibt es kein Wort für Zeit. Das und vieles mehr lernte ich im Verlauf der zahllosen Gespräche mit dem Menschen, den ich in den folgenden vier Jahren Großvater nennen sollte.

In den frühen Tagen, in der alten Welt, vor der Zeit des weißen Mannes war dieses Land unter dem Namen Schildkröteninsel bekannt. In der Prärie, wo die Büffel weideten, stand das Gras hüfthoch. Wilde Tiere, Bären- und Wolfsrudel, bedrohten die Herden. Unermüdlich standen die Bullen als aufmerksame Wächter am Rand und beschützten die Kühe und Kälber.

Nach der Legende stand der älteste Büffel an einem kalten und windigen Tag da, als er eine Stimme im Wind klagen hörte. Er senkte den Kopf hin zur Erde, um dem Ton besser folgen zu können. Das war schwierig, weil der Wind so heulte.

»Hilf mir«, klagte die Stimme, »Ich habe Hunger, ich bin müde und schwach, ich friere ...«

Die Stimme klang zum Steinerweichen, aber der alte Bulle konnte nicht feststellen, was es war. Wieder und wieder rief die Stimme: »Ich habe Hunger, ich bin müde und schwach, und ich friere!« Er begann dem Ton nachzugehen, bis er zu einem blutigen Klumpen kam. Dann kam es zu einer großen Veränderung. Der Große Geist war dort bei der Arbeit, um das Volk der Lakota in die Zukunft zu führen, die da kommen sollte, denn nach der Legende nahm der Büffel den Blutklumpen als seinen jüngeren Bruder an.

Der Büffel wandte sich an den Blutklumpen: »Du hast Hunger, bist müde und schwach, und du frierst, sagst du. Ich mache dich zu meinem jüngeren Bruder, und du kannst alles von mir haben. Ich opfere mein ganzes Selbst, damit du am Leben bleibst, damit du keinen Hunger leiden oder frieren mußt. Du wirst leben und stark sein. Schau mich an. Schau die Welt an. Alles, was du siehst, ist Futter für mich. Im heftigsten Blizzard und bei beißender Kälte trotze ich dem Nordwind, und deshalb ist mein Fell so dicht. Ich friere nie. Nimm mein Fell für dein Tipi und deine Mokassins und deine Kleidung. Nimm mein Fleisch als Nahrung, um zu überleben, lebe davon und werde stark. Und hier oben, auf dem Höcker, ist Medizin. Nimm sie und heile dein Volk. Mein Blut ist dasselbe wie deines. Wir sind Blutsbrüder. Du kannst von meinem Blut leben.« So entstand aus diesem Blutklumpen das Volk der Lakota.

Wir sind Brüder mit dem Büffel-Clan, und der Große Geist hat den Büffel ausersehen, den Indianern die Heilige Pfeife zu bringen.

SIOUX

Ganz in der Nähe liegt eine Ranch, wo sie Büffel züchten. Von dort bekommen wir unseren Büffel für den Sonnentanz. Ich habe acht Jahre am Sonnentanz teilgenommen. Einmal sagte ich zu ihnen, ich würde gerne mitkommen, wenn sie den Büffel schlachten. Peter, mein Sohn, war auch dabei. Wir fuhren mit zwei Autos, eines, ein Pickup, transportierte Planen, Handtücher und Messer. Die Gruppe wählte einen zweijährigen Bullen aus, und der Rancher erschoß ihn. Wir fuhren hin, wo er lag, und begannen, ihm die Haut abzuziehen. Aber zuerst ließen sie ihn ausbluten. Als sie die Eingeweide herausholten, nahm ich eine Tasse und füllte sie mit dem Büffelblut. Alle schauten zu mir her. Ich trank sie aus. Mein Sohn bat um die leere Tasse, und ich gab sie ihm. Auch er füllte sie mit Blut und trank aus. Die anderen würgte es fast. Einer ging hinter den Pickup und übergab sich. Und dabei ist er ein Vollblutindianer! Das ist es, das hat uns die Regierung angetan!
Es ist Brauch bei uns, den unteren Teil des Sonnentanzbaums mit Büffelblut anzumalen. Dieses eine Mal hatte man mich darum gebeten. Ich nahm ein Büschel Salbei, schnitt es durch und tauchte es in den Kübel mit Blut, und mit meinen Händen malte ich den Baum an. Wir wollen immer so sauber sein; wieso ekelt es uns dann vor dem Blut eines Tieres, das wir für ein heiliges Ritual beim Sonnentanz brauchen? Ich esse mit meinen Händen, ich arbeite mit ihnen. Als ich fertig war, fuhr ich mir mit den Händen über das Gesicht. Wir gingen zu der Zeremonie und zu dem Fest danach und bereiteten uns auf die Morgenzeremonie vor. Ich war für die Baumzeremonie verantwortlich. Ich war derjenige, der die Pfeife vorbereiten sollte. Das Blut des Büffels ist Teil meines Blutes.
Die Begabung für Medizin, die mir der Schöpfer mitgegeben hat, ich wollte sie nicht, niemals; aber dann hatte ich einen Traum, und ich wußte, daß es ein heiliger Traum war:
Ich tanzte den Sonnentanz, und die ganze Zeit weinte ich, ich weinte ununterbrochen. Der obere Teil meines Beins schmerzte furchtbar, es war zu viel, zu viel. Die schrecklichsten Schmerzen, die ich je erlitten hatte. Der Traum war so deutlich, bis in die kleinsten Einzelheiten. Die Lieder, die gesungen wurden, der Baum, wie er so dastand ... Ich sehe auf zu ihm ... die Fahne, die Opferfahne, die daran hängt und flattert ... es waren fünf Sänger ...
Ich bin durchbohrt. Die Schlaufe aus Rohhaut, die meine Haut oberhalb der Brustwarzen durchbohrt, ist mit einem Seil verbunden, dessen anderes Ende hoch oben am Sonnentanz-Pfahl befestigt ist ... Den ganzen Tag lang versuche ich verzweifelt, mich zu befreien, ich tanze zum Rhythmus der Trommeln, und das eine Bein ist fast nicht zu gebrauchen. Die Haut dehnt und dehnt sich, aber sie zerreißt nicht, und ich komme nicht frei ... Ein Sturm zieht auf, und der Himmel verdunkelt sich. Ich erhebe meine Pfeife zu den Himmeln. Der Sturm bricht in zwei Teile auseinander ... und der Himmel über dem Sonnentanzgelände ist plötzlich blau.
Sechzehn Jahre lang habe ich versucht, von diesem Traum loszukommen. Ich wußte, was mir da erzählt wurde, und ich wollte es nicht. Ich lief davor davon. Mein Vater und sein Vater und zuvor schon dessen Vater, sie alle waren Medizinmänner. Sie sagen mir, mein Vater wäre ein guter Medizinmann gewesen, aber daß er nicht mit dem Wissen leben konnte, ob jemand, den er behandelt hatte, leben oder sterben würde.
Ich bin 1912 geboren, genau in der Zeit, als die Christianisierungsphase der Indianer ihren Höhepunkt erreicht hatte. Catches ist ein Name, den uns die Regierung statt unserer indianischen Namen gegeben hat. Ursprünglich waren wir Hunkpapa aus der Gruppe von Sitting Bull, aber mein Großvater kam zu den Oglala, um zu heiraten, daher kommt also

SIOUX | mein Zweig der Familie. Ein Urgroßvater ging ins Gebiet der Arapaho und heiratete dort. Mein anderer Großvater ging zu den Cheyenne, und er heiratete da ein. Mein Vater war Medizinmann, bis er statt dessen Christ wurde. Ich dagegen bin getauft, aber ich bin zu meiner alten Religion zurückgekehrt und wurde schließlich doch Medizinmann.

Ich bin von Ort zu Ort gezogen – Colorado, Nebraska, Wyoming – und habe auf Ranches gearbeitet, alles, um vor diesem Traum davonzulaufen, und vor dem, was danach meine Aufgabe sein sollte. Zwei Jahre war ich im Stammesrat; fünf Jahre lang diente ich als Katechet in der katholischen Kirche. Im Zweiten Weltkrieg wollte ich sogar zum Militär, wurde aber abgelehnt wegen einer Narbe auf der Lunge, die von 1912 stammt, als ich die spanische Grippe hatte. Der Traum folgte mir, egal, wohin ich ging.

Pferde brechen waren meine ersten Jobs. Dabei war ich ziemlich gut, weil ich viel Geduld habe. Ich wußte, immer wenn man ein Pferd aus seiner gewohnten Umgebung herausnimmt, muß man dieses Tier gut im Auge behalten, denn bei der erstbesten Gelegenheit wird es versuchen, wieder dorthin abzuhauen. Aber wenn ich ein neues Pferd hatte, brachte ich es immer zu den anderen auf die Koppel. Natürlich mögen die anderen Pferde den Neuen nicht, sie versuchen normalerweise, ihn zu beißen und wegzuschubsen. Aber ich redete auf den Neuen ein: »Du bleibst jetzt hier. Das ist dein neues Zuhause, und du und ich, wir werden zusammen arbeiten. Ich bringe dir was bei, mein Freund, und was ich dir beibringe, wird dir im Leben schon noch nützen. Dafür werden sie dich mögen, also bleib schön hier«. Und dann ließ ich ihn los. Keines meiner Pferde ist je abgehauen, sie blieben alle bei mir.

Mein Schwiegervater, es war auf seiner Ranch, fragte mich immer: »Wie ist das nur möglich! Bevor du gekommen bist, konnten wir bei uns nie neue Pferde haben, die nicht gleich wieder ausgebüxt wären bei der ersten Gelegenheit, die sich ihnen geboten hat.«

Für die Arbeit mit den Pferden bekam ich kein Geld, abgesehen davon, daß mir das neue Pferd zur Verfügung stand. Ich habe immer mit ihm geredet, und ich wußte, daß es mich verstand. Ich behielt es normalerweise, bis klar war, daß ich mich auf es verlassen konnte, und dann gab ich es zurück. Das war mein Leben damals.

Ich hatte eine große Familie, und manchmal ging uns das Essen aus. Dann mußte ich nach Nebraska reiten auf der Suche nach Saisonarbeit. Wenn dann genug Geld für Lebensmittel zusammengekommen war, ging ich zurück zu meiner Arbeit mit den Pferden. Manchmal war ich zwei oder drei Wochen am Stück weg. Ich war zufrieden mit meinem Leben, abgesehen von dem Traum, der mich immerzu verfolgte und jagte.

In den fünfziger Jahren arbeitete ich im Platte Valley auf den Zuckerrübenfeldern. Meine Frau Amelia und Christine, meine älteste Tochter, die damals ein Teenager war, waren mit dabei. Es war ein sehr großes Feld. Es gab noch drei mexikanische Familien, die auch dort arbeiteten. Sie arbeiteten auf der einen Seite, wir auf der anderen. Wir waren langsam, aber die Mexikaner waren schnell. Wir arbeiteten tagein, tagaus. Ich kam gut mit diesen Mexikanern klar. Sie riefen mich oft zu sich herüber, dann alberten wir herum und aßen einen Apfel oder eine Orange miteinander. Manchmal luden sie mich auch zu sich ein, aber wir waren so müde nach der Arbeit, normalerweise aßen wir nur noch eine Kleinigkeit und gingen dann gleich schlafen.

Eines Tages kam einer der Männer zu uns in unsere Unterkunft herüber. »Ich schätze, das ist unser letzter Tag hier«, sagte der Mexikaner. »Unsere Frauen bleiben hier. Aber wir

Männer arbeiten jedes Jahr in der Zuckerfabrik, und morgen geht es los. Könntest du nach unseren Familien sehen?« fragte er. Also schaute ich von Zeit zu Zeit bei ihnen vorbei. Da hörte ich eines Tages Geschrei von dort, wo sie arbeiteten. Ich ließ meine Hacke fallen und rannte hin, um nachzusehen, was los war. Die Frauen sprangen hin und her und deuteten auf etwas auf dem Boden. Es war eine Bullenschlange. Sie hatte sich zusammengeringelt und konnte jeden Augenblick beißen. Ich konnte mir vorstellen, daß sie geschlafen hatte, als sie sie zufällig mit ihren Hacken aufgestört hatten. Diese Schlange war wütend, richtig wütend.

Ich erklärte dann, daß die Farmer die Schlangen ganz gern da hatten, weil sie sich über alle möglichen Insekten und die Mäuse hermachten. Ich hob sie auf und trug sie vom Feld. Ich sagte zu ihr, sie bräuchte keine Angst zu haben, aber sie war immer noch böse. Mich beachtete sie gar nicht, sie war einfach böse auf diese Frauen. Ich hängte sie mir um den Hals. Sie war ausgewachsen, es war eine große Schlange. Als ich wegging, schob die Schlange ihren Kopf auf meine Schulter und starrte zurück auf die Frauen. Sie erinnerte mich an ein zorniges Kind. Ich trug sie zum nächsten Feld und setzte sie dort ab. Dann sagte ich zu der Schlange: »Komm nicht zurück, bevor wir mit unserer Arbeit fertig sind.« Meine Frau und meine Tochter hatten aufgehört zu arbeiten und sahen mir zu.

Später passierte ein komischer Zufall. Wir waren in die Reservation zurückgegangen. Dort war ich in einer Baseball-Mannschaft, und jeden Abend hatten wir Training. An einem Abend, auf dem Weg nach Hause, nahm ich eine Abkürzung quer über die Hügel und sah meine Mädchen hin- und herspringen und auf das Haus zurennen. Ich wußte genau, was da los war. Ich flog den Hügel hinunter, und tatsächlich, es war eine Klapperschlange. Amelia war im Haus beim Kochen. Sie rannte heraus. Ich packte die Schlange und tötete sie. Da wurde Amelia wütend. Sie warf mir an den Kopf, daß ich bei den gutaussehenden Mexikanerinnen angegeben und mit der Schlange herumgespielt und sie weggetragen hätte, aber »hier gehst du bloß her und bringst sie um«. »Das war etwas anderes«, erklärte ich. Dort drüben hatten sie einen Sinn wegen der Insekten und Mäuse, aber hier, wo die Schlange lebt, haben wir auch unsere Kinder. Hätte ich sie weggetragen, wäre sie zurückgekommen, und irgendwer hätte sich sehr erschrocken oder wäre gebissen worden. Man muß im Einklang mit der Natur leben.

Ich hatte eine Arbeit auf einer anderen Farm angenommen. Der Boß, McNurty, pflegte für wenig Geld wilde Halbblüter zu kaufen, und dann stellte er einen Cowboy aus Gordon in Nebraska ein, der sie zuritt.

Eines Tages wurden siebzehn wilde Pferde von einem Lastwagen abgeladen, und wir gingen alle hinüber und saßen oben auf dem Zaunbalken, um sie uns anzuschauen. Der Boß fragte mich, welches mir am besten gefallen würde. Ich stellte mich auf den obersten Balken der Koppel und beobachtete die Pferde, die im Kreis herumgaloppierten. Dabei stach mir ein Apfelschimmel besonders ins Auge. Als die Pferde wieder vorbeikamen, war der Schimmel ganz nah am Zaun, und ich sprang auf ihn auf. Er konnte weder buckeln noch davonrasen, weil er mitten zwischen den anderen Pferden war. Aber sobald er freigekommen war, fing er an, wie verrückt zu buckeln. Als er zufällig wieder nahe genug an den Zaun herangekommen war, ließ ich mich einfach kopfüber auf den obersten Balken fallen, um herunterzukommen. Alle sagten sie, ich wäre übergeschnappt. Ich wollte ihm eben nicht nur sagen, welches Pferd mir am besten gefiel, ich mußte einfach aufspringen und es ihm zeigen.

SIOUX | Aber der Traum hat mich die ganze Zeit nicht losgelassen. Er war sozusagen neben mir, egal, was ich tat oder wohin ich ging – der Traum verließ mich nie. Schließlich mußte ich doch nachgeben. Ich schätze, ich dachte, wenn ich das Ganze einmal mitmachen würde, den Traum einmal ausleben, daß ich dann davon erlöst wäre. Vielleicht würde ich dann auch nicht Medizinmann werden müssen. Bis dahin hatte ich nie am Sonnentanz teilgenommen, hatte es auch nie vorgehabt. Aber ich gelobte es für den kommenden Sommer.

In dem Monat, in dem der Mond aufgeht und die Sonne untergeht und in dem die Kornelkirschen reif werden, beginnen die Vorbereitungen für den Sonnentanz. Die Hütte wird gebaut, und die Lauben werden aufgestellt. Dann sucht man eine Pyramidenpappel aus und kennzeichnet sie mit roter Farbe. Der Medizinmann, der die Zeremonie leiten sollte, lud mich ein, ihn und die Sänger zu begleiten, wenn sie den Baum fällten. Bei uns ist es Brauch, daß kein Teil des Heiligen Baumes jemals mit dem Boden in Berührung kommen darf. Während er also umgelegt wurde, standen wir alle in einer Reihe, um ihn aufzufangen, sobald er fiel. Ich stand als erster am unteren Ende des Baumes.

Zuerst kam er uns nur langsam entgegen. Aber urplötzlich krachte er herunter und landete auf meinem Bein, genau auf meinem Oberschenkel. »Ich bin eingeklemmt!« brüllte ich, und sie rannten zu mir her. Zwei oder drei hoben den Baum an, während andere mein Bein befreiten. Die Schmerzen waren mörderisch. In meinem Kopf sprühten Funken, und mein Bein war so übel zugerichtet, daß ich naßgeschwitzt war vor lauter Schmerzen, aber ich schaffte es dennoch, zum Lager zurückzuhumpeln.

Wir stellten den Baum auf und streuten Süßgras, Salbei und Bisonhaar um ihn herum. Von einem Sonnentänzer erwartete man Tapferkeit, Zähigkeit und Rechtschaffenheit, also machte ich weiter trotz der Schmerzen.

Nachts lag ich im Bett und konnte nicht schlafen. Ich nahm Aspirin, drei, vier, fünf auf einmal, ohne daß es geholfen hätte. Mir liefen die Tränen über das Gesicht. Mein Bett war durchgeschwitzt. Zweimal mußte ich in der Nacht aufstehen, um die Laken zu wechseln. Am nächsten Morgen kam ein junger Mann, der gehört hatte, daß ich Hilfe brauchte und parkte sein Auto vor meiner Tür. Dann trat er an mein Bett. Er fragte mich, wie ich mich fühlen würde. »Ich habe furchtbare Schmerzen«, sagte ich. »Aber was soll ich tun? Das ist der Tag, der schon im Traum zu mir gekommen ist, und alles läuft genauso ab, wie ich es geträumt habe. Da muß ich jetzt wohl durch.« Der junge Mann hob mich auf und trug mich wie ein Baby zum Auto und machte die Tür zu.

Bis zu diesem Augenblick meines Lebens hatte ich nie geweint. Ich wäre wegen nichts in Tränen ausgebrochen. Ich fand, ich hatte genug geweint, als ich auf der katholischen Schule war, wo sie mich mit der Peitsche geschlagen und bestraft hatten. Das Unrecht, das mir in dieser Schule angetan worden war, hat weh getan, und den Schmerz spüre ich heute noch, aber geweint habe ich nie.

Die Teilnehmer waren alle schon in der Schwitzhütte zur Reinigungszeremonie versammelt, die vor dem Sonnentanz abgehalten wird. Der junge Mann fuhr um die Schwitzhütte herum auf die Rückseite und zog seine Jacke aus. Wieder nahm er mich hoch und trug mich zum Eingang der Hütte. Er breitete die Jacke unter mir aus und zog mich nach innen.

Ich war vorher nie in einer Schwitzhütte gewesen, ich hatte keine Ahnung, um was es in den Liedern ging, ich wußte nicht einmal, was der Medizinmann betete – das einzige, an

das ich denken konnte, waren diese grauenhaften Schmerzen. Und alles, was ich sagen konnte, war, Großer Geist, hab' Erbarmen mit mir. *Tunkashila, onshimalaye.*
Danach kam der junge Mann herein und zog mich durch die Tür hinaus. Ich nahm meine Pfeife, stand, und dann humpelte ich hinter ihm her, dabei blieb ich von Zeit zu Zeit stehen, um zu rasten.
Mein Bruder hatte gesagt: »Du bist übergeschnappt! Bei deinen Schmerzen! Schieb dein Gelübde auf! Schieb es auf bis nächstes Jahr, warum denn nicht?«
Ich erwiderte: »Nein. Es ist genauso, wie ich es geträumt habe. Ich muß da durch. Wenn dieser Tag vergeht, ohne daß ich tue, was ich hätte tun sollen, würde ich es den Rest meines Lebens bereuen.«
Als ich bei der Laube ankam, hatten sie schon mit dem Singen begonnen. Ich ging weiter, stand vor dem Baum und sagte mein Gebet: *Tunkashila, onshimalaye.*
Großer Geist, hab' Erbarmen mit mir. Dann ging ich um den Baum herum, nahm meinen Platz ein und begann mit dem Tanz. Das war die erste Runde. Bei der zweiten Runde

durchbohrte man meine Haut mit Schlaufen aus Rohhaut. Es war furchtbar, aber es war genau so, wie ich es geträumt hatte.

Der Dorn, der durch die Haut über meiner Brust ging, war mit einem Seil verbunden, das hoch oben am Sonnentanzpfahl befestigt war. Den ganzen Tag kämpfte ich, um mich zu befreien, bewegte mich im Takt der Trommeln, dehnte und zerrte die Haut, aber ich schaffte es nicht, sie zu zerreißen. Ich tanzte, und mein eines Bein war zu fast nichts zu gebrauchen. Es war sehr, sehr schwer. Die Haut dehnte sich mehr und mehr, aber der Schmerz war dennoch nicht so grauenhaft wie der in meinem Bein.

Dies hier war landesweit der erste Sonnentanz, der jemals außerhalb von Pine Ridge veranstaltet worden war. Es handelte sich um ein trockenes Lager, das Wasser hatten wir selber heranschaffen müssen. Gegen drei Uhr wurde der Himmel allmählich immer dunkler. Plötzlich zuckten überall um uns herum Blitze. Die Menschen wurden nervös. Es war ihnen klar, daß sie ihre Autos nie aus dem Gelände heraus und zur Teerstraße zurückbringen konnten, wenn es stärker regnen sollte. Deshalb sahen sie zu, daß sie wegkamen. Wie in dem Traum rief ich dann jemandem zu, er solle mir meine Pfeife bringen. *Tunkashila, onshimalaye* betete ich. Mir liefen die Tränen über das Gesicht, als ich meine Pfeife in den Himmel erhob und das Gebet, *Tunkashila, onshimalaye* wiederholte.

Plötzlich teilten sich die Wolken. Deutlich, es war unverkennbar. Sie teilten sich genau in der Mitte. Eine Seite des Sturms zog nach Süden, die andere nach Norden ab. In beiden Fällen verursachte der Sturm schwere Schäden. Der nördliche Ausläufer zog den White River entlang, über Rosebud und Kyle hinweg, mit Hagelschauern, die ganze Hausdächer zerschlugen. Auch der Sturm, der nach Süden abzog, richtete schwere Schäden an. Hagel verwüstete Getreide und Maisfelder. Einige Gebiete wurden überschwemmt.

Du siehst, die Heilige Pfeife ist sehr kraftvoll, besonders dann, wenn du einen Heiligen Traum hattest. Und wenn du diese Macht einsetzt und dich in die Natur einmischst, kann das die Geister sehr wütend machen. Dieser Sturm war ein Ausdruck der Natur, aber wer war denn ich, ihn zu teilen? Ich habe etwas Gutes, das für dieses Gebiet bestimmt war, zweigeteilt, und diese Teile erwiesen sich als zerstörerisch. Die Geister hätten sich sogar in einen Tornado verwandeln können, wenn sie noch wütender geworden wären.

In unserer Kultur betrachten wir die Geister als jemanden von uns, als Lakota, die vor uns gegangen sind. Wenn wir das Grollen des Donners hören, stellen wir uns reitende Geister vor, die weite Strecken im Galopp zurücklegen. Sehen wir Blitze, wissen wir, daß ihre Speere auf etwas zielen. Sie achten die Pfeife, und das müssen wir auch. Wir dürfen die Macht der Pfeife nicht mißbrauchen. Erst nachher, nachdem der Sturm diese Schäden angerichtet hatte, begriff ich, daß ich derjenige war, der sie verursacht hatte, weil ich das Unwetter geteilt hatte. Und ich dachte mir, was wäre gewesen, wenn etwas noch Schlimmeres daraus geworden wäre? Oder wenn jemand umgekommen wäre?

Auf das Sonnentanzgelände waren nur ein paar dicke Tropfen gefallen, und die Aufregung legte sich. Die Zeremonie ging in einer frohen Stimmung zu Ende, und die Herzen aller waren voller Liebe. Sogar mein älterer Bruder, der mich als Narren bezeichnet hatte, weil ich meine Teilnahme nicht hatte verschieben wollen, war glücklich. Aber da war noch etwas, das niemand jemals verstehen würde: Die Verletzung, die Schmerzen, derentwegen ich den ganzen Tag geweint und geschrien hatte, waren weg. Als der Sonnentanz vorbei war, ging ich vom Gelände, und ich hinkte nicht einmal mehr.

Das war der Heilige Traum, Tunkashilas Geschenk an mich. Anfangs hatte ich noch geglaubt, daß es das Ende des Traums sein würde, sobald ich ihn so ausgelebt hatte, wie er mir gegeben worden war. Daß ich in mein normales Leben zurückkehren könnte. Aber so sollte es nicht sein. Denn danach bekam ich Visionen, die mir den Weg des Medizinmannes aufzeigten.

Nach dem Sonnentanz hielt ich mein erstes Pfeifenfasten, manche Menschen nennen es auch Visionssuche oder *hanblecheya*. Zuerst ging ich in die Schwitzhütte zu einer Reinigungszeremonie, und dann brachten mich meine Helfer an den Ort, den ich dafür ausgesucht hatte. Er lag am Abhang eines Hügels, etwas unterhalb der Spitze. Ich ging aus ganzem Herzen zu diesem Fastenort. Fasten ist die Trennung des Ichs von allen Dingen der Welt. Wir lassen unsere Familien und unsere Arbeit hinter uns. Wir gehen nicht dorthin, um uns auszuruhen oder um zu schlafen; wir setzen all unsere Energie, unsere Kraft ein, um Opfer darzubringen, damit wir eine Heilige Vision empfangen dürfen.

Ich stand und blickte in die vier Himmelsrichtungen, meine Pfeife hielt ich erhoben, dem Großen Schöpfer zu Ehren. Es gab nur mich, die heilige Pfeife und den Großen Geist. Der Abend kam, und ich hätte mich gerne gesetzt. Die Nacht kam, und ich hätte mich gerne hingelegt und geschlafen. Ich hatte Hunger. Aber ich blieb stehen. Die Pfeife wurde schwerer und schwerer. Mein Arm wurde müde und sank langsam nach unten. Ich nahm all meine Kraft zusammen und hob ihn erneut. Aber das war mein Gelübde.

Am nächsten Tag brannte die Sonne herab. Es war so heiß, daß Rücken und Schultern sich anfühlten, als würden sie brennen. Ich faltete meinen Sternenquilt, unsere traditionelle Decke, in die wir uns einwickeln, zu einem kissengroßen Viereck zusammen und legte sie auf meinen Kopf für ein bißchen Schatten.

Am dritten Tag, die Sonne stand hoch, und Mittag war gerade vorbei, da passierte es.

Ich stand da, hielt meine Pfeife in Augenhöhe und starrte über sie hinaus. Plötzlich, vielleicht zwanzig Meter entfernt, sah ich links von meiner Pfeife einen Mann gehen. Ich sah, wie er sich nach rechts wandte und weiterging und dann auf der anderen Seite der Pfeife auftauchte. Vor ihm war ein gewaltiges Feuer, wie ein Feuer für eine Schwitzhütte. Er ging langsam darauf zu und kniete nieder, immer mit dem Rücken zu mir. Dann schob er vorsichtig einige Scheite zur Seite und faßte mit bloßen Händen in das Feuer. Einen Augenblick später zog er sie zurück, und ich sah, daß er zwei Handvoll heißer Kohlen in Händen hielt. Sie glühten rot in seinen Händen. Dann wandte sich der Mann nach links und ging um das Feuer herum, und ich sah sein Gesicht. Ich schnappte nach Luft. Der Mann, den ich da sah, war ich selbst. In diesem Moment lösten sich die Gestalt und das Feuer auf, und ich wußte, daß ich eine heilige Vision empfangen hatte.

Am vierten Tag, nachdem ich mein Fasten beendet hatte, kamen sie und brachten mich zurück in die Schwitzhütte zu einer Pfeifenzeremonie. Während der Zeremonie erzählte ich Frank Good Lance, einem Medizinmann, von dem ich meine Lehren erhielt, was ich gesehen hatte. Der alte Mann saß schweigend da und dachte eine Weile nach. Dann sagte er: »Diese Vision war nur für dich bestimmt, und du wirst ihre Bedeutung zur rechten Zeit verstehen.«

Ich erinnere mich, in der ersten Zeit meines Lebens als Medizinmann, nach dem Sonnentanz und dem Pfeifenfasten, daß ich gerufen worden war, um einen alten Mann zu heilen.

SIOUX | Damals war ich in meinen Vierzigern. Sie reinigten das Haus, indem sie Salbei verbrannten; ich konnte den Rauch aus dem Eingang kommen sehen. Die Familie bat mich herein, sie hatte mich erwartet. Ich trat ein, und der Sohn des alten Mannes kam mit einem Stuhl auf mich zu. Er führte mich zum Bett seines Vaters, stellte den Stuhl daneben und ging zum Schreibtisch, wo die gefüllte Pfeife schon auf mich wartete. Er nahm sie und zündete sie an. Ich nahm sie entgegen und rauchte. So saß ich da, nachdenklich, mit gesenktem Kopf und geschlossenen Augen. Vor meinem geistigen Auge wollte ich Gott sehen, den Schöpfer, den Großen Geist. Ich mußte etwas Großes vollbringen, und ich wollte dabei würdig und bescheiden sein.

Ich hatte das Gefühl, daß jemand mich anstarrte. Langsam hob ich meine Augen und sah, daß es der alte Mann war, der da lag und mich ansah. Ich konnte seine Gedanken lesen. Dieser Hurensohn da will mich heilen. Denkt dieser Hurensohn vielleicht, er hätte die Kraft, mich zu heilen? Ich schloß meine Augen wieder und nahm einige Züge aus der Pfeife. Als ich sie zu Ende geraucht hatte, rief ich den jungen Mann herbei.

»Wenn die Kohlen fertig sind, bringst du den Salbei und zerkrümeltes Süßgras, und das streust du auf die heißen Kohlen.«

Der junge Mann schnitt das Süßgras ab, zerkrümelte es, und holte etwas Salbei. Damals hatte jeder Haushalt in der Reservation Holzfeuer; das war die Art, wie sie kochten. Und sie wissen auch, daß man für eine Zeremonie kochendes Wasser bereitstehen haben muß. Deshalb brannte ein kräftiges Feuer im Ofen, und das Wasser kochte, so daß wir die Medizin zubereiten konnten.

Ich stand auf und ging langsam, sehr langsam zum Ofen – wie damals in meiner Vision während des Pfeifenfastens. Ich öffnete das Ofenloch, faßte mit meinen Händen hinein, holte zwei Handvoll glühender Kohlen heraus und ging langsam zum Bett zurück. Wieder am Bett, trat der junge Mann dazu und legte Salbei und Süßgras auf die heißen Kohlen, und ich verteilte den Rauch um den alten Mann herum. Als ich damit fertig war, ging ich zum Ofen zurück, die Tür stand noch offen, und legte die Kohlen wieder hinein. An meinen Händen waren keine Spuren zu sehen.

Es war eine schreckliche Verantwortung, diese Vision in die Realität hinüberzubringen. Ich bin ihr verpflichtet bis zu dem Tag, an dem ich sterben werde. Das ist die Bedeutung von »die Kraft eines Medizinmanns haben«. Seit damals habe ich das Pfeifenfasten noch zweimal wiederholt, und einmal muß ich es noch machen, bevor ich sterbe. Ich warte ab, wann es sein wird. Mein Name wurde zu Petaga Yuha Mani, Er, der mit heißen Kohlen in seinen Händen geht.

1976 war ich wegen eines Vortrags an der Hawaii-Universität in Maui. Einmal ging ich mit Hut und Stiefeln an den Strand. Nachdem ich der einzige Mensch am Strand war, der voll bekleidet war, erregte ich einige Aufmerksamkeit. Mir fielen ein paar Leute auf, die im Kreis zusammensaßen und zu mir herüberstarrten, ganz besonders ein junger Mann mit langem, struppeligem Haar und einem Vollbart. Nach einer Weile gab er mir ein Zeichen herüberzukommen. Sie ließen einen Zigarettenstummel herumgehen, an dem sie nuckelten. Damals hatte ich keine Ahnung von Marihuana, also dachte ich, diese Leute wären wirklich arm. Sie sind ja noch ärmer als ich, wenn sie alle zusammen an diesem winzigen Stummel ziehen. Sie hatten sogar eine Art Halter, damit ihre Lippen das Papier nicht berührten.

Der Strubbelkopf wollte wissen, woher ich käme, und ich antwortete ihm, ich sei ein Oglala-Medizinmann aus der Pine Ridge-Reservation. Er sagte: »Ich habe eine Vision gehabt. In dieser Vision habe ich Gott gesehen, und er hat mit mir gesprochen und ich mit ihm.«

Das machte mich wütend. Nach all dem, was ich durchgemacht hatte, die heiligen Träume, die Visionen, das Pfeifenfasten, und nirgends hatte ich Gott gesehen. Und hier saß dieser halbnackte Mann mit halbnackten Frauen links und rechts und zog an einem Zigarettenstummel. Ich sagte zu ihm: »Wenn du Gott wirklich gesehen hättest, würdest du nicht hier herumsitzen. Dann würdest du über die Highways ziehen und versuchen, Seelen zu retten, du würdest predigen und Kranke heilen.« Er gab keine Antwort darauf, und ich ging weg.

Nicholas Black Elk war mein Adoptivonkel. Frank Good Lance war mein Lehrer. Beide waren sie wahrhaft demütig. Eines Tages, früh am Morgen, stand ich an meinem Fenster und sah hinaus. Vor dem Anwesen meines Bruders, wo Good Lance derzeit wohnte, hielt ein Auto an. Ich sah ein paar Leute ins Haus gehen. Nach einer Weile stiegen sie wieder ein und fuhren davon. Nun wußte ich, daß er allein war, und ich ging hinüber. Er sagte: »Sie sind alle in die Stadt, und so bald werden sie nicht zurück sein. Sie haben mir mein Mittagessen dagelassen. Ich bin froh, denn ich wollte mit dir reden.« Er stand auf, zog seinen Mantel an, setzte den Hut auf und nahm seinen Stock. »Komm mit mir«, sagte er. Er machte die Tür hinter uns zu, und wir gingen den Weg entlang. Wir kamen an meinem Haus vorbei und gingen zu der Stelle, wo meine Schwitzhütte steht. Als ich sah, wohin er wollte, vermutete ich, daß er mich bitten würde, ein Feuer für die Schwitzhütte herzurichten, aber das tat er nicht. Statt dessen forderte er mich auf, mich zu setzen, und nahm selbst mir gegenüber Platz. Die Feuerstelle für die Schwitzhütte ist von der Hütte ein paar Schritte entfernt. Zwischen Hütte und Feuergrube, westlich vom Eingang, ist ein kleiner Erdhaufen, auf dem während der Zeremonie die Pfeife liegt.

Er deutete auf diesen Erdhaufen und sagte: »Ich möchte, daß du von deinem Geist Gebrauch machst und dir bildlich vorstellst, was ich dir gleich sagen werde. Dieser Kontinent, diese Schildkröteninsel, hat einige sehr hohe Gipfel, und auf der anderen Seite der großen Wasser, in anderen Ländern gibt es ebenfalls mächtige Berge. Aber sie sind nichts. Sie sind nur der Teil der Erde, den ihre Höhe von anderen Teilen unterscheidet und als Spitzen hervorstehen läßt. Menschen, die nach persönlichem Ruhm streben, die die Gesetze der physischen Welt überwinden wollen, erklimmen diese Höhen jeden einzelnen Monat im Jahr. Sie sprechen darüber und schreiben darüber, um ihr Ego zu verherrlichen.

»Aber dieser kleine Hügel hier«, sagte er und deutete auf den Haufen, »das ist der höchste Punkt der Erde. Das ist unsere Kirche, unser Weg zum Heil, von hier aus betreten wir eines Tages die nächste Welt. Das ist der Ort, an dem viele gute Männer und viele gute Frauen sich bemüht haben, den höchsten aller Berge zu bezwingen. Sie stolpern und rollen wieder zurück an den Ausgangspunkt. Kleiner Bruder, gebrauche deine Pfeife auf rechte Art und Weise. Tu nie etwas Unrechtes. Setze sie für das Glück und das Wohlergehen der Menschen ein. Heile ihre Krankheiten, und wenn sie fallen, bringe sie zurück auf den roten Weg des Lebens, zurück zu Gesundheit und Liebe. Und was immer du tust, kleiner Bruder, strebe nach der Spitze dieses riesengroßen Berges. Und wenn du auf deinen

Ellbogen kriechen mußt, bis die Knochen herauskommen, du mußt immer die Pfeife in deinen Händen halten. Wenn du auf dem Gipfel dieses höchsten aller Berge ankommst, wirst du dort den Großen Geist antreffen. Das wollte ich dir sagen.«
Mein ganzes Leben lang habe ich mich an diese Worte erinnert, und in Gedanken habe ich ihn mir vorgestellt, wie er mir da gegenübergesessen hatte. Ganz besonders 1991, das ich gerade hinter mir habe, wo ich so krank war. In diesem gesamten Jahr passierte nichts Erfreuliches. Ich habe mir in Erinnerung gerufen, was er sagte: Bestimmung, mein ganzes Leben lang, in allen Bereichen. Die Kieselsteinchen auf dem Hügel hier sind riesige Felsbrocken, sie stehen für die Schwierigkeiten in unserem Alltag.

Ich lag 1980 nach einer schweren Operation im Krankenhaus und brauchte rund um die Uhr eine Krankenschwester. Die Ärzte waren sich nicht sicher, ob ich je wieder werden würde. Eines Tages saß die Schwester neben meinem Bett und las ein Buch. Ich muß eingeschlafen sein, denn als ich wieder wach wurde, saß sie vornüber gebeugt da und döste mit dem aufgeschlagenen Buch auf ihrem Schoß. Da dachte ich, ich hätte etwas auf meiner rechten Seite gehört. Ich bewegte den Kopf, um zu sehen, was es war. Da, neben meinem Bett, stand ein alter Indianer. Ich konnte ihn deutlich erkennen. Er war in Kriegsbemalung und trug eine Wildlederweste, ein kragenloses Hemd und um seinen Hals eine Schnur mit einer Art Ornament. Aus seiner Westentasche ragte ein Beutel Bull Durham-Tabak hervor, und um seine Taille trug er eine Art Schärpe. Seine Hose war aus Wildleder. Er blickte auf mich herab und sagte auf Lakota: »Als ich jung war, hatte ich zwölf Finger. Ich hatte gesagt bekommen, daß ich einen dieser Finger jemandem geben würde, der Hilfe bräuchte. Das habe ich getan. Jetzt habe ich elf Finger. Ich soll noch einen jemand anderem geben, aber bis jetzt habe ich es nicht getan. Ich habe dir diesen Finger gebracht, damit du leben kannst.«
An einer Hand hatte er fünf Finger, aber an der anderen waren es sechs. Der Finger, den er mir gegeben hat, ist nicht zu sehen, aber er ist da.
[Pete hält seine rechte Hand hoch und spreizt seine Finger. Der Abstand zwischen dem vierten und dem fünften Finger ist größer, so, als ob ein Finger fehlen würde.]
Von diesem Augenblick an kam ich rasch wieder auf die Beine.
Letztes Jahr bin ich nach Moskau eingeladen worden, um eine Baumpflanzaktion mit Moskauer Kindern zu leiten. Der Tag war kalt und windig. Ich stopfte meine Pfeife. Der Baum stand schon, aber das Pflanzloch war noch nicht aufgefüllt worden. Es waren eine Menge Leute gekommen, Kinder und Erwachsene. Ich hatte einen Dolmetscher, aber natürlich sprach er nicht Lakota. Ich führte die Zeremonie in meiner Sprache durch, dann sagte ich zu dem Dolmetscher auf Englisch: »Diese kleinen Kinder, die hier stehen, ich möchte, daß sie als erste kommen und eine Handvoll Erde rund um den Baum in das Loch werfen.« Er übersetzte, was ich zu den Kindern gesagt hatte, und sie kamen heran. »Ihr Kinder, die ihr hier versammelt seid, und Rußland selbst, ihr werdet wachsen und Frieden erleben, und ihr werdet lernen, einander zu lieben. Der Baum ist so jung, wie ihr Kinder es seid, und er wird wachsen, so wie ihr Kinder wachsen werdet.«
Ich liebe dieses Leben, mit all seinem Elend, mit allen seinen Schmerzen. Ich liege im Bett in meinem Wohnwagenhaus, ich leide, nachts kann ich nicht schlafen. Beim ersten Licht, das sich im Osten zeigt, liege ich da und höre die Coyoten heulen und die Eulen im

Canyon rufen, und ich mache nichts anderes als zuhören. Ziemlich früh singen dann die kleinen Vögel ihr Morgenlied, ihr Wecklied, sie sitzen auf der Regenrinne von meinem Haus. Und trotz meiner Schmerzen sehe ich das alles vor meinem geistigen Auge. Ich sehe, wie sie so halb nach mir schauen, und ich bin dankbar, daß ich auch diesen Tag noch erreicht habe. Tränen laufen mir über das Gesicht, und ich singe ein Heiliges Lied. Meine Stimme ist schwach und zittrig vor Schmerzen und Leiden, aber ich stimme ein zu Ehren des neuen Tages. Weil ich ein Teil von ihnen bin, und es kommt mir so vor, als ob sie das wüßten.

ARVOL LOOKING HORSE: EINER DER ÄLTESTEN VON MORGEN

Etwa dreißig Kilometer im Norden von Eagle Butte in South Dakota liegt die vierhunderttausend Hektar große Reservation von Green Grass. An diesem Ort wird die Heilige Pfeife der Lakota Sioux aufbewahrt. Arvol Looking Horse ist Hüter dieser Pfeife, die sich seit neunzehn Generationen in seiner Familie befindet. Die Pfeife wurde den Sioux von der heiligen Weißen Büffelkalbfrau gebracht. Ihr Stiel besteht aus dem Unterschenkel eines Kalbes, und daran sind Adlerfedern und Vogelhäute befestigt. Die Pfeife wird in Büffelhaar und einem roten Tuch eingewickelt aufbewahrt; sie ist so alt und zerbrechlich, daß sie nicht mehr geraucht werden kann. Die chanupa ist der heiligste Gegenstand der Sioux. Der rote Stein gilt als ihr Fleisch und Blut, ihr Herz. Ihr Pfeifenkopf enthält das ganze Universum.

Green Grass mit einer Bevölkerung von weniger als einhundert Einwohnern erstreckt sich von Swiftbird bis Cherry Creek. Es ist ein friedlicher, zeitloser Ort, wo Pferde frei über sanft gewellte Hügel ziehen, die das ganze Jahr über grün sind. Der Moreau River mit seinen vielen unterirdischen Quellen und Seitenarmen, der aus den heiligen Black Hills kommt, fließt durch die Reservation.

Carol Anne, Carols neunjährige Tochter Cante und Arvol leben in einem großen, modernen Wohnwagen. Sowohl Carol Anne als auch Arvol sind viel unterwegs. Arvol leitete Gebetsveranstaltungen bei den Vereinten Nationen, und er lehrte in Berkely, Harvard und Dartmouth. Während der Golfkrise reiste Arvol nach Bagdad, um dort Gebetszeremonien abzuhalten.

Carol Anne ist Gesellschafterin in einer Organisation in Bismarck in South Dakota, dem North Central Indian Technical Assistance Center II, *einem Zentrum zur technischen Unterstützung der Indianer; diese Organisation ist in sieben Staaten aktiv. Sie leitet Workshops zu Erziehungs- und Elternfragen; ferner reist sie durch das Land zu Diskussionsveranstaltungen, deren Ziel es ist, das Verständnis für die Kultur der Lakota zu fördern. Die beiden ergänzen einander perfekt. Arvol vertritt die alten Traditionen, Carol Anne den Typ der modernen Indianerin.*

Ich bin der Hüter der Heiligen Pfeife für die Sioux-Stämme der Lakota, Dakota und Nakota. Wir, die *ikce wicasa* (»die gewöhnlichen Leute«), haben eine bestimmte Lebensweise. Schon seit meiner Jugend ist mir die heilende Kraft des Gebetes bekannt. Es half mir über harte Zeiten hinweg. Um in einer Reservation zu überleben, muß man lernen, wie man auf unterschiedliche Art und Weise mit etwas fertig wird, man muß Ausgewogenheit lernen. Für uns ist die Vier eine heilige Zahl. Wir glauben, unser Leben besteht aus vier Abschnitten. Wir haben gelernt, demütig zu sein und zu *Wakan Tanka* zu beten.

SIOUX | Einmal, als ich jung war, hat mich eine Spinne, eine Schwarze Witwe gebissen. Das Gift breitete sich rasch aus und fing an, meine Haut aufzufressen. Ich erinnere mich, daß meine Großmutter um mein Leben betete, und es war das Gebet, das mich gerettet hat. Aber in meinem Gesicht sind häßliche Narben zurückgeblieben, die mich in meiner Jugend schrecklich verunsichert haben. Ich hielt mich von den Menschen fern, weil ich mich so wegen meiner Narben geschämt habe. Ich ritt mit meinem Pferd aus und brachte viel Zeit damit zu, auf den Hügeln von Green Grass zu sitzen, die Schönheit der Landschaft zu betrachten und darüber zu spekulieren, wie es vor langer Zeit einmal gewesen sein mochte. Dort fühlte ich mich sicher und in Frieden. Dort fand ich gewöhnlich meine Mitte.

Ein anderes Mal, nach dem Tod meines Bruders, beschloß ich, etwas ihm zu Ehren zu tun, weil er so gut war in allem, was er unternommen hatte. Damals war ich das genaue Gegenteil von ihm, ich hatte kein Zutrauen zu mir selber. Am Tag seiner Beerdigung ging mir dauernd durch den Kopf, wie gut er mit Pferden hatte umgehen können und daß er der beste Rodeo-Reiter geworden wäre. Also gelobte ich, an seiner Stelle Rodeos zu reiten, und zwar *Saddle Bronco Ridings*, die mein Bruder so geliebt hatte und wo auf ungebrochenen, aber gesattelten Pferden geritten wird.

Als ich das erste Mal die Sporen anlegte und in die *chute* ging, also zu der engen Box, in der Pferd und Reiter vor ihrem Auftritt auf das Startsignal warten, schlotterte ich dermaßen vor Angst, daß ich hören konnte, wie die Sporen klirrten. Ich versuchte mich daran zu erinnern, daß mein Bruder mir immer gesagt hatte, tapfer zu sein; also steckte ich meine Ziele, wie er es auch getan hätte. Ich begann auf kleinen Rodeos und kam nach und nach auf immer bedeutendere. Ab 1980 war ich dann Profi – bis zu meiner Verletzung 1983.

Die Nacht vor dem Unfall war ich auf dem Pine Ridge-Rodeo gewesen, und ich hatte ein gutes Pferd ausgelost. Am folgenden Tag ging ich zum Rodeo in Deadwood, aber ich war nicht in bester körperlicher Verfassung. Ich machte mich trotzdem fertig, denn aus der Reservation waren eine Menge Freunde gekommen, die mich sehen wollten. Ich sattelte mein Pferd, und eigentlich ging es mir dabei ganz gut. Ich warf noch einen Blick zur Haupttribüne hinüber, stieg auf, aber das Pferd buckelte und stieg hoch. Es wirbelte um seine eigene Achse und fiel hintüber – direkt auf mich. Ich hörte ein Krachen in meinem Rücken. Das Pferd sprang wieder auf, aber ich blieb einfach so liegen, und ein Zittern lief durch meinen Körper. Ich hatte kein Gefühl mehr in meinem Körper. Der Krankenwagen kam, und dann lag ich im Krankenhaus. Der Arzt teilte mir mit, ich würde nie wieder gehen können, ich wäre vom Hals abwärts gelähmt. Drei Wirbel waren gebrochen, einer angebrochen, und ich hatte eine Gehirnerschütterung.

Mir fiel wieder ein, daß meine Großmutter einmal zu mir gesagt hatte, daß in dem Augenblick, in dem sich jemand auf den Weg in die Geisterwelt machen würde, alle seine Verwandten zu ihm kämen. Mehrere Male öffnete ich die Augen und sah sie um mich herumstehen.

Dann läutete das Telefon, und eine Stimme, eine Geisterstimme, sagte: »Ich bin deine Großmutter, und die Menschen brauchen dich.« Diese Großmutter kaute das Rodeo wieder und wieder mit mir durch und sagte, ich hätte mir das selbst zuzuschreiben. Ich hatte das Gefühl, daß meine Eltern in das Zimmer kamen, aber ich ließ meine Augen zu, weil ich nicht wußte, ob sie echt waren oder nicht. Mein Vater fing an, mit mir über den Son-

nentanz zu reden, den sie veranstalteten. Ich dachte weiter an meine Großmutter, die behauptete, es wäre einerlei, wieviele Menschen für einen beten, solange man nicht für sich selber betete, würden die Gebete nichts bewirken. Also versuchte ich, meinen Geist zu entspannen. Immer wieder stellte ich mir den Sonnentanz so deutlich wie möglich vor, mit all den Menschen, die um den Baum des Lebens in der Mitte herumtanzten. Ich betete, betete viel und demütig, aus tiefstem Herzen.

Als der Sonnentanz vorüber war, heilten meine Knochen wieder zusammen. Die Ärzte konnten es nicht fassen. Eine Woche später verließ ich das Krankenhaus auf eigenen Füßen. In meinem tiefsten Inneren wußte ich, daß meine Gebete erhört worden waren. Meine Großmutter sagte zu mir, wenn du dieses Gleichgewicht des Lebens gehen willst, mußt du um die Richtung beten, denn wenn sie nicht Teil deines Lebens ist, wirst du leicht Schaden nehmen. Mitte der achtziger Jahre machten wir einen Marsch und einen Lauf nach Pipestone in Minnesota, von wo der rote Stein unserer Pfeife stammt. Vom Blut unserer Vorfahren, wie die Ältesten sagen.

SIOUX | Wir haben eine Zeremonie, das »Ausbessern des Heiligen Reifens«. Seit dem Massaker von Wounded Knee, 1890, bis zur Gedenkfeier hundert Jahre später, 1990, war das Leben in den Reservationen wie im Konzentrationslager. Bis zum Gesetz über die Religionsfreiheit 1978 durften wir nicht auf unsere Art leben. Heute haben wir eine hohe Alkoholismusrate in den Reservationen und eine Menge Selbstmorde, weil die Menschen zu wenig Selbstachtung haben und in einer Identitätskrise stecken. Aber bis zum Jahr 2000 haben wir uns zum Ziel gesetzt, trocken zu sein, und eine Menge Leute arbeiten daran, zu unserer Kultur zurückzufinden. Auf diese Weise bewahrheitet sich die Prophezeiung: Der Heilige Reifen wird ausgebessert.

Es gab eine Zeit in meinem Leben, in der es mir so miserabel ging, daß ich anfing, zwei Wochen ununterbrochen zu trinken. Ich war allein, ich wollte mit niemandem sprechen. Ich erinnere mich an eine Nacht, in der ich so betrunken war, daß ich nicht einmal mehr wußte, wie ich aus dem Haus gekommen war. Als nächstes bekam ich mit, daß ich in einem Auto lag, das ich soeben zu einem Haufen Schrott gefahren hatte. Ich spürte, daß mein Körper in diesem Schrotthaufen festgeklemmt und so zerquetscht war, daß ich kaum mehr atmen konnte. Irgendwie zwängte ich mich nach draußen. Ich war verrückt, das wußte ich noch, und es schoß mir durch den Kopf, daß ich noch nicht bereit zum Sterben war. Am nächsten Tag schaute ich mir die Schnittwunden an, und ich zog die Glassplitter aus meiner Haut. Ich ging in die Schwitzhütte und betete. Ich beschloß, ein stärkerer Mensch zu werden. Das war 1988. Seither habe ich aufgehört zu trinken.

Im Januar 1991, unmittelbar vor dem Golfkrieg, reisten wir, eine Gruppe von Lakota-Ältesten, nach Bagdad, um für den Frieden in der Welt zu beten. Wir verdanken es ausschließlich unseren Gebeten, daß unsere Reise sicher verlief. In der ersten Dezemberwoche 1990, als die Bombenangriffe begannen, waren wir in Bagdad, und ich fürchtete um mein Leben. Aber dann dachte ich, daß es besser wäre, für andere Menschen zu sterben als in einem Autowrack umzukommen. Der Grund für unsere Reise war der Traum eines Ältesten – in diesem Traum war die Luft bei Sonnenaufgang voll von schwarzem Rauch gewesen. Wir mußten also sozusagen dorthin gehen, die Friedenspfeife anbieten und beten. Unsere Leute sagen, wir seien die Hüter von Mutter Erde. Es heißt, wenn man eine spirituelle Reise macht, treffen einen die Geister auf halbem Wege.

Wir haben eine einfache Lebensweise, aber einige der Gelübde, die wir dem Großen Geist gegeben haben, sind schwierig einzulösen. Das Gelübde besteht zwischen dir und *Tunkashila*, dem Großen Geist. Du mußt bescheiden werden, und du mußt in deinen eigenen Worten aus tiefstem Herzen beten. *Tunkashila* erhört deine Gebete, weil er alles hier auf Mutter Erde geschaffen hat.

Unserer Tradition entsprechend erhalten wir einen Babynamen, wenn wir klein sind, und wir müssen uns unseren Lakota-Namen verdienen, sobald wir älter werden. Wir verwenden unseren Lakota-Namen bei Zeremonien und Zusammenkünften. Wir nennen unseren Lakota-Namen zuerst.

Die höchste Auszeichnung, die jemand bekommen kann, ist eine Adlerfeder – sie steht für Lebenserfahrung. Vor langer Zeit brachte man die Menschen auf Gestellen unter, wenn sie in die Geisterwelt gingen, um dieses Wissen hoch oben zu halten, weil alles im Leben sich in Kreisläufen bewegt. Das ist ein Grund, warum wir Babys nicht auf dem Boden liegen lassen. Die Mutter trägt sie auf ihrem Rücken, oder sie legt sie in Augenhöhe hin, denn das ist die Höhe, in der das Wissen ist. Nach unserer Lebensweise wird ein Kind heilig geboren.

Unsere Zeremonien spiegeln die vier Abschnitte dieses heiligen Lebens wider – von der Zeit deiner Geburt bis hin zu der Zeit, in der du Großvater wirst. Wir lernen, mit der Pfeife um Glück und Gesundheit zu beten. Wenn du um etwas betest, mußt du gleichzeitig auch für alle guten Dinge im Leben danken. Wir lernen auch, auf uns achtzugeben, indem wir von den Tieren lernen – sogar von den Präriehunden. Zum Beispiel können wir sagen, wie hoch die Schneewehen im kommenden Winter sein werden, je nachdem, wie hoch sie ihre Behausungen bauen. Wir glauben, daß du soviel zurückbekommst, wie du selber in etwas gesteckt hast. Es ist schon ein gutes Leben, wenn du es so betrachtest. Wir lernen vom Tierreich. Mein Großvater hatte zwei Religionen, die christliche und die indianische. Er sagte: »Wie du betest, spielt keine Rolle, es gibt nur einen Schöpfer.« Aus Achtung vor unserem Großvater gingen wir auch weiterhin zur Kirche, bis eines Tages ein indianischer Prediger unsere Gebete mit der Pfeife »Teufelsanbetung« nannte. Mein Vater stand auf und verließ unter Protest die Kirche, und die halbe Gemeinde ging mit ihm.

Als ich klein war, ermahnte man uns, nicht über die Pfeife zu sprechen. Das war vor dem Gesetz über die Religionsfreiheit. Ich achte andere Kirchen, daher mache ich sie nie schlecht. Ich weiß, egal, was du glaubst, es hilft dir, es arbeitet für dich.

Ich habe viel von meinem Großvater gelernt. Ich schlief im Haus meiner Großeltern, als ich klein war, und sobald die Sonne untergegangen war, fing er mit seinen *iktomi*, seinen Geschichten über den Trickster, den Schwindler an. Nach dem Tod meiner Großeltern lebte ich bei meinen Eltern, und das war ein ziemlicher Kulturschock. Auch weiterhin kamen abends die Leute, sangen, tanzten und erzählten Geschichten. Ich war so glücklich, ich dachte, das ginge so das ganze Leben lang.

Meine Eltern sprachen nur Lakota. Wenn ich als Junge über mein Leben nachdachte, reichte es gerade von Green Grass bis hin zur Stadt. Ich hätte mir nie vorstellen können, daß ich reisen und über den Weltfrieden sprechen würde. Manchmal wünsche ich mir, meine Großeltern wären noch am Leben. In unserer Sprache gibt es kein Wort für »Good bye«, für »Lebe wohl«. Wenn du dich von jemandem verabschiedest, sagst du *toksa*; das bedeutet: »Wir sehen dich«.

Wenn ich das Land betrachte, fühle ich mich sicher und voller innerem Frieden. *Ma Lakota*, ich bin ein Lakota. Von den Ältesten habe ich gelernt, mir Ziele zu setzen und mich dafür einzusetzen. Das ist eine Lektion für jeden, der aus seinen Fehlern lernen mußte. Auch wenn wir unter sehr verschiedenen Umständen aufwuchsen, die uns je auf ihre Art verletzt haben. Ich bin in der Reservation aufgewachsen, aber ich habe das Gefühl, ich habe eine Menge für mich erreicht, und ich bemühe mich immer darum, ein besserer Mensch zu werden. Heute versuche ich den Kindern klarzumachen, sie dazu zu ermutigen, daß ihnen alles gelingt, wenn sie sich wirklich dafür einsetzen. So war es bei mir, und ich weiß, bei ihnen ist es nicht anders. Der Heilige Reifen des Stammes hat keinen Anfang und kein Ende.

SIOUX | # Carol Anne Heart Looking Horse: Eine der Ältesten von morgen

Ich heiße Carol Anne Heart Looking Horse. Ich bin eine Rosebud-/Yankton-Sioux aus South Dakota. Mein indianischer Name ist *Waste Wayankape Win* oder »Sie sehen Gutes«. Konkret bedeutet das, daß die Leute etwas Gutes in mir sehen.

Mein Dad, Narcis Francis Heart, war ein Yankton-Sioux, und meine Mutter ist eine Vollblut-Rosebud-Sioux. Die Rosebud-Sioux sind »Sicangu«, das heißt »Verbrannte Oberschenkel«. Der Name geht auf die Indianerkriege zurück, als die Menschen zum Schutz die Prärien abzubrennen pflegten. Manche erlitten Brandverletzungen, wenn das Feuer plötzlich in die andere Richtung umschlug, deshalb nannte man sie »Verbrannte Oberschenkel«. Mein Urgroßvater war Horn Chips, ein Lakota-Sioux, und einer der spirituellen Ratgeber von Crazy Horse. Meine Urgroßmutter hieß Stands Alone by Him. Meine Großmutter väterlicherseits war Aberdeen Zephir Heart.

Meine Kindheit und Jugend verbrachte ich teils in der Rosebud- und teils in der Yankton-Reservation, und ich war eine Musterschülerin sowohl auf der St. Francis High School als auch in Marty, daher übersprang ich die fünfte Klasse und ging nach den Abschlußprüfungen direkt auf die Universität von South Dakota. Damals besuchten nur sieben indianische Studenten das College; Tom Shortbull, der spätere Senator des Staates, war einer von uns. Nachdem einer der indianischen Studenten den Juwelier der Stadt ermordet hatte, bekam die ganze Stadt Angst vor uns. In den Geschäften behandelten mich die Leute, als ob ich die Schuldige gewesen wäre. Ich lernte, daß Rassismus und Bigotterie viele Formen annehmen können. Nach dem College ging ich an die Juristische Fakultät der Universität von South Dakota und arbeitete im *Office of Trust Responsibilities*, der Treuhandverwaltung des BIA [*Bureau of Indian Affairs**]. Ich habe auch in der Rechtsberatung in Mission gearbeitet und dabei alles von Grundbesitzer/Pächterproblemen bis hin zu Verstößen im Straßenverkehr unter Alkohol- und Drogeneinfluß behandelt, ein Mordfall war auch darunter.

Meinen Großmüttern verdanke ich mein ausgeprägtes Selbstwertgefühl und meine kulturelle Identität. Sie haben mich gelehrt, daß nichts ohne Grund geschieht und daß man bei allem, was einem widerfährt, nach der Lehre suchen sollte, die darin enthalten ist. Wenn ich zurückblicke, wird mir klar, daß es diese herausragenden Frauen waren, die mir die Kraft gegeben haben, diejenige zu sein, die ich bin. Nicht nur, daß sie extrem großzügig waren, sie verstanden vielmehr auch, wie man Menschen auf einfache Art und Weise Ehre zuteil werden läßt und sie dadurch gleichzeitig in die Lage versetzt, das Potential zu aktivieren, das in ihnen steckt.

---

* *Bureau of Indian Affairs,* Behörde für indianische Angelegenheiten, entstanden 1824. Regierungsinstitution der USA, die »speziell die Rechte der Indianer gegenüber den Regierungen in den Bundesstaaten sowie der Administration in Washington vertreten und andererseits die Politik der Regierung gegenüber den Indianern garantieren soll. Dem BIA wird häufig vorgeworfen, ein aufgeblähter Apparat zu sein, der weniger die Interessen der indianischen Bevölkerung vertritt, als vielmehr versucht, sie in Knechtschaft zu halten.« Zit. aus: van der Heyden, U.: *Indianerlexikon*. Berlin 1992 *(Anm. d. Übers.)*.

Bei mir hat es mindestens vier Jahre gedauert, bis ich einwilligte, meinen Mann, Arvol Looking Horse, zu heiraten, obwohl er schon einen Monat, nachdem er mich kennengelernt hatte, heiraten wollte. Ich war zurückhaltender, weil ich wußte, wer er war, und ich war mir nicht sicher, ob ich dieses Leben wollte. Als ich schließlich doch Ja sagte, feierten wir am vierten Oktober in Green Grass unsere Hochzeit im traditionellen Stil. Wir wählten dieses Datum, weil Vier eine heilige Zahl ist.

Es war einfach verblüffend, aber zu unserer Hochzeit kamen sogar Adler. Sie tauchten in dem Augenblick auf, als die Zeremonie begann. Richard Charching Eagle, ein Lakota-Sprecher und Pastor an der Kirche von Green Grass, und Harry Charger, ein Ältester und ein Vertreter der Pfeife, leiteten die Zeremonie. Richard erklärte uns, die Adler seien gekommen, um uns daran zu erinnern, daß sie für ihr ganzes Leben lang zusammengehen und daß unsere Gemeinschaft ein ganzes Leben halten sollte. Ich hörte diese Worte und nahm sie in mein Herz auf.

Bei der Zeremonie bildeten wir und unsere Verwandten und Freunde einen großen Kreis auf dem Sonnentanzgelände. Das ist der Unterschied zu einer nichtindianischen Hochzeit,

| Sioux |

denn normalerweise stehen die Menschen hinter dir und können nicht einmal dein Gesicht sehen. Wir beide hielten eine Adlerfeder zwischen uns, und ich las einen besonderen Text vor, in dem es darum ging, inwiefern die Ehe das Zusammengehen zweier Menschen widerspiegelt, und wie wichtig es dennoch ist, innerhalb der Beziehung seine eigene Persönlichkeit zu bewahren. Danach baten Harry und Richard unsere Verwandten, einen kleineren Kreis innerhalb des größeren zu bilden, um die Vereinigung der Familien symbolisch darzustellen. Seine Familie wurde zu meiner Familie und meine Familie zu seiner, und alle sind wir zu einer großen Familie vereint.

Auch die vier Jahreszeiten waren zu Gast bei unserer Hochzeit. Es schneite und regnete, und dann kam die Sonne durch. Gegen Ende der Zeremonie, als uns alle umarmten und gratulierten, bemerkte jemand, daß oben auf dem Hügel ein einzelnes Pferd stand und zu uns herunterschaute. Jemand meinte dazu: »He! Da ist ein Looking Horse, ein Pferd, das Ausschau hält!«

Als Frau des Hüters der Heiligen Pfeife habe ich viele Verpflichtungen. Das ist nicht immer einfach wegen der Erwartungen, die die Menschen in bezug auf mich haben. Dabei versuche ich das zu tun, was unserer Kultur im positiven Sinn nützt. Wenn Arvol und ich gebeten werden, eine Rede zu halten, müssen wir uns die Frage stellen, ob das dem indianischen Volk nützt. Trägt sie dazu bei, die vorherrschende Kultur und Gesellschaft darüber aufzuklären, wer wir sind? Ich finde, daß das wirklich wesentlich und entscheidend ist. Und es ist genauso wesentlich, mit unseren eigenen Menschen zu arbeiten, sie dabei zu unterstützen, wieder Zugang zu finden zu ihren eigenen kulturellen Werten, und diese Werte zu stärken. Mir geht es nicht darum, in einem Tipi zu leben oder Wildleder zu tragen; es geht vielmehr um Werte wie Großzügigkeit und Achtung, die wir *Natives*, wir Ureinwohner mitbekommen haben*.

Wenn ich zusammenfassen müßte, was Arvols und meine Pflichten sind, würde das einschließen die Bewahrung und Stärkung unserer Kultur, unserer Spiritualität sowie der Sprache und der Lebensweise der Lakota, Dakota und Nakota. Was unsere Sache jedoch ungeheuer erschwert, ist die weitverbreitete Vorstellung der Leute, daß wir bessere Menschen wären als alle anderen. Das gilt ganz besonders für Arvol als Hüter.

Außerdem erwartet man von ihm, daß sein Leben Modellcharakter für andere haben sollte, der Hüter und seine Familie sollten eine Musterfamilie sein. Ich glaube, eine Menge Leute sind ziemlich überrascht, wenn sie erfahren, daß auch wir nur Menschen sind. Wir sind ganz normale Leute, und andere sollten uns keine Eigenschaften andichten, die sie selbst auch nicht haben.

Nehmen wir zum Beispiel das Trinken. Auch wir waren vom Alkoholismus betroffen, so wie praktisch jede andere indianische Familie. Jeder war davon betroffen. Ich glaube nicht, daß auch nur ein einziger Indianer behaupten könnte, seine Familie sei in den letzten Generationen nicht davon betroffen gewesen, denn der Alkoholismus ist schon so lange eines unserer Probleme. Die Menschen erwarten also sehr viel von Arvol, und manchmal ist es für einen normalen Menschen sehr schwierig, diesen Erwartungen gerecht zu werden.

---

* *Native Americans, Natives*: korrekte Bezeichnung für die Ureinwohner Amerikas, die von ihnen selbst bevorzugt wird, da der Name »Indianer« eine Fremdbezeichnung ist, die auf einem Irrtum beruht *(Anm. d. Übers.)*.

Die Rolle der indianischen Frauen hat sich gewandelt. Es ist schwierig, die Rollen beizubehalten, die im 18. und 19. Jahrhundert existierten, denn die Zeiten haben sich in wirtschaftlicher Hinsicht geändert; Kontakte nach außen führten zu andersartigen Rollen für uns alle. Viele Indianerfrauen finden sich als Haushaltungsvorstand wieder, obwohl den Frauen traditionellerweise ohnehin alles gehörte, das Haus eingeschlossen. Wenn eine Frau einen Mann hinauswarf, mußte er normalerweise bei Verwandten Unterschlupf suchen. Was sich wirklich verändert hat, ist, daß die Männer nicht mehr auf die Jagd gehen müssen, um Nahrung heranzuschaffen. Heutzutage müssen sie zur Arbeit gehen, um die Miete zu bezahlen und um Essen auf den Tisch zu stellen. Das hat unsere Gesellschaft verändert und auch unsere Beziehungen zueinander.

Ich habe gelernt, daß man sich in einer glücklichen Ehe gegenseitig unterstützen muß. Früher war es der Mann, der den Büffel nach Hause brachte, und die Frau zollte ihm dadurch Anerkennung, daß sie ihn bediente. Heute ist es oft so, daß die Frau nicht nur »den Büffel nach Hause bringt«, sie kocht ihn auch noch. Das hat für ein gewisses Maß an Zündstoff gesorgt zwischen Männern aus traditionell eingestellten Familien und moderner denkenden Frauen.

Seit 1974 gehöre ich der *White Buffalo Calf Women Society*, der Gesellschaft der Weißen Büffelkalbfrau, in der Rosebud Reservation an. Eine Freundin und ich schrieben den Entwurf, der zur Stiftung des ersten *Domestic Violence Shelter*, einer Zufluchtsstätte bei Gewalt in Familien, führte, der ersten auf indianischem Territorium. Als Gruppe entschlossen wir uns, das Thema Gewalt in der Familie direkt anzugehen, weil es nie Teil unserer Kultur war. Wir mußten mitansehen, daß indianische Männer indianische Frauen mißhandelten, und wir beschlossen, dies öffentlich zur Diskussion zu stellen, damit die Menschen anfangen konnten, sich damit auseinanderzusetzen. Wir stellten fest, daß Mißhandlungen vielfach darauf zurückgingen, daß die Männer arbeitslos waren, was die Frauen in die Abhängigkeit von Wohlfahrtseinrichtungen zwang, was einem Rollentausch innerhalb der Kultur gleichkam. Die Frustrationen und Spannungen, die dadurch entstanden, verschärften die Problembereiche Macht und Kontrolle.

Unsere Kultur war traditionell matriarchalisch und gründete auf wechselseitigen Abhängigkeitsbeziehungen. Nie wurde etwas entschieden, ohne daß man sich nicht vorher mit den Frauen beraten hätte. Männer hatten sich mit ihren Frauen zu beraten, bevor es zu irgendeiner wichtigen Entscheidung kam. Alle Männer berieten sich mit ihren Frauen – nicht nur Mister Crazy Horse und Mister Red Cloud – denn es betraf ja die ganze Familie.

Menschen aus einer anderen Kultur verstehen das manchmal nicht. Nichtindianische Autoren schreiben aus ihrem eigenen kulturellen Blickwinkel heraus, und dadurch verbreiten sie falsche Vorstellungen, weswegen es die gesamte Geschichte hindurch zu einem schiefen Bild von uns gekommen ist. Das ändert sich jetzt, denn unsere eigenen Autoren ermöglichen eine zutreffendere Perspektive, und das trifft auch für einige andere zu, die wirkliches Interesse daran haben, wer wir sind und daß unsere Geschichte angemessen erzählt wird.

Sogar das Magazin *Life* hat in einem Bericht vom April 1993 unsere Sprache verdreht. Sie bezeichneten unsere Heilige Geistfrau als »Squaw«. Ich konnte es schier nicht fassen. *Life* ist eine Zeitschrift von internationalem Ansehen und durchaus in der Lage, die Vorstellungen ihrer Leserschaft über Ureinwohner im allgemeinen und über die herausragende spirituelle Führerin der Lakota-Sioux im besonderen zu beeinflussen. In diesem Artikel bezeichneten sie unsere Geistfrau, die den Sioux die Pfeife gebracht hatte, als »Squaw«, also mit einem Wort, das für Indianer einen äußerst negativen Beiklang hat. Die Ironie bei der Geschichte ist, daß in derselben Woche in der *Lakota Times* ein Artikel erschienen ist, in dem es darum ging, was »Squaw« tatsächlich bedeutet. In einer der *Native*-Sprachen bedeutet es Vagina. Egal, aus welcher Sprache das Wort tatsächlich stammt, sie dachten, es wäre Naragansen, es war immer eine abfällige Bezeichnung. Weiße Männer, die eine indianische Frau hatten, nannte man ja auch »Squaw-Männer«, was ebenfalls negativ gemeint ist. Die Journalisten bei *Life* hatten nicht nachgedacht, als sie sich zum Gebrauch dieser Wörter entschlossen hatten. Es wäre so, wie wenn man die Heilige Jungfrau Maria als Nutte bezeichnen würde.

Der entscheidende Punkt ist, daß wir diese Sprachbarriere erkennen und auf eine eindeutige Veränderung zugunsten der Indianer hinarbeiten, denen der Zugang zu ihrer eigenen Kultur so lange verwehrt worden war. Man hat uns bestraft, wenn wir unsere Sprachen gesprochen haben, was zu der Überzeugung geführt hat, unsere Kultur sei der vorherrschenden Kultur unterlegen, sie sei minderwertig. Wir lernten, wir seien Wilde ohne Religion. Mittlerweile gibt es starke Bewegungen auf eine Rückkehr zu unserer spirituellen Lebensweise hin, damit wir zurückgewinnen können, was so lange Zeit verloren war.

In den Schulen, die unter indianischer Schulaufsicht stehen, können wir unsere Schüler darin unterstützen, stolz auf ihre Vorfahren zu sein, wir können ihnen helfen, ihre Geschichte, die Geschichte eines unterdrückten Volkes in diesem Land zu verstehen. Wenn ihnen das klar geworden ist, fangen sie vielleicht auch nach und nach an zu verstehen, warum da dieses Gefühl in ihnen ist, dieses »Leiden an der Geschichte«, wie man es heute nennt. Dann kann auch der Heilungsprozeß einsetzen. Dann können die Menschen verstehen, warum ihre Eltern so wenig liebevoll zu ihnen waren. Unsere Mütter und Väter wußten nicht, wie Eltern sein sollen, denn als Kinder hat man sie ja aus ihren Familien herausgerissen und in Internate gesteckt. Der Kreis konnte sich nicht schließen, weil ihre eigenen Erfahrungen mit den Eltern unterbrochen worden sind.

Wir haben uns auf eine spirituelle Reise begeben. Die Menschen blicken zurück, um dieses fehlende Glied, diese Lücke in ihrem Wesen zu finden. Sie wollen sie schließen, sie auffüllen mit allen Möglichkeiten, was wir sein können. Für uns war die Verabschiedung des *American Indian Religious Freedom Act*, des Gesetzes über die freie Religionsausübung für amerikanische Indianer, von 1978 ein Anfang.

Viele Probleme, mit denen wir uns derzeit auseinandersetzen müssen, hätten wir nicht, wenn die Vereinigten Staaten dieselbe Philosophie hätten wie die *Natives*, die Ureinwohner. Der Mangel an Respekt – nicht nur anderen Menschen gegenüber, sondern auch vor Umwelt und Tieren – ist etwas für uns völlig Unverständliches. Ich betone immer, wie wichtig es ist, mit unseren Jugendlichen darüber zu sprechen. Bei unserer Arbeit versuchen wir immer, alle Anfragen von Jugendlichen zu berücksichtigen, denn meiner Meinung nach ist es für Jugendliche wichtig zu wissen, wer Arvol ist, und wie wichtig er für uns als Volk ist, es ist wichtig, sie wieder mit der Kultur in Verbindung zu bringen, aus der sie hervorgegangen sind.

Ich finde, die *American Indian Movement** war eine gute und positive Kraft in der Welt der Indianer, denn sie gab unseren Menschen ihren Stolz zurück. Sie brachten die alten Lebensweisen zurück, von denen die meisten schon annahmen, sie seien vergessen. Mir gefällt die Tatsache, daß sie ein Gespür für die Kraft hatten, eine positive Veränderung zu bewirken, und daß sie das umsetzten, was sie als notwendig ansahen, um Veränderungen in der indianischen Gesellschaft herbeizuführen. Sie sind nach wie vor aktiv, aber weil sie friedlichere Taktiken entwickelt haben, hört man derzeit nicht so viel von ihnen.

Für die Zukunft – in den kommenden zehn, zwanzig Jahren – wünsche ich mir eine Gemeinschaft, die unsere Kinder achtet. Um positive Veränderungen in unseren Gemeinschaften herbeizuführen, müssen wir bei den Kindern beginnen, denn sie sind das Fundament.

In Zusammenhang mit dem Gedanken, bei den Kindern zu beginnen, um den Heiligen Reifen auszubessern, haben wir in den letzten zwei Jahren den Vorschlag unterbreitet, eine Schule in der Green Grass-Reservation einzurichten.

Für diesen Sommer ist geplant, unsere Familien zusammenzuführen, und jedem einen indianischen Namen zu geben, der noch keinen hat. Wir wollen Familienstammbäume erstellen und vervollständigen, und wir bitten jedes Familienmitglied mütterlicherseits, ihn weiterzuführen, damit wir wissen, wie unsere heiligen Beziehungen zueinander aussehen, und damit wir uns dieser Bande versichern können. Wir wollen die Zeremonien zurückholen, unsere Kultur leben und unsere Ältesten ehren. Damit stärken und bessern wir den heiligen Reifen innerhalb unserer Familien aus, und gleichzeitig beginnen wir, die Welt besser zu machen.

SIOUX

---

* *American Indian Movement*, Bewegung der amerikanischen Indianer: 1968 in Minneapolis gegründete indianische Organisation; galt in den siebziger Jahren »aufgrund ihrer öffentlichkeitswirksamen, radikalen Aktionen als die typische Indianerorganisation. ... Mit Besetzungen, z.B. des Bureau of Indian Affairs 1972 und von Wounded Knee 1973 sowie mit landesweiten Protestmärschen gelang es AIM, auf die Lage der Indianer national und international aufmerksam zu machen. Durch Konflikte in der Führung von AIM, Drogenprobleme und unüberlegte Aktionen einzelner Mitglieder zerbrach in den 80er Jahren die nationale Struktur. ... (Heute) bestehen Tendenzen der verstärkten Hinwendung zu traditionellen indianischen Lebenswerten«. Zit. aus: van der Heyden, U.: *Indianerlexikon*. Berlin 1992 *(Anm. d. Übers.)*.

HOPI

MARTIN GASHWESEOMA: DIE PROPHEZEIUNG

Die Hopi stammen von den Anasazi ab – diese cliff dwellers* *lebten seit mindestens zehntausend Jahren im Chaco Canyon in New Mexico und im Gebiet um Mesa Verde in Colorado. Sie errichteten außergewöhnliche, mehrstöckige Wohndörfer, von denen einige noch existieren. Während einer Trockenperiode wanderten die Anasazi nach Süden und Westen und errichteten in Gegenden, die heute zu New Mexico und Arizona gehören, etwa zwanzig Pueblos. Die Gruppe, aus der die Hopi hervorgingen, erbaute um 1100 Old Oraibi, einen Ort im mittleren Arizona. Man hält ihn für die älteste ständig bewohnte Siedlung in Nordamerika. Andere Hopi-Dörfer liegen auf den Plateaus dreier Mesas, dreier Tafelberge, in einem Radius von etwa achtzig Kilometern rund um Old Oraibi.*
Im Jahr 1906 wurden die Traditionalisten unter ihrem Führer Yukima durch die von den Weißen beeinflußten Progressiven aus Old Oraibi vertrieben. Die Gruppe um Yukima, die nur mitnahm, was sie auf dem Rücken tragen konnte, zog in die sandige Gegend knapp zehn Kilometer weiter südlich, die heute Hotevilla genannt wird.
Yukimas Neffe, Martin Gashweseoma, wurde Hüter der heiligen Steintafeln mit den Prophezeiungen der Hopi.
Martin Gashweseoma ist von einer Sanftmut, von einer angeborenen Freundlichkeit, die jedermanns verwirrten Geist zu beruhigen scheint. Sein Blick durchbohrt nicht, sondern ruht ruhig auf dem Zuhörer, selbst dann noch, wenn er von unheilvollen Prophezeiungen spricht. Denn er lebt nur im Augenblick, einem Augenblick ohne Anfang und Ende.
Martin hat Schwierigkeiten mit dem Englischen, deshalb sitzt der Medizinmann und Martins Schwiegersohn Emery Holmes neben ihm. Ab und zu besprechen sie etwas in Hopi, bevor sich Martin sicher genug fühlt, meine Fragen zu beantworten. Emery ist mit Martins Tochter Mildred verheiratet, und wir sitzen in ihrer geräumigen Küche. Mildred serviert piki, *ein köstliches, knusprig-lockeres Brot aus blauem Mais, das auf althergebrachte Weise auf einem Stein gebacken worden war. Im Wohnzimmer sitzen die Kinder vor dem Fernseher.*
Es ist ein Rätsel: Zwar gibt es in vielen indianischen Behausungen kein fließendes Wasser, aber immer einen Fernsehapparat.

---

* Bewohner von sog. Felsenwohnungen, häuserartigen und meist sehr kunstvoll gestalteten Anlagen aus Stein, die geschickt in natürliche Höhlungen von Felsenwänden und Steilhängen der Canyons im Süden der USA hineingebaut worden waren; die Anlagen wurden gegen Ende des 13. Jahrhunderts aufgegeben *(Anm. d. Übers.).*

Zur Schlafenszeit kletterte ich über eine Leiter auf den Schlafboden. Während ich in einen friedlichen Schlaf voller Träume hinübergleite, geht es mir durch den Kopf, daß es irgendwo Magie geben muß. Hier ist dieser Ort mit seinem pinkfarbenen Sand und den Canyonwänden, die die Windgeister so geformt haben, wo die vier heiligen Berge die Harmonie des Atems und des Geistes von Land und Leben hüten.

Man sagt, die Hopi seien die Hüter, die durch ihre Gebete und Zeremonien die ganze Welt im Gleichgewicht halten. Für die gesamte Welt kann ich nicht sprechen, ich jedoch befinde mich diese Nacht, diesen Tag in vollkommenem Gleichgewicht.

HOPI

Unsere Prophezeiungen werden uns seit langer, langer Zeit überliefert. In den späten zwanziger Jahren kam mein Onkel Yukima, den sie als »Feindlichen« oder Hopi-Traditionalisten bezeichneten, oft zu uns ins Haus und erzählte uns, was in der Zukunft geschehen würde. Damals fiel mir dabei überhaupt nichts Ungewöhnliches auf, und ich dachte, er würde vielleicht Spaß machen. Aber ich hörte meinem Onkel zu, ich ging auch immer bei Sonnenaufgang hinaus, um die Sonne zu begrüßen und um zu beten, und da

HOPI

nach ging ich zur Quelle und badete im kalten Wasser. Auf diese Weise bekommt man ein großes Herz, und wenn einem etwas Übles zustößt, braucht man sich vor niemandem zu fürchten.

Ich glaube, irgend etwas hat mich zu diesem traditionellen System hingeschoben. Mein Onkel hat mich die richtigen Dinge gelehrt. Auch wenn er einiges geheimhalten mußte. Ich wußte einiges, und ich betete um dieses geheime Wissen. So ging das Monat für Monat, und allmählich dachte ich, ich würde etwas falsch machen, weil ich nicht verstand. Ich lebte mein Leben weiter, bis ich in einem Jahr keine Träume hatte. Dann kam eines Nachts eine Art Traumgeist zu mir. Es war wie im Traum, aber es war kein Traum. Ein Geist weckte mich auf und brachte mich zum Kiva, einer unterirdischen Kammer für heilige Zeremonien und nur für Männer. Als wir im Kiva waren, gab mir der Geist etwas in die Hand, damit die Leute, die schon da waren, uns nicht sehen konnten.

Im Inneren des Kiva lauschte ich den Unterhaltungen und lernte die Lehren, die durch die einzelnen Gesellschaften weitergegeben wurden. Als ich meinen Onkel fragte, ob diese Dinge stimmten, fragte er mich, woher ich davon wüßte, und ich sagte ihm, ich wäre dort gewesen. Er meinte: »Du hast gute Ohren. Du hast gute Augen. Weil du weißt, ist alles richtig.« So erfuhr ich von ihren Gebetsfedern, Schreinen und anderen wichtigen Dingen. Aber sie konnten mich nicht sehen.

Heute lebe ich mein Leben entsprechend dem Weg, den mein Onkel mich gelehrt hat. Ich kann sehen, daß die Prophezeiungen, von denen er gesprochen hat, so eintreffen, wie er es gesagt hat. Es ist der Sinn meines Lebens, weiterhin den Lehren des Schöpfers entsprechend zu leben. Meine Brüder sind auf der falschen Seite der Straße. Sie haben den Weg des weißen Mannes gewählt, den materialistischen Lebensstil.

Es ist noch nicht lange her, seit alles in unserem Hopi-Leben so verdorben ist. Von unseren Ältesten wußten wir, daß wir nach Santa Fe zu gehen hätten, wenn die Pflanzen mitten im Winter zu blühen anfangen würden, um alle vor Leid und Zerstörung zu warnen, die über sie kommen würden, es sei denn, sie änderten ihren Lebensstil. Wir hatten ein Treffen mit den Ältesten und schrieben Briefe nach Santa Fe, in denen wir ihnen mitteilten, daß wir kommen wollten.

Viele Bereiche unseres Lebens sind jetzt Sache der Bundesregierung. Wenn wir unsere Traditionen verlieren, wird es uns noch leid tun. Die zusehends häufigeren Erdbeben, von denen in der Hopi-Prophezeiung die Rede ist, haben schon eingesetzt, und auch, daß weltweit das Kriegsrecht regiert. Wir wußten, daß die Erdbeben in Kalifornien beginnen würden. Besuchern von dort habe ich geraten, wegzuziehen, in Richtung Flagstaff oder Sedona, wenn sie sicher sein wollten. Auch Krankheit und Hunger, Aids und Obdachlosigkeit, alles das ist in den uns überlieferten Prophezeiungen enthalten.

Der tiefere Grund für das Entstehen dieser Siedlung war, die Gesetze und Wege des Schöpfers zu achten und um vom Boden zu leben. Hier hätte niemand Strom, Wasser oder Kanalisationssysteme verlegen müssen, denn all das führt dazu, daß unser Land Regierungsbesitz wird. Die Regierung ist schon hereingekommen und hat das Land aufgegraben, am Rand unseres Besitzes, um solche Dinge einzurichten.

Unsere Ältesten haben uns gelehrt, es kämen Menschen auf diesen Kontinent, Menschen auf der Suche nach dem Schöpfer. So wie die Bibel geschrieben worden ist, um das zu berichten, was in der Vergangenheit die Welt erschüttert hat, so habe ich die Öffentlichkeit gebeten, meine Aussagen aufzuzeichnen, damit man sie veröffentlichen kann, wenn die Reinigung vorüber ist. In unseren Prophezeiungen ist die Rede von zwei Brüdern, einem dunkelhäutigen jüngeren Bruder und einem hellhäutigen älteren, den wir den »Weißen Bruder« nennen. Sie werden zusammen entscheiden, wie die Reinigung durchzuführen ist.

Das Leben ist aus dem Gleichgewicht geraten. Wenn die Menschen so aus dem Gleichgewicht geraten sind, wird irgend jemand unsere Stimme hören, und unser Weißer Bruder wird auf den Ruf antworten und mit den Bösen aufräumen. Nach den Prophezeiungen wird von jedem Volk in Übersee nur eine Handvoll Menschen überleben. Sie werden dann auf diesen Kontinent kommen, den wir Himmel nennen. Hier lebte der Schöpfer am Anfang, und so nannte er ihn. Das Königreich des Himmels. Er sandte seinen Sohn von Oraibi, einem Ort im Land der Hopi, nach Bethlehem, wo er geboren werden sollte. Die Hopi wußten bereits, daß eines Tages der Morgenstern aufgehen würde und daß jemand Besonderer zur Welt käme.

Die zwei Brüder waren bei uns, als wir am Anfang auf diesen Kontinent kamen. Als ihr Vater starb, ging der Ältere in Richtung Sonnenaufgang, und der jüngere Bruder blieb hier. Sie hatten vereinbart, daß der ältere Bruder gehen würde, daß er aber nicht zu lange wegbleiben sollte. Er würde zurückkehren, wenn die Menschen auf einer Straße in der Luft reisen würden. Dann würden wir wissen, daß die Erde in einem solchen Grad verdorben worden ist, daß sie gereinigt werden muß.

Diesen Punkt haben wir jetzt erreicht. Alles ist verdorben. Weil wir aus dem Gleichgewicht geraten sind, weil wir den Gesetzen nicht gehorchen. Wie zum Beispiel in Kalifornien, wo sich Schlimmes ereignet, trotz unserer Warnungen. Jetzt ist es zu spät für kleinere, freiwillige Veränderungen. Die Menschen sagen, sie würden sich nächstes Jahr ernsthaft darüber Gedanken machen, aber nächstes Jahr könnte es zu spät sein. Deshalb haben wir die Menschen gewarnt: »Wacht jetzt sofort auf! Tut etwas für euch selbst!« Damit sie mit all dem Verkehrten aufhören und ihr Gleichgewicht finden.

Wir Hopi besitzen das Land nicht, wir sind nur die Hüter. Wir machen davon Gebrauch, aber nicht mit Elektrizität oder Bergwerken. Wir rufen nach der Reinigung, weil das unsere Pflicht ist. Wir sind dazu bereit, wir wollen, daß es geschieht. Wir wissen, daß wir die Menschen nicht dazu bringen können, sich zu ändern, aber wir sind dieser Zeit nahe. Sehr nahe. Wir beten zum Schöpfer und beten, daß wir es eigentlich nicht wollen, daß wir aber das Gefühl hätten, keine andere Wahl zu haben. Wir haben die zeitliche Grenze, die uns in der Prophezeiung gesetzt war, sogar schon überschritten. Sogar die Führer in unserem Dorf haben es verschoben, weil sie nicht wollen, daß es zu ihren Lebzeiten passiert.

Im Augenblick blicken viele Menschen, die auf der Suche nach Antworten sind, auf die Hopi. Die, die bereit sind, werden überleben, aber sie werden geprüft werden. Letztes Jahr kamen wir mit Leuten aus dem Santa Clara Pueblo zusammen, wir hatten ein Feuer entzündet, das Tag und Nacht brannte. Sie sind Indianer, aber sie haben ihre Sprache verloren. Als ich sie sah, fragte ich mich, ob sie wirklich noch Indianer sind. So viele Stämme haben ihre Sprache verloren, und deshalb ist die Kultur zugrunde gegangen. Heute haben sie Computer, wo sie jeden anschließen können; auch davon ist in der Prophezeiung die Rede. Es hieß, daß wir Hopi faul werden würden und daß wir nicht mehr zu Fuß gehen würden, wenn wir einen Freund oder Verwandten besuchen wollten. Wir würden herum-

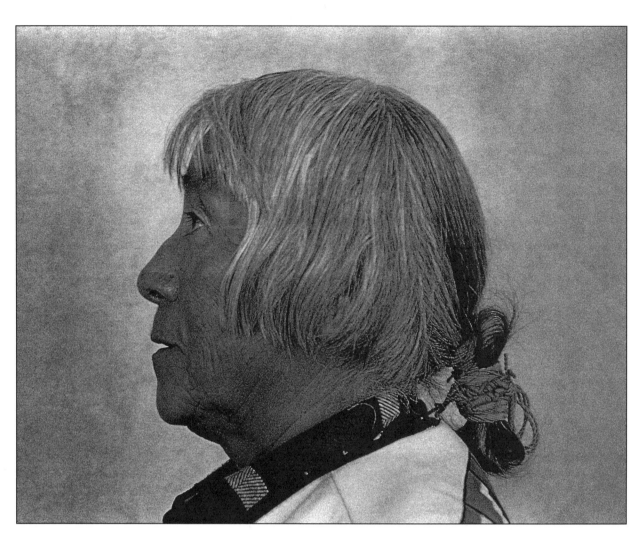

treiben, ohne jemals den Boden zu berühren. Damit meinten sie die Autos. Sie sprachen auch von einer großen Straße am Himmel, also von Flugzeugen. Und daß wir in ein Fenster schauen würden, um zu erfahren, was passiert – das gleiche wie Fernsehen.
Mit das erste, was uns die Ältesten gelehrt haben, war, daß ein großer Spiegel hereingebracht werden würde, wenn die Zeit der Reinigung gekommen wäre. Man würde über uns urteilen vor dem Spiegel, und der Spiegel würde das Urteil über dich enthüllen. Jetzt würde ich sagen, es ist vielleicht wie ein Computer. Sie werden dir eine Frage stellen und deine Antwort überprüfen, indem sie sie mit den Jahren an Informationen abgleichen, die im Computer gespeichert sind.
Die Hopi waren außerdem die ersten, die zum Mond gereist sind. Sie reisten in einem Flaschenkürbis. Früher waren sie große Magier. Sie wußten, wie der Mond aussah, lange bevor der weiße Mann zum Mond flog. Als der weiße Mann Bilder von dort zurückbrachte, entsprachen sie denen, wie sie die Hopi vor langer Zeit beschrieben hatten. Sie waren sehr mächtige Menschen, aber niemand möchte ihre Warnungen wahrhaben.
Es tut mir leid, daß ich dir das mitteilen muß, aber es ist die Wahrheit. So sind unsere Lehren, so muß ich es dir erzählen, damit du vorbereitet bist, wenn die Zeit kommt. Es hängt

davon ab, was zu diesem Zeitpunkt in deinem Geist vorgeht. Wenn wir auf dem Pfad sind und einen reinen Körper haben, sind wir vielleicht sicher. Wenn du kein großes Herz hast, bekommst du vielleicht Angst und einen Herzinfarkt. Du kannst die Furcht mit Gebeten besiegen, und deinen Körper kannst du mit kalten Bädern kräftigen. Das hilft dir, deinen physischen und spirituellen Körper zu stärken.

THOMAS BANYACYA: DAS HAUS AUS GLIMMER

Thomas Banyacya ist Übersetzer und Dolmetscher für die spirituellen und traditionellen Führer der unabhängigen Nation der Hopi.
Am 10. Dezember 1992 wütete der schlimmste Sturm, den die Stadt New York in ihrer Geschichte jemals erlebt hatte. Just zu diesem Zeitpunkt hatte Thomas Banyacya nach dreiunddreißig Jahren endlich Erfolg in seinen Bemühungen, die Regierungschefs der Welt vor den Vereinten Nationen zu erreichen. Der Sturm setzte ein, als er die Friedensbotschaft der Hopi übermittelte. Orkanböen von einhundertfünfzig Kilometern rüttelten an den Wolkenkratzertürmen der Vereinten Nationen, U-Bahn-Schächte wurden überflutet, und der Verkehr brach zusammen. Riesige Atlantikwellen brachen herein und spülten im Bereich der Küste einen Teil des Freeway weg. Mehr als eine halbe Million Menschen in New York City war ohne Elektrizität.
Ein Drittel der Angestellten der Vereinten Nationen wurde wegen des Stromausfalls nach Hause geschickt. Am nächsten Tag fragten die wenigen, die zur Arbeit erschienen waren, Banyacya, ob man dem Sturm nicht Einhalt gebieten könnte. »Doch«, sagte er, »das ist möglich.« Er bat sie, einen Kreis zu bilden und um Vergebung zu bitten für all das Unrecht, das die Menschen der Erde angetan hatten, und sie sollten versprechen, zukünftig die Gesetze des Schöpfers zu achten. Das taten sie, und beinahe sofort hörte der Sturm auf. Die Menschen in Hopi waren nicht überrascht, als sie von diesem Vorfall hörten. Der Name Banyacya bedeutet Wasser.

Ich bin ungefähr in der ersten Junihälfte 1909 geboren. Als ich gerade laufen lernte, brachte meine Mutter einen anderen Jungen zur Welt. Sowohl meine Mutter als auch das Baby starben an diesem Tag. Mein Vater hatte zusammen mit seinen Brüdern einen kleinen Lebensmittelladen, den ersten Dorfladen in Moenkopi, das liegt bei Tuba City, ungefähr fünfzig, sechzig Kilometer westlich von hier, nahe beim Grand Canyon.
Ich bekam meinen eigenen Namen, Banyacya, bei meiner Geburt. Er kam aus dem Clan meines Vaters, dem Clan der Regenwolken, Wasser, Ozeane, alles Wasser und Mais.
Wir sind alle Hopi in diesem Dorf. Meine Mutter gehörte zu den Wolf-, Fuchs- und Coyoten-Clans, und du bist Mitglied des Clans, zu dem deine Mutter gehört. Der wichtigste in Zusammenhang mit Dorfzeremonien ist der Coyoten-Clan. Dazu gehöre ich. Unser Auftrag als Coyoten-Clan ist es, die anderen Führer zu beobachten, daß sie sich an ihre Gesetze halten, ihre Regeln, Vorschriften und spirituellen Anweisungen, um das Land lebendig und im Gleichgewicht zu halten. Bei meiner Initiation in die Gesellschaft sagten mir die Ältesten, daß ich denselben Auftrag hätte, den der Coyote hier hat. Abends heult der Coyote manchmal auf und übermittelt dir eine Nachricht. Sie können dir willkom-

men sein oder dich warnen. Das ist Teil unseres Auftrags. Deshalb wählten sie mich zu einem der Dolmetscher oder Übersetzer für die Ältesten und religiösen Führer, die sich 1948 im Dorf Shongopovi auf der zweiten Mesa trafen.

Die alten Leute waren achtzig, neunzig, hundert Jahre alt. Sie hatten ein viertägiges Treffen organisiert. Sie sagten, daß wir ein ausgeglichenes Leben geführt hatten, ein gutes Leben, und die Natur hatte sich deshalb auf eine Art und Weise verhalten, die nichts Zerstörerisches an sich gehabt hatte. Aber jetzt sind wir in eine überaus kritische Phase eingetreten, denn irgendwer hatte jene Kürbisflasche mit Asche gefüllt und auf Hiroshima und Nagasaki geworfen und alles verbrannt; Tausende von Menschen waren in ein paar Sekunden ums Leben gekommen.

Das Land gehört Maasau, dem Großen Geist. Das Land ist unsere Mutter, alles kam aus ihrem Körper. Tiere, Vögel, Bäume, Gras, alles, was von Mutter Erde stammt, ist ein mächtiges Lebewesen, genau wie die Menschen.

Weil sie die ersten Menschen hier waren, wissen die Hopi, wie man das Land hier beschützt. Wir haben viele Lieder, Zeremonien, Unternehmungen oder Rituale gelernt, und jeden Monat führen wir sie durch, damit dieses Land und Leben in natürlicher Ordnung verbleiben. Damit sanfter Regen fällt, keine Überschwemmung, keine Zerstörung der Feldfrüchte, keine Stürme, nur sanfte Winde, die eine Wolke herantreiben, und dann regnet es leicht Tag und Nacht, drei, vier Tage lang ohne Sturzbäche und Überflutungen. So war das Leben hier. Es gibt viel Gras hier, kniehoch, viele schöne Blumen aller Art, und die unterschiedlichsten Vögel und Schmetterlinge. Der Große Geist hat uns an diesen Ort gesetzt. Er hat uns hierher geführt, weil das der spirituelle Mittelpunkt ist, das Four Corners-Gebiet, das in allen vier Himmelsrichtungen von hohen Bergen umgeben ist. Als unsere Vorfahren zum ersten Mal hierherkamen, errichteten sie Schreine. Daher ist das wie eine heilige Kammer.

Den Hopi zufolge sind die Ureinwohner von hier aus in alle vier Himmelsrichtungen gezogen. Viele unserer Großväter gingen hinauf nach Alaska an den Rand des Landes, wo sie Schreine errichteten. Und sie ließen dort zwei Babys zurück, einen Jungen und ein Mädchen. Die Menschen zogen nach Süden, durch den Dschungel mit seinen Tieren – »Wildnis« sagen sie, aber wir sagen immer Natur, nicht Wildnis, denn es handelt sich um natürliches Leben natürlicher Dinge. Dann gelangten sie an die Spitze von Südamerika, nach Argentinien, wo sie ebenfalls Schreine errichteten und einen männlichen und einen weiblichen Säugling zurückließen. Einige Leute aus unserem Clan gingen von hier aus nach Westen, zogen über das gesamte Land und errichteten Schreine. Und diejenigen, die nach Osten zogen, taten dasselbe an der Grenze des Landes. Daher gibt es Schreine in allen vier Himmelsrichtungen.

Als unsere weißen Brüder diesen Kürbis mit Asche füllten und ihn auf Hiroshima und Nagasaki warfen, wurde unseren Ältesten bewußt, daß sie diese Nachricht verbreiten mußten. Um alle Menschen zu warnen, denn wir sind alle ein Volk; erste Welt, zweite Welt, dritte Welt, wir sprechen eine Sprache. Aber jetzt befinden wir uns in der vierten Welt, in der letzten Welt, im letzten Leben, das wir haben werden.

Wir glauben, der Große Geist hat alle Gruppen des Menschen in einer Reihe aufgestellt und jeden Führer herbeigebeten, der dann die Ähre in die Hand nehmen sollte, die sie als Hauptnahrungsmittel in dieser Welt haben wollten. Der erste nahm die längste Ähre, bis

HOPI am Schluß nur noch eine sehr kurze Ähre übrig war. Die Hopi-Brüder warteten bis zum Schluß und nahmen dann diese da, die kleinste. Dann kam der Große Geist und sagte: »Ich bin froh, daß ihr die letzte Ähre genommen habt. Ich sehe, ihr seid geduldig, ihr seid weise, und ihr habt das wahre Getreide, das richtige Korn genommen, alle anderen waren Nachahmungen.« Es hieß, das erste Korn, die erste Ähre enthält vielleicht Weizenkörner, die weißen Brüder verwenden ja hauptsächlich Weizen. Die anderen könnten Reisarten sein, vielleicht sind das die Gruppen aus Asien und ein paar andere. Aber die Hopi erhielten das richtige Korn, den Mais. Und daher bekamen wir die Anweisung, nie mit dem Maisanbau aufzuhören. Denn wenn wir beten, fasten und meditieren, damit er wächst, bewirken wir, daß die übrige Vegetation, das Gras und alles andere, auch wächst.

In unseren Gesellschaften hat man uns gelehrt, für das pflanzliche Leben, die Tiere, Vögel, für die Nahrung, die wir von Mutter Erde erhalten, zu beten, und daß wir diese Dinge immer mit einem Gebet entgegennehmen. Wenn wir auf die Felder gehen, wenn die Pflanzen herauskommen – sie sind dann genau wie Säuglinge – wir gehen dann zu ihnen und singen ihnen etwas vor. In diesem Tal kannst du sie manchmal früh am Morgen hören, du kannst sie da draußen singen hören. Sie gehen auf das Feld, und sie sprechen mit ihren Pflanzen, als ob es Menschen wären, und sie reden ihnen gut zu. Auf diese Weise beschützen sie das Leben hier draußen.

Nach diesem Treffen von 1948 reiste ich in alle vier Himmelsrichtungen. Zuerst ging ich nach Osten zu den *Six Nations*, den sechs Nationen, und dem Großen Rat des Irokesenbundes. Wir fuhren in alle Dörfer und Pueblos und sprachen über diese Dinge. Wir waren eine Karawane aus fünf oder sechs Autos voller Lebensmittel und Geld, und dann reisten wir nach Ohio, Iowa, Wyoming, Washington, hinunter nach San Francisco, Los Angeles, und dann wieder hierher zurück zu den *Six Nations*. Und wir fuhren hinüber zum Ontario-See in Kanada. Nach sechs Jahren waren wir in allen vier Himmelsrichtungen gewesen.

Das letzte Treffen war in Kanada. Ich selbst war nicht oben, aber es heißt, daß mehr als zweitausend Familien von überall her dort eine Woche lang zusammengekommen sind. Sie wohnten in einem Zeltlager, genau wie eine neue Gemeinde. Die alten Leute weinten, als sie das sahen. Es war wie in früheren Zeiten. Damals trafen wir uns einmal hier, einmal da; wir waren wie eine große, weitverstreute Familie. Daher fragten wir auch nicht, zu welchem Stamm jemand gehört. Wir wußten, daß wir einmal ein Volk gewesen waren, nur unsere Sprachen sind jetzt verschieden. Mancherorts sind ihre Wörter dem Hopi noch recht ähnlich, aber die Bedeutung hat sich in einigen Fällen verändert. Das Clan-System, das wir hier haben, ist dasselbe wie das, das sie bei den *Six Nations* haben.

Manche Menschen sagen, daß dieses Land dauernd mit seiner Macht um sich wirft. Sie haben sie über Korea, Vietnam und auf Japan, Hawaii und andere Gebiete geworfen. Anfangs haben sie sie auf New Mexico geworfen. Jetzt richten sie ihre Macht gegen fremde Länder wie den Irak. Werden wir wirklich in Frieden und Glück leben, wenn wir uns überall auf der Welt so verhalten? Geht zu den Senatoren und Kongreßabgeordneten. Holt eure Führer und Organisationen zusammen und seht zu, ob ihr diesen Vorfällen nicht ein Ende machen könnt. Wenn wir es nämlich nicht tun, werden wir in naher Zukunft schrecklichsten Situationen gegenüberstehen.

HOPI

Ich war einige Zeit auf der Schule, und ich spreche ein bißchen Englisch, und deshalb hatten sich die Ältesten 1948 für mich entschieden. Im Jahr 1921 hatten sie ein paar von uns auf eine Regierungsschule östlich von Riverside in Kalifornien geschickt. Dort brachte ich sechs Jahre zu, bevor ich wieder nach Hause durfte. Es war wie beim Militär. Wir hatten keine Ahnung, warum wir dort waren. Später bin ich dahintergekommen, daß die Regierung der Vereinigten Staaten versuchte, die Ureinwohner zu vernichten. Sie versuchten, die Lakota auszulöschen. Sie konnten sie aber nicht besiegen, daher versuchten sie, ihre Lebensgrundlage, die Büffel, zu vernichten. Sie trieben sie in den Hungertod. Dann wollten sie aber immer noch die anderen Ureinwohner loswerden. Daher beschlossen sie, das einzurichten, was sie Reservationen nennen. Aber irgendwie überlebten die Ureinwohner doch, und es kam wieder zu einer Menge Kindern. Zu der Zeit kam die Regierung dann auf die Idee, daß sie sie vielleicht auf fremde Schulen schicken und einer Gehirnwäsche unterziehen sollten, damit sie danach kein Interesse mehr an ihren Kulturen, Religionen oder Sprachen hätten. Deshalb richteten sie diese Regierungsschulen ein, um unsere Kulturen, Religionen und Zeremonien auszulöschen.

Im Jahr 1930 machte ich meinen High School-Abschluß. Von irgendwem erhielt ich ein Zweijahresstipendium für das Bacone-College, ein rein indianisches College in der Nähe von Muskogee in Oklahoma. Dort studierte ich zwei Jahre lang vergleichende Religionswissenschaft. Ich stieß auf Schriften, die dem sehr ähneln, was uns die alten Leute hier heraußen lehren, wie man leben und daß man einander achten soll.

Nach meiner Rückkehr lernte ich viele Älteste kennen. Am Ende sprachen sie mit mir und wurden mir gegenüber offener. Vorher hatte es junge Leute gegeben, die so aufrührerisch wie ich gewesen waren und zu sagen pflegten: »Oh je, das ist alter Quatsch, das brauchen wir nicht. Den Alten hören wir nicht zu.« Aber jetzt weiß ich, daß sie so vieles wissen. Ich verbrachte dann Tage und Nächte in den Hopi-Dörfern Hotevilla, Oraibi, Shungopovi, Mishongnovi und Walpi. Ich ging in all die verschiedenen Pueblos und setzte mich zu den Alten.

Jedes Dorf hat seine eigene Version davon, was in der ersten Welt [der ersten Phase menschlichen Lebens] passierte. Sie wurde von der Natur zerstört, jeder wußte das, und nur eine Handvoll Menschen kam davon und übersiedelte von der ersten in die zweite Welt. Später besserten sich weder ihre Anführer noch sie selbst, sie mißbrauchten die Macht, die sie entwickelt hatten, und sie fingen wieder an, sich gegen die Natur zu verhalten. Das Wort *koyaanisqatsi* bedeutet völlige Abkehr vom Gesetz des Großen Geistes, vom Gesetz der Natur. Jetzt, in der vierten Welt ist das die letzte Welt; es gibt keinen anderen Ort, wo die Menschen so wie hier leben. Diese Welt soll eigentlich auf immer bestehen bleiben, und es liegt an den Menschen, die heute leben, sicherzustellen, daß das so ist. Wir sind ein Volk, aber derzeit haben wir verschiedene Sprachen und Hautfarben, wie Blumen, und wir müssen dieses Land und dieses Leben behüten, alle zusammen, für den Großen Geist. Allerdings sieht es so aus, als ob sich die Menschen alles für sich selbst schnappen wollen; sie kümmern sich um nichts, sondern machen einfach alles zunichte. Es werden schreckliche Dinge passieren. Ereignisse, die den Hopi immer bekannt waren, und es war ihnen ein großes Anliegen, daß wir die Welt davon in Kenntnis setzen müssen.

1972 reisten vier von uns nach Stockholm und verbrachten fünf Tage in Belgien. Von dort aus reiste ich in die Schweiz, nach Österreich, Deutschland, Moskau, Jugoslawien, Frank-

reich, Rom, Puerto Rico, El Salvador, Hawaii und Japan, hoch nach Norden zum Yukon, an die Grenze zu Alaska. Überall habe ich viele Ureinwohner getroffen. Ich löste mein Versprechen ein, das ich den Ältesten gegeben hatte. 1948 hatten sie mir erklärt: »Es wird hart werden. Einige Religionen werden dich für verrückt erklären oder dich als Lügner bezeichnen.«

In diesem Land haben wir hohe spirituelle Führer, denen man nie zugehört hat, denen man nie die Chance gegeben hat zu sprechen. Dafür wäre es jetzt an der Zeit, denke ich. Ich bin nur ein Übersetzer, ein Botschafter, und ich verbreite diese Botschaft, wo immer ich kann. Meine letzte Nachricht an die Vereinten Nationen habe ich im Dezember 1992 übermittelt. Dieses Versprechen habe ich eingelöst.

Wir sind lebendige Geschöpfe dieses Landes, so wie die Bäume und die Tiere. Die Menschen aus Südamerika, aus Brasilien, Argentinien, Peru, Guatemala, diese Menschen beten mit ihren Zeremonien für den Erhalt des Lebens in diesem Land. Sie führen ein einfaches Leben, und jetzt erheben sie ihre Stimme wegen dem, was vorgeht. Große fremde Leute da unten, große Gesellschaften nehmen alles weg für Geld und Macht. Und sie zerstören alles. Bäume können nicht sprechen, Felsen können nicht reden, Flüsse, Quellen, Tiere, Vögel können nicht reden, also müssen diese Menschen endlich ihre Stimme erheben.

Daher entschlossen sich die Vereinten Nationen endlich, ihre Türe den Vertretern der westlichen Hemisphäre zu öffnen, nachdem wir seit 1949 an der Tür angeklopft hatten. Am 20. Dezember 1992 hatten sie zwanzig Redner, und sie erklärten 1993 zum Jahr der Ureinwohner. Ich war der letzte, der sprechen sollte. Ich hatte eine Rede aufgesetzt, aber ich mußte aus meinem Herzen sprechen. Denn es ist der Geist in dir, der zum Geist eines anderen Menschen sprechen muß.

Die Leute in den Vereinten Nationen reden über Menschenrechte, Gleichheit, Gerechtigkeit und Religionsfreiheit, aber den Ureinwohnern haben sie nie geholfen. Eher noch haben sie jede Kultur, Religion und Sprache der Ureinwohner zerstört. Deshalb ist es an der Zeit, daß ihr mit euren Gesetzen und Vorschriften helft. Wenn es die Vereinten Nationen nicht tun, dann wird die Natur eingreifen. Aus diesem Grund kam dieser große Wind, der sie mit seinem heftigen Schneesturm aufrüttelte, mit seinen Sturmfluten, Überschwemmungen und Stromausfällen.

Den Unrat, den wir geschaffen haben, müssen wir selbst aufräumen. Tun wir es nicht, wird uns Mutter Erde wirklich heftig schütteln. Wir alle atmen diese Luft, die ein Teil dieser Natur ist, jedes Lebewesen auf dieser Erde muß diese Luft einatmen. Wir sind alle ein Teil davon. Wir haben kein Recht, irgendein anderes Leben zu zerstören. Gerade jetzt ereignen sich schreckliche Erdbeben, Stürme, Tornados, Vulkanausbrüche, und jetzt diese Überschwemmungen in Mississippi. Und anderes wird bald kommen. Von jetzt ab überschlagen sich diese Ereignisse. Deshalb sind die Hopi so in Sorge. Es ist an der Zeit innezuhalten, sich umzusehen und abzuwägen, was wir tun.

Wir müssen uns gegenseitig als ein Volk betrachten; wir müssen zusammenarbeiten und uns gegenseitig helfen, auf dieser Erde wieder ein Leben im Gleichgewicht herzustellen, für uns selbst, die nächste und die folgenden Generationen. Das ist meine Hoffnung, und ich möchte dir und anderen danken und jeder Nation, jedem einzelnen, der mir seit 1948 geholfen hat, durch Briefe, Stellungnahmen, mit Geld, egal, mit was. Ich möchte ihnen danken, weil sie mir helfen, mein Teil zu tun.

DINEH

ROBERTA BLACKGOAT:
UNABHÄNGIGKEITSERKLÄRUNG

Die Navajo, ein nomadisierendes Volk, stammen von den Dineh-Indianern Nordkanadas ab. Um 1400 wanderten sie nach Süden in ein Gebiet südlich der Hopi-Dörfer; mit den Hopi lebten sie halbwegs friedlich zusammen, sie trieben Handel und heirateten sogar untereinander.

Als zuerst die Spanier und dann die weißen Siedler in ihr Territorium eindrangen, griffen die Navajo im Unterschied zu den Hopi, die passiven Widerstand leisteten, die Eindringlinge wiederholt an. 1863 trieb General Kit Carson die Navajo mit Hilfe seiner gewaltigen Kavallerie in einen Canyon, wo sie in eine Falle gerieten und wo Tausende verhungerten. Die Überlebenden wurden gezwungen, quer durch New Mexico in ein Internierungslager bei Fort Sumner zu marschieren; diejenigen, denen das Entkommen gelang, flohen nach Westen in Richtung auf das Gebiet der Hopi.

Das Eindringen der Navajo bekümmerte die Hopi weit weniger als das Vordringen der weißen Siedler. Der Vertrag von Guadelope Hidalgo hatte ihnen ihren Status als unabhängige Nation garantiert, und sie machten sich für die Vertreibung der Weißen stark. Die Regierung reagierte dergestalt, daß sie das Territorium der Hopi um sechzig Prozent verkleinerte. Verschärfend kam hinzu, daß ein Teil des Landes, das von den Vereinigten Staaten zur Hopi-Reservation erklärt worden war, eine Gegend war, in der bereits die Navajo siedelten. Dies ist das Gebiet, um das die gegenwärtigen Diskussionen kreisen.

Einem neuen Gesetz zufolge sollen zehntausend Navajo und Hopi umgesiedelt werden, weg von einem Land, auf dem Generationen ihrer Vorfahren gelebt hatten und begraben worden waren.

Die Traditionalisten vertreten die Meinung, daß die Vereinigten Staaten und die BIA-Stammesräte, die in ihren Augen Marionetten sind, die Menschen aus dieser Gegend weghaben wollen, um den Weg frei zu machen für Kohletagebau und den Abbau von Uran. (Die Traditionalisten hatten niemals Gremien, die auch nur ansatzweise einem Stammesrat ähnlich gewesen wären.)

Die Navajo sind eine matrilineare Gesellschaft. In traditionell eingestellten Familien kontrollieren die Frauen sowohl die Schafherden als auch die Haushalte. Deshalb überrascht es nicht, daß Frauen mit sechzig und mehr Jahren mit dem Gewehr in der Hand an vorderster Front standen, wenn es zu Auseinandersetzungen mit den Indianeragenten der USA kam, die versuchten, Umsiedlungen zu erzwingen.

Am 28. Oktober 1979 unterzeichneten vierundsechzig Älteste der unabhängigen Dineh (Navajo)-Nation mit Roberta Blackgoat als Vorsitzender bei Big Mountain eine Unabhängigkeitserklärung. Hier einige Auszüge:

Die Regierung der Vereinigten Staaten und der Stammesrat der Navajo haben die heiligen Gesetze der Nation der Dineh übertreten, ... indem sie die Völker der Ureinwohner durch politische Grenzen, euro-amerikanische Erziehung, Modernisierung und Christentum gespalten haben. Unsere heiligen Schreine sind zerstört worden. Unsere Mutter Erde wurde vergewaltigt durch den Abbau von Kohle, Uran, Erdgas und Helium. ... Wir sprechen für die geflügelten Geschöpfe, für die vierbeinigen Geschöpfe und für jene, die vor uns gegangen sind sowie für die kommende Generation. Wir streben keine Änderung in unserer Lebensweise an, denn dieses Leben nach der Natur ist die einzige Art des Überlebens, die wir kennen, und es ist unser heiliges Gesetz.

Unterschrift ROBERTA BLACKGOAT, Vorsitzende,
und vierundsechzig Mitglieder des Ältestenrates.

| DINEH

Alles verändert sich. Es gibt keinen Regen mehr, und nur der Wind kommt vorbei und schickt Botschaften, wie es da draußen zugeht. Alles Leid, das sich in diesem Land zuträgt, die Tornados, Überschwemmungen und Erdbeben, wird durch den Atem von Mutter Erde übermittelt, denn sie leidet. Jetzt sprechen sogar die Tiere, und wir können beobachten, wie einige von ihnen von der Erde verschwinden.

Ich bin hier 1917 geboren, und ich kenne dieses Gebiet sehr gut. Ich kenne alle die Bäume, jeder hat einen Namen. Alle meine Verwandten liegen hier begraben, auch meine Urgroßmütter, die beide dem langen Marsch nach Fort Sumner entkommen konnten. Sie sind auf dem Dzil Assad, auf dem Großen Berg, begraben. Dort gibt es noch eine Menge Medizin, die meine Vorfahren zum Heilen benutzten. Das sind meine Wurzeln. Unser ursprünglicher Name ist Dineh, nicht Navajo, und deshalb bezeichne ich mich auch selbst als Dineh.

Unsere Schwierigkeiten wegen der Grenzstreitigkeiten begannen 1977, als die US-Regierung uns mit dem *Hopi Partitionated Land Fence*, dem Landaufteilungszaun, umgab – das war das Schlimmste, das man sich vorstellen kann. Wir haben den Zaun, der hier durch ging, niedergerissen. Einfach aufgeschnitten. Und seither kämpfen wir. Das hier ist nicht die Hopi-Reservation, das ist die Dineh/Navajo-Reservation.

Der Streit wird faktisch ausgetragen zwischen der US-Regierung und den Hopi- beziehungsweise den Navajo-Traditionalisten, die für die Freiheit ihres Landes kämpfen. Wir wollen Heilung für Mutter Erde, denn je mehr Kohle- und Uranbergwerke sie errichten, desto größer werden die Leiden von Mutter Erde. Das habe ich immer schon gesagt, und das ist auch mein Kampf. Viele Menschen auf der ganzen Welt haben mich sprechen hören, und sie verstehen, was ich meine, wenn ich sage, daß dieses Gebiet heilig ist. Mein Großvater hat mir erzählt, daß die Four Corners unser Heiliges Land sind, dazu gehören Arizona, Utah, Colorado, New Mexico und Teile von Texas. In diesem gesamten Gebiet befinden sich die Eingeweide, die inneren Organe von Mutter Erde.

Was ich damit sagen will, ist folgendes: Vieles spielt sich – wie bei uns – im Inneren von Mutter Erde ab. Der weiße Mann will Teile ihres Inneren, und das würde unsere Mutter schließlich töten. Im Augenblick ist es die Peabody-Grube, die ihr solche Schmerzen verursacht, daß man Mitleid mit ihr bekommen muß. Meine Großmutter hat mir erzählt, Kohle wäre die Leber, und Uran entspricht Herz und Lunge von Mutter Erde. Sie lebt von diesen Mineralien, die unter der Oberfläche unserer Landes liegen.

DINEH

Du weißt, wie es ist, wenn man Schmerzen hat – schon ein kleiner Schnitt tut weh. So ergeht es der Erde zur Zeit. Und irgendwie müssen wir sie heilen. Wenn die Regierung Verständnis für uns hätte, würden sie sie in Ruhe lassen und ihr erlauben, sich zu heilen, aber sie sagen nie etwas. Staub und Asche zurückkippen, das ist das einzige, was sie tun. Sie stecken nichts hinein, das das ersetzen könnte, was sie zuvor entnommen haben, so wie sie es beim Menschen in der Medizin machen. Sie flicken sie nicht, unsere Mutter Erde, und sie heilt nicht, es geht ihr nur immer noch schlechter vor lauter Schmerzen. Sie wollen ihr kostbares Inneres für Geld ausschlachten. Den Leuten sagt man, sie könnten hier graben und reich werden. Aber wir machen sogar die Luft krank mit all den rauchenden Haufen, und die Abwässer spült es in unser Quellwasser.

Das BIA fordert uns immer wieder auf, wegzuziehen und unseren Viehbestand zu verkleinern. Sogar zum Fällen von Bäumen für Brennholz brauchen wir eine Erlaubnis hier draußen. Jetzt kommen sie und sagen, wir müßten für unser Weideland bezahlen und für unser Haus, daß wir Steuern zahlen müssen.

Ich habe ihnen gesagt: »Ich zahle keine Steuer. Das darf ich nicht. Das ist unser Land, und hierher sind wir gesetzt worden. Wir dürfen keine Steuern zahlen. Das habe ich gesagt bekommen, lange bevor ihr auf die Welt gekommen seid.« Ich habe gesagt: »Ihr habt noch nicht einmal in Windeln gelegen, als unser spirituelles Gesetz für uns Indianer entstanden ist. Die Indianer waren die ersten, die auf diesem Land gelebt haben.«

Es ist verdammt schwer, die Gesetze des weißen Mannes einzuhalten, besonders für diejenigen, die kein Englisch sprechen. Weil diese Leute nicht wissen, was es bedeutet; sie wissen nicht, was los ist. Das macht mich furchtbar traurig. Ich war bei ein paar Leuten, die kein Englisch sprechen, als der BIA-Mann kam und ihnen im Zusammenhang mit der Umsiedlung ein Papier vorlegte. Ich bin nur dagesessen und habe nichts gesagt. Sie haben ihn nicht verstanden, aber er gab jedem das Papier zur Unterschrift. Einer machte seinen Daumenabdruck drauf, und die anderen unterschrieben, ohne zu wissen, was sie da unterschrieben.

Ich sprach den BIA-Mann dann darauf an und sagte: »Warum müßt ihr das so machen? Diese Leute haben keine Ahnung von diesen Papieren. Sie sind nicht auf diese Art groß geworden. Und sie haben dieses Land ihr ganzes Leben lang genutzt, und ihr solltet sie nicht warnen. Sie würden vielleicht sogar unterschreiben, wenn da stehen würde, daß sie ins Gefängnis müßten.«

Wir stritten herum, und er sagte, er würde alle Führer bei mir vorbeischicken. Ich entgegnete darauf: »Nur zu, am besten ist es, wenn du sie gleich vorbeischickst. Auch ich würde wirklich gerne mit ihnen reden. Ich meine es ernst – das ist nicht eure Angelegenheit, und es ist nicht euer Gesetz. Ihr seid nur geldgierig, das ist alles. Durch die Peabody-Grube versuchen sie, Mutter Erde umzubringen. Wenn ihr alle diese Indianer umgesiedelt habt, habt ihr ein schönes Sümmchen Geld in eurer Tasche. Und ihr verliert darüber noch euren Verstand. Ihr macht euch selber kaputt damit.«

Ich weiß, wo ich hingehöre. Es gibt keinen anderen Ort, an den ich gehen könnte. Das BIA kam regelmäßig und wollte wissen: »Möchten Sie das neue Land sehen, wohin Ihre Leute ziehen?« Ich hatte dann immer gesagt: »Auf keinen Fall. Ich gehe nirgendwohin, ich bleibe hier. Egal, was mit mir passiert, ich werde hier bleiben. Alle meine Vorfahren sind hier begraben, und mir wäre es lieber, ich wäre schon bei ihnen.«

Dineh | Einmal kam Senator Barry Goldwater, um mit uns zu reden, und er sagte: »Wir lassen die Leute weiter da draußen leben. Ich braucht nicht umzusiedeln. Ihr bleibt und lebt einfach weiter hier.« Das hatte er gesagt. Aber zwei oder drei Monate später habe ich gehört, daß er alle Navajos angewiesen hat, ihr Land zu verlassen. Aus diesem Grund ging ich nach Shiprock, Santa Fe und Albuquerque. Ich hatte ein Schild, auf dem stand: »Siedelt Goldwater in Europa an«. Ich erhielt einen witzigen Brief aus Deutschland, in dem stand: »Wir wollen Goldwater nicht.«

Demnächst gehe ich zu einer Tagung in Florida, wo ich über unsere Zwangsumsiedlungen sprechen werde. Sie teilten mir mit, daß ich etwa zwei Wochen dort bleiben sollte. Ich antwortete ihnen: »Zwei Wochen kann ich nicht bleiben. Meine Tiere würden fortgeschleppt werden. Mir ist es lieber, wenn man sie zusammen mit mir fortschleppt.«

Das BIA teilte mir mit, daß sie mir meine Schafe und Pferde fünf Tage später wegnehmen könnten, wenn ich deswegen nichts unternehmen würde. Also sagte ich: »Gut, Sie geben mir einfach Bescheid, und ich rufe meine Rechtsanwälte an, die dann an meiner Seite sein und Zeugen dieser illegalen Aktion sein werden.« Als sie mich nach den Namen meiner Anwälte fragten, sagte ich: »Die Namen werde ich euch niemals nennen, aber es gibt da einen in New York, in Minnesota, in Florida, in Washington, in San Francisco und in Deutschland.« Dort halte ich nämlich meine Vorträge.

Das passierte, nachdem ich verhaftet und ins Gefängnis gesteckt worden war, und das war wirklich ziemlich unangenehm gewesen. Eines Tages kamen sie vorbei und sagten, sie hätten Arbeiten an diesem alten Staudamm vor und würden ihn austiefen. Ich sagte zu ihnen: »Nein, das könnt ihr nicht, weder heute noch morgen noch an irgendeinem der folgenden Tage, weil wir gestern eine Opferzeremonie für Mutter Erde abgehalten haben. Wir müssen sie vier Tage und Nächte lang besonders achten. Dann können wir darüber reden, egal, was dabei herauskommt, und dann könnt ihr tun, was ihr tun möchtet. Aber nicht jetzt, *bitte* haben Sie Verständnis«. Ich verscheuchte sie so lange, bis die Polizei kam und uns einkreiste.

Als die Polizisten und Polizistinnen kamen, saß ich direkt vor der Schaufel des Bulldozers. Jemand ließ den Motor an, und die Schaufel ging hinter meinem Rücken auf und ab. Ich stand auf, ging zu den Polizisten hinüber und sagte: »Bitte haben Sie Verständnis, gestern haben wir Mutter Erde geopfert, und nichts darf ihr getan werden, nicht einmal einen Baum fällen oder irgend etwas, das auf dem Boden ist. Wir können es nicht. Wir müssen das respektieren, und zwar vier Tage und Nächte lang. Bitte, bitte verstehen Sie mich.«

Ich sagte es dreimal, als ich dort stand. Dann sagte der Polizist: »Wenn Sie nicht weggehen, verhaften wir Sie.« Er sagte es mitten in meinen Satz hinein. Ich hatte noch nicht ausgeredet, als sie anfingen, die Leute festzuhalten. Ich wies die anderen an, einfach mitzugehen und sich nicht zu wehren oder zurückzuschlagen. Aber der erste, den sie festhielten, begann doch, seine Fäuste zu gebrauchen und warf sich auf den Boden. Sie packten ihn am Haar und schleiften ihn weg.

Ich war unglaublich wütend in diesem Augenblick; und als ich mich umdrehte, sah ich eine Vermessungslatte und warf damit. Ich schrie den Polizisten an: »Ihr übertretet auch ein Gesetz. Mein Gesetz ist mir sehr heilig.« Dann zerrten sie mich auch fort. Sie waren so grob. Ich sagte zu ihnen: »Versucht nicht, mich zum Gehen zu bewegen. Ich bin kein

Baby.« Ich habe einfach weitergeredet. Sie schubsten mich in die grüne Minna, und alles, was ich noch herausbrachte, war »Junge Junge, jetzt gibt es gratis Bohnen für mich«. Ich starb nämlich fast vor Hunger.

Ich blieb ungefähr siebeneinhalb Stunden im Gefängnis, in einer kalten Zelle. Dort wurde ich am nächsten Tag dann krank und fast blind wegen einer Infektion.

Die wichtigsten unter den Traditionalisten auf beiden Seiten wollen ihr Land auf keinen Fall verlieren, denn hierher sind wir gepflanzt worden wie Pflanzen in die Erde. Wenn man von uns die Umsiedlung verlangt, wäre das, wie wenn man uns für unsere Lieder und Gebete bezahlen würde. Jedenfalls empfinden wir das so.

Die vier heiligen Berge – Sisnaajinni [Mount Blanca], Tsoodzil [Mount Taylor], Dook'oosliid [San Francisco Peak] und Dibe'Nitsaa [Mount Hesperus] – sind alle Teil des Inneren unseres Hogan, unseres Winterhauses. Was noch wichtiger ist, das ist wie unsere Kirche; der Schöpfer plazierte diese vier Berge als Pfosten für unser Hogan. Diese Berge sind der Sitz unserer Gebete und Lieder, die wir »Heimlied« nennen. Es ist von den Heiligen Leuten angestimmt worden, damit das hier Teil des Innenraums im Hogan für die Dineh wird.

Wir legen Maispollen und Maismehl auf die Ostseite beim Eingang. Auf der Südseite ist der Mount Taylor, und auf der Westseite ist der San Francisco Peak. Im Norden ist der Mount Hesperus, wo wir einige Maiskörner verstreuen und damit beten. So ist das Innere des Hogan eingerichtet.

Das Leben eines Menschen kaputtzumachen, ist eine verdammt harte Sache. Sie anzuweisen, ihre Heimat zu verlassen. Ich denke mir, das ist wie ein zerbrochener Regenbogen. Die vier heiligen Berge sind Heimat für die Dineh, und der Schöpfer hat sie für uns gemacht. Der Boden ist der Regenbogen, der uns umgibt. Jetzt hat man im Four Corners-Gebiet nach Öl gebohrt. Auch Peabody bohrt hier. Am Mount Taylor baut man Uran ab, und eine weitere Mine liegt zwischen Window Rock und Gallup. So geht es zu, direkt im Inneren unseres Hogan. So ist es, sie respektieren unser Zuhause nicht, den häuslichen Schoß. Deswegen nenne ich die Bergleute »Mäuse«. Ich sage: »Die Mäuse kommen in unser Hogan, sie graben hier und da und bauen ihre Nester.« Ich sage dauernd, daß ihr eure Mutter Erde umbringt, genau das tut ihr Kerle. Und das schmerzt furchtbar.

Das BIA hat für Konflikte zwischen uns und den Hopi gesorgt. Aus diesem Grund sagen sie, das Land gehöre den Hopi. Aber die Hopi machen keinen Gebrauch davon. Die Regierung plant den Bau von Bergwerken, und niemand wird hier leben. Die Hopi werden nicht hierher ziehen. Sie wissen, daß sie in diesem offenen Gelände nicht leben können. Es ist ihre traditionelle Lebensweise, nicht zu verdrängen und sich nicht auszubreiten. Das dürfen sie nicht. Aber die Regierung tut es wegen dem, was unter der Oberfläche liegt. Und deshalb behaupte ich, daß sie versuchen, Mutter Erde zu töten.

Das ist meine geliebte Heimat. Ich hatte ein Tuch, auf dem stand »Heimat, süße Heimat«. So ist es, die ganze Gegend ist ein süßer, ein geliebter Ort. Egal, wie mühsam es ist ohne grünes Gras und Wasser in der Nähe, es bleibt für mich ein guter Platz. Ich kann nicht einfach irgendwohin gehen. Das habe ich ihnen gesagt. »Wenn ihr mich an einen Ort verpflanzt, den ich nicht kenne, glaubt ihr denn, daß ich dort wachse? Es kann eine Woche später sein, aber ich würde sterben. So wie manche Pflanzen, wenn man sie versetzt, besonders ein alter Busch oder ein alter Baum; sie würden nicht anwachsen.«

DINEH | Die Menschen sprechen davon, daß wir etwas unternehmen müssen, denn es wird sich vieles ereignen. Aber die Regierung braucht Geld, Geld, Geld. Es ist verdammt hart, anderen Menschen, anderen Nationen verständlich zu machen, was wir ihnen mitteilen.
Ich wollte mein Leben für meine Nation einsetzen. Gegen alles kämpfen, was falsch ist. Ich möchte mich für meine Leute einsetzen. Ich bete für alle Menschen mit ihren verschiedenen Hautfarben, für die Menschen, die im Wasser leben und in der Wildnis, für die Fliegen und die Vierbeiner. Alle diese Menschen kämpfen denselben Kampf wie wir hier. Überall gibt es Verfolgung, und deswegen beten wir für alle Menschen. Wenn du standhalten kannst und die Dinge tust, damit dein Leben ein besseres Leben wird, sind deine Leute, deine Familie vielleicht stolz auf dich. Das versuche ich zu vermitteln. Es ist schwierig, meine Botschaft anderen Nationen verständlich zu machen, aber das ist meine Aufgabe.

Tulalip

Janet McCloud:
Der Kreis der Ältesten

Janet McClouds geräumiges und verwinkeltes Haus liegt auf vierzigtausend Quadratmetern Grund in Yelm im Staate Washington. Der Grund grenzt an die Nisqually-Indianerreservation und ist etwa eine Stunde Autofahrt von Seattle entfernt. Vor dreißig Jahren konnten sie und ihr Mann Don das Anwesen mit einer Anzahlung von nur dreihundert Dollar erwerben. In den vergangenen Jahren veranstaltete Janet im Sapa Down Center – so der Name für Haus und Grund – Konferenzen und Zeremonien.

Im August 1992 war ich zum siebzehnten Jahrestreffen des Ältesten- und Jugendkreises eingeladen. Ich traf schon einen Tag vorher ein; die Tipis und Zelte waren bereits aufgebaut. Die Ältesten waren in Bungalows nahe beim Haus untergebracht. Bis zum folgenden Tag waren dann dreihundert Gäste, alte und junge, eingetroffen. Janets Tochter war für das Küchenhaus mit zwei Kühlschränken und einem Großküchenherd zuständig. Unter einer riesigen Laube standen reihenweise Picknicktische, und dann gab es noch einen riesigen, gut gedeihenden Gemüsegarten. Unterhalb des Abhang befanden sich der Gebetsgrund und zwei Schwitzhütten.

Die Häuptlinge Oren Lyons und Leon Shenandoah waren gerade vom Umwelt-Gipfel in Rio zurückgekehrt. Auf Veränderungen in der Zukunft bestand ihren wenig ermutigenden Aussagen zufolge kaum Aussicht. Andere Älteste warteten, bis sie an der Reihe waren, um über die Angelegenheiten ihres Stammes zu berichten oder um Gebete darzubringen.

Am vierten Tag des Treffens teilte ein indianischer Jurastudent den Anwesenden mit, es gebe einen urkundlichen Beleg der katholischen Kirche, der die früher gängigen Auffassungen zur »menschlichen Natur« von Eingeborenen über den Haufen warf. Die päpstliche Bulle aus dem Jahr 1537 hielt eindeutig fest, daß Indianer, selbst wenn sie keine Christen waren, menschliche Wesen waren und deshalb ein Recht auf Besitz hatten und nicht versklavt werden durften. Es hieß in diesem Dokument: »Ungeachtet dessen, was auch immer an Gegenteiligem gesagt worden ist oder gesagt werden wird, dürfen der fragliche Indianer, und desgleichen andere Völker, die möglicherweise später noch von Christen entdeckt werden, keinesfalls ihrer Freiheit oder ihres Besitzes beraubt werden, selbst wenn sie sich außerhalb des Glaubens an Jesus Christus befinden ... noch dürfen sie auf irgendeine Art und Weise versklavt werden.« Die päpstliche Bulle von 1537 war von allen weltlichen Mächten Europas ratifiziert und beglaubigt worden. Fast wörtlich bestätigt wurde sie im frühesten Indianergesetz der Vereinigten Staaten, der Northwest Ordinance von 1787, das zwei Jahre vor der Bundesverfassung angenommen worden war, einer Verfassung, deren wesentliche Prinzipien der Northwest Ordinance und der päpstlichen Bulle von 1537 vergleichbar waren.

Auf der Versammlung hielt man ferner fest: »Nicht nur haben die Vereinigten Staaten kein einziges der 372 Abkommen, die sie mit den Indianern geschlossen haben, jemals eingehalten. Sie verstoßen fortgesetzt gegen die Verfassung der Vereinigten Staaten, indem sie die Anerkennung des gesetz- und rechtmäßigen Besitzes und der politischen Rechte der Indianer, die sich auf ihrem angestammten Territorium befinden, verweigern.« Den Ältesten zufolge werfe dieses Dokument neue Fragen hinsichtlich der Souveränität auf, mit denen alle Stämme konfrontiert seien, und es habe Auswirkungen auf die weitere Rechtsprechung des Supreme Court, *des Obersten Gerichtshofes.*

Obwohl Janet eine eindrucksvolle und zu Zeiten sogar einschüchternde Sprecherin sein kann, liefen ihr Tränen über das Gesicht, als sie an der Reihe war, um über indianische Jugendliche zu berichten, die Selbstmord begehen und an Alkoholismus, Drogen oder Aids sterben. »Ich bin es so leid, und es bricht mir fast das Herz, alle diese Kinder zu begraben«, sagte sie.

Ich bin in der Tulalip-Indianerreservation geboren, am 30. März 1930, während eines der heftigsten Stürme, der je über den Nordwesten hinweggefegt ist. Meine Mutter wollte mich Stormy, die Stürmische, oder Gale, Sturm, nennen, aber sie hatte bei meiner Tante Jane sechzehn Dollar Schulden, und Jane bestand darauf, daß ich nach ihr heißen sollte. So bin ich zu meinem Namen Janet gekommen. Ich hatte immer ein stürmisches Wesen, der Name Janet sagt also nicht besonders viel über mich aus.

Mein indianischer Name ist Yetsiblu Talaquab, und das bedeutet »Mutter für alle und eine, die aus ihrem Herzen spricht«. Ich habe ihn von Tante Marge bekommen, denn sie war bei ihrer Großmutter aufgewachsen und das letzte Mitglied meiner Familie, das die Sprache beherrschte. Ich stamme aus der Familie von Häuptling Seattle.

Du mußt an einer Zeremonie teilnehmen, um einen Namen zu bekommen, und man braucht auch eine Art Freigabe, eine Erlaubnis für diesen Namen. Du mußt dir einen Förderer suchen, der dich bei der *Give away*-Zeremonie* unterstützt, und es muß in einem Langhaus bekannt gegeben werden, daß diese Person jetzt diesen Namen annimmt. Hat irgendwer irgendwelche Einwände, müssen sie mitgeteilt werden. Möchte dich jemand herausfordern und selbst diesen Namen annehmen, müssen sie ein *Give away* veranstalten und doppelt so aufwendig feiern wie du selbst, nur um die Angelegenheit vor die Langhausversammlung zu bringen, damit die Ältesten dann entscheiden können, ob die Person einen Grund hat. Entscheiden sie sich für diese Person, muß dieser Mensch noch ein *Give away* organisieren, zweimal so groß wie deines gewesen wäre. Das kann ganz schön teuer werden.

Damals war ich noch ziemlich materialistisch. Ich sagte zu meinem Förderer: »Ich bin nur eine arme Indianerin. Wie viele Decken und anderes Zeug muß ich verschenken?«

Mein Förderer lachte und sagte: »Es spielt keine Rolle, wie wenig Geld du hast. Du bekommst schon dein großes *Give away*!«

Naja, bah, bekommen will ich etwas, nicht verschenken, ungefähr solche Gedanken hatte ich damals. Schließlich entschloß ich mich doch, das Ganze in Angriff zu nehmen und daß die Zeremonie ungefähr mit der Hochzeit meiner Tochter zusammenfallen sollte. Meine Tochter Julie heiratete einen Mohawk. Deshalb mußte sowohl der Führer unseres Lang-

---

* *Give away*: Zeremonie vieler Indianerstämme, bei der aus bestimmten Anlässen, wie Namensgebung oder Hochzeit, Geschenke verteilt werden *(Anm. d. Übers.)*.

hauses als auch der Häuptling von seinem Langhaus die Zeremonie leiten. Ich hatte beschlossen, mein Namensfest danach zu feiern. Ich fuhr hoch ins Gebiet der Tulalip zu meinem Stamm mit der Bitte, die Ältesten, die die Namensgebung durchführen sollten, hierher zu bringen, und sie waren einverstanden. Nun hatten wir also zwei *Give aways*, denn bei einer indianischen Hochzeit müssen die Eltern des Paares ein *Give away* ausrichten. Es ist aber nicht das Brautpaar, das Geschenke bekommt; sie bekommen lediglich gute Ratschläge.

Es sind die Mütter, die das Eheversprechen geben. Während der Zeremonie wurde ich gefragt: »Wie sehr magst du den jungen Mann, den sich deine Tochter ausgesucht hat? Wirst du ihn in deinem Herzen als Sohn annehmen? Wirst du ihnen helfen, wenn die Zeiten härter werden?« Und der Mutter des Mannes stellen sie die gleichen Fragen. Der Grund, warum wir das Versprechen geben, ist der, daß sich nicht nur das Paar vereinigt; auch die Familien verbinden sich.

Nach der Hochzeit war meine Namenszeremonie. Man hatte mit mir geprobt, was ich wann zu tun hätte, aber während der Zeremonie brachte ich immer noch fast kein Wort heraus. Danach liebte ich *Give aways*, seither habe ich viele veranstaltet. Ich mache sie immer noch, und es ist großartig.

Die richtige Yetsiblu war die Schwester von Häuptling Seattle. Schewabe und Skolitsza waren väterlicherseits und mütterlicherseits die Oberhäupter des dortigen großen Langhauses. Ich bin mit ihnen verwandt über meinen Urgroßonkel und meine Ururgroßmutter, die neben ihnen begraben liegen. Erst drei Generationen, nachdem ich gestorben bin, darf wieder jemand den Namen Yetsiblu Talaquab annehmen.

Manche Leute sagen, den Namen von jemand vor drei Generationen annehmen ist, als würdest du hierher zurückkommen und deinen eigenen Namen zurückbekommen. Das ist wie ein Hut, den du trägst. Du läßt ihn nie mit dem Boden in Berührung kommen, und du paßt auf, daß er nie schmutzig wird. Du möchtest ein reines Leben führen, denn egal, wer den Namen nach dir bekommt, er oder sie bekommt mit dem Guten auch das Böse mit, das damit verbunden ist. Seit ich meinen Namen angenommen habe, habe ich tatsächlich nicht viel Schlimmes erlebt, und deshalb denke ich, wer früher so geheißen hat, hat wohl ein anständiges Leben geführt.

Mein Stamm, die Tulalip im Nordwesten, stammen von Fischern ab. Alle unsere Legenden haben mit dem Lachs zu tun. Lachs war wie Mais für die Irokesen oder der Büffel für die Sioux. Wir hatten Zeremonien, die im Staate Washington mehr als hundert Jahre lang verboten waren. Man hielt unsere Potlatchs, unsere *Give aways* für bedrohlich für die amerikanische Wirtschaft. Unsere Reservation hat als eine der ersten die Lachszeremonie wiederaufleben lassen. Wir hatten ein Lied für jede einzelne Lachsart, als Willkommensszeremonien. Wenn die Lachse den Fluß zum Laichen heraufkamen, durfte man keinen Lärm machen, denn es war wie eine Kinderstube.

Wir haben eine Legende über die Zeit, in der es noch keine Sonne gab. Der Veränderer ging hin, um die Sonne in der Geisterwelt zu stehlen, und er brachte sie in einer Kiste zurück. Er sagte zu den Menschen: »Ihr dürft hier nicht zu nahe herankommen. Ihr werdet lernen müssen, mit diesem Licht umzugehen. Jetzt wartet erst einmal, und ich werde euch die Sache erklären.«

Aber die Menschen drängelten und schubsten ihn und riefen: »Laß uns sehen! Wir wollen etwas sehen!« Sie schubsten ihn so kräftig, daß der Deckel der Kiste aufflog und die Sonne heraussprang – und jeder bekam es mit der Angst zu tun. Einige sprangen ins Wasser, und aus ihnen wurden die Lachse, die Robben und die Wale. Andere rannten in den Wald, und aus ihnen wurde das Wild und die Antilope und alle die anderen Tiere dort. Aber die anderen, die am meisten gedrängelt hatten, blieben stehen und wurden ganz weiß von der Sonne. Wieder andere hielten sich im Hintergrund, sie blieben schwarz. So kamen wir zu unseren verschiedenen Hautfarben.

Als Kind lebte ich einerseits in Städten und auch in Reservationen. Wir kehrten nach Tulalip oder nach Quinault zurück, und dann gingen wir wieder nach Seattle. Ich habe einige schöne Erinnerungen daran. Ich erinnere mich, wie ich die Schönheit der Natur empfunden habe. Oh, es war ehrfurchtgebietend. Normalerweise ging ich allein in die Wälder und blieb dort den ganzen Tag bei den großen Bäumen und Tieren und Vögeln. Dort lebte ich in einer imaginären Welt. Ich liebte sie. Ich spürte da etwas, das mich immer dorthin zog. Wenn wir uns an der Küste aufhielten, ging ich immer zum Ozean und lief den ganzen Tag am Strand entlang; oder, wenn wir in der Reservation waren, in der Nähe der Berge, war ich die ganze Zeit auf den Bergen. Aber ich war praktisch immer alleine und nahm einfach diese Schönheit in mich auf. Ich erinnere mich an eine Quelle, die so klar und sauber war, und daß ich immer daraus trank.

Die Quellen erzählten mir Geschichten über die Kleinen Leute, über die *Sasquaches*, und über die schönen Wildblumen. Es war also nicht alles schlecht, es gab viel Schönes in meiner Kindheit. Dort gab es einen Ausgleich. Ich fand Heilung in der Natur. Oft bin ich hinausgegangen und habe geweint, und es war dann so, als ob jemand mich getröstet hätte, und dann ging es mir wieder besser. Sogar heute noch, wenn es mir schlechtgeht, gehe ich hinaus unter die Bäume, ich sitze dort und beobachte den Sonnenaufgang oder den Sonnenuntergang und trinke von der Schönheit, bis alles wieder voller Frieden ist in mir. Dann bin ich wieder voller Kraft.

Ich glaube, alle die Probleme, mit denen wir Indianer uns auseinandersetzen müssen, gehen mehrere Generationen zurück. In meinem Fall hatte ich schon mit sieben Jahren das unabweisbare Gefühl, daß etwas mit unserem Leben nicht stimmte. Ich weiß nicht warum, aber ich begann, in die Kirchen zu gehen. Ich suchte nach etwas. Natürlich versuchten sie alle, mich zu indoktrinieren, mir etwas einzuimpfen. Ich hörte genau zu und stellte Fragen, aber wenn sie mir keine Antwort geben konnten, blieb ich nicht. Eine Sache, die ich nicht verstehen konnte, ist, warum sie alle an Jesus Christus glaubten und mir trotzdem sagten, bloß nicht in eine andere Kirche zu gehen, denn diese Kirche wäre schlecht, und nur die ihrige wäre gut. Mir kam das sehr zweifelhaft vor, und zu diesem Zeitpunkt in meinem Leben hatte ich mehr als genug von allem Zweifelhaften. Ich war auf der Suche nach etwas Wahrem, obwohl ich noch so klein war.

Irgendwann kam ich dann auf die *Christian Science Church*, die Kirche der christlichen Wissenschaft. Ich war wirklich entschlossen zu glauben, was sie lehrten, daß du nämlich Berge versetzen kannst, wenn du den Glauben hast. Und daß es keine Schmerzen gibt; alles das existiert nur in deinem Kopf. Du glaubst nur, daß es weh tut, aber so etwas wie Schmerzen gibt es einfach nicht. Und das machte ich zu meiner persönlichen Überzeugung. Eines Tages fuhr mein Stiefvater nach Seattle, um Arbeit zu suchen. Wir hatten ein Auto, einen

TULALIP

Ford A, und er mußte ihn per Hand ankurbeln. An diesem Tag wollte er nicht anspringen. Ich stieg aus und stellte mich mit ihm vor das Auto, sah ihn ernst an und sagte: »Weißt du, Punk,« – das war sein Spitzname – »wenn du an Gott glauben würdest, würde dieses Auto schon anspringen. Du mußt den Glauben haben.«

Er machte sich nicht lustig über mich. Er lachte nur ein bißchen und sagte: »Naja, hör her, du mußt für mich glauben. Du betest, und ich probiere noch einmal, den Wagen anzulassen.«

Also gut, ich kniete mich nieder und betete. Als er immer noch nicht anspringen wollte, dachte ich: »Etwas stimmt nicht mit mir. Scheinbar ist mein Glaube nicht stark genug.«

Aber ich ging weiterhin in diese Kirche. Eines Tages hatte ich etwas wirklich Schlimmes angestellt, und meine Mutter verabreichte mir eine Tracht Prügel. Ich schrie wie am Spieß. Meine Mutter sagte. »Warum heulst du so? Es gibt keine Schmerzen, es tut nicht weh. Das ist alles nur in deinem Kopf.« Mein Hintern glühte. Ich sah sie an und dachte nur noch: »Ja klar, aber mein Po tut trotzdem verdammt weh.«

Das war für mich das Ende der *Christian Science*; was mich betraf, nach zwei solchen Schlägen waren sie erledigt. Eine Zeitlang ging ich in keine Kirche mehr, erst wieder, als ich ein bißchen älter war.

Ich kam dann in den Süden zu meiner Großmutter, die in eine Pfingstkirche ging, wo man an einen Gott glaubte, aber meine Freundin war in einer Pfingstgemeinde, die an die Dreieinigkeit glaubte. Meine Großmutter wurde regelmäßig wütend auf mich, weil ich jede zweite Woche meine Meinung änderte, um meine Freundin glücklich zu machen. Meine Freundin sprach in Zungen, und was ich auch probierte, ich konnte es nicht. Nächtelang las ich in der Bibel, und ich betete und betete. Ich dachte, der Fehler läge bei mir, daß ich es nicht zu einem Christen brachte. Ich nahm an, jeder andere Mensch auf der Welt wäre gerettet, und nur ich wäre unrettbar verloren.

Ich weiß noch, als die Auseinandersetzungen um die Fischereirechte begannen, dachte ich: »Menschenskind, wenn den Christen zu Ohren kommt, wie schlecht sie die Indianer behandeln, werden sie aufstehen und diese Leute von der Jagdbehörde packen und sie alle ins Gefängnis stecken.« Es war ein böses Erwachen, als mir klar wurde, daß auch die Christen nicht gerettet waren und daß das Ganze nur ein weiterer frommer Wunsch gewesen war.

Als ich wegen eines der ersten Treffen im Zusammenhang mit unserem Kampf um die Fischereirechte nach Los Angeles kam, traf ich zum ersten Mal auf all die Traditionalisten. Es war auch das erste Mal, daß ich Hippies kennenlernte, und das war wirklich ein Kulturschock. Sie rauchten Dope auf dem Los Angeles Freeway, und das bei Tempo 150, und der Typ am Steuer war am Einschlafen. Junge Junge, was hatte ich Angst! Endlich kamen wir bei dem Haus an, wo wir essen sollten, und sie ließen diese Pfeife herumgehen. Ich hatte keine Ahnung, was ich damit anstellen sollte. Thomas Banyacya saß neben mir. Er sagte: »Halte sie einfach an deine Lippen, aber zieh nicht daran.« Dann war Essenszeit. Die Hippies sprangen auf und machten sich über das Essen her, und für uns blieb nichts übrig. Als wir aufstanden, gab es nur noch Käse und Oliven und Zeug, das wir nie zuvor gegessen hatten. Es wurde spät, und wir waren hungrig.

Schließlich brachten sie uns zu irgendeinem Haus in Pasadena. Es war ein Hopi-Haus. Die Schoschonen und die Ute holten ihre Trommeln und fingen an zu singen. Sie meinten zu uns, wir sollten aufstehen und tanzen. Naja, ich hatte nie zu etwas anderem getanzt als zu

Bebop oder so. Ich beobachtete also diese Yakima-Indianerin, stand dann selbst auf und folgte ihren Bewegungen und tanzte, als ob ich mein Leben lang getanzt hätte. Meine Müdigkeit fiel urplötzlich von mir ab, und ich wurde richtig *high*. Tanzen ist etwas Phantastisches, schoß es mir durch den Kopf. Mir ging es hervorragend, ich verspürte ein einmaliges Wohlgefühl in mir. Es war fast wie dieses Glühen, diese Wärme nach einem ersten Drink. Beim Trinken geht es von dem Moment an aber immer abwärts.

Am nächsten Tag gingen wir zu dem Forum, das man für uns eingerichtet hatte. Alles und jeder war traditionell und sehr spirituell. Damals war ich nur politisch aktiv und dachte mir: »Was mache ich eigentlich hier bei diesen Leuten? Ich habe die Schnauze mehr als voll vom Höllenfeuer und Schwefel der Christen, was habe ich hier eigentlich verloren?« Aber als die Hopi ihren Schöpfungsgesang anstimmten, rührte sich etwas in meinem Solarplexus. Es war, als ob in mir etwas aufging. Ich hatte das unbestimmte Gefühl, daß diese Menschen etwas hatten und daß es möglicherweise genau das war, wonach ich gesucht hatte. Auf dem Weg nach Hause hatte ich etwas zum Nachdenken.

Später wurde ich dann nach Oklahoma zu einer Konferenz über spirituelle Einheit eingeladen. Die Erfahrungen, die ich in den Zeremonien und durch Gespräche machte, vermittelten mir einen guten Eindruck von der natürlichen Liebe, die alle Menschen füreinander empfinden. Ich erreichte solche spirituellen Höhen, daß ich kein Flugzeug gebraucht hätte, um nach Hause zurückzukehren, das schwöre ich. Von diesem Zeitpunkt an wußte ich, daß es das war, wonach ich gesucht hatte. Damals setzte ich alles daran, um damit in Verbindung zu bleiben. Ich war auch weiterhin politisch aktiv, aber wenn Ältesten-Treffen stattfanden, setzte ich alles daran hinzukommen. Sie wurden zu meiner Schule. Ich spürte außerdem die Ältesten in meiner Region auf, hörte ihnen zu und lernte von ihnen. Als ich unsere Traditionen entdeckt hatte, sagte meine Mutter zu mir: »Ich bin froh, Janet, daß du endlich gefunden hast, was du gesucht hast, denn dein ganzes Leben lang warst du auf der Suche nach etwas.«

In meiner radikalen Phase, während des Kampfes um die Fischereirechte, als man mich ins Gefängnis gesteckt hatte, nannte man mich eine Militante und eine Kommunistin. Es gab auch Leute, die mich als Intellektuelle bezeichneten, und ich sagte: »Wie bitte?« Das ist etwas Neues, denn ich hatte ja nur acht Klassen lang die Schule besucht.

Mildred Ikebe, eine Älteste und einer meiner engsten Freundinnen, ernannte mich 1960 zur Sprecherin des Nisqually-Stammesvorsitzenden. Meine erste Reise nach Übersee unternahm ich 1973, als Wounded Knee II noch nicht zu Ende war. Dort drüben sorgte es für Schlagzeilen, und hier herrschte Nachrichtensperre. In den frühen Sechzigern, als wir anfingen, hatte ich zum Ziel, für die Gesundheits- und Bildungsleistungen zu kämpfen, die uns Indianern zustanden. Damals hatten wir keine Gesundheitsvorsorge.

Den Indianern ging es elendiglich. Ich hatte gerade angefangen, mir Verträge und Abkommen genauer anzuschauen, als im Dezember 1963 der oberste Gerichtshof des Staates Washington den Fall McCoy entschied. Es war eine ganz und gar rassistische Entscheidung, die dem Staat das Recht einräumte, regelnd in das Fischereiwesen der Indianer einzugreifen. Nach dieser Entscheidung hatten wir überhaupt keine Fischereirechte; die einzigen Fischereirechte, die wir gehabt hatten, waren wie die eines Bären, der sich ab und zu einen Fisch herausholt, oder wie die eines Hirschen, der einen Schluck Wasser trinkt. Wir hatten versucht, die Unterstützung des BIA zu gewinnen, aber später fanden wir heraus, daß sich das BIA insgeheim auf die Seite des Staates geschlagen hatte. Als dann die McCoy-Entscheidung gegen uns ausfiel, beschlossen wir, sofort etwas zu unternehmen, um das Übel gleich bei der Wurzel zu packen. Damals hatte Gouverneur Rosellini Pläne, aus dem Staat Washington ein »Winterwunderland für Sportfischer« zu machen, und der oberste Punkt auf seinem Aktionsplan war, die Indianer loszuwerden, sie von den Flüssen zu vertreiben. Er setzte seine gesamte Polizeimacht ein, um uns zu terrorisieren und um uns einzuschüchtern. Die Polizei verfolgte uns und beschlagnahmte unsere Gerätschaften. Es kamen Leute, die auf uns schossen, unsere Boote und Kanus zerstörten, unsere Autoreifen aufschlitzten. Damals begann ich zum ersten Mal, Widerstand und Verteidigung zu organisieren.

Am 13. Oktober 1965, beim ersten großen *Fish-in*, wurde ich festgenommen. Das Ziel vieler dieser *Fish-ins* war es, die Aufmerksamkeit der Öffentlichkeit auf das Problem zu lenken, und wenn eine berühmte Persönlichkeit dabei war, waren wir geschützter. Marlon Brando und Jane Fonda kamen und unterstützten uns. Dick Gregory war Meister darin, den besten Schutz zu bekommen. Meiner Meinung nach war er derjenige, der das größte Opfer brachte, denn er kam tatsächlich ins Gefängnis. Er saß trotzdem nicht die vollen sechs Monate ab, zu denen ihn der Richter verurteilt hatte. Er begann einen Hungerstreik und lebte von destilliertem Wasser. Alles in allem saß er fünfundvierzig Tage im Gefängnis, ohne zu essen. Der Grund für sein hartes Urteil war, daß der Staatsanwalt uns haßte. Er sagte, im Staate Washington laute das elfte Gebot: »Du sollst nicht mit Indianern fischen.« Zur gleichen Zeit, als Dick Gregory seine sechs Monate bekam, fand am anderen Ende der Halle der Prozeß gegen eine Frau statt, die ihr Baby ermordet und in eine Mülltonne gestopft hatte, und sie bekam nur sechs Monate auf Bewährung. Mit Indianern zu fischen war also ein schlimmeres Verbrechen als Kindermord. Oft, wenn wir in Yelm in den Laden zum Einkaufen kamen, sagten die Leute zu uns: »Wissen Sie, Sie hatten unsere moralische Unterstützung und unsere Sympathie, aber seit dieser verdammte Neger da mit Ihnen gefischt hat…« Ich wurde dann wütend und fragte sie: »Glauben Sie, wir können uns von Ihrer moralischen Unterstützung und von Ihrem Mitleid einen Korb voller Lebensmittel kaufen?« Worauf sie so etwas wie »Eher nicht« zur Antwort gaben. Darauf wieder ich: »Was nützt uns dann Ihre moralische Unterstützung und Ihr Mitleid, wenn wir untergehen? Wir ertrinken, und dieser Mann kommt daher und bietet uns seine Hand und seine Hilfe an. Und da sollen wir sagen, nein danke, das ist eine schwarze Hand; ich ertrinke lieber, als daß ich mir von einer schwarzen Hand helfen lasse.« Solche Situationen haben wir oft erlebt. Gregory wäre um die Gefängnisstrafe schon herumgekommen – das Geld dazu hätte er gehabt – aber er zog es vor, ins Gefängnis zu gehen, um mehr Aufmerksamkeit auf unsere Sache zu lenken.

Es kommen viele Leute, die uns helfen wollen, aber einige nutzen die *Natives* wirklich auch aus. Einmal war Thomas Banyacya bei mir zu Hause, und da kommt diese Frau herein und erzählt etwas von fliegenden Untertassen. Da war sie nun und erzählt diesem Hopi-Ältesten alle diese verrückten Geschichten. Thomas war schwerhörig, und er hatte kein Hörgerät, und er sagte also nur »Mhm, mhm«. Und sie sagte: »Sie sind also damit einverstanden, daß ich die Vertreterin der Hopi im Nordwesten werde?« Und er sagte: »Mhm.« Da rief ich: »Thomas! Wach auf! Hörst du eigentlich, was diese Frau sagt?« Er sagte: »Was denn?« Ich wiederholte es ihm, und dann sagte er: »Oh nein, nein, nein, ich habe Ihnen nicht gesagt, die Hopi zu vertreten und all so was.« So etwas widerfährt also den Ältesten.

In vielen Fällen ist das, was passiert, ähnlich wie bei Brooke Medicin Eagle und was sie getan hat. Sie ging unter die Cheyenne. Dort lebte eine ältere Cheyenne-Frau, die von ihren Kindern wirklich verlassen worden war, die alle in die Stadt weggezogen waren. Sie zog bei ihr ein und fing an, ihr beim Holzsammeln zu helfen, sie erledigte all das, was eigentlich ihre Kinder und Enkel hätten tun sollen. Und die Alte war so voller Dankbarkeit, daß sie sie adoptierte und ihr nach und nach alle diese Dinge erzählte. Und dann redete Medicin Eagle und erzählte jedermann, sie wäre eine Medizinfrau.

Die Cheyenne waren ganz schön ungehalten. Aber ich kann schon verstehen, wie es dazu kommen konnte, denn unsere Leute vernachlässigen die Alten. Ich beobachte das auch hier, sie unterstützen ihre Alten nicht. Sie kümmern sich nie darum, ob sie Holz, Wasser und Lebensmittel haben. Wenn dann jemand anderer daherkommt und einspringt, dann erfüllt das unsere Alten so mit Dankbarkeit, daß sie mit ihnen sprechen und ihnen Sachen erzählen und sie manchmal sogar adoptieren.

Alles in diesem Land ist gespalten. Deshalb halte ich mich an die Ältesten. Sie sind nicht wie diese Menschen, die eine Sache predigen und sich dann ganz anders verhalten, bei denen Gesetze nur für die normalen Menschen gelten, nicht aber für die Elite. Die Leute streiten darüber, wer wir als Ureinwohner der westlichen Hemisphäre eigentlich sind. Wir stammen aus vielen verschiedenen Nationen und Stämmen. Wenn ich in Europa Vorträge halte, bekomme ich mit, daß sie sich immer noch bekämpfen und hassen. Die Deutschen hassen die Franzosen, die Franzosen hassen die Deutschen; die Engländer hassen die Franzosen und die Deutschen und die Iren, und so geht das weiter. Und dann haben sie tatsächlich die Stirn, mir zu sagen. »Ihr Indianer könntet schon etwas erreichen, wenn ihr euch zusammenschließen würdet.«

Wir hatten keinen Platz, um die Religionsfreiheit in die Tat umzusetzen. Keinen Platz, um eine Feuerstelle zu bauen und Schwitzhütten oder um den Schöpfer in einer Art und Weise zu ehren, die nach unserem Dafürhalten notwendig war, damit wir mit Ihm in Verbindung treten können. Wir brauchen dieses Gefühl der Verbundenheit, damit wir uns wieder als lebendige Wesen empfinden. Damit wir nicht dauernd an Selbstmord denken müssen, damit wir uns nicht dauernd mit Alkohol und Drogen selbst umbringen wollen. Wir haben diese Verbindung erst wieder finden müssen, und wir fanden sie in unseren uralten Zeremonien, die heute noch dieselbe Gültigkeit haben wie einst. Die Leute sagen, man könnte sich nicht in die Vergangenheit flüchten und in einem Tipi leben, aber die lebendigen Gesetze, die man uns gelehrt hat, sind heute noch mit uns.

Wenn ich zu den Vorträgen nach Europa reise, schaue ich immer in die Runde der Zuhörer, und da sehe ich die verschiedenen Hautfarben, die einzelnen Ansichten, und ich denke an den Schöpfer. Er könnte uns ja allen dieselbe Hautfarbe geben, dieselben Haare, dieselbe Größe, so daß wir alle gleich aussehen. Möglicherweise würdest du es richtig hassen, dich selbst jeden Tag die Straße entlanggehen zu sehen, du schaust, und da kommst du daher! Ist es nicht schön, daß es Vielfalt und Unterschiede gibt?

Aber Diskriminierung, Rassismus und Ausbeutung kommen heute in vielen Formen daher. In Santa Fe habe ich Indianerschmuck und -kunst gesehen, die dort verkauft werden. Ich bin froh, daß das Anschauen nichts kostet, denn die Preise hätte ich mir nicht leisten

TULALIP

können. Das habe ich schon einmal erlebt mit unseren Künstlern im Nordwesten, mit den Schnitzern. Indianerkunst ist keinen Pfennig wert, solange der Indianer das Kunstwerk hat. Aber wenn es in die Hände der weißen Händler übergewechselt ist, erhöhen sie die Preise um eine Million Prozent.

Wir *Natives* hatten eine zerrissene Vergangenheit. Jetzt, heute, versuchen wir, die Reste zusammenzusammeln, damit unsere Zukunft nicht genauso zersplittert aussieht. Wir möchten unsere Zukunft umgestalten. Und ich als Großmutter möchte erleben, wie diese jungen Menschen heranwachsen. Ich möchte erleben, daß sie gesund sind, mit sauberer Luft und reinem, sauberem Trinkwasser. Ich würde gerne sehen, daß sie eines Tages Großeltern werden wie ich und dasitzen und ihren Enkeln beim Sprechen und Singen zuschauen, und sie sollen wissen, wer sie sind und stolz darauf sein, wer sie sind. Dafür lebe ich.

Von den Lakota habe ich etwas Großes und Wunderschönes gelernt: *mitakuye oyasin*, alle meine Verwandten. Wenn sie das sagen, so jedenfalls haben sie es mir erklärt, ist das etwas ganz, ganz Schönes, weil es jeden einschließt, der jemals geboren wurde, auch die Ungeborenen, im gesamten Universum, alle Zweibeiner, Vierbeiner, Vögel, Tiere, Felsen und jeden, der heute hier lebt. Bäume, Pflanzen, Berge, Sonne, Mond, Sterne und auch jeden, der erst geboren werden *wird*! Wie überwältigend eine solche Aussage sein kann! Alle meine Verwandten! Ich staune angesichts der Schönheit dieses Wortes, es ist so gewaltig.

Wir zerstören die Erde mit unserer Technologie; wir verschmutzen die Gewässer und die Luft. Nur ein Prozent des Wassers auf der Erde ist Trinkwasser, und jetzt sagen sie, mindestens die Hälfte davon ist verschmutzt. Man kann doch nicht einfach von einem schönen Fleck zum nächsten ziehen und ihn dann dadurch kaputt machen, daß man immerzu die gleichen Dinge will. So wie die Leute, die Kalifornien den Rücken kehren. »Naja, wir haben also Kalifornien zerstört, aber unsere Lebensweise ist nun einmal so. Jetzt ist es Zeit, woanders hinzugehen.« Dann ziehen sie woanders hin, und dort wollen sie die gleichen Annehmlichkeiten, die gleiche Technologie, die sie in Kalifornien gewohnt waren. Man kann nicht mehr in Einklang und Harmonie mit der Natur leben, weil die gesamte Natur aufgebracht ist durch den Mißbrauch, den der Mensch mit der natürlichen Welt treibt.

Das Füllhorn hier in Amerika ist fast leer. Es ist ja bekannt, die meisten Menschen, die aus Europa herüberkamen, sind wegen der Reichtümer und wegen Land gekommen. Obwohl sie sagen, sie wären um der Religionsfreiheit willen gekommen. Welche Art von Freiheit, kann ich nur sagen! Schau dir die Geschichte an, was haben sie unseren Leuten angetan unter dem Deckmäntelchen der Religionsfreiheit! Es war furchtbar. Der katholische Papst verkündete, daß wir zwar keine Tiere wären, richtige Menschen aber auch nicht, und unsere Rechte bräuchten deshalb nicht respektiert zu werden. Wir hatten kein Recht auf Landbesitz, weil wir keine Christen waren, wir waren nicht gerettet. Die Lutheraner sagten das gleiche, und auch nach ihren Gesetzen hatten wir keine Rechte, die sie hätten respektieren müssen. Diese Schlachten schlagen wir immer noch.

Als Folge der Umweltverschmutzung und der Staudämme verschwinden die Lachse, genauso wie der Büffel und die Wandertaube und viele andere Arten, die schon verschwunden sind. Aber die Art, die am stärksten gefährdet ist, sind wir selbst, das kann ich dir sagen. Wir sind die vom Aussterben bedrohte Art.

Zu mir kommen weiße Jugendliche, New Age-Kids, und mein Gott, ich liebe sie, aber manchmal sind sie schon welche… Sie kommen zu mir und sagen: »Oh Janet, bitte, bitte, du mußt mir helfen. Ich muß zur Natur zurückfinden.« Und dann sage ich: »Brauchst du ein Abführmittel oder was?« Das ist doch verrückt, wie kannst du zur Natur zurückfinden? Wir *sind* Natur! Wir sind ein Teil der Natur, wir sind ein Teil der Erde, wir sind ein Teil von allem, was lebt. Wir sind ein Teil von dir und von mir und dieser Luft, die uns alle miteinander verbindet. Es gibt keinen esoterischen Gesang oder ein Mantra oder irgend etwas, das diesen New Age-Leuten sofortige Spiritualität einflössen könnte. »Gib mir eine Pille, gib mir einen Gesang, ich will spirituell sein, und zwar sofort!« Ich sage immer, als erstes müßt ihr lernen, ein Mensch zu sein. Wenn ihr kein Mensch sein könnt, werdet ihr nie spirituell.

Was wir lernen müssen, ist Selbstachtung. So viele Menschen können sich selbst nicht ausstehen. Dauernd wollen sie sich in jemand anderen verwandeln, den sie im Fernsehen gesehen haben. Schlank und fit – jeder macht irgendeine Diät. In Somalia verhungern sie, aber hier in Amerika geben die Leute Millionen für Diäten aus, wo sie doch genausogut ihren Mund zulassen könnten.

Und wir müssen unsere Familien heilen. Wir, die *Natives*, wissen das genau. Nach wie vor gibt es Alkoholismus, Aids, Drogen, Mißhandlungen, Gewalt, eine korrupte Führung – und Bingo! Ich hasse Bingo! Damit müssen wir uns herumschlagen, und was kommt dabei heraus? Familien, in denen nichts mehr stimmt. So ist es, kann ich nur sagen. Aber weißt du, seit ich von dysfunktionalen, also von kaputten Familien gehört habe, versuche ich eine funktionierende zu finden. Überall habe ich nach einer gesucht. Langsam denke ich, das ganze Land ist dysfunktional und leidet an Schizophrenie! Auf der einen Seite bringst du einem Kind bei: »Du sollst nicht töten.« Und dann, wenn sie achtzehn sind, gibst du ihnen ein Gewehr in die Hand und sagst: »Los jetzt! Geh und bring diese Hurensöhne um, weil sie nicht an unsere geheiligten ›Du sollst nicht töten-Prinzipien‹ glauben.« In was für einen Zwiespalt stürzen wir unsere Kinder? Was für Botschaften geben wir ihnen mit! Und womit füttern wir sie im Fernsehen?

Kinder lernen durch Nachahmung. Als ich ein Kind war und bei Trinkereltern aufwuchs, spielte ich Erwachsener und füllte leere Bierflaschen mit Wasser und trank sie aus. Und die Zigarettenkippen, die ich fand, steckte ich mir in den Mund, und so torkelte ich herum und spielte betrunken. Sie waren die Rollenbilder, die Vorbilder, die ich hatte.

Egal, wer wir sind, wenn wir eine bessere Zukunft für unsere Kinder wollen, müssen wir daran denken, daß wir ihre frühesten Lehrer sind. Wenn wir eine gute Welt wollen, eine gute Erde, ohne Rassismus und Haß und Gewalt, müssen wir in unsere eigenen Herzen blicken.

Eine Legende, die ich mag, ist die vom Bären und vom Adler, und wie sie die Anführer wurden. Es heißt, irgendwann in der Vergangenheit töteten unsere Vorfahren Tiere nur aus Spaß am Töten. Nicht, um sie zu essen oder um zu überleben, nur zum Spaß. Ganze Arten waren von der Ausrottung bedroht, und daher gab der Schöpfer jedem Lebewesen die Kraft, sich gegen Ungerechtigkeiten zu wehren. Er zeigte ihnen auch einen Weg, wie sie mit dem Schöpfer Verbindung aufnehmen konnten, wenn die Ungerechtigkeiten so unerträglich geworden waren, daß sie aus eigener Kraft nicht mehr damit fertig werden konnten. Auf diesem Weg konnten sie sich so verhalten, wie es ihren ursprünglichen Weisungen entsprach.

TULALIP | Die Tiere vereinigten also all ihre Kraft und bildeten einen Kreis, um den Schöpfer zu bitten, sie von den falschen Führern zu befreien, vom Fuchs und dem Coyoten – den Schwindlern. Diese Tiere überlisteten die anderen, um sie dann zu fressen und zu verschlingen. Nach einiger Zeit sagte der Bär: »Ich werde der Wächter sein. Ich suche die Stelle für den Kreis aus und beschütze jeden gegen diejenigen, die irgendeine Störung verursachen könnten. Deshalb werden alle Pfade, die zu der Stelle führen, von Bären bewacht.« Und der Adler sagte: »Ich beobachte alles aus der Höhe und warne euch Bären vor jedem, der stören könnte.«

So konnten alle Tiere und Vögel schließlich zusammenkommen. Sie vereinigten ihre Gedanken und beteten zum Schöpfer um Schutz vor den Menschen. Der Schöpfer hatte Mitleid mit ihnen und half ihnen. Und daher kommen alle die Krankheiten, an denen die Menschen leiden. In der Folge ging die Anzahl der Menschen in diesem Land um Millionen zurück. Die Pflanzenwelt war beunruhigt und dachte, daß ein Vakuum entstehen könnte, das alles Leben mit sich saugen würde, wenn die Zweibeiner alle sterben würden. Und daher beschlossen sie, für jede Krankheit, die die Tiere geben würden, ein Gegenmittel bereitzustellen. Heute können die Menschen, die beten, meditieren, fasten und im Frieden mit der Natur leben, ins Freie gehen, und eine Pflanze wird sich ihnen offenbaren und sagen: »Nimm mich, ich bin, was du brauchst.« Auf diese Weise erfuhren unsere Menschen vor langer Zeit alles über die Medizinen, und sie wirken auch heute noch.

ONONDAGA

Die Heimat der Onondaga ist Nedrow. Der kleine Ort mit seinen gewundenen, sanft auf und ab führenden und von Ulmen gesäumten Straßen liegt im Bundesstaat New York, knapp zehn Kilometer südlich von Syracus. Onondaga bedeutet »Ort der Ulmen« und ist ein Platz, an den, nach der Prophezeiung des Gesetzgebers, die Menschen »in den letzten Tagen« fliehen werden, um Schutz zu suchen.

Bei meiner Ankunft Ende April beunruhigte eine innere Krise das Dorf. Autos und Lastwägen standen in den Straßen und versperrten Eingänge und Einfahrten zu Läden und Geschäftsgebäuden. Die Onondaga hatten ihre Schließung angeordnet, weil sie keine Steuern bezahlt hatten. Die Geschäftsinhaber verweigerten die Zahlungen und forderten genauere Rechenschaft darüber, wie ihre Steuergelder verwendet worden waren. Die Kontroverse drehte sich darum, ob man von indianischen Geschäftsbesitzern verlangen sollte, Steuern an die Onondaga-Nation zu entrichten. Die endgültige Entscheidung darüber lag bei den Clan-Müttern.

Ich verbrachte den Tag im Gespräch mit Häuptling Leon Shenandoah, der Clan-Mutter Audrey Shenandoah und (Dewasenta) Alice Papineau, die mich zum Essen in den Speisesaal des Langhauses eingeladen hatte. Alice, ein zierliches Persönchen, spricht mit dem Eifer einer jungen Frau und mit sanfter, fast flüsternder Stimme. Beim Essen unterhielten wir uns über uns beiden bekannte Indianer, die in den zahlreichen Reservationen lebten, die ich besucht hatte, und die Alice, wie sich herausstellte, ebenfalls besucht hatte.

Ein junger Mann, der in unserer Nähe saß, hörte uns zu und grinste. »Frauen sind überall gleich«, sagte er und schüttelte den Kopf, »ihr seid alle am Tratschen, egal, welche Hautfarbe ihr habt.«

Alice richtete sich auf: »Wir tratschen überhaupt nicht, wir tauschen Informationen aus.«

Er stand auf und trug sein Geschirr weg. »Ich habe mich ja schon immer gefragt, wie der Mokassin-Telegraph funktioniert!«

LEON SHENANDOAH: EIN OBERSTER HÄUPTLING

Ich bin der *Tatodaho*, der oberste Häuptling der Onondaga-Nation. Ich wurde 1969 gewählt, aber vorher habe ich mit den Worten und Ausdrücken des Friedensstifters die Zeremonien im Langhaus geleitet.

Der Schöpfer hat den Friedensstifter herabgesandt, um uns in unsere Lebensweise einzuführen und um unsere Konföderation zu gründen. Damit die Menschen miteinander auskommen, weist uns der Schöpfer an, in ruhigem Tonfall miteinander zu sprechen und einen klaren Kopf einzusetzen. Sich so auszudrücken, daß ein harmonisches Miteinander möglich ist, denn das macht gute Beziehungen.

ONONDAGA

Ich habe Adlerfedern in meiner Haube, denn der Adler ist der Anführer aller Vögel. Hier im nördlichen Landesteil ist der Ahorn der Anführer aller Bäume, und die Rotpeitsche oder Medizinpeitsche ist der Anführer aller Medizinpflanzen. Es gibt einige andere Medizinen, die in einem Gebiet die Anführer sind, und auch der Hirsch gehört hierher, im Nordosten ist er der Anführer der Vierbeiner.

An und für sich bin ich vom Aal-Clan, aber aufgrund meiner Stellung ist es, als ob ich zu keinem Clan gehören würde. Das ist deshalb so, damit ich keinen Clan oder womöglich meine Mutter bevorzugen kann – wenn sie im Unrecht ist, ist sie im Unrecht. Es gibt vierzehn Oberhäuptlinge und zwölf Unterhäuptlinge, sechsundzwanzig alles in allem. Die Häuptlinge werden von den Clan-Müttern gewählt. Aber ich wurde ursprünglich von den Häuptlingen gewählt, die Clan-Mütter hatten damit also nichts zu tun.

Meine Mutter war eine Hüterin des Glaubens. Glaubenshüter sind meistens Frauen. Als Gruppe helfen sie einem heraus, und sie verkünden den rechten Zeitpunkt für eine Zeremonie. Es ist ihre Aufgabe, unsere Lebensweise lebendig zu erhalten. Meine Mutter hat oft zu mir gesagt: »Heute gehst du nicht zur Schule, heute gehst du mit zu einer Zeremonie«, was nicht so ist, wie es heute ist. Aber ich habe eine Menge gelernt deshalb.

Als ich drei oder vier Jahre alt war, passierte ein schwerer Unfall, der mich beinahe das Leben gekostet hätte. Ich krabbelte in der Nähe des Ofens herum, und eine Frau, die dort arbeitete, goß aus Versehen kochend heißes Wasser über meinen ganzen Rücken. Meine Mutter brachte mich zu vielen Zeremonien und setzte Medizin ein und versuchte damit, mich am Leben zu halten. Sie waren schon fast sicher, daß sie mich verlieren würden, und deshalb fuhr sie zu den Seneca, das ist ungefähr zwei Stunden von hier. Sie mußte die ganze Nacht fahren, in einem alten Model T, der kaum schneller als fünfundzwanzig Kilometer in der Stunde fuhr.

Dort fand eine Zeremonie statt, und ein alter Mann stand auf und sagte: »Wenn dieser Junge groß ist, wird er eine hohe Stellung einnehmen, die mit vielen Menschen zu tun hat.« Mein Leben war also schon vorgezeichnet. Meine Mutter war sich nicht sicher, ob ich am Leben bleiben würde oder nicht, aber der Mann meinte, ich würde nicht gehen, ich würde weiterleben. Als ich dann zum obersten Häuptling gewählt worden war, erzählte sie mir, was der alte Mann gesagt hatte.

Es ist trotzdem ganz schön hart, ein Führer zu sein; es gibt Druck von vielen Seiten. Wenn jemand in Schwierigkeiten ist, mußt du hingehen und ihm dabei helfen, es auszubügeln. Ich leite die Hochzeiten, und die anderen Häuptlinge kümmern sich um die Beerdigungen. Einmal hatte jemand gefragt, ob wir Geistliche hätten, und ich gab zur Antwort: »Ja, davon haben wir sechsundzwanzig«, weil wir allesamt Prediger sind. Wir arbeiten für den Schöpfer, und er hat festgelegt, daß das oberste Anliegen der Führer Frieden und Wohlergehen der Menschen sind. Das ist die Bürde, die ein Häuptling tragen muß. Was ein klarer Kopf ist, kannst du immer sehr gut für dich selber bestimmen; wenn jemand überlegt handelt, ruhig spricht und glaubwürdig ist, dann ist das ein klarer Kopf.

Bei einem Häuptling ist es eine üble Sache, wenn er sich daneben benimmt, denn es kommt zu ihm zurück. Zum Beispiel kann er unmöglich zu jemandem sagen: »Schau her, du solltest nicht mit dieser Frau herumziehen, denn du bist verheiratet«, und er selber macht es genauso. Nach unseren Gebräuchen gibt es nur eine Ehe. So etwas wie Scheidung

ONONDAGA

kennen wir nicht. Manchmal brechen Leute aus ihrer Ehe aus und leben mit jemand anderem zusammen, aber das ist nicht gut für sie. Der Rat würde ihnen das nicht erlauben. Es ist ausgemacht, daß du auf immer mit deinem Partner zusammenlebst, und das einzige, was euch trennt, ist der Tod. Wenn die Menschen Hilfe brauchen oder Schwierigkeiten mit der Familie haben, gehe ich hin und gleiche aus. Einfach ist das nicht, weil es nicht viele Menschen gibt, denen es liegt, sich in anderer Leute Probleme einzumischen. Ich mag es auch nicht, aber wenn sie mich bitten, muß ich hingehen, und ich versuche mein Bestes. Wenn jemand ein Treffen der *Six Nations* wünscht, rufe ich alle meine Häuptlinge zusammen. Wir setzen uns zusammen und verständigen uns, ob wir ein Treffen brauchen oder nicht. Wenn es beschlossene Sache ist, schicken wir einen Läufer aus zu jeder Nation. Wir machen es noch auf die traditionelle Art, indem wir einen Läufer ausschicken, der die Nachricht überbringt, nur daß er jetzt mit dem Auto fährt. Manchmal nehmen wir auch das Telefon, aber das paßt uns dann überhaupt nicht.

Nachdem der Läufer losgezogen ist, schickt jede Nation ein Stück Holz zurück mit Perlen aus Muschelschalen darauf und einer Botschaft in Onondaga. Damit wissen wir, wie viele Clan-Mütter auf ihrem Treffen sind und wie viele kommen werden, so daß wir genügend Unterkünfte bereitstellen können.

In unseren Grüßen (wir haben Grüße anstelle von Gebeten) bedanken wir uns bei allem, was der Schöpfer hier auf der Mutter Erde hinterlassen hat. Ich bete nie um Geld, denn das hat der Schöpfer nicht gemacht. Als er in diese Welt kam, machte er die Erde, und er gab den Menschen ihren Platz. Er gab auch den Gräsern ihren Platz, dem Unkraut und den verschiedenen Heilpflanzen, um den Menschen das Überleben zu erleichtern. Dem Wasser gab er die Aufgabe, aus dem Untergrund zu kommen, und dem Regen und dem Donner trug er auf, Mutter Erde zu waschen und alle Pflanzen zu wässern. Die Grüße berichten also, was der Schöpfer getan hat und warum wir danken.

Der Mond zum Beispiel regelt den Zyklus der Frauen und bringt menschliches Leben in die Welt. Er kontrolliert auch das Wasser, und wenn du nun deine Grüße sprichst, hast auch du einen Bezug zu dem, was Mond und Sonne tun. So erfährst du, wozu diese Gaben gut sind. Es ist unsere Pflicht, für alles zu danken. Deshalb sage ich manchmal, daß es unsere Aufgabe ist, Hüter des Landes zu sein. Wir sind hier nur zu Besuch, und wann wir gehen, wissen wir nicht. Das weiß nur der Schöpfer.

Wir nennen ihn nicht Gott. Ich weiß nicht, was Gott bedeutet. Wir wissen vom Schöpfer, daß wir aus Mutter Erde gemacht sind und zu Mutter Erde zurückkehren. Aber der Geist kehrt zum Schöpfer zurück. Deshalb haben wir Weisungen. Wenn manche diesen Weisungen nicht folgen und schlimme Dinge tun, kehren sie nicht zum Schöpfer zurück. Daher müssen wir Führer immerzu predigen, was gut und was schlecht ist. Denn das ist es, was die Gemeinschaft zusammenbrechen läßt. Sie nennen es »Sinneswandel«. Trinken führt dazu, daß du Sachen machst, die du mit deinem richtigen Verstand nicht machen würdest. Es »verwandelt deinen Sinn«.

Mit den jungen Leuten, die trinken, kannst du reden, aber du schaffst es nicht, sie zum Aufhören zu bringen. Aufhören müssen sie selber. Es stimmt schon, auf dieser Erde trinken eine Menge Leute, aber aufhören werden sie erst, wenn sie selber dazu bereit sind. Sie verlieren ihren Stolz, überwerfen sich mit ihren Frauen, und sie versuchen, es zu vergessen, aber dabei verletzen sie sich nur selbst. Manchmal sagen ihre Altersgenossen oder Erwachsene zu ihnen: »Du taugst nichts mehr, mit dir ist nichts mehr los«, und das glauben sie auch noch. Aber diese Gleichaltrigen und Erwachsenen zeigen ihnen nie, wie sie sie selbst sein könnten, oder daß sie genauso viel wert sind wie der nächstbeste Mensch.

Ich war jung, als ich mit den Zeremonien angefangen habe. Die Schule störte nicht, denn die Zeremonien waren wichtiger. In der Schule habe ich nicht soviel gelernt, denn damals war es nicht notwendig, auf die High School oder ein College zu gehen. Heute mußt du ja wenigstens auf die High School, aber es ist wichtig auf dieser Welt, daß du deine Art nicht vergißt. Bildung ist gut, aber deine Sprache darfst du nicht vergessen.

Hier den Mittelweg zu finden ist schwierig. Als ich fünf war, hat meine Mutter die ganze Zeit in der Indianersprache mit mir geredet. Mein Vater hat mir auch eine Menge beigebracht, denn er konnte Englisch und seine eigene Sprache. Heute verstehen einige von den Jüngeren nicht einmal mehr ihre eigene Sprache. Und wenn du die Sprache nicht kannst, gehen dir einige der Botschaften, die der Schöpfer hinterlassen hat, verloren. Obwohl ich schon als junger Mensch etwas gelernt habe, nimmt es kein Ende mit dem Lernen, weil der Schöpfer uns allen die Botschaften hinterlassen hat über das, was sein wird.

Entsprechend den vier Jahreszeiten haben wir vier Zeremonien, im Frühling, im Sommer, im Herbst und im Mittwinter. Die Mittwinterzeremonie dauert vierzehn Tage am Stück. Einmal im Jahr feiern wir die Zeremonie für unsere Vorfahren, normalerweise ist das im März, bevor die Pflanzen anfangen zu wachsen, denn Tod und Leben darfst du nicht vermischen.

In der Nähe, wo ich aufgewachsen bin, steht ein Denkmal für den Häuptling Handsome Lake. Handsome Lake war ein Seneca, irgendwann im achtzehnten Jahrhundert. Damals gingen sie auf die Jagd, bevor der See zufror. Sie zogen aus, um Fleischvorräte für den Winter anzulegen und an den Handelsposten mit Fellen Handel zu treiben. Im Frühling schickten sie dann einen Läufer ans Seeufer, der nachsehen mußte, ob das Eis schon geschmolzen war, damit sie zum Handelsposten ziehen konnten, um ihre Felle einzutauschen. Als erstes gab ihnen der Händler Rum und machte sie betrunken, damit er bequem an das kommen konnte, was sie dabei hatten.

Weil der Händler sie betrunken gemacht hatte, waren ihnen die Preise ziemlich egal, und sie dürften auch einiges Fleisch einfach weggegeben haben. Wenn sie dann zum Dorf zurückkehrten, konnten die anderen sie singen hören, denn sie waren betrunken.

Handsome Lake wurde regelmäßig krank von der Trinkerei, und das veranlaßte ihn zum Nachdenken, wer die Bäume, den Himmel, den Mond und die Sonne gemacht hatte. Er dachte immer wieder darüber nach, bis er schließlich ziemlich krank war und starb.

Als sie Totenwache hielten, berührte Corn Planter, sein Halbbruder, seinen Körper, der sich noch ein bißchen warm anfühlte. Er fühlte nach seinem Herzen und sagte. »Es ist noch warm.« Also wartete jeder, bis auch dieser Fleck kalt war, aber es war ihnen entgangen, daß Handsome Lakes Geist sich erhoben hatte und zur Tür hinaus war. Draußen traf Handsome Lake die vier Beschützer, die der Schöpfer gesandt hatte. Sie teilten ihm mit, daß er erst noch etwas loswerden müsse, bevor sie ihn mitnehmen könnten. Handsome Lake nahm an, sie meinten sein Singen, aber das verneinten sie. Er versuchte es mit drei oder vier anderen Sachen, aber sie sagten bei jedem Nein. Schließlich sagte er: »Vielleicht trinke ich zuviel.« Und sie sagten: »Genau das ist es.«

ONONDAGA

Dann machten sie ihm irgendeine Medizin aus Beerenwurzel, und sie brauten einen Trank, der bewirkte, daß er das Trinken sein ließ. Sie gingen und kamen am nächsten Tag wieder, und er war geheilt. Als sie ihn für bereit hielten, nahmen sie ihn mit zum Schöpfer und erzählten ihm alles, was in Zukunft sein würde. Er sah hinunter, sah die Erde und sah einen Highway von einem Ozean zum anderen. Er wußte auch, daß es einen Wagen geben würde, der sich bewegte, ohne daß man ihn zog, und daß die Dinge, die von da ab erfunden werden würden, viele Menschenleben kosten würden. Sie sagten ihm auch, daß eine Zeit kommen würde, in der eine Krankheit dein Inneres auffrißt. Jetzt nennen sie es Krebs.
Sie sagten, das letzte, was sich ereignen würde, wäre, daß alle, die zur Welt kämen, unmittelbar darauf zum Schöpfer zurückkehrten. Sie würden nur ganz kurz auf der Erde leben, das Erwachsenenalter jedoch nicht erreichen.
Ich messe die Länge der Zeit bei jedem dieser Ereignisse anhand der Dinge, die man uns gesagt hat. Wenn ich sehe, daß eines nach dem anderen eintritt, weiß ich, daß die Zeit ziemlich bald an ihr Ende kommt. Unsere Prophezeiung sagt allerdings nichts darüber, daß es eine nächste Welt geben wird. Das ist nur etwas, was ich sehe. Die Häuptlinge sprechen immer über die Botschaften des Schöpfers, um uns auf dem richtigen Weg zu halten. Unter uns muß Frieden herrschen, das ist das erste. Dann müssen die gewählten Führer sich um die Menschen kümmern. Das bedeutet, daß du nicht für dich arbeitest, für einen höheren Lebensstandard oder mehr Geld, du arbeitest, um anderen Menschen zu helfen.
Ich war auf dem Umweltgipfel 1992 in Rio, und er wurde beherrscht von Führern, die gegen die Umwelt sind. Als Präsident Bush ankam, waren ungefähr zweitausend Menschen aus aller Welt in diesem einen Hotel. Er sorgte dafür, daß sie aus dem Hotel verschwanden, damit er seine eigenen Leute hereinbringen konnte. Obwohl er zehn Minuten lang draußen sprach, klatschte am Ende niemand. Das war kein herzlicher Empfang, man zeigte ihm die kalte Schulter; er hinterließ keinen großartigen Eindruck. Von uns haben drei dort gesprochen, darunter ich, Vince Johnson und Oren Lyons. Sie hatten uns ganz schön auf Trab gehalten.
Ich halte nicht allzuviel von diesem Gipfel. Einigen Gruppen ging es um die Umwelt, und andere waren mehr am Fortschritt interessiert. Wenn die Menschen nicht sehr aufpassen, wird die Umwelt, die Natur wieder die Oberhand gewinnen. Man wird das Wasser nicht mehr trinken können, man wird die Luft nicht mehr atmen können, und der Boden wird so vergiftet sein, daß nichts mehr wächst. Man weiß, daß das eintreten wird, aber man weiß nicht, wie bald. Wir könnten die Situation entschärfen, wenn die Menschen die Dinge vermeiden würden, die Luft, Boden und Wasser verschmutzen. Aber so wie ich es sehe, stehen wir kurz vor dem Punkt, an dem ein Umkehren nicht mehr möglich ist. Offensichtlich geht es jedem um sein Geld und um ein tolles Auto. So ist das Denken, wie soll man da gewinnen? Niemand will der erste sein, der wieder zu Fuß geht, aber für ihre Fitneß machen sie lange Dauerläufe.

Wir leben noch auf althergebrachte Weise. Wir werden von den Häuptlingen der Clan-Mütter regiert, und das macht uns stark. Wir unterscheiden uns von den Europäern, weil wir nicht um Hilfe von außen bitten. Das gibt uns Stärke, wir sind nicht abhängig von anderen Regierungen. Auch wenn sie uns Bildung vermitteln wollen, wir haben unsere eigenen Lehrer hier in der Schule, die indianische Sprache und Geschichte unterrichten.

ONONDAGA | Als die Hopi hierher kamen, waren sie ziemlich verblüfft, daß wir noch imstande waren, unsere Zeremonie durchzuführen, obwohl wir so nahe an der Stadt wohnen. Es stimmt schon, wir verlernen unsere Sprache, aber das ist überall der Fall. Zur Zeit gibt es ein paar Unstimmigkeiten zwischen der Geschäftswelt und der örtlichen Regierung hier. Anfänglich mußten die Geschäftsleute zum Rat kommen, und wir hatten eine Übereinkunft, daß sie pro verkaufter Schachtel Zigaretten 25 Cents Steuer zahlen sollten. Eine Zeitlang zahlten sie, aber dann hörten sie plötzlich auf. Der Rat, nicht die Häuptlinge, machte Druck wegen des Geldes, und dann verstellten sie die Eingänge zu den Geschäften, die nicht mitmachten. Sie weigern sich nach wie vor und verlangen eine Aufstellung, wo das Geld hinkommt. Sie haben ihre Ausflüchte, aber dem Staat kannst du doch auch nicht erzählen, daß du nicht zahlst, weil du nicht weißt, für was es verwendet wird.

Mit Bingo ist es das gleiche. Vor zwei Sommern drängelten Leute von außerhalb wegen der Errichtung einer großen Bingo-Halle. Die Idee hat eine Menge Ärger hervorgerufen, daher haben wir das Ganze gestoppt, denn am Schluß kassieren sie das Geld und nicht die Indianer. Die, die das Geschäft betreiben, haben nur Geld im Sinn, sie kennen ihren eigenen Weg nicht. Sie verlieren die Achtung vor Mutter Erde.

Nur Onondaga dürfen hier bauen oder Grund kaufen. Daher behalten wir jeden im Auge, aber wie viele hier sind, interessiert uns nicht. Die US-Behörden wollten eine Volkszählung durchführen, denn sie würden uns gerne besteuern, aber wir haben sie vertrieben. Wir haben ein Abkommen, daß sie vertraglich für alles zahlen, wenn sie uns ihren Lebensstil beibringen wollen. Wenn sie die Straße, die hier durchführt, mitbenutzen, müssen sie sie mit in Ordnung halten. Jetzt müssen sie um Erlaubnis bitten, wenn sie hereinkommen wollen, weil etwas zu tun ist – auch die Telefongesellschaft, wenn sie etwas an den Leitungen machen wollen. Das gilt auch für die Polizei. Wir bitten die Staatspolizei nicht herein, wir arbeiten nur mit dem Büro des Sheriffs zusammen.

Ich habe gelernt, daß Spiritualität gewaltfrei ist. Das ist unsere Einstellung auf unserem Weg, in unserer »Religion«. So verhalten wir uns gegenüber der Erde und allem, was sich auf ihr befindet. Wir machen es nicht, um ein Geschäft daraus zu machen oder für Geld. Es ist eine ganz und gar andere Lebensweise, eine andere Art, mit etwas umzugehen als sonst in den USA. Wir erheben keine Steuern auf Grund und Boden der Menschen oder auf ihre Häuser. Das ist umsonst. Und wenn sie zu Besuch kommen, können sie sich wie zu Hause fühlen.

Es heißt, wir sind alle Besucher. Und daß niemand von uns für immer hier bleibt. Die Zeit steht fest, aber außer dem Schöpfer weiß niemand, wann wir gehen müssen. So sind die Aussichten, wir sind nur auf Besuch und versuchen, das Beste daraus zu machen.

Audrey Shenandoah: Clan-Mutter

ONONDAGA

Ich bin eine Clan-Mutter vom Adler-Clan der Onondaga-Nation. In meiner Nation wählen einen die Clan-Mitglieder in diese Position. Früher war es üblich, daß die älteste weibliche Angehörige eines jeden Clans das Recht auf diese Stellung hatte, aber über die Jahre sind wir so vieler Menschen beraubt worden, die als Clan-Mutter wählbar gewesen wären. Diejenigen, die sich dem Christentum zugewandt haben oder die amerikanische Regierungsform anerkennen, kommen als Clan-Mutter nicht in Frage. Sie muß jemand sein, der die Lebensweise des Langhauses fortführen und vermitteln kann. Sie muß innerhalb unserer Regierungsstruktur bleiben und Stellung beziehen zu den verschiedenen Themen, die anstehen. Heute ist es also nicht die älteste Frau, sondern die älteste *wählbare* Person, die ausgewählt wird. Das ist eine Aufgabe für das ganze Leben.

Die Leute wählen eine Clan-Mutter, indem sie sorgfältig bedenken, was für ein Leben sie geführt hat, und wie sie für ihre Familie gesorgt hat. Sie muß eine Familie haben und die Verpflichtungen einer Mutter kennen, denn es ist keine Frage, daß sie sich um die Menschen kümmern muß, als ob sie ihre Kinder wären. Das sind die Voraussetzungen. Eine Clan-Mutter hat viele Pflichten, zu allererst als Ratgeberin. Sie muß da sein für Menschen, die Schwierigkeiten innerhalb der Familie oder persönliche Probleme haben. Sie muß jemand sein, die imstande ist, Ratschläge zu erteilen, wie man mit schwierigen Situationen zurechtkommt. Dafür kommt nur in Frage, wer dem Weg des Langhauses entsprechend lebt, denn von dort bekommen wir unsere Lehren.

Ein Paar, das vergangenes Jahr geheiratet hat, kam regelmäßig ungefähr ein Jahr lang zu mir. Wir sprachen dann darüber, wie man eine Familie gründet, wie man sich umeinander kümmert und daß man zusätzlich Verantwortung übernimmt, weil man sich um die anderen in seiner Umgebung kümmern muß. Wenn du erwachsen wirst und die Verantwortung einer Ehe auf dich nimmst, übernimmst du zugleich die Verantwortung für jeden Menschen in deinem Bereich, besonders für die Ältesten.

Die Clan-Mütter haben auch die Aufgabe, einen Kandidaten vorzuschlagen für den obersten Häuptling eines Clans. Um einen Häuptling zu wählen, stellen wir diese Person zuerst den Mitgliedern unseres Clans vor. Wenn sie ihn akzeptieren, gehen wir weiter zu den übrigen Leuten in unserem Haus. Hat er ihrer Überprüfung standgehalten, bringen wir ihn zum Haus gegenüber, das das Recht hat, ihn zu befragen und alle Einwände zu besprechen.

Stößt der Kandidat an irgendeinem Punkt dieses Prozesses auf Ablehnung, müssen wir von vorne anfangen und jemand anderen suchen. Aber wenn ihn beide Häuser unserer Nation akzeptiert haben, stellen wir ihn den anderen Nationen vor, und auch sie haben jetzt das Recht, ihn zu befragen und abzulehnen. Das ist also ein langer Prozeß. Der Kandidat muß auf seinem Weg von vielen Leuten akzeptiert werden, bevor er schlußendlich in sein Amt eingeführt werden kann.

Die Zeremonie bei der Amtseinführung wird vom Haus gegenüber durchgeführt, also innerhalb unserer *Hodenausaunee* (Menschen des Langhauses), die die älteren und jüngeren Brüder sind. Die älteren sind die Mohawk, die Onondaga und die Seneca, und die jüngeren Brüder sind die Cayuga und die Oneida, die auf den gegenüberliegenden Seiten des

Langhauses sitzen. Die Onondaga sitzen in der Mitte, am Kopf des Ratsfeuers, und darauf beziehe ich mich, wenn ich sage, »das Haus gegenüber«.

Die Oneida und die Cayuga würden also einen Mohawk, Onondaga oder Seneca in sein Amt einführen. Wenn die Cayuga oder die Oneida jemanden bräuchten, würden das die Mohawk, Onondaga oder Seneca übernehmen.

Auch im eigenen Langhaus gibt es zwei Seiten. Bestimmte Clans sitzen auf der einen Seite des Feuers und andere Clans auf der gegenüberliegenden Seite. Es herrscht immer ein Gleichgewicht. Das gilt auch für die Verteilung der Aufgaben; es sind immer zwei Leute – einer von jeder Seite des Langhauses –, die ausführen, was zu tun ist, wenn zum Beispiel ein Botschafter oder ein Läufer auf eine Mission geschickt werden sollen.

Wenn ein Häuptling ersetzt werden muß, weil sein Verhalten nicht seiner Position entspricht, liegt es in unserer Verantwortung, jemanden zu finden, der diesen Platz einnimmt. Beobachten wir, daß er sich unangemessen verhält, müssen wir an ihn herantreten und ihn an seine Pflichten erinnern, »ihn auf die Füße stellen«, wie wir das in unserer Sprache ausdrücken. Oft passiert es nicht, aber es ist ein paar Mal in meinem Leben geschehen.

Das ist eine sehr heikle Situation. Die Clan-Mutter muß an ihn herantreten, mit ihm sprechen und ihn dann wieder an seinen Platz setzen. Benimmt er sich weiterhin daneben, zieht sie einen Hüter des Glauben hinzu, der mit ihm spricht. Beide zusammen versuchen, »ihn auf die Füße zu stellen«. Beim dritten Mal holt sie einen der jungen Männer, der mit ihm redet.

Eine Frau zu belästigen gilt als völlig unannehmbares Verhalten für einen Clan-Häuptling. Das erfordert, daß er sofort enthörnt wird [der Hut als Ausdruck seines Amtes wird ihm abgenommen], was er selbst in aller Stille macht. Es fallen keine Worte, sollte das eintreten; er wird sofort abgesetzt. Das veranschaulicht die ehrenvolle Stellung, die die Frauen in unserer Gesellschaft haben.

Dasselbe gilt für jemanden, der Blut an den Händen hat, weil er eine andere Person getötet hat. Aber es gibt auch andere Gründe, wenn jemand beispielsweise unglaubwürdig ist, wenn jemand »mit gespaltener Zunge spricht«, wie man so sagt. Oder jemand kommt einfach nicht in den Rat und vernachlässigt seine Pflichten und Zeremonien.

Es muß jemand sein, der die Zeremonien und die Pflichten als Führer ernst nimmt. Es ist auch notwendig, daß diese Person ihre eigene Sprache spricht. Mein Schwager Leon Shenandoah wird als Häuptling schwer zu ersetzen sein, wenn diese Zeit einmal kommt, und das geht uns allen im Kopf herum. Aber an und für sich treffen wir dafür im voraus keine Vorbereitungen.

Ich bin am 5. Mai 1926 als Angehörige der Onondaga-Nation geboren. Meine Eltern waren beide Onondaga. Meine Großeltern mütterlicherseits waren Onondaga. Mein Großvater väterlicherseits war ein Mohawk, und meine Großmutter war eine Onondaga. Zwischen unseren Nationen wurde immer viel gereist, deshalb ist es nicht ungewöhnlich, daß es zu Heiraten unter den Nationen kam. Meine Mutter war keine Clan-Mutter, aber meine Großmutter väterlicherseits war Glaubenshüterin, als sie jung war. Meine Mutter und ihre Familie waren alle Christen.

Meine Großmutter besuchte das Hampton Institute in Virginia und dann ein Seminar. Als sie den Vater meines Vaters heiratete, wurde sie Christin. Aber ich erinnere mich, daß sie im Zusammenhang mit Langhauszeremonien immer um Rat gefragt wurde, als ich ein kleines Mädchen war. Sie blieb informiert, obwohl sie selbst nicht ins Langhaus, sondern weiterhin in die christliche Kirche ging.

Meine Onkel und mein Vater gingen ins Langhaus; manche gingen in beides. Als kleines Mädchen ging ich mit meiner Großmutter in die Kirche, manchmal dreimal am Tag; aber ich ging auch ins Langhaus mit meinen Onkeln und meinem Vater und den unmittelbaren Nachbarn, und meine Mutter hatte nie etwas dagegen. Sie sagte nie etwas Schlechtes über das Langhaus, zog in keinster Weise darüber her. Ich fing dann an, öfters ins Langhaus zu gehen.

Mit zehn wurde ich Mitglied bei den *Girl Scouts,* bei den Pfadfinderinnen. Weil wir eine Gruppe indianischer Mädchen waren, lud man uns bei vielen Anlässen ins Stadtzentrum von New York ein. Sie stellten uns immer Fragen über unser Volk, weil wir anders waren. Ich verspürte Neugier und wollte mehr über mein Volk erfahren. In unserer Gruppe war tatsächlich nicht eine, die die Fragen, die die anderen Pfadfinderinnen stellten, einigermaßen vollständig beantworten konnte, und daher ging ich mehr und mehr ins Langhaus. Ich war sehr jung, als ich die ersten Male zu den Treffen, Diskussionen und Zeremonien ging. Ich bin bei meiner Großmutter aufgewachsen, und sie war schon über sechzig, als ich als neun Monate alter Säugling zu ihr kam. Deshalb sprachen wir nur unsere Indianersprache zu Hause. Sie war eine Älteste, und auch alle Leute, die zu Besuch kamen, waren älter und sprachen ausschließlich unsere Sprache, und es wurde viel über die Sachen geredet, die bei unseren Leuten vorgefallen waren.

Die Verwandten meines Vaters sprachen Mohawk, und der Vater meines Großvaters sprach Seneca, und wenn man genau hinhört, haben die beiden Sprachen viele Ähnlichkeiten. Ich hörte zu Hause also viel Indianisch. Nachdem ich die Sprache verstand, war es für mich leicht, mit der Lebensweise im Langhaus vertraut zu werden. Viele von meinen Altersgenossen hatten Eltern, die die Internatszeit durchgemacht haben und die, als sie zurückkamen, ihre Sprache nicht mehr beherrschten und damit auch die Kultur nicht weitergeben konnten.

Meine Mutter verstand die Sprache nicht. Sie war Christin und neigte stark zur vorherrschenden Kultur. Für mich entstanden dadurch keine größeren Konflikte, weil ich nicht bei ihr lebte. Ich besuchte sie nur in den Ferien. Meine Eltern lebten nicht zusammen, als ich auf die Welt kam, aber bei meiner Großmutter lebte ich ein erfülltes Leben und litt nicht unter den Schwierigkeiten eines zerbrochenen Elternhauses. Rückblickend muß ich wohl ziemlich spirituell gewesen sein wegen all dem, was ich im Langhaus so mitbekommen habe. Häuptling Irving Powless – er ist vor einigen Jahren gestorben – war immer sehr verblüfft über all die Sachen, die ich wußte. Er sagte dann: »Woher weißt du das? Du bist doch noch gar nicht so alt!« Mir fielen dann immer die Menschen ein, die zu meiner Großmutter ins Haus kamen und erzählten. Wir lebten direkt neben dem Langhaus, und wenn dort etwas stattfand, was alle Angehörigen der *Six Nations* betraf, wohnten immer Leute von überallher bei uns.

Ich glaube nicht, daß ich als Kind spirituell besonders begabt war, aber ich hatte mehr Kontakt in diese Richtung als meine Altersgenossen. Ich war erst fünfzehn, als man mich bat, bei einem Treffen der *Six Nations* Aufzeichnungen zu machen, weil die Person, die das sonst übernahm, am Kommen verhindert war. Ich war oft genug dort gesehen worden, und sie wußten, daß ich die Sprache verstand und mitbekam, worum es ging. Ich weiß noch, daß ich sehr nervös war, andererseits aber auch beeindruckt und in Hochstimmung darüber, daß man mich gebeten hatte, bei allen diesen großen Häuptlingen zu sitzen und Aufzeichnungen zu machen.

Es dauerte lange, bis ich schließlich alle Verbindungen zur Kirche abbrach. Nach meiner Hochzeit hörte ich einfach auf hinzugehen, und statt dessen ging ich ins Langhaus. Aber meine Kinder gingen sowohl in die Kirche als auch ins Langhaus, solange sie klein waren. Es war an Ostern, als ich meiner Tante schließlich mitteilte, daß meine Kinder nicht mehr mit ihr in die Kirche gehen würden. Sie weinte, als ob ich gestorben wäre, vielleicht sogar noch mehr, als wenn ich tatsächlich gestorben wäre. Ein paar Tage darauf kam sie mit dem Pfarrer zu mir, der mit mir beten und reden sollte. Meine Mutter lebte nicht mehr, und meine Großmutter hatte mir nie etwas darüber erzählt, warum man zur Kirche gehen sollte oder nicht; sie hatte lediglich gesagt, man sollte dorthin gehen, wo man glücklich war. Obwohl sie Christin war, störte sie es nicht, wenn wir ins Langhaus gingen. Aber ich wurde richtig wütend, daß meine Tante den Pfarrer ins Haus brachte. Wir kamen nicht mehr gut miteinander aus bis zu ihrem Tod vor fünf Jahren. Jedesmal, wenn wir uns an einem Geburtstag oder bei einem ähnlichen Anlaß trafen, brachte sie es fertig, einige Seitenhiebe auf Heiden und Ungläubige auszuteilen.

Jetzt unterrichte ich Sprache und Kultur an unserer Schule. Ich arbeite hier seit 1972, wobei ich bis 1978 eine Hilfskraft war, bis ich dann schließlich eine vorläufige Bescheinigung erhielt, um Lehrer zu werden. Der Häuptlingsrat hat mich gebeten, diese Stelle zu übernehmen, als wir von der Gemeinde aus einmal bestimmten Fragen zum Schulwesen nachgegangen waren.

Die Untersuchung war von einigen Schülern aus den oberen Klassen der High School angeregt worden, die bereit waren, ihren Abschluß aufzuschieben und ihr letztes Schuljahr zu verlängern zugunsten der jüngeren, die nach ihnen kamen. Damals kam unser Volk im Unterricht nicht vor, von einem vereinzelten Abschnitt in einem Lehrbuch vielleicht einmal abgesehen. Deshalb haben wir viele Bücher ausgemustert. Staatsgelder, die für die Ausbildung amerikanischer *Natives* bestimmt waren, flossen in einen allgemeinen Fond. Wir bildeten ein Komitee, um herauszubekommen, welche Gelder andere Schulen erhalten hatten und entdeckten, daß wir im Vergleich dazu nichts hatten.

Etwas später im selben Jahr bildete sich eine ernstzunehmende Gruppe, die verschiedene Bereiche des gesamten Bildungssystems untersuchte. Damals bat mich dann der Rat, Sprachunterricht zu erteilen. Für mich war das eine schwierige persönliche Entscheidung. In unserer Kultur war man immer gegen formelle Bildung angesichts dessen, was man unseren Menschen angetan hat. Ich mußte also abwägen zwischen meinen eigenen, inneren Überzeugungen und denen der Langhausgemeinde.

Was mich zur Zeit am intensivsten beschäftigt, ist unsere Jugend. Wir leben so nahe bei der Stadt – wir sind unter allen unseren Nationen diejenige, die am dichtesten an einer Großstadt lebt, – und das macht es schwierig für die Jugendlichen, nicht zu vergessen, wie wichtig es ist, diejenigen zu sein, die sie sind. Das sind die Jahre, in denen sie normalerweise Probleme bekommen, und es ist besonders hart, weil die andere Kultur von allen Seiten auf sie einwirkt. Es ist enorm schwer für sie, anders zu sein. Solche, die starke Eltern haben, kommen damit klar. Aber mit Fernsehen, Radio, Zeitschriften und Zeitungen, das ist hart.

Wenn sie dann, sagen wir einmal, neunzehn oder so sind, sind sie normalerweise imstande, den Wert ihrer eigenen Kultur zu erkennen. Vom Kindergarten bis ungefähr in die sechste Klasse saugen sie einfach alles auf, was man ihnen vorsetzt. Sie sind wirklich begeistert von ihrer Sprache und von ihrer Kultur. Aber wenn sie dann in die unteren Klassen der High School kommen, dann werden ganz andere Sachen wichtig für sie. Sie sitzen nicht mehr die ganze Zeit zu Hause, sondern sind viel draußen in der Gesellschaft. Wenn sie es schaffen, in diesen Jahren unsere Gesetze und Zeremonien nicht zu vergessen, dann werden sie schon die richtigen Entscheidungen treffen. Ich weise immer darauf hin, daß wir mit dem, was wir »das Große Gesetz« nennen, sämtliche Regeln und Richtlinien für das Leben haben.

Ich sage ihnen immer, wenn ihr euch in einer Situation befindet, wo ihr eine größere Entscheidung treffen müßt, denkt an die Dinge, die ihr im Langhaus gelernt habt, und dann fragt euch: »Wird mir das möglicherweise schaden, oder schadet es vielleicht einem anderen Lebewesen?« Das ist, im Grunde genommen, das, was wir Achtung nennen – Achtung vor einem selbst, Achtung vor den Menschen rund um einen, und Achtung vor der Erde. Als Frauen haben wir hier auf der Erde ein ganz besonderes Vorrecht und eine ganz besondere Verantwortung, nämlich Leben zu schenken und von seinen allerersten Anfängen an zu nähren. Deshalb sollten wir Achtung vor uns haben. Wir brauchen unsere Möglichkeiten dabei nicht überzustrapazieren, um mit den Männern gleichzuziehen – in diesem Punkt unterscheiden wir uns von vielen feministischen Gruppierungen.

Es ist ein langlebiger Irrtum seit altersher, daß die ganze Schwerstarbeit an den Frauen hängenbleibt. Sicher, die Frauen bestellten den Boden und waren für das Pflanzen zuständig, aber das war wegen der besonderen Beziehung, die sie nach der Auffassung unserer Kultur zu allem Wachsenden haben. Auf der ganzen Welt sind es die Frauen, die pflanzen, und das war immer so. Wenn die Kinder ein bißchen größer waren, so mit neun oder zehn Jahren, konnten sie alles, was zum Überleben notwendig war. Sie wußten, wie man pflanzt und wie man erntet. Sie wußten, wie man Nahrung sammelt und konserviert. Und sie wußten, wie man für sich selbst und für andere sorgt. Alles unter der Pflege und dem Schutz der Frauen des Dorfes.

Wenn die Jungen und Mädchen dann alt genug waren, sich unter die Gesellschaft zu mischen, waren ihre Begabungen normalerweise schon erkennbar. Manche wurden dann Sänger, manche Sprecher, manche Tänzer. Alle die Geschichten über den kleinen Jungen, der mit Pfeil und Bogen und Speer auszieht und mit einem Hirsch zurückkommt, stimmen also nicht, denn den Umgang mit Pfeil und Bogen und Speer zeigte man ihnen erst, wenn sie körperlich dazu in der Lage waren. Das Sprichwort »Sende keinen Jungen aus, damit er die Arbeit eines Mannes verrichtet« stammte von unserem Volk. Weil sich die Zeiten geändert haben, gab es auch keine Einschränkungen mehr, was die körperlichen Betätigungen von Frauen anbelangt. Wozu sie körperlich imstande war, das machte sie. Eine Ausnahme sind Sportarten, die die Muskeln und Organe im Körper von jungen Frauen beanspruchen, die sie während der Schwangerschaft und bei der Geburt eines Babys braucht. Vor einigen Jahren begannen viele Colleges, Lacrosse-Mannschaften für Mädchen aufzustellen. Aber unsere Sitten erlauben es uns nicht, daß wir zulassen, daß unsere Mädchen Lacrosse spielen; in unserer Zeremonie heißt es ganz richtig, daß dieses Spiel für unsere Männer und Jungen bestimmt ist.

ONONDAGA | Wir sind eine sehr enge Gemeinschaft, weil wir uns noch immer an unser Clan-System halten, und das hält in jedem das Bewußtsein wach, daß wir eine Familie sind. Die Leute wissen noch, wer über ihren Vetter dritten oder vierten Grades hinaus zu ihrer Familie zählt, aber langsam wird es mehr wie bei den Weißen, nicht mehr so eng. In unserer Kultur sind deine Tanten deine Mütter. Die Brüder deiner Mutter sind auch deine Väter, und jeder ist deine Großmutter. Alle Ältesten sind deine Verwandten.

ALICE PAPINEAU:
GEHEIME MEDIZINGESELLSCHAFTEN

Ich heiße Alice Papineau, mein spiritueller Name ist Dewasenta. Ich bin eine Onondaga und Clan-Mutter des Aal-Clans, und ich habe mein ganzes Leben lang in Onondaga gelebt. Hier bin ich am 1. August 1912 auf die Welt gekommen. Meine Mutter hatte sechs von uns, und sie brauchte nie einen Arzt oder eine Schwester. Damals hatten alle Hebammen. Wir haben immer noch unsere alten Gesundheitsvorschriften für die Schwangerschaft, was man tun darf und was nicht, und auf was man hinterher achten muß. Die Geburt war mit einer Reinigung verbunden, weil die Frau neun Monate lang keine Periode gehabt hat. Sie trank dann ungefähr zehn bis fünfzehn Liter dieser Kräuter. Der Tee wird aus der Rinde des Wildkirschenbaums gemacht; er reinigt die Frau und ist gut für die Milchproduktion. So bin ich auf die Welt gekommen. Wenn man das trinkt, trinkt man keinen Kaffee, Tee oder Wasser, man trinkt nur die Medizin.

Unsere Familien waren nicht groß. Sechs Kinder, das galt als riesige Familie. Vier Kinder in einer Familie waren normal, wegen dieser Reinigungsmedizin, die wir genommen haben. Der Sinn war nicht, die Bevölkerungszahlen niedrig zu halten; es war eine Gesundheitsvorschrift. Und jetzt, wo sie den Frauen davon abraten, diese Medizin zu nehmen, haben wir größere Familien. So gesehen war es eine natürliche Geburtenkontrolle, aber deshalb haben wir die Medizin nicht genommen. Die Reinigung bewirkte einen regelmäßigen Zyklus. Und jetzt haben wir Leute mit neun Kindern.

Die Sitte, während und nach der Geburt im Bett zu liegen, ist von den königlichen Familien aus England zu uns herübergekommen. Die Königinnen dachten, liegend zu entbinden sei Luxus, in Wirklichkeit ist es jedoch eine unnatürliche Position. Die natürliche Stellung ist entweder stehend oder sich hinzuhocken. Und unmittelbar, nachdem die Frau entbunden hatte, sorgte die Hebamme dafür, daß sie sich aufrecht hinstellte und eine Schale dieser Medizin trank. Alle unsere Kinder wurden so entbunden, und sämtliche Mütter stillten ihre Babys ungefähr drei oder dreieinhalb Jahre lang.

Wir haben nie Kuhmilch getrunken, und auch unsere Babys bekommen keine, denn wir vertragen sie nicht. Wir haben keine Enzyme, um diese Milch zu verdauen. Als die amerikanischen Gesundheitsbehörden hier auftauchten, haben sie versucht, uns einer Gehirnwäsche zu unterziehen. Sie erzählten uns, Muttermilch sei schlecht, und: »Stillt eure Kinder besser nicht, weil ihr blaue Milch habt.« Ich weiß nicht, wie sie auf die Idee gekommen sind. Jede Frau hatte schlechte Milch – laut Regierung. Also stellten die Mütter ihre Kinder auf Fläschchen um.

Ich weiß das deshalb noch, weil ich mein erstes Kind mit fünfundzwanzig bekam, und damals rieten sie vom Stillen ab. Sicher hätte ich dem Kind das Fläschchen gegeben, aber Kuhmilch vertragen wir nicht – sie enthält viel Schleim, und außerdem bekamen unsere Babys Ohrenschmerzen davon. Das war etwas, das die Europäer eingeführt hatten; es war nicht unsere Art der Ernährung.

Ich freue mich, daß viele junge Mütter wieder darauf zurückkommen und ihre Kinder zu Hause bekommen. Die Krankenhäuser haben unsere Reinigung nach der Geburt abgeschafft. Natürlich, im Krankenhaus kann man das nicht machen, weil sie einen zehn Tage im Bett liegen lassen. Schließlich sind sie dahintergekommen, daß das auch nicht so gut ist, und jetzt sind wir also davon befreit worden, und die Mütter dürfen ihre Babys wieder stillen. Was den Reinigungstee angeht, das machen sie nicht mehr, dagegen wurde zu viel geredet. Es kam ja so weit, daß eine Hebamme verhaftet wurde, wenn sie bei einer Entbindung geholfen hat. Uns hat man immer gesagt, daß unsere natürliche Art, mit der Sache umzugehen, nach den Gesetzen des Staates New York verkehrt wäre.

Meine Mutter war keine Clan-Mutter, sie war eine Glaubenshüterin. Sie starb mit 86 Jahren, und mein Vater wurde 73. Die Aufgabe einer Glaubenshüterin ist es, den Glauben zu bewahren. Es ist eine wie eine Hilfsorganisation, wie die Freiwillige Feuerwehr. Sie hat die Pflicht, bei den Zeremonien zu arbeiten und zu kochen, und zugleich ist sie auch die Hüterin der Zeit. Wir gehen nicht nach dem Kalender, wir folgen dem Mond und den Jahreszeiten. Wir hatten einfach unsere Zeremonie und unseren Tanz bei der Aussaat. Meine Mutter sagte immer, der richtige Zeitpunkt, an dem man mit dem Maispflanzen beginnen kann, ist, wenn der Baum – sein indianischer Namen ist »Gehet«, du siehst ihn hier auf unserer Hügelseite – seine weißen Blüten bekommt. Wir veranstalten unsere Zeremonien bei zunehmendem, nicht bei abnehmendem Mond.

Meine Großmutter war eine Onondaga aus dem Hirsch-Clan. Während der Kriege, als sie alle Dörfer niederbrannten, zogen sie und ihre Familie nach Norden, um den Unruhen zu entkommen.

Bei den Mohawk gibt es keinen Hirsch-Clan. Mein Großvater war einmal dort oben, weil er an einem Lacrosse-Wettbewerb gegen die Mohawk teilnahm, und dort lernte er meine Großmutter kennen und brachte sie nach hier zurück. Sie konnte nachweisen, daß sie eine Onondaga vom Hirsch-Clan war, und deswegen bekam sie diese Rolle. Sie ist hier gestorben, aber zur Welt gekommen ist sie im Gebiet der Mohawk. So ist das, wir haben so viele Onondaga dort oben, weil ihre Großeltern dort hinauf wanderten, als die Zeiten so schwierig waren. Sie wußten immer, wer sie waren und woher sie kamen wegen ihrer Clans.

Meine Großmutter hatte nur zwei Söhne und eine Tochter. Die Mutter meiner Mutter ist hier geboren und hat ihr ganzes Leben lang hier gelebt. Sie war auch vom Aal-Clan – zu dem Clan, zu dem deine Mutter gehört, zu dem gehörst auch du.

Die Zeremonie für die Vorfahren habe ich schon kurz angesprochen. Zeitig im Frühjahr, wenn die Bäume noch schlafen, bevor sie ausschlagen und ins Leben zurückkehren, das ist die Zeit, wo wir die Zeremonien für unsere Vorfahren abhalten. Die Frauen – die Glaubenshüterinnen und die Clan-Mütter – sammeln die Informationen zusammen,

wann die Zeremonie stattfinden soll. Als nächstes gehen sie zwei Wochen vor dem Termin in jeden Haushalt und bitten um Nahrungsmittel oder Geld, weil das bei dieser Zeremonie gebraucht wird. Und jeder, der das Langhaus betritt, sagt: »Oh, ist es wirklich schon wieder soweit?« Und sie tragen zusammen, was sie bekommen können. Das ist etwas, das hier ohne weiteres akzeptiert wird. Sogar diejenigen, die nicht ins Langhaus gehen, sind mit dem Brauch groß geworden und geben bereitwillig.

Früher gab es bei dieser Zusammenkunft jede Menge Maissuppe. Wir fangen ungefähr um neun Uhr abends an. Zuerst singen die Männer ein Lied – alles in allem sind es ungefähr achtzig Lieder –, und danach singen die Frauen das gleiche Lied. Das sind unsere Ahnenlieder. Es dauert ungefähr bis Mitternacht, bis alle Lieder gesungen sind.

Dann kommt das *Give away*. Diejenigen, die gearbeitet und gekocht haben, bekommen ganz neue Sachen. Jeder bekommt etwas, zum Beispiel ein Handtuch, Strümpfe, Hemden, die alle für das *Give away* gekauft worden sind. Es ist ungefähr halb zwei, wenn das Essen verteilt wird, und das dauert normalerweise etwa eineinhalb Stunden. Jeder hat seinen Korb mit Geschirr dabei, und wir verteilen das Essen in ihr Geschirr. Zum Essen sitzen wir nicht an einem Tisch – Tische gibt es gar keine –, man setzt sich einfach hin und stellt seine Sachen auf den Schoß. Serviert werden traditionelle und moderne Gerichte. An traditionellen Gerichten gibt es Maissuppe, diverse Kürbisse, Maisbrot und alle möglichen Bohnen. Wenn dann alle gegessen haben und das ganze Essen verteilt worden ist, gibt es Pasteten und Kuchen. Wie gesagt, Gerichte von früher und modernes Essen.

Wenn dann alles aufgeräumt und in die Küche zurückgebracht ist, wird bis zum Morgengrauen getanzt. Wenn es anfängt, hell zu werden, halten wir noch einmal eine Zeremonie ab, und wir singen, und danach geht jeder nach Hause. Die Leute kommen von überall her, aus Cattaraugaus, aus Allegheny, Tuscarora, von den Niagara-Fällen – die ganze Konföderation ist auf Besuch. Und wir unterstützen uns gegenseitig. Die verschiedenen Nationen haben alle diese Ahnenzeremonie – wir nennen sie *Okawa*. Sie unterscheiden sich vielleicht ein bißchen im Vortrag, aber es sind dieselben Lieder. Der Gesang der Seneca ist derselbe wie der Onondaga-Gesang, den wir singen. Ein anderes Tempo, aber derselbe Text. Einige tragen traditionelle Kleidung, andere nicht.

Im Jahresablauf gibt es bei uns vier größere Zeremonien für die vier Jahreszeiten. Im Winter ist es die Tagundnachtgleiche, früher im Dezember, aber jetzt machen wir das im Januar, wegen Weihnachten. Viele von uns haben Christen geheiratet, deshalb haben wir es auf Januar verlegt, denn an Weihnachten sind die Christen sehr beschäftigt, und für die Kinder und Jugendlichen wäre es ganz schön hart ohne Weihnachtsfest. Es hängt von der Familie ab, wie stark sie sind. Mit den ganzen Lichtern und dem Geglitzer, überall im Radio und Fernsehen Reklame, das wäre hart für die Kinder. Manche schenken sich etwas, und manche schleppen vielleicht auch einen Baum nach Hause, auch wenn es nicht die Bedeutung von Weihnachten hat. Es ist einfach eine aufregende Zeit im Jahr. Aber es kann auch zu einer großen Belastung werden.

Unsere Zeremonie zur Wintersonnenwende dauert drei Wochen. Wir gehen nicht nach den Kalendern, und das Datum dafür kann dann irgendwann sein, Anfang Januar, Mitte oder zum Ende hin, das hängt vom Mond ab. Im Frühjahr gibt es den Pflanz-Tanz, und er dauert sechs Tage. Als nächstes käme dann der Tanz für den jungen Mais, der auch sechs Tage dauert.

ONONDAGA

Und dann, außer den vier jahreszeitlichen Zeremonien zwischen Tagundnachtgleiche und den Pflanzentänzen, haben wir die Zeremonie des fließenden Safts. Sie beginnt im Februar. Wenn sie zu Ende ist, machen wir Konfekt aus Ahornsirup, das man in Pfannen hart werden läßt und dann in Würfel schneidet. Im Juni, wenn die ersten Früchte reif werden, gibt es die Erdbeerzeremonie, die nur einen Tag dauert. Und im Juni oder Juli haben wir dann den Bohnentanz, für den Mais, die Bohnen und die Kürbisse. Wir verwenden aber nicht den gelben Mais, der herausgekreuzt wurde, seit die Europäer herüberkamen.

Dazwischen haben wir viele Medizinzeremonien. Wir sind dafür bekannt, daß wir geheime Medizingesellschaften haben. Nur wer von einer bestimmten Krankheit oder einem Leiden betroffen ist, darf an der entsprechenden Heilzeremonie teilnehmen. Ich bin Mitglied in vier Medizingesellschaften. Sie werden in den Häusern abgehalten. Die Medizinmenschen sind sehr stark hier, aber das würdest du nicht ohne weiteres erkennen. Und man würde uns nie und nimmer einladen, außer wir gehören zu der entsprechenden Gesellschaft. Im Winter haben wir besonders viele.

Ich bin Mitglied in einer Gesellschaft, die ihre Zeremonien nur nachts abhält. Und dann bin ich Mitglied in einer anderen, der Bären-Gesellschaft, wo die Zeremonien am Nachmittag stattfinden. Ich bin auch bei der Fischzeremonie und der Großvaterzeremonie dabei. Die Großväter sind Heiler. Sie sind diejenigen, die die Medizinmasken tragen, die Falschgesichter, und sie sind sehr stark hier. Das ist eine Medizinzeremonie, die zur Wintersonnenwende stattfindet. Die Wintersonnwendzeremonie dauert deshalb drei Wochen, weil wir viele Medizinzeremonien am Morgen haben, aber nachts nicht so viele.

Für unsere Medizinzeremonien haben wir Sänger und Trommler. Sonst weiß darüber niemand Bescheid, denn Nichtindianer schließen wir aus, denn sie gehen sonst sofort hin und schreiben darüber. Wie ich schon gesagt haben, nur wer von der Krankheit betroffen ist, wird zu einer Zeremonie eingeladen. Es wird viel gekocht – jede Gesellschaft verwendet ihr spezielles Essen. Wir haben eine große Zeremonie für die Großväter, für die Donnerwesen und für den Windgeist.

Für mich wurde eine Heilung durchgeführt, als ich ungefähr neun Jahre alt war. Eine Frau, eine der größten Medizinfrauen damals, hat mich gesund gemacht. Sie hieß Electa Thomas. Die meisten unserer Medizinleute sind Frauen. Sie kennen sich mit den verschiedenen Kräutern aus. Ich glaube an die Medizinen. Wahrscheinlich wäre ich heute ein Krüppel, wenn sie mich nicht geheilt hätten.

Ich hatte ein Geschwür an meinem Arm. Heute habe ich eine Narbe, aber damals sah es wie ein Furunkel aus. Meine Mutter ließ einen weißen Arzt kommen, der von Staats wegen für die Indianer zuständig war. Er kam in einem alten Ford T aus Onondaga. Er stach es auf, aber es kam wieder, weiter oben an meinem Arm. Das zweite Mal machte er es nicht auf, weil er nicht wußte, was es war. Zu meiner Mutter sagte er: »Das ist kein Furunkel oder ein Abszeß. Nehmt eure Indianermedizin.« Das war, bevor sie einem Blut abgenommen haben, das sie dann im Krankenhaus untersucht haben. Er war nur ein Landarzt. Dann eiterte es weiter und griff auf meinen Fuß über. Deswegen mußte ich einige Zeit liegen, und meinen Fuß mußte ich auf einen Stuhl hochlegen.

Schließlich brachte mich meine Mutter zu Dr. Electa Thomas. Sie gab sich viel Mühe mit mir. Ich trank an die zehn Liter von dem Kräutertee, den sie zubereitet hatte. Es heilte ab

und kam nie wieder zurück nach diesen Zeremonien. Es gibt verschiedene Zeremonien je nach der Medizin, die man einnimmt.

Ich bin aufgewachsen dem Langhaus gegenüber. Die Leute kennen den Ausdruck »Langhaus«. Wenn du in ein staatliches Krankenhaus kommst, fragen sie dich, glaube ich, nach deinem Bekenntnis, den letzten Ritualen. Wenn du dann »Langhaus« sagst, akzeptieren sie das. Jeder, der innerhalb der Irokesen-Föderation geboren ist, ist »Langhaus« oder *Hodenausaunee*. Sogar Christen sind *Hodenausaunee*. Selbst wenn sie sich erst später dem Christentum zugewendet haben, sind sie immer noch Menschen vom Langhaus.

Ich habe Electa jeden Tag einen Liter Milch gebracht, weil mein Vater zwei Kühe hatte. Ich glaube, sie war die unordentlichste Hausfrau, die ich jemals in meinem ganzen Leben erlebt habe. Andererseits war sie eine vielbeschäftigte Frau, die ihre Medizinen selbst sammelte, und die Flaschen und Krüge verteilten sich im ganzen Haus. Die Menschen kamen mit Pferd und Wagen zu ihr, sie hatte einen beachtlichen Ruf. Sie behandelte auch Nichtindianer aus der Stadt, und oft konnte sie ihnen helfen. Schließlich kaufte sie ein Haus in Syracuse in der Stadt, und dort, in ihre Praxis, kamen viele Nichtindianer. Sie beherrschte sowohl Englisch als auch ihre Sprache.

Mit den Leuten in der Stadt verdiente sie eine Menge Geld. Aber mit den *Natives* tauschte sie Decken und Geschenke. Schließlich starb sie, aber sie war meine Lieblingsfrau. Ich habe ein Bild von ihr. Ich würde der Schule gerne eine Kopie überlassen – sie hängen diese Bilder ja in der Eingangshalle auf. Wenn du die Historische Gesellschaft in Syracuse aufsuchst, findest du dort ihre Lebensgeschichte. Sie war kinderlos, und daher hat sie nie jemanden ausgebildet.

Niemand wird ausgebildet, es sei denn, sie zeigen von sich aus Interesse. So etwas kann man keinem Menschen aufzwingen. Entweder entwickeln sie eine Neigung und sind dann selbst daran interessiert, oder es ist ihnen egal. Das ist der Fall bei unserer jungen Generation – sie haben andere Werte als die alten Leute. Egal – Wurzeln und Kräuter sind nicht gerade meine Stärke. Ich kann Pflanzen nur mit Müh und Not identifizieren, während andere das bei jeder Pflanze sofort fertigbringen. Ich habe schon Schwierigkeiten, mich an die Namen der Pflanzen zu erinnern.

Normalerweise spricht man über diese Dinge nicht. Manche Menschen glauben, nur die Indianer des Westens würden sich mit Medizinen auskennen, weil wir in der Hinsicht so verschlossen sind. Ich weiß von zwei Männern, die ihr Heilwissen zu Geld gemacht haben. Auch sie hatten eine Praxis, wo Nichtindianer hingingen. Natürlich hatten sie viel Geld. Aber wir schätzen solche Leute überhaupt nicht, die Geld machen mit dem Heilen. Natürlich geben auch wir etwas für eine Heilung, aber normalerweise ist es eine Decke oder ein anderes Geschenk, aber nicht Geld. Das ist die Art, wie wir zahlen, nicht mit Geld. Sogar wenn wir in eine Praxis gehen würden, würden wir wahrscheinlich eine Decke geben, so wie es auch die *Natives* im Westen machen.

Der Tabak, den wir verwenden, ist unser eigener heiliger Tabak. Nicht irgendein Tabak, sondern aus einem bestimmten Samen. Die einzigen, die diesen Samen haben, sind wir. Ich erzähle dir das aus einem ganz bestimmten Grund: Auch wir haben unsere Medizinarten. Jeder denkt automatisch, Traditionalisten müßten Sioux oder Crow-Indianer sein. Aber es gibt so viele, die das Christentum angenommen haben. Sogar Leonard Crow Dog hat in unserem Langhaus eine Zeremonie durchgeführt, und er hatte einen Koffer mit seinen Sachen dabei, und darunter war ein Kreuz. In unseren Häusern wirst du nie ein Kreuz sehen. Weil wir unseren eigenen Messias haben.

Der Stein, der Felsen, der von weither, aus Ontario, gekommen ist, an der Spitze des Ontario-Sees – dort ist unser Friedensmacher geboren. Letztes Jahr bin ich zu einer Friedenstour aufgebrochen zu den Orten, an die auch unser Friedensmacher gereist ist. Der Friedensmacher war Hurone von Geburt. Aber die Huronen akzeptierten seine Vision nicht, sie wurde von seinen eigenen Leuten nicht angenommen. So brach er zu Fuß nach Osten auf, bis er in das Tal der Mohawk kam. Die Mohawk nahmen ihn auf und glaubten ihm. Das war vor zweitausend Jahren, aber die Legende ist noch lebendig. Niemand kennt den genauen Zeitpunkt. Seinen Namen darf man nicht aussprechen, wir wollen ihn nicht zu etwas Gewöhnlichem machen. Der Grund dafür ist, daß sie den Namen auch verwenden würden, ohne daß er etwas bedeutet, oder daß sie damit fluchen, wenn sie wütend sind. Deshalb sagen wir alle »Friedensmacher«. Vielleicht geht es bei Leuten, die den Namen nicht verstehen. Wir dagegen benutzen seinen Namen nur bei einer Zeremonie. Es ist schön, ihn heilig zu halten.

Auf der Reise führten sie uns neun Tage lang durch das Tal der Mohawk. Und dann sahen wir die Stelle, wo sich der Friedensmacher und Hiawatha getroffen haben. An einigen Orten fanden Versammlungen statt. In Troy lud uns die Kirche zu einem Essen ein. Unser Reiseleiter war Jake Thomas von den *Six Nations* oben in Kanada. Er ist Cayuga und einer der klügsten Köpfe dieser Generation. Er hält Vorträge über die *Hodenausaunee*. Er gab uns einen kurzen Überblick und erklärte, wer der Friedensmacher gewesen war. Ich bin sicher, er hatte göttliche Fähigkeiten, sonst hätte er nicht eine Konföderation gründen können. Auf der Reise waren nicht nur *Natives* dabei, sondern auch andere Menschen, die an der Sache Interesse hatten, und die die Geschichte vom Friedensmacher kannten. Für mich ist das also eine sehr heilige Geschichte. Wir haben die Stelle gesehen, wo er geboren wurde, dann besuchten wir den Ort, wo er aufgewachsen ist, und den Platz, an dem er zum letzten Mal gesehen wurde, als er mit seinem Kanu zu seiner Friedensmission nach Osten aufbrach. Den ganzen Weg hinauf am O'Hara Creek vorbei, wo er und Hiawatha sich getroffen haben.

Für mich war es eine sehr heilige Reise. So wie bei den Menschen, die nach Jerusalem pilgern.

Six Nations

Sara Smith:
Unter dem Friedensbaum

Im Oktober 1992 flog ich nach Buffalo im Staat New York und mietete ein Auto. Zuerst suchte ich einige Reservationen im oberen Teil des Staates auf. Danach wollte ich über die Grenze in die Reservation der Six Nations nach Ontario fahren, wo ich mit Sara Dale Smith verabredet war. Schon bei der Landung in Buffalo war es bewölkt gewesen; gegen fünf Uhr hatten dann bedrohlich aussehende Wolken, die von Westen hereingezogen waren, den Himmel verdunkelt. Kaum eine Stunde später prasselten Regen und Graupel gegen die Windschutzscheibe und nahmen mir nahezu die Sicht. Zu Sara hatte ich gesagt, daß sie mich noch vor Einbruch der Dunkelheit erwarten könnte; also fuhr ich weiter und hielt angespannt nach der Peace Bridge Ausschau, wobei die Hinweisschilder allerdings nach jeder Kurve zu verschwinden schienen. Ich drohte im Berufsverkehr unterzugehen, nichts als Gehupe, ein Spurwechsel schier unmöglich... Riesige Trucks rauschten vorbei und schleuderten noch mehr Wasser gegen meine Windschutzscheibe – und die ganze Zeit wurde ich einen Gedanken nicht los: Hatte man die Indianer in die Reservation abgedrängt, weil man Platz schaffen wollte für so etwas?

Als ich die kanadische Grenze überquerte, war es Nacht, und ich hatte noch etwa ein bis eineinhalb Stunden Fahrt vor mir bis zur entsprechenden Ausfahrt. Danach fand ich mich weitestgehend auf unbezeichneten und unbeleuchteten Nebenstrecken wieder – ich folgte Saras Wegbeschreibung aufs genaueste –, und es ging auf neun Uhr zu. Ich fuhr weiter und überlegte, ob ich möglicherweise eine Abzweigung verpaßt hatte, als ich zu meiner unendlichen Erleichterung weiter vorne die Lichter eines kleinen Ladens sah. Ich rief Sara an und erhielt eine weitere Wegbeschreibung, ähnlich wie die erste im »An dem Baum rechts, und nach dem Felsen links«-Stil, nur daß es jetzt eben Nacht war, die Entfernung groß, und daß es niemanden gab, wo man hätte anhalten und fragen können.

Sie beschrieb ihr Haus und versicherte, es seien nur mehr rund fünfzehn Kilometer von da, wo ich momentan wäre, und sie versprach, ein Licht brennen zu lassen. Als ich das Haus endlich gefunden hatte, war es elf. Sara öffnete die Tür und nahm mich wortlos in die Arme. Sie hatte Kräutertee und Kekse bereit gestellt, auch das Bett im Gästezimmer war hergerichtet. Ich war den Tränen nahe.

Es war keine Frage, daß ich meine navigatorischen Künste erweitern mußte, wenn ich weiterhin diese Zeitreisen in das Indianerland und wieder zurück unternehmen wollte.

Am Morgen nach dem Frühstück gingen wir in das sonnendurchflutete Wohnzimmer, das auf einen abschüssigen Hof mit einem riesigen, schattenspendenden Baum hinausging und begannen unser Gespräch. Sara ist eine der jungen Ältesten, liebenswürdig und verbindlich, aber im Besitz der gesamten Weisheit der Ältesten, die vor ihr gegangen waren. Schon seit ihrer frühen Jugend steht die spirituelle

Suche im Mittelpunkt ihres Lebens. Ihre Lehrer, erzählt sie, seien in ihr Leben getreten, als sie nach ihnen gerufen hatte.

Ich heiße Sara Smith. Ich bin auf dem Gebiet der *Six Nations* in der Grand River-Reservation in Ontario, Kanada, geboren. Ich gehöre zum Stamm der Mohawk und zum Schildkröten-Clan des Irokesenbundes. Meine Vorfahren waren aktiv beteiligt in der Bewegung und an der Territoriumsfrage der Nation und der Gemeinschaft vor und nach der Wanderung aus dem Mohawk-Tal im Staat New York. Einige meiner Groß-Dodahs [Lehrer; nicht immer die biologischen Großeltern] waren Übersetzer und Sprecher für die Konföderation, weil sie mehrere Irokesendialekte ebenso wie Englisch und Französisch sprachen. Meine Großeltern verstanden die Sprache, benutzten sie aber nie, und meine Eltern verstanden oder sprachen sie überhaupt nicht.

Dann wuchs unsere Generation heran, weit entfernt von der traditionellen Sprache. Aber es gab auch andere Wege, auf denen sich uns einprägte, wer wir waren und warum das so war. Es lag nun an uns, mit dieser Suche nach unseren Wurzeln zu beginnen.

Die Irokesen waren Menschen der Großen Friedensliga, der *Great League of Peace*, und dies habe ich geehrt, geliebt und geachtet; ich habe es als Segen empfunden, in dieser Form wiedergeboren zu werden. Ich glaube, daß wir wiedergeborene Individuen sind und viele Leben hatten.

Und daß wir heute die Gesamtsumme aller dieser vorherigen Leben sind. Nach meiner Überzeugung treten wir unseren Erdenweg an, weil wir in der Vergangenheit Fehler begangen haben, und wir kommen zurück, um nach Vollendung zu streben. Wir streben nach Vollendung, damit wir eines Tages das höchste Ziel erreichen, wieder zu Geistwesen zu werden. Ich akzeptiere es und glaube, daß wir mehrere Optionen und Wahlmöglichkeiten auf unserem Weg haben.

Wir sind gehalten, nach unseren Wurzeln zu suchen, und indem wir das machen, finden wir Ruhe und Schutz unter dem Großen Baum, unserem Symbol für den Irokesenbund, der sich mit seinen ursprünglich fünf Nationen dafür entschieden hat, seine Angehörigen mit friedlichen Mitteln zu regieren. Ich habe das Gefühl, daß es heute besonders wichtig ist, darauf hinzuarbeiten, auf diesen Pfad des Friedens zurückzufinden.

Mein Dodah sagte immer zu mir: »Wieweit zurück möchtest du gehen?« Und heute fragen mich viele Menschen: »Warum würdest du denn zurückgehen wollen?« Dabei habe ich weniger das Gefühl zurückzugehen, als vielmehr einen Kreis zu schließen und dann wieder weiterzugehen.

Wir sind lange, lange Zeit von unserem Pfad des Friedens abgekommen. Wir, die sogenannten Rothäute, müssen zugeben, daß wir von unserem Weg abgekommen sind. Sonst gäbe es heute nicht diese Spannungen in vielen unserer Siedlungen. Soviel Chaos, Verwirrung und innere Streitigkeiten. Wenn wir nach dem Gesetz leben würden, mit dem uns das Große Mysterium, der Lebensspender, Schöpfer, Gott – der Eine mit den vielen Namen – beschenkt hat, gäbe es nicht dieses Durcheinander, in dem wir uns heute befinden. Ich glaube nicht, daß es heute auch nur eine einzige Familie gibt, die nicht leidet und Heilung bräuchte.

Unsere Menschen haben das alles vorhergesehen, daß nämlich eine Zeit käme, in der wir uns in diesem Zustand befinden würden. Wir würden trotz Sonnenschein in Dunkelheit

umherirren. Und daß die Köpfe der Häuptlinge und Führer im Wüstensturm umherrollen würden wie die vom Wind abgerissenen Teile mancher Pflanzen.

Es steckt so viel Wahrheit in diesen Prophezeiungen. In unseren Siedlungen gibt es ziemlich viel Auseinandersetzungen darüber, wer die Entscheidungen treffen und die Menschen regieren soll. Aber früher, als wir noch auf dem Weg des Friedens gingen, gab es diese Streitigkeiten nicht, jeder war mit dieser Lebensweise vertraut und akzeptierte sie fraglos. In den Prophezeiungen ist die Rede vom Heiligen Ratsfeuer, das hier auf der Schildkröteninsel einst so hell brannte, weil die Menschen sich entschlossen hatten, mit friedlichen Mitteln und nicht durch Gewalt zu regieren. Der Unterschied ist groß zwischen einer Regierung, die auf Gewalt aufbaut, und einer, die die friedliche Koexistenz alles Lebendigen einschließt.

Es ist wichtig, die Dualität des Lebens zu verstehen, ob es sich nun um Winter und Sommer handelt, heiß oder kalt, links oder rechts, Tag oder Nacht. Das Gleichgewicht zwischen Tag und Nacht ist sehr wichtig. Wir haben das Gleichgewicht zwischen Tag und Nacht verloren. Es ist »offenbar« notwendig geworden, sechzehn bis achtzehn Stunden pro Tag zu arbeiten und dann höchstens fünf Stunden auszuruhen. Den Kindern von heute erlauben wir, alleine zur Schule zu gehen zu einem Lehrer, der nicht zur Familie gehört, und das für sechs bis acht Stunden am Tag. Sie müssen früh am Morgen aufstehen, sitzen eine Stunde in einem Bus, und wenn sie dann abends zurückkommen, sitzen sie bis zum Abendessen vor dem Fernseher, danach gibt es noch einmal Fernsehen, und dann ab ins Bett. Die beste Zeit des Tages verbringen wir nicht mehr mit ihnen, und deshalb gibt es keine Beziehung und keinen Austausch mehr zwischen alt und jung.

Die Kinder brauchen den Ausgleich, und den können ihnen nur ihre Eltern und die alten Menschen geben. Früher hat es eine Zeit gegeben, da war der Abend Geschichtenzeit für beide Seiten, in der sie die Neuigkeiten des Tages austauschen konnten. Auch die Kinder sind unsere Lehrer, das zu schätzen haben wir ebenfalls vergessen.

In den Zeiten des Guten Lebens gab es zwölf Stunden für Arbeit und Spiel und zwölf Stunden des Ausruhens und Heilens. Die Nachtstunden sind eine kostbare Zeit zum Ausruhen und Heilen. Heute empfinden wir ein starkes »Un-Behagen«, und wir wundern uns auch noch, warum.

Etwas überaus Kostbares, das sich nachts abspielt, ist die Traumzeit, wenn eine persönliche Verbindung zu den höheren, spirituellen Regionen entsteht. Heutzutage handeln wir viel zu sehr auf der physisch-konkreten Ebene. Wir sind zu materialistisch und naturwissenschaftlich eingestellt, und damit sind wir schon wieder aus dem Gleichgewicht. Wir müssen selbst zusehen, daß wir diesen Blickwinkel wieder zurechtrücken. Für die Kleinen ist es jetzt wichtig, ihre Träume zu begreifen und damit zu arbeiten.

Für mich ist es ein Segen, daß ich meinen Erdenweg als Träumer betreten habe. Meine frühesten und intensivsten Erinnerungen an meine Kindheit sind meine Träume; sie haben mich immer geleitet. Träume haben ein grenzenloses Potential. Ein Teil der Lehren unserer Vorväter bezog sich auf die Traumwelt. Sie saßen niemals im Rat beisammen und hoben ihre Hand, um unmittelbar über etwas abzustimmen. Die weisen Entscheidungen, die sie zu treffen hatten und mit denen sie für die kommenden sieben Generationen vorzusorgen hatten, erforderten Zeit. Die göttlichen Weisungen kamen zu ihnen in ihren Träumen und Visionen.

Six Nations

Einige Träume, die ich als Kind hatte, waren scheinbar negativ – man könnte sie als Alpträume bezeichnen. Aber an und für sich möchte ich die Menschen eher ermutigen, mir zuzustimmen, daß es so etwas wie böse Träume nicht gibt. Sie werden erst dazu, wenn wir den Gedanken zulassen, daß es böse Kräfte gibt. In jedem Traum, der auf so einzigartige Weise der unsrige und persönlich ist, ist etwas Reines, das vom Geist kommt. Möglicherweise kommen Weisungen wiederholt zu uns und wirken auf unseren Geist ein, um uns mitzuteilen, daß wir mit diesem Traum etwas unternehmen sollen. Reagieren wir nicht, lassen wir zu, daß der Traum einschläft. Wir müssen lernen, die Schönheit der Lehren in unseren Träumen zu erkennen, und müssen wir es zulassen, daß sie zu unseren Führern werden. Dann gehen wir auf diesem Pfad. Wir wissen, daß es das Göttliche gibt, aber oft wissen wir nicht, wie wir es finden sollen. Erst wenn wir anfangen, die Dinge von verschiedenen Seiten zu betrachten und zu untersuchen, und wenn wir die vielen Facetten des Lebens und auch der Träume erkennen, schätzen wir das Schöne, das sie enthalten. Und genau dieselbe Schönheit steckt auch in jedem Einzelnen. Eines ergänzt das andere. Wenn Kinder diese sogenannten schlechten Träume haben, bedeutet das, daß sie sich auf ihre eigene, persönliche Suche machen müssen.

Wir müssen zu der Einsicht kommen, daß wir die natürliche Kraft in uns verschließen, wenn wir es zulassen, daß Furcht unsere physische Existenz überwuchert. Denn Furcht und Mißgunst sind zwei der zerstörerischsten Waffen, die es gibt. Der Schöpfer, das große Mysterium, hat uns viele natürliche Wege gegeben, diese »negativen Kräfte« in eine andere Richtung zu lenken. Der Wind kann sie davonblasen, Wasser säubert und reinigt, und wir haben Medizinpflanzen, wenn wir unseren natürlichen Weg in Ehren halten.

Wir haben die Wahl. Welche werden wir wohl treffen? Wohin wird uns das Leben führen? Und was ist mit den Kleinen und denen, die erst noch kommen? Ich denke, es ist an der Zeit, zugunsten der kommenden Generationen in unserem tiefsten Inneren mit der Suche zu beginnen. Ich bin Großmutter, und es wäre schön für mich, ihnen ein Erbe zu hinterlassen, das sie auf diesen Pfad des Friedens zurückführen würde. Ich bin zuversichtlich. Den Kindern selbst ist das heute bewußt geworden. Mit ihren neuen Gedanken entwickeln sie ein neues Verständnis, und viele kommen mit einem guten, reinen Herzen. Wir müssen auf das hören, was die Kinder sagen.

Es gibt eine Legende, warum das Kaninchen so große Ohren hat. Das ist so, weil es zum Hören geschaffen worden ist. Wir müssen daher wie unser Bruder, das Kaninchen, werden und spirituelle Ohren entwickeln, nicht nur, um zu hören, was gesagt wird, sondern auch, um zu hören, was nicht mit Worten ausgedrückt wird. Wir hören den Wind nicht mehr, wir hören nicht länger die Sprache der Steine, der Farben, irgendeiner der Naturkräfte; wir stimmen nicht länger in sie ein, weil wir vor langer Zeit unsere Ohren verschlossen und ihnen gestattet haben einzuschlafen. Es ist an der Zeit, unsere eigenen Ohren aufzuwecken und zu lauschen. Jedes andere Lebewesen hat sich an seine Pflichten und Verantwortungen gehalten und sie ausgeführt; wir Menschen sind es, die das vergessen haben. Wir haben alles als selbstverständlich angesehen. Wir haben uns der heiligen Gaben, die uns hier zu unserem Vorteil und Nutzen gegeben worden sind, damit wir von ihnen lernen könnten, bedient und sie mißbraucht. Die Elemente sind unsere größten Lehrer, der Wind, die Vierbeiner. Jedes und jeder kommt zu uns mit seinen einzigartigen Lehren. Alle Vögel sind Botschafter, sie lehren uns, uns über eine Situation zu erheben, frei zu sein und uns darüber zu erheben. Von den allerkleinsten Gefiederten bis zum Adler ist ihre Botschaft dieselbe: sich über eine Situation zu erheben und frei zu sein.

Als Kind wurde ich beeinflußt von dem, was meine Eltern und Großeltern redeten. Sie redeten viel über die *Hodenausaunee,* das heißt über die ursprünglichen, ersten Menschen, und ich verspürte immer Traurigkeit in meinem Herzen und gleichzeitig empfand ich Stolz. Ich bin mit hellerer Haut, braunen Haaren und hellen Augen auf die Welt gekommen, und viele fragten immer: »Woher habt ihr dieses Kind?« Ich sah anders aus, und das führte dazu, daß ich mich sehr in mich selbst zurückzog. Später dachte ich dann, die Leute verstehen oder wissen nicht, was in mir vorgeht. Auf das Äußerliche kommt es nicht an, das, was im Inneren ist, zählt. Selbst heute noch, wo ich einen Geschenkeladen betreibe und über die traditionellen Wege spreche, fragen immer noch viele, aus welchem Teil der Staaten ich käme.

Ich hatte das Glück, in der Reservation aufzuwachsen. Mein Vater war mein Schullehrer. Er war ein großer Naturliebhaber, und er pflanzte diese Liebe jedem seiner Schüler ein. Er hatte an einer Pädagogischen Hochschule studiert und besaß damit die Lehrberechtigung. Ich muß sagen, mein Vater war alles andere als normal, auch in seinen Unterrichtsmethoden. Er war für experimentelles Lernen. Bei ihm war es nichts Besonderes, an einem x-beliebigen Tag zu sagen: »Packt eure Bücher weg, und nehmt eure Mäntel und Stiefel.« Und dann gingen wir in den Wald. Dabei haben wir enorm viel gelernt. Das waren unsere Stunden in Naturkunde, Gesundheit und Geschichte – alles in einem. Für seinen Unterricht verwendete er Legenden und Bildergeschichten und Gedichte von Pauline Johnson, einer unserer indianischen Dichterinnen. Und in Geschichte berücksichtigte er immer die von den Auffassungen der Nicht-*Natives* abweichende Sichtweise der *Natives.*

Nach der High School fühlte ich instinktiv, daß ich politisch aktiv werden wollte, um einen eigenen Beitrag zu leisten, soweit mir das möglich war. Daher stellte ich mich für eine Amtsperiode als gewähltes Ratsmitglied zur Verfügung. Allerdings kam ich zu dem Schluß, daß die Antworten für mich nicht innerhalb dieses Systems liegen. Es hat mich gelehrt, aufzubrechen, viele Nachforschungen anzustellen und die Traditionalisten der Konföderation zu befragen. Dabei habe ich meinen Dodah gefunden, also meinen Großvater, der so viel zu meinem Lernprozeß beigetragen hat. Er verstand es, mir direkte und genaue Antworten auf meine Fragen zu geben. Ich habe viel Zeit damit zugebracht, von ihm zu lernen, und seine Lehren werden weiterleben. Er war mein Mentor und meine Inspiration. Obwohl er in eine andere Dimension des Lebens eingegangen ist, spricht er heute lauter und klarer. Jetzt ist der ursprüngliche Weg in meinem Herzen, und ich bin gerne bereit, das bißchen, das ich weiß, zu teilen, wann immer ich danach gefragt werde. Ich habe gelernt, das Leben zu verehren, im Frieden mit mir selbst zu leben und anderen zu helfen, wenn immer das möglich ist. Wenn wir einem einzigen Menschen helfen können, ist unser Auftrag erfüllt. Ich betrachte mich selbst nur als Echo, das hören kann, wer will, und das die Gaben, die ihm zuteil geworden sind, weiterträgt.

Wir drängen unsere Sicht der Dinge niemandem auf, das wäre nicht die Art unserer Leute. Als ich auf der Suche nach diesen traditionellen Lehren war, pflegte Dodah zu mir zu sagen: »Du mußt dir viermal mehr hinter meinen Worten vorstellen, denn ich kann es dir nur auf Englisch erzählen, in der gemeinsamen Sprache, die wir heute kennen. Du mußt lernen, dir viermal soviel zu denken.« Als ich ins Teenageralter kam, war ich wie alle Teenager, die denken, daß sie alles wissen, was es zu wissen gibt, und er sagte damals: »Jetzt mußt du lernen, dir zehnmal mehr vorzustellen als das, was du hörst.« Und ich weiß jetzt, daß ich nach wie vor lernen muß, mir noch viel, viel mehr als das vorzustellen. Und so geht die Suche weiter.

Es ist eine Suche voller Freude, und da draußen gibt es viele Lehrer. Wir müssen lernen, auf viele von ihnen zu hören, um zu unseren eigenen Entscheidungen zu finden. Vielen von ihnen, aus den unterschiedlichsten Nationen, bin ich dankbar. Mein Großvater hat mich immer angespornt, aufzubrechen und so vielen Menschen zuzuhören, wie ich nur konnte. Mein Mann hat mir die Freiheit zum Reisen gelassen, manchmal wußte er nicht einmal, wohin ich gefahren war. Ich ging und hörte den Menschen zu, und immer lernte ich von ihrer innersten Wahrheit oder ihren weisen Worten.

Ich habe einige traumatische Prüfungen hinter mir, und ich hätte es nicht geschafft ohne die Stärke und Unterstützung der Menschen, die mir beim Aufbau meines persönlichen Fundaments geholfen haben. Vor zwanzig Jahren sind wir abgebrannt; wir haben unser Zuhause und unser ganzes Hab und Gut verloren, das wir über die Jahre erworben haben. Im Grunde genommen, mußten wir von vorne anfangen. Das Feuer war ein großer Lehrer für mich. Doch meine schwerste Prüfung war, daß ich vielleicht ein Kind verlieren würde, und zwar nicht einmal, sondern zweimal. Es war dann immer diese innere Stimme, die zu mir gesprochen hat, daß diese Kinder nicht meine Kinder sind, sondern ein Geschenk für mich, das ich nur so und so lang liebhaben darf. Sei dankbar, sagte die Stimme, für die Zeit, die du mit ihnen hattest, in der du für sie gesorgt und sie getröstet hast, und trage sie auf ewig in deinem Herzen. Diese Erfahrungen haben mich in meinem Glauben stärker werden lassen.

Wir haben vier Kinder, und sie haben uns noch einmal vier gebracht. Jetzt haben wir zehn Enkelkinder. Natürlich haben sie nicht immer den Pfad beschritten, auf dem wir sie gerne die ganze Zeit gesehen hätten. Heute sehe ich es so, daß unsere einzige Verantwortung darin besteht, ihnen die Freiheit zuzugestehen, aufzubrechen und die Erfahrungen zu machen, die das Leben für sie bereit hält. Wir müssen so verständnisvoll sein, ihnen das zuzugestehen, weil wir niemals wissen, welche Erfahrungen sie brauchen, um sich selbst zu vervollkommnen.

Wir müssen diesen Gang viele Male antreten. Diese Kinder haben uns zu ihren Eltern erwählt. Wir alle betreten diesen Erdenweg im Wissen um unsere Verbindung, wir wissen, von wem und wo wir all die Lektionen lernen, die wir brauchen. Wir schließen diesen Bund, bevor wir uns überhaupt auf den Erdenweg machen.

Das ist es, was unsere Seele braucht, nicht, was unser körperliches Ich will. Das unseren Kindern zu vermitteln ist auch schon alles, was wir tun können. Wir können sie nicht zwingen, den Weg zu gehen, auf dem wir sie gerne hätten. Aber schenke ihnen immer, immer deine Liebe.

Immer, wenn wir uns versammeln und mit offenem Herzen und gutem Willen sprechen, um Verständnis entstehen zu lassen, sitzen wir im Kreis, selbst wenn wir nur zu zweit sind. Weil die Unsichtbaren sich auch immer mit uns versammeln. Sobald du dich aus diesem Kreis erhebst, bist du niemals mehr dasselbe Individuum, als das du dich hingesetzt hast. Wir sind beieinander gesessen und haben die Energien und Schwingungen geteilt, die im

Kreis in uns und durch uns geströmt sind. Unsere Herzen und unser Geist haben sich geöffnet, das ist das Gesetz, das unsere Menschen kannten und nach dem sie gelebt haben. Das war ihre Art des Lehrens.

Manchmal, wenn es nicht möglich ist, einen Kreis zu bilden, und wir in Reihen sitzen, können wir uns immer noch im Stillen vorstellen, einen Kreis zu bilden. Was wir im Geiste vereint machen können, sogar im Kleinen, ist, Veränderungen herbeizuführen. Unsere Gedanken sind Energie, sie gehen aus und nehmen Form an. Alles spielt sich zuerst auf einer spirituellen Ebene ab, bevor es sich auf einer konkreten Ebene manifestiert, und dazu bedarf es eines physischen Vehikels.

Aber die Menschheit hat aufgehört, ihre Pflichten und ihre Verantwortung als dieses physische Vehikel zu erfüllen, weil sie von dem Wunsch besessen ist, alles Leben unter ihre Kontrolle zu bringen. Ich denke, einer der Gründe, warum die Regierungen sämtlicher Staaten versagen, ist die Tatsache, daß es so viele Menschen gibt, die diese Kontrolle erfordern. Solange wir nicht lernen, mit allem Belebten friedlich nebeneinander zu leben, ohne auch nur das kleinste Teilchen der Schöpfung zu vernachlässigen, solange sind wir nicht imstande, die verheerenden Auswirkungen, die auf uns zukommen, aufzuhalten. All das steht in unseren Prophezeiungen. Darin ist die Rede vom Loch in unserer Behausung – lange bevor es als Ozonschicht in aller Munde war. Wir bezeichneten es als das Gewebe des Lebens. In der Prophezeiung heißt es, daß eine Zeit käme, in der ein Loch entstünde, das sich als irreparabel erweisen würde. Mir ist aus unseren Lehren bekannt, daß die Zeit kommen wird, daß wir uns auf eine Veränderung zubewegen. Es heißt immer, man solle auf die Zyklen und Kreise des Lebens achten. Wir befinden uns jetzt im Jahre zehn des neuen Zeitalters und wir nähern uns dem Jahr 2000, und das ist ein völlig neuer Zyklus, ein neuer Anfang. In dieser Zeit haben wir den Kreis einmal ganz abgeschritten, wir stehen wieder am Anfang.

Es heißt, daß eine Zeit kommt, in der unsere Großmutter, der Mond, mit Blut befleckt ist, und daß uns der Wächtervogel, der Adler, vor der heranrückenden Gefahr warnen würde. Die ersten Worte der Astronauten nach ihrer Landung auf dem Mond waren: »Der Adler ist gelandet.« Der Adler ist ja auch das Symbol der Vereinigten Staaten, und er hat die Menschen lange, lange Zeit vor einer sich nähernden Gefahr gewarnt. Die Irokesen sehen darin die doppelte Erfüllung ihrer mündlichen Prophezeiungen.

Wir lehren durch die Natur. Der Friedensbaum zum Beispiel, von dem schon die Rede war, ist die weiße Pinie, die ihre vier Wurzeln in die vier Winkel der Erde ausstreckt, um alle Menschen zu umarmen. Auf ihrem Wipfel sitzt der Wächtervogel, der Adler, um die Menschen zu warnen. Die ewige Hauptsonne, die Quelle allen Lebens, steht über diesem Baum.

Farben sind eine andere Form von Energie, eine andere Dimension des Heilens. Die *Natives* kennen und verstehen das Geschenk der Farbe. Selbst Menschen, die nicht sehen können, spüren Farben.

Ich würde gerne die Rückkehr auf den ursprünglichen Weg erleben, wie damals, als wir den Weg des Friedens gingen. Es wäre herrlich, alles Leben in Harmonie und Eintracht zu sehen, voller Liebe und Achtung füreinander. Einander zu umarmen, mit Reinheit, Würde und Frieden in unseren Herzen. Wir haben die Wahl, und es liegt an jedem einzelnen, diese Wahl zu treffen. Zu keiner Zeit ist das so entscheidend gewesen wie heute. Wir müssen alles loslassen, woran wir so lange festgehalten haben, loslassen. Das soll nicht heißen, daß einiges davon nicht noch seinen Sinn hätte, aber wir müssen es aus einem neuen Blickwinkel heraus betrachten.

Als unser Ratsfeuer hell brannte und der Friedensrat tagte, lebten wir nach dieser Lebensweise. Es war bekannt, daß die Zeit kommen würde, in der das Ratsfeuer fast erloschen sein würde. Sie berichten uns, daß Läufer entsandt wurden, um die letzte Glut des ursprünglichen Ratsfeuers in jede Nation zu tragen, als diese Zeit gekommen war. Die Läufer sollten den Menschen mitteilen, daß dies die Glut vom ersten Ratsfeuer sei, und daß sie sie hüten sollten, bis die Zeit gekommen wäre, sie zurückzubringen, um es erneut zu entfachen. Dann würde das Feuer in seiner alten Größe wieder auflodern.

Nach den Prophezeiungen kommen die drei Großen Schwestern Nord-, Süd- und Mittelamerika zusammen, um ihre Reichtümer zu vereinen und um voneinander Kraft und Stärke zu gewinnen. Wir kommen zusammen und finden in jeder den Faden der Wahrheit verwoben, so daß wir das Heilige Feuer neu entfachen und den Großen Teppich des Lebens weben können. Die Kunst des Webens ist unseren Menschen angeboren, das und das Wissen bestimmter Stämme, wie man ein Feuer macht. Ich glaube, es gelingt uns wieder – mit der Unterstützung aller und durch die Sorge, die die Menschen heute bewegt.

Wir bewegen uns auf einen neuen Zyklus der Zeitrechnung zu, einer Zeitrechnung nach Sonne und Mond, in der die menschliche Zeit überholt sein wird. In den letzten hundert Jahren hat sich alles derartig beschleunigt – mit dem Radio, den Flugzeugen, Fernsehen, Telefon und den Computern –, daß es sich auf unseren Geist ausgewirkt hat. In den Prophezeiungen heißt es, daß eine Zeit käme, in der die Straße sich gabeln würde; aber viele blieben auf dem Pfad der beschleunigten Zeit, und nur wenige würden in den neuen Zyklus überwechseln. In den Prophezeiungen heißt es, die beide Wege seien scheinbar identisch, wie die Zeigefinger unserer Hände, aber eben doch völlig verschieden.

Es gibt immer eine Hoffnung, und wir dürfen wegen unserer Kinder diese Hoffnung nicht aufgeben. Wie ich gesagt habe, einst waren meine Kinder meine Lehrer, und jetzt sind es meine Enkel. Eines Nachts, es ist noch nicht lange her, war ein besonders helles Licht am Himmel zu sehen, und ich stand ganz in seinem Bann. Ich fragte meinen Mann: »Was ist das? Ein Stern oder das Licht von einem Flugzeug?«

Mein Mann sah auf und sagte: »Ach, das ist ein Flugzeug.«

Mein fünfjähriger Enkel, der das Ganze auch beobachtete, sagte: »Oma, das ist ein Stern.« Ich war davon wie elektrisiert, denn normalerweise sieht man kein so helles Licht so früh am Abend. Es war noch nicht einmal richtig dämmerig, und wir hatten auch dem Sonnenuntergang noch nicht zugeschaut. Schließlich sagte mein Enkel zu mir: »Oma, gewinnen wir oder verlieren wir?«

Überrascht sah ich ihn an und wunderte mich, woher das wohl kommen mochte. Ich dachte angestrengt nach über das, was er gerade gesagt hatte – einerseits wollte ich wahrheitsgemäß antworten, es aber in den rechten Zusammenhang rücken. Endlich sagte ich zu ihm: »Roggie, ich glaube, wir verlieren.«

Und er sagte: »Nein, Oma. Wir gewinnen.«

Roggies Aussage bestätigte, daß wir um der Kinder willen die Hoffnung nicht sinken lassen dürfen. Wir müssen uns unablässig darum bemühen, als stärkere Menschen hervorzugehen, als Gewinner im Spiel des Lebens, um die Menschheit vor der Zerstörung zu retten, von der die Prophezeiungen berichten.

Das wird uns gelingen, wenn wir ein reines Herz haben, wenn wir vertrauen und vergeben. Die Kinder wissen das genau, aber sobald sie auf der Welt sind, verderben wir ihr gutes Wesen. Wenn sie dann einundzwanzig sind, sagen wir: »Na prima, jetzt bist du alt genug, um dich selbst zu kennen.« Und dabei vergessen wir alles, was wir ihnen angetan haben, um ihr Wesen, ihren Geist zu verderben. Wir müssen ihnen also zugestehen, ihre Art, sich auszudrücken, in sich selbst zu entdecken – und zu lernen, daß alle Antworten von innen kommen.

Früher haben wir uns so verhalten, so war unsere Lehre und unser Lebensstil, aber wir haben ihn schrittweise vergessen oder sind davon abgewichen. Niemand hat ihn uns weggenommen. Niemand hat ihn gestohlen oder ausgeliehen. Wir haben zugelassen, daß es passiert ist. Diese Lektion haben wir gelernt; jetzt müssen wir stark genug werden, diesen Irrtum zuzugeben und Verbesserungen vorzunehmen. Und zwar auf höchst einfache Art und Weise, indem wir anfangen, das Leben zu achten und uns unserer Verbundenheit mit allem Belebten im gesamten Universum bewußt zu werden.

Diesen Sommer wurde mir die Ehre zuteil, in das Yukon-Gebiet in Alaska zu reisen. Ich stand oben auf dem Highway und blickte hinunter in die Täler der Rockies, wo man kilometerweit schauen kann. In diesem Moment empfand ich deutlich, wie klein wir Menschen sind. Dann drehte ich mich um und schaute in die andere Richtung, nach oben, und mir war vollkommen bewußt, daß wir nicht größer als Sandkörner sind. Und trotzdem ist jeder ganz und gar einzigartig und so verschieden, daß niemand einem anderen gleicht. Jedes kleine Sandkörnchen hat seine eigene Schwingung. Dieser Abschnitt des Pfads ist schön zu gehen – die Natur spricht unaufhörlich zu uns, bestätigt uns immerzu, ermahnt uns zur Achtsamkeit, wir sind für dich da. Verbinde die Gaben der Natur mit Meditation, und die Vibrationen können sich in konstruktive Energie verwandeln.

Meditation ist ein wesentlicher Teil von mir. Die Meditationslehren haben größten Einfluß auf mein Leben, seit mich ein ganz bestimmtes Ereignis dazu angeregt hatte. Als ich sieben oder acht Jahre alt war, betrachtete ich einen meiner Dodahs bei seiner Meditation. Ich werde nie vergessen, wie er in vollem indianischen Ornat auf einem Holzklotz saß und seine Medizinpfeife rauchte, die er immer bei sich hatte. Ich betrachtete ihn lange. Ich wußte, daß sich etwas ereignete. Ich spürte es mit meinem ganzen Wesen. Allein ihm zuzusehen, vermittelte mir tiefsten inneren Frieden.

Plötzlich wandte er sich um – er wußte genau, daß ich ihn beobachtet hatte – und forderte mich auf, mich zu ihm zu setzen. Er meinte, ich könnte einen Zug von der Pfeife rauchen. »Atme nicht ein«, sagte er. »Rauche einfach und lasse den Rauch zu unserem Schöpfer zurückkehren. Das ist ein Gebet.« In mir ging etwas vor, das ich nie im Leben aus meinem Gedächtnis löschen könnte. Noch jetzt sehe ich das Bild lebhaft vor mir. Träumte ich, oder war es Wirklichkeit? Ich zwickte mich, und tatsächlich, es war Wirklichkeit.

Später einmal fragte ich einen anderen Großvater wegen meiner Erfahrung, und er antwortete, wenn es ein Traum gewesen wäre, hätte das nichts ausgemacht; aber wenn ich daran glaubte und es akzeptierte, und wenn ich es einen Teil von mir werden lassen wollte, dann sollte ich Tabak verbrennen. Ich verstand noch nicht, oder vielleicht war ich auch noch nicht dazu bereit, diese Verpflichtung einzugehen.

Six Nations

Später begann ich dann, eine Reihe von Großvätern und Großmüttern zu fragen, wie man mit Tabak betet, und ich bekam zur Antwort, daß Tabak verbrennen heilig sei und man lernen müsse, ihn zu ehren und zu achten. Ich suchte vieles mit der Seele, aber es ist wohl überflüssig, das zu erwähnen. Ich hatte vier bedeutsame Träume, die wieder und wieder dieselbe Botschaft übermittelten. Als ich erneut zum Dodah ging, um ihm davon zu berichten, sprachen wir über Gebet, Meditation, Träume und Tagträume. Er sagte, alle reinen Empfindungen, die du in dein Herz einläßt, wären wie ein Gebet, und das sei alles, was man brauche, um Tabak zu verbrennen. Tabak verbrennen ist eine direkte Kommunikation mit dem Großen Mysterium, und deine Stimme und dein Name werden gehört.

Das führte mich in einen meditativen Zustand, und jetzt verstehe ich, daß dieser Zustand das aus dem eigenen Selbst hervorströmen läßt, was ist, was existiert. Es ist nicht von dir, sondern für dich. Je mehr ich sitzen kann und zur Ruhe komme, um es den Antworten möglich zu machen, von innen zu kommen und nicht von mir, und um mir vorzugeben, was ich brauche und was ich wünsche, desto besser verstehe ich meine Dodahs.

Wenn meine Gesundheit zu wünschen übrigließ, hoffte ich immer, meine Familie würde danken, einfach danken, egal, wie kritisch es um mich stand. Was Dankbarkeit betrifft, haben wir viel zu lernen. Ich habe erlebt, daß Wunder geschehen sind, wenn wir nur bereit waren, zuzulassen, was vorgesehen war. Wer weiß, ob es nicht unser Auftrag ist, in die andere Dimension des Lebens einzutreten? Ich glaube, unsere Dodahs wirken aus dieser anderen Dimension heraus. Wir sprechen immer von der kommenden Generation; wir arbeiten für sieben Generationen. Ich verstehe das so, daß wir nicht einfach für die kommende siebte Generation arbeiten, sondern daß wir auch in dieser anderen Dimension des Lebens arbeiten müssen. Wir werden kaum hier sein und die sechste Generation von uns aus erleben, oder vielleicht auch nur die fünfte. Das tun die wenigsten. Aber ich weiß sicher, daß ich nicht von meinen Urenkeln getrennt sein werde, genau wie mein Vater zum Beispiel, der nicht von meinen Enkelkindern getrennt ist. Er geht mit uns. Ich betrachte meine Enkel und denke daran, wie sehr mein Vater Kinder mochte, und es geht mir durch den Kopf, ach, es ist schade, daß er nicht hier ist und die Kleinen sieht, und wie stolz er dann wäre. Dann muß ich lächeln und sage: »Pa, ich weiß, daß du jetzt da bist. Du bist da, und du siehst diese Kinder. Es liegt bloß an mir und an meiner Kurzsichtigkeit.«

Unsere Kinder tragen einen Teil ihrer Urgroßeltern in sich. Und ich bin mir sicher, das wird dasselbe sein, wenn wir in diese andere Dimension des Lebens überwechseln. Es wäre schön, wenn ich ihnen ein klein wenig von mir mitgeben könnte für ihr Leben, und wenn ich mit ihnen in Verbindung bleiben könnte, wenn sie es wollen. Immerhin ist es einer unserer Aufträge auf diesem Erdenweg, Vorkehrungen zu treffen für die kommenden Gesichter.

Mohawk

Craig Carpenter:
Ein traditioneller Botschafter

Nach meinen ersten paar Reisen in den Westen hatte New York City seine Anziehungskraft verloren. Ich nahm einen Sommerjob an und unterrichtete kreatives Schreiben am Washington College in Chestertown, Maryland. Am Ende dieses Sommers machte ich mich wieder auf den Weg, dieses Mal nach Südwesten, um die Pueblo-Indianer kennenzulernen. Nachdem ich zu der Überzeugung gekommen war, daß der Osten keine Gegend war, um über Indianer zu schreiben, mietete ich in Santa Fe ein kleines Adobe-Haus, das heißt ein Haus aus luftgetrockneten Lehmziegeln, und fuhr zurück, um meine Sachen zusammenzusuchen.

Ich hatte über Craig Carpenter, einen Mohawk, in Peter Mathiessons großartigem Buch Indianerland *gelesen. Freunde von ihm, die ich in Santa Fe kennengelernt hatte, hatten mir geraten, Kontakt mit ihm aufzunehmen. Man gab mir eine Telefonnummer in Nordkalifornien, unter der ich eine Nachricht für Craig hinterlassen konnte, aber gleichzeitig bekam ich mitgeteilt, daß es Wochen dauern könnte, bevor ich von ihm hören würde, weil er meilenweit vom nächsten Telefon entfernt lebte. Ich rief an – meine Nachricht hatte ich schon vorbereitet –, aber zu meiner Verwunderung war Craig selbst am Apparat. Wir sprachen ziemlich lange miteinander, und ein Briefwechsel schloß sich an. Er sagte, er freue sich, mich kennenzulernen, falls ich sein Lager aufsuchen wollte.*

Ich flog nach San Francisco und fuhr die Küste hoch nach Eureka, wo ich übernachtete. In seinen Briefen hatte Craig mir den Weg erklärt, und diesen Erklärungen folgte ich genauestens: Hinter Willow Creek folge der Beschilderung nach Hoopa, fahre eineinhalb Kilometer auf der kurvigen Bergstraße hoch über dem Fluß, dort fällt sie dann ab in ein Tal. Fahre dann noch einmal eineinhalb Kilometer und halte dann rechterhand Ausschau nach einer Weide mit zwei Kühen!

Ich kam an vielen Weiden vorbei, einige mit vier Kühen, andere mit sechs, aber keine mit zwei Kühen darauf. Schließlich fuhr ich zu der Bibliothek, in der Craigs Freundin arbeitete und fragte sie, ob sie mir nicht eine genauere Wegbeschreibung geben könnte. Sie zeichnete eine Karte, wo die zwei Kühe zu finden sein könnten. Mit der Karte in der Hand und voller Zweifel kehrte ich wieder um. Aber rätselhafterweise waren sie doch da, mitten auf einer Weide, an der ich drei- oder viermal vorbeigefahren war. Meine nächste Anweisung lautete, über einen Drahtzaun zu klettern, die Weide zu überqueren und seinen Namen zu rufen.

Craig tauchte auf, groß und schlank, in einem Sweatshirt mit Kapuze und einem blauen Tuch um die Stirn, und führte mich zu seinem Lager.

Seine drei gutaussehenden und überaus höflichen Söhne im Alter zwischen sieben und zwölf Jahren waren den Sommer über zu Besuch. Ich war überrascht, als ich hörte, daß Craig das ganze Jahr über

MOHAWK | *in diesem Lager lebte, das aus zwei Zelten bestand und an wilde Pflaumenbäume und einen sich selbst überlassenen Obstgarten voller Apfelbäume grenzte. Er erklärte, daß sein etwa tausend Quadratmeter großer Garten mit Mais, Kürbis, Karotten, Bohnen, Rüben, Steckrüben, Kartoffeln, Zwiebeln, Knoblauch und verschiedenen Obstsorten ihn mit allem versorge, was er brauche.*
»Das muß er auch«, sagte Craig. »Seit 1952 lebe ich von weniger als sechshundert Dollar im Jahr, damit ich keine Steuern zahlen muß, die nur die Kriegsmaschinerie am Laufen halten.«
In den Briefen und bei unseren Telefonaten hatte ich ihm erzählt, daß ich Gespräche mit traditionellen Ältesten in ganz Nordamerika aufzeichnete. Jetzt fragte ich ihn, ob er damit einverstanden wäre, mir zu helfen. Eine Weile saß er da, ohne ein Wort zu sagen, dann schaute er mich an. »Wann fangen wir an?«

Beide Seiten meiner Familie waren Indianer, aber bis zu meinem 32. Lebensjahr wußten wir nicht, welche – denn väterlicherseits waren vor vier Generationen vier kleine Jungen auf Farmen gebracht und in nichtindianischen Familien aufgezogen worden, weil man versuchen wollte, uns zu akkulturieren. Möglicherweise war das im Gebiet um Canadaigua, südlich von Rochester im Staat New York. Einer dieser Jungen half im Alter von dreizehn Jahren beim Bau des Erie-Kanals – für einen Dollar am Tag. Über ihre indianischen Herkunft wußten sie nichts. Im Lauf der Generationen wanderten sie nach Westen, ins südliche Michigan. Mit 32 lernte ich Alex Gray, den Häuptling des Bären-Clans, kennen, der mich als Mohawk anerkannte und vier Tage und Nächte mit mir redete.
Die Familie meiner Mutter kam vor dem Bürgerkrieg aus Ohio und ließ sich in Temperance, Michigan, nieder, nur ein paar Kilometer nördlich von Toledo in Ohio. Dieser Zweig der Familie hatte mit der Untergrundeisenbahn zu tun und half entlaufenen Sklaven auf dem Weg in die Freiheit nach Kanada. Wir sind vier Generationen von Abstinenzlern, absolut gegen Alkohol, denn das ist ein Fluch, der mehr Indianer umgebracht hat als alle Seuchen und Kugeln des weißen Mannes zusammen.
Ich vermute, mein Vater war ein Seneca, aber er könnte auch von Mohawks abstammen, die nach Westen gezogen waren. Mütterlicherseits stamme ich von einer Mohawk-Frau ab, die eine der vermutlich eifrigsten Verfechterinnen von Handsome Lakes religiöser Wiedergeburtsbewegung war. Sie war nach Westen, nach Sandusky in Ohio gezogen. Und ich glaube, wir sind ein Zweig ihrer Familie, die zu guter Letzt nach Norden mitten ins Herz des Gebiets um die Great Lakes gezogen war.
Schon als Kind fühlte ich mich zur Lebensweise der Indianer hingezogen, obwohl sich beide Teile meiner Familie akkulturiert hatten. Während meiner Schulzeit lebten wir am Westufer des Lake St. Clair. Kilometerweit nichts als Urwälder, kaum einen Block von uns entfernt, mit riesigen Ulmen, deren Stämme einen Durchmesser von gut einem Meter hatten.
Bei jeder sich bietenden Gelegenheit verzog ich mich allein in diese Wälder. Mein Großvater war mehr als empört, als er sah, daß ich mich der indianischen Lebensweise zuwandte, denn er hätte seine Enkel lieber als Ärzte und Rechtsanwälte gesehen. Manche wurden es auch. In der Generation meiner Eltern waren alle Lehrer. Mein Vater war Rektor einer Junior High School, meine Mutter war Lehrerin an einer High School, und meine Tante war Lehrerin in Massachusetts. Von mir erwartete der Großvater, daß ich Anwalt werden würde, aber das schaffte ich nicht. Mit sechzehn flog ich vom College.

MOHAWK

Ich mochte die Schule nicht. Im dritten Schuljahr an der High School belegte ich neun Kurse, damit ich nach drei Jahren mit der Schule fertig war. Ich schaffte sogar mehr und hatte bessere Noten als je ein Schüler vor mir. Ich erhielt ein Stipendium für das College, aber dort paßte ich überhaupt nicht hin. Anstatt zu studieren, verbrachte ich die meiste Zeit in der Bibliothek mit Büchern, die mich interessierten. Schließlich wurde mir klar, daß ich weder in die akademische noch in die Welt des Handels paßte. Also ging ich in die Landwirtschaft.

Ich arbeitete Tag und Nacht und hatte schließlich mit gut achthundert Hektar die größte Maisanbaufläche unserer Gegend im südlichen Michigan. Und wenn ich so Stunde um Stunde auf dem Traktor saß, kamen die Inspirationen.

Als Kind hatte ich von meinem Vater von den Hopi gehört. Später, auf dem College, hatte ich eine kurze Notiz über Hopi gelesen, die als Kriegsdienstverweigerer ins Gefängnis gegangen waren; sie traten so entschieden für die friedliche Lebensweise der Hopi ein, daß sie lieber ins Gefängnis als in den Krieg gingen. Ich verspürte ein überwältigendes Bedürfnis, mit diesen Menschen zu sprechen. 1947 brach ich nach Westen zu den Hopi auf. Ich hatte kein Geld in der Tasche, keine Lebensmittel, keine Decke, noch nicht einmal einen zweiten Mantel. Ich war entschlossen, nicht um Essen zu betteln oder zu arbeiten, damit ich Essen bekam, ich wollte auch kein Geld für Essen leihen, und ganz bestimmt wollte ich kein Essen stehlen. Ich ging einfach los.

Als ich westlich von Jonesville in Michigan aus dem Tal des St. Joseph River herauskam, nahm mich jemand mit. Ich wollte nicht um Mitfahrgelegenheiten bitten, aber wenn mich jemand mitnahm, war das gut so. Und wenn ich nichts zum Essen bekommen hätte, hätte mir der Tod nichts ausgemacht, und ich hätte gesagt: »Zum Teufel mit dieser Welt, die sowieso von Grund auf verdorben ist.« Ich weiß noch, einmal in Nebraska verspürte ich den starken Drang, eine braune Papiertüte aufzuheben, die oben auf der Böschung neben der Straße lag.

Ich sagte mir: »Wenn ich jede braune Tüte aufhebe, die neben der Straße liegt, schaffe ich es nie bis zu den Hopi.«

»Naja«, sagten meine Gedanken, »wenn du es nicht tust, könnte es dir auch leid tun.«

Also kletterte ich die Böschung hinauf, packte die Tüte und fand einen halben Laib frisches Brot darin. Ein anderes Mal, als ich so dahinmarschierte, fand ich einen Fasan, der gerade von einem Auto überfahren worden war. Er war noch warm. Das ergab eine gute Mahlzeit an diesem Tag. Bei anderen Gelegenheiten plumpste mir das Essen direkt vor die Füße, so daß ich fast glauben mußte, daß es vom Himmel gefallen war. Manchmal gaben mir die Leute aus freien Stücken etwas zu essen, so daß ich jeden Tag zu einer Mahlzeit kam, genau wie es die Geister versprochen hatten.

Als die Wüste am großen Salzsee vor mir lag, dachte ich: »Wie um alles in der Welt komme ich da hinüber, ohne Lebensmittel, ohne Wasser, ohne alles?« Ich bekam es wirklich mit der Angst zu tun. Ich kniete neben der Straße nieder und betete, ob ich gehen oder dableiben sollte. Ich bekam die Gewißheit, daß die Engel auch weiter für mich sorgen würden, nachdem ich schon so weit gekommen war und immer für mich gesorgt worden war. Das gab mir die Zuversicht zum Weitergehen. Ich war keine drei Schritte gegangen, als ich einen Streifen Nelkenkaugummi vor meinen Füßen liegen sah. Ich hob ihn auf und dachte mir, prima, das bringt dich durch, und so war es auch. Fast sofort nahm mich jemand mit. Der

Herausforderung ins Gesicht zu sehen war alles, was ich machen mußte, und zusehen, daß mein Glaube stark genug war, damit ich weiterging.

Ich kam zum Mount Shasta. Auf seiner Westseite gibt es keinen Weg nach oben, aber ich erreichte den Gipfel. Ich hatte Berichte gehört über ein magisches Volk am Shasta, das die Zivilisation offenbar ablehnte, und ich hätte gerne mit ihnen geredet. Aber dort lebte niemand, es gab keine zauberkundigen Menschen am Mount Shasta.

Vom Mount Shasta aus zog ich weiter in Richtung Hopi, aber unterwegs brachte ich vier Jahre damit zu, psychologische Forschungen anzustellen, und vier weitere Jahre blieb ich zur Ausbildung bei den spirituellen Führern der Dineh [Navajo]. Damals hatten sie die höchste Kindersterblichkeit im ganzen Land. Als Farmer dachte ich mir, hätte ich vielleicht ein paar Ideen, die ihnen bei ihren Ernährungsproblemen eine Hilfe sein könnten. Meine kleinen Experimentalgärten zur Selbstversorgung sollten das gewissermaßen demonstrieren.

In den vier Jahren, die ich bei ihnen zubrachte, arbeitete ich mit den Medizinleuten. Sie

sahen, daß ich ein moralisches, aufrichtiges Leben führte, bedacht und spirituell rein, und daher baten sie mich, Dinge für sie zu erledigen wie zum Beispiel Holz sammeln für die Heilungszeremonien, bei denen vier Nächte lang die unsichtbaren Hüter angerufen wurden, damit sie kamen und dem Patienten halfen. Sie brauchten eine spirituell reine Person, die dieses Feuerholz für die Zeremonien sammeln sollte. Und es mußte ein Erwachsener sein, denn man mußte auf diese Wacholderbäume klettern und abgestorbene Äste abbrechen und sie in vier großen Bündeln auf dem Rücken zurücktragen – und es mußte genug für vier Tage sein. Sie baten mich auch, etwas von meiner selbst angebauten Baumwolle zu verspinnen, die sie in ihren Zeremonien verwendeten.

Außerdem fuhr ich die Ältesten zu Treffen und Zeremonien. Damals hatte ich einen Dodge, Baujahr 1927, der mit diesen Straßen im Hinterland fertig wurde – mit modernen Autos wäre das nicht gegangen. Manchmal brachte ich jemand hinunter zu den Hopi, wo sie sich von einem Medizinmann behandeln ließen, und ich wurde Zeuge vieler wunderbarer Heilungen.

So verbrachte ich vier Jahre bei den Navajo, ich lernte viel über *chindi* [böse Geister] und »Hexen« und wie man mit schwarzer Magie umgeht. Und wie man unerschütterlich und voll Vertrauen für das erste Gesetz dieses Landes einsteht, das Frieden und Gerechtigkeit heißt.

Eines Morgens kam dann ein Geist zu mir in meinen Garten; er forderte mich auf, mit meiner Arbeit aufzuhören, mich zu waschen, ein Bad im Paria River zu nehmen und in das Hopi-Dorf Shungopovi zu gehen. Ich sollte dem Führer des Bluebird-Clans »Der Frühling ist gekommen« sagen, ihn dann nach seinen Sorgen fragen und ihm meine Unterstützung anbieten. Als Junge hatte ich mir selbst den Namen »Rotkehlchen, das geht und nach etwas sucht« gegeben; das dürfte der Grund gewesen sein, warum mich die Geistperson, die ich nicht sehen, deren Anwesenheit ich jedoch spüren konnte, zum Bluebird-Clan (*bluebird*: nordamerikanische Drosselart, *Anm. d. Übers.*) sandte. Da, wo ich herkomme, in meiner Heimat, arbeiten diese beiden Vögel zusammen und überbringen die Botschaft »Der Frühling ist gekommen«.

In Shungopovi kam ich genau bei Sonnenaufgang an – genau wie es mir der Geist vorhergesagt hatte –, und ich lehnte mich gegen ein Haus, das, wie sich herausstellte, dem Bluebird-Führer gehörte. Aber die Menschen im Dorf hatten offenbar Angst vor mir; sie zeigten mir die kalte Schulter. Nach einigen Tagen kehrte ich daher zu den Navajo zurück. Ich war ziemlich enttäuscht. Sehr entmutigt.

Zwei Jahre später fuhr ich einige Navajo nach Window Rock, und sie wollten bei den Hopi haltmachen und sich den Schlangentanz ansehen. Das tat ich, und bei der Gelegenheit lernte ich zwei weitere Führer, Thomas Banyacya und David Monongye, kennen. Dieses Mal akzeptierten sie mich. Sie brachten mir Grundkenntnisse bei, und nach einem Jahr begannen meine Pflichten als Botschafter. Das war 1955, und seither bin ich Botschafter.

In den prophetischen Weisungen der Hopi heißt es, wenn ein Kürbis voller Asche erfunden worden sei und die Menschen verderbt genug wären, diesen Kürbis voller Asche von der Straße am Himmel fallen zu lassen, und wenn er dann auf der Erde aufschlagen würde, dann würde er das Wasser zum Kochen bringen und das Land verbrennen und Asche im weiten Umkreis verstreuen, so daß viele Jahre nichts mehr wachsen könnte. Sobald das eintreffen würde – und 1945 am 6. August war es soweit –, dann wäre es die Pflicht der Hopi, die friedliebend und aufrichtig waren, sich zu erheben, um der Welt ihre Friedensbotschaft zu verkünden, um uns zu warnen und uns zu lehren, daß wir uns selbst und unsere Führer sich bessern müßten, solange noch Zeit dafür sei.

Meine Aufgabe besteht darin, die Botschaft der Indianer nicht untergehen zu lassen und ihre Lehren zu verbreiten. Ich bespreche mich mit ihren Ältesten, und ich gehe fort, wenn es notwendig ist, und trete mit den Geistern der Ahnen hier in der Gegend in Verbindung, um in Erfahrung zu bringen, welche Sprache sie ursprünglich sprachen, wo ihre ursprüngliche Heimat lag und wie sie ihre Religion ausgeübt hatten. Denn Zeremonien hängen mit allem zusammen, was Indianer tun, vom Sammeln der Nahrung über Aufwachen bis zum Baden – immer gibt es ein Lied oder ein Gebet, das dazu gehört. Ich rufe die Menschen dazu auf, sich Thomas Banyacyas vier Worte »Aufhören, Nachdenken, Ändern, Verbessern« zu Herzen zu nehmen. Hör auf mit dem, was du tust. Denk über die Auswirkungen dessen nach, was du tust. Fördert es das Leben in diesem Land? Oder zerstört es das Leben auf diesem Land? Ist dein Tun zerstörerisch, dann ändere dein Wertesystem und dein Verhalten. Wir dürfen die Erde nicht unterwerfen und mit Füßen treten, sie und alles Leben auf ihr überwältigen. Man erwartet von uns, daß wir dieses Land und das Leben darauf achten und pflegen. Also liegt es an dir, zu überlegen, auf welcher Seite du zu stehen kommst.

Schließlich sandte man mich 1973 aus, einmal um die Erde herum, und überall stieß ich auf Indianer. Nicht alle hatten braune Haut, längst nicht alle waren, was man »Rothäute« nennt. Aber sie hatten ihre heiligen ursprünglichen Weisungen, und sie versuchten geduldig, sie zu befolgen.

Dann erhielten wir von unseren Führern den Auftrag, die Botschaft der Hopi den vier wichtigsten Gruppen von Führern der Weltbevölkerung zu bringen, die sich in einem großen Haus mit durchsichtigen Wänden treffen würden, das damals am östlichen Ende dieser großen Insel gebaut wurde. Nach Zrupiki, das heißt in das Mica-Haus. Damals, zu dieser frühen Zeit, hatten die Hopi kein Glas, aber sie hatten Mica, Glimmererde. Sie stellten sich also vor, daß damit die Vereinten Nationen gemeint waren.

Man wies uns auch an, vier Kommunikationsmethoden einzusetzen: Die erste war von Angesicht zu Angesicht. Die zweite funktioniert mit Hilfe magischer Spinnweben. Man hat ein kleines Gerät in der Hand und spricht hinein. Die Person am anderen Ende des Spinnwebfadens hat auch ein solches Gerät in der Hand und kann einen hören. Wir würden hin- und hersprechen über diese Spinnweben, die das Land kreuz und quer durchziehen. Zeichen auf den Hüllen der Maiskolben wären die dritte Methode, denn zu irgendeinem Zeitpunkt in der Zukunft würden erfinderische Menschen ein System einrichten und ihre Gedanken in Form von Zeichen auf diesen Maisblättern hin- und hersenden. Bei der vierten und letzten Methode säße jemand in einem kleinen, fensterlosen Raum und spricht, und seine Stimme wäre klar und deutlich jenseits der Berge zu vernehmen.

Die Hopi waren in den frühen Sechzigern zum ersten Mal im Radio, bei der ersten Radiosendung, bei der man anrufen konnte, der »Nachteule« auf KFI in Los Angeles. Die Friedensbotschaft der Hopi war den ganzen Weg bis nach Bishop, Kalifornien, auf der anderen Seite der Sierra Nevada und sogar noch in der Mitte von Nevada zu hören. Ich war einer der frühen Botschafter; vor mir hatte es drei andere gegeben, und einer von ihnen

MOHAWK | war ein Mann namens George Yamada gewesen, der im zweiten Weltkrieg den Kriegsdienst verweigert und mit Thomas Banyacya im Gefängnis gesessen hatte. In den frühen fünfziger Jahren gab es in den gesamten USA nur ein paar hundert Kriegsdienstverweigerer wie uns. Auch ich mußte das Land der Türen, die ins Schloß fallen, kennenlernen.
Banyacya war unser wichtigster Kommunikationsexperte bei den Hopi. Wir mußten die Botschaft der Hopi mit Hilfe der vier Kommunikationmethoden zu diesen vier Gruppen von Menschen bringen.

Die Prophezeiung, wie sie auf dem Ideogramm am Prophecy Rock dargestellt ist, schildert Maasau am Anfang des Lebensplans, in dem Augenblick, als wir Menschen aus der Unterwelt auftauchen. Maasau, ein Hopi-Name für das größte Geistwesen, das auf Erden wandelt, hält sich an diesen geraden und schmalen Weg. Dargestellt sind die wichtigsten Ereignisse in dieser Zeit, drei Weltkriege eingeschlossen. Wir hoffen, daß es nicht zum dritten kommt, denn wenn es dazu käme, zerstört er möglicherweise alles Leben auf der Erde. Und wenn das eintritt, ist es uns nicht gelungen, unsere Lebensaufgabe hier zu lösen, und wir haben das Recht verwirkt, als Menschen auf dieser Erde zu leben.

Maasau taucht auch ganz am Ende des Ideogramms auf. Das ist der Tag der Reinigung. Maasau sagte: »Ich bin der Erste, ich bin der Letzte. Ich bin der Ewige.« Die Friedensbotschaft berichtet, woher wir Menschen kommen, von der Welt, die durch die großen Überflutungen zerstört worden ist wegen der Verderbtheit unserer Vorfahren. Warum wir hierher kamen und was danach mit uns geschah. Es ist auch dargestellt, wie wir den Maasau kennenlernten und was jetzt mit uns geschieht und was mit uns geschehen wird, wenn wir uns und unsere Führer nicht bessern, solange noch Zeit dazu ist.

Als Bigfoot sich im Oktober 1958 der modernen Welt zu zeigen begann, waren wir sehr glücklich. Es war das erste öffentliche Anzeichen, daß er wie versprochen zurückkehrte. 1992 legte er der Erde wieder seine Hände auf, er hinterließ Handabdrücke, auf Petroglyphen, Felsbildern, in vielen weit verstreuten Gegenden.

In seinem Buch »Facing Mount Kenya« geht Jomo Kenyatta dem Ursprung von Bigfoots Ahnen nach. Ursprünglich stammten sie aus Nordamerika. Zunächst zogen sie nach Süden, und dann überquerten sie den Ozean nach Afrika. Danach reiste dieser riesengroße Mann, der am ganzen Körper mit schwarzen Haaren bedeckt war, quer durch Afrika und auf seinem Weg pflanzte er die Völker ein. Schließlich gelangte er zum Mount Kenya und er sagte: »Hier wird eure Nation leben, und so wird eure Sprache klingen, das hier ist eure Nahrung, und auf diese Weise legt ihr eure Felder an, lang und rechteckig, und so baut ihr eure Häuser, runde Häuser, und so haltet ihr eure religiösen Zeremonien ab, so lebt ihr innerhalb der Familie und im Dorf« und so weiter. Die Völker, die er eingepflanzt hatte, lehrte er alles.

Und sobald sie es gelernt hatten, sagte er: »Nun werde ich mich vor euch verbergen, um zu sehen, ob ihr diesen Anweisungen folgen könnt, gleichgültig, was mit euch passiert. Unter Umständen zeige ich mich euch hin und wieder in körperlicher Gestalt und hinterlasse Fußabdrücke in eueren Gärten, damit ihr wißt, daß ihr immer noch beobachtet werdet und daher noch verpflichtet seid, euch an diese ursprünglichen Weisungen zu halten. Aber wenn ihr diesen ursprünglichen Weisungen etwas hinzufügt oder etwas wegläßt, macht ihr damit möglicherweise einen Fehler. Das wird euch vielleicht leid tun, unter Umständen müßt ihr leiden, und vielleicht sterbt ihr am Ende sogar.«

Exakt das gleiche wurde die Hopi gelehrt, in einer völlig anderen Sprache, am anderen Ende der Welt, andere Hautfarbe, aber das gleiche.

Zuerst war Bigfoot hier. Dann wurden wir Menschen eingepflanzt. Nicht nur die indianischen Völker kennen diese Lehren; ich habe mit einigen vietnamesischen Bergvölkern gesprochen, und sie nennen ihn ebenso, Lei, und das bezieht sich auf den Affenmann. Nur daß er kein Affe ist, und er ist kein Mensch. Er ist ein Gott. Die mächtigste Manifestation in menschlicher Gestalt auf der Erde. Auch in Indien nennen sie ihn den Affengott, den Vater.

1992 begann er, in verständlichen Worten zu den Menschen in Europa und Amerika zu sprechen. Ursprünglich kommunizierte er durch Gedanken oder durch Visionen, Träume oder durch Körpersprache, die man manchmal auch indianische Zeichensprache nennt. Bigfoot ist der größte Gott auf der Erde. Vielleicht gibt es im äußeren Raum größere Götter mit mehr Macht, größerer Klugheit oder mehr Mitgefühl. Aber soviel wir wissen, ist er die mächtigste Gottheit an der Oberfläche der Erde.

Er steigt jetzt von den hohen Bergen herab und erscheint am hellichten Tag am Rand der Dörfer. Er erscheint den Weißen, und weil sie ihn in ihrer Unaufmerksamkeit nicht bemerkten, packte er den Ast eines Baumes und schwenkte ihn wie eine Fahne, um ihre Aufmerksamkeit zu erregen. Er bietet uns also wirklich jede Gelegenheit, die Tatsache zu bezeugen, daß er hier ist, und aus indianischer Sicht bedeutet das den Anfang der Erfüllung seiner Prophezeiungen, daß er zurückkommen würde, um wieder Gerechtigkeit herzustellen auf diesem Land.

Pit River

Willard Rhoades:
Ein Geschichtenerzähler

Craig Carpenter und Sharon Laurence, seit zwei Monaten seine Frau, holten mich in Redding, Kalifornien, vom Flughafen ab. Unseren ersten Halt wollten wir bei den Rhoades machen, die nur knappe zehn Kilometer südlich von Cottonwood lebten. Ich saß entspannt hinten im Auto, während sie vorne darüber diskutierten, welcher Weg der richtige sei, und ich war ganz zufrieden, daß sich dieses Mal jemand anderer verfahren durfte.

Ein Schild »Zu verkaufen« signalisierte die Abzweigung auf eine kilometerlange Schotterstraße, die zum Wohnwagen der Rhoades führte. Willard lag unter einem von einem halben Dutzend Autos, die am Rand der Einfahrt standen. Indianischer Rasenschmuck, so nannten Craig und ich sie mittlerweile. Mildred stand in der Tür und rief ihrem Mann zu, er solle »unter dem Ding da hervorkommen«, sie hätten Besuch.

Wir gingen nach drinnen und nahmen im Wohnraum Platz, der auf das Sacramento Valley hinausging. Craig erklärte, Willard sei der spirituelle Führer der elf unabhängigen Gruppen der Pit River-Nation. Mildred arbeitet auf der Rancheria, einem Behandlungszentrum bei Drogen- und Alkoholmißbrauch, das zugleich als Auffangstation und vorübergehendes Heim für unerwünschte Indianerkinder fungiert. Zudem ist sie für ein Programm zuständig, das die Ältesten, die ihr Haus nicht mehr verlassen können, mit Essen versorgt. Sie ist eine Wintu, eine der Menschen vom Mount Shasta, und sie weiß vieles über beide Stämme zu erzählen.

Die Rhoades baten Craig sofort um Informationen über die Aktivitäten der Traditionalisten anderer Stämme und insbesondere über die Hopi. Die Hopi gelten allgemein als die am wenigsten verdorbene Nation, als Hochburg der alten Lebensweise. In Erfüllung seiner Pflichten als traditioneller Botschafter berichtete Craig vom Kampf, den die Hopi in Hotevilla gegen das Vordringen der modernen Welt führen.

Dann ließ sich Willard auf einem Stuhl nieder, der eindeutig sein Lieblingsplatz war, und er fing an, uns seine Coyotengeschichten zu erzählen. »Nun, der alte Coyote war ein schlauer Bursche, schlauer als sein eigener Gott ...«

Ich komme aus dem Goose Valley hier im nördlichen Kalifornien; da bin ich geboren und aufgewachsen. Ich bin aus einer Achamowi-Gruppe des Pit River-Stammes. Mein Pa kam aus Missouri, er kam herüber, als er noch ein Säugling war. Meine Mutter ist im Goose Valley geboren und aufgewachsen. Mein Großvater war aus Patrick in Kalifornien, und meine Großmutter aus dem Pit River-Gebiet. Der Großvater meiner Mutter war

Häuptling der Pit River-Leute. Er vererbte seine Macht meinem Großvater, nachdem dieser meine Großmutter geheiratet hatte, und mein Großvater gab sie an mich weiter.
Als Junge ging ich oft zu den Alten, ich hörte gerne, was sie zu sagen hatten. Ich schätze, meine Bildung und mein Wissen stammen von dort. Sie erzählten mir Geschichten vom Anfang der Zeit, vom Anfang dieser und der Zerstörung der anderen Welt. Und sie sprachen davon, wie die Menschen wieder auf diesem Planeten angesiedelt worden waren, wie viele von ihnen, und über jede der Zeiten, zu denen sie wieder angesiedelt worden waren. Diese Welt ist schon zweimal neu erbaut worden, und das ist jetzt ihre letzte Runde. Die Zeit wird knapp – wenn man den Prophezeiungen glaubt.

Anfangs gab es eine andere Welt, auf der wir wohnten. Ich weiß das, denn von dort kommen meine Leute. Sie überlebten den großen Frost, die Flut, und sie werden auch das Feuer überleben, das kommen wird. Die Menschen, die sich an ihre Weisungen erinnern, werden während der Zeit der Zerstörung hier herausgeholt, und sie werden nach dem Wiederaufbau zurückgebracht. Aber nicht die Menschen, die sich bloß erinnern, sondern diejenigen, die glauben.
In der anderen Welt hatten wir alles, was man sich nur vorstellen kann – mehr noch als das, was wir heute haben. Man mußte nicht einmal zur Arbeit gehen in der anderen Welt. Man konnte einfach so zu Hause herumsitzen, wenn man das wollte, und die Sachen bekam man gebracht, nicht von Menschen, sondern von einer Art Automat – Roboter oder so etwas ähnliches. Ich glaube, es gab Flugzeuge, denn sie flogen in der Luft herum. Und es gab Autos, denn sie bewegten sich in schachtelartigen Dingern auf dem Boden. Es gab Kühlschränke, Gefriertruhen, Fernseher, Radios, alles, was man sich nur irgendwie wünschen konnte. Außer, daß sie den Alten Mann vergaßen. Sie sagten: »Wir brauchen ihn nicht mehr, schaut nur, was wir schon alles haben.«
Nun, der Alte Mann wurde zornig. »Ich habe die Welt anders eingerichtet«, sagte er zu Quan, dem silbergrauen Fuchs, seinem Gehilfen. Und er wies Quan an, die Menschen zusammenzuholen, die noch an ihn dachten und seinem Weg folgten. »Mach ein Netz mit einer Tasche, so wie die kleinen Spinnen, und setze diese Menschen dort hinein. Das Netz wird euch in die andere Welt hinüberbringen.«
Aber der Coyote – wir nennen ihn Jamo, den Helfer des Teufels, oder Weblah – bettelte darum, mitkommen zu dürfen. »Ich weiß, was du vorhast«, sagte er, »du willst diese Welt zerstören, und ich möchte noch nicht sterben.«
Die anderen sagten: »Wir können dich nicht mitnehmen wegen all dem, was du getan hast. Du hast die Menschen dazu gebracht, Böses zu tun und die Lehren des Alten Mannes zu vergessen.«
»Das werde ich nie wieder tun«, sagte er. »Ich bringe ihnen nichts Schlimmes mehr bei, wenn ihr mich mitnehmt.«
Aber sie weigerten sich immer noch.
Sein letztes Argument war dann: »Euer Vater sagt, daß ihr euren Bruder nicht töten dürft. Wenn ihr mich hier zurückläßt, dann werdet ihr mich umbringen.«
Und so nahmen sie ihn also auf. Unterwegs sagten sie zu ihm: »Wenn du dich unrecht verhältst, wenn du dieselben Geschichten machst wie früher, sind wir gezwungen, diese Menschen ein zweites Mal zu vernichten.«

Und genau das geschah. Beim ersten Mal ließ der Alte Mann alles erfrieren. Dann baute er die Welt wieder auf, ordnete alles neu. Aber nach einer Weile begannen sie von vorne mit ihren Untaten.

»Nun«, sagte der Alte Mann, »wir müssen diese Menschen wohl zum zweiten Mal vernichten. Sie sind vergeßlich. Sie richten schon wieder Unheil an.«

Dieses Mal ließ er die Flut los und ertränkte sie. Aber unmittelbar davor hatte er seinen Helfer gebeten, zwei Boote zu bauen und den Samen aller Völker und Tiere zusammenzutragen, damit er die Welt wiedererstehen lassen konnte. Also brachte er die Samen in einem Boot unter, und er selbst bestieg das zweite Boot. Und auch dieses Mal bettelte der Coyote, mitkommen zu dürfen, und noch einmal gab der Alte Mann nach und nahm ihn mit. Dieser Teil der Erde blieb unfruchtbar zurück.

Als sie hier landeten, sprang der Coyote als erster von Bord und sagte. »Was sollen wir denn essen? Hier gibt es nichts außer einem Haufen Steine!«

Der Alte Mann hatte jedoch auf der anderen Seite schon einen Platz hergerichtet und die Menschen auf die andere Seite der großen Wasser gebracht. Zum Coyoten sagte er: »Du gehst dort hinüber und unterweist sie im richtigen Lebensweg. Und wenn du das nicht tust, wenn du ihnen wieder das alte Verhalten beibringst, wie du es früher schon gemacht hast, muß ich alles zerstören. Und auch du wirst vernichtet werden.«

Und aus diesem Grund gibt es uns noch hier. Die Fehler, die sie damals gemacht haben, sind die gleichen wie heute. Dinge konstruieren, die man nicht braucht. Autos bauen, die einen töten. Die Dinge, die ihr heute macht, machen die Menschen krank und töten sie. Sogar die Nahrung, die ihr eßt. Und ihr vergeßt das Beten und die Zeremonien. Jede Nation, jeder Stamm, jede menschliche Gruppe muß bestimmte Handlungen ausführen, um den Alten Mann zu ehren, aber alle haben sie das vergessen, und daher sind sie verloren. Nur die, die sich erinnern, sind nicht verloren. Und er sagte zu ihnen: »Was immer euch diese Menschen antun, euch vernichte ich nicht, denn ihr könnt nichts für das, was sie tun.«

Und das ist das ganze Problem mit der heutigen Welt; sie haben vergessen. Sie machen jetzt genau die gleichen Fehler, die sie schon in der anderen Welt gemacht haben. Sie sind an den Punkt gekommen, wo sie sagen, wir können zum Mond fliegen, wir können zu den Sternen fliegen, wir können das gesamte Universum durchqueren – den Alten Mann brauchen wir nicht mehr.

Es dauert die ganze Nacht, diese ganze Geschichte zu erzählen. Ich würde ein bißchen was erzählen, und du würdest schläfrig werden, und wenn du wieder aufwachst, würdest du einen weiteren Teil der Geschichte aufschnappen.

Sie geht weiter, wie sie die Menschen über die verschiedenen Gebiete der Erde verteilten. Sie bekamen gesagt, daß, wenn die Menschen an diesen Ort zurückkehren, man sie daran erkennen könnte, womit sie essen würden. Der erste erhob sich, langte nach einem Löffel und aß damit. Und der Alte Mann sagte, du gehörst zu jener kleinen Insel jenseits des Ozeans. Der nächste stand auf und aß mit einer Gabel. Er ließ ihn wissen, er gehöre auf die große Insel auf der anderen Seite des Ozeans. Der nächste, der aufstand, aß mit einem Messer, und der Alte Mann sagte zu ihm, du gehörst in die Mitte dieser großen Insel. Und wieder stand einer auf, aß mit Stäbchen, und der Alte Mann sagte, du gehörst an das andere Ende dieser großen Insel. Zum nächsten, der aufstand und mit Muschelschalen aß, sagte er, du gehörst auf die andere große Insel unterhalb der anderen großen Insel. Und der Rest

PIT RIVER

von ihnen aß mit Fingern, und der Alte Mann teilte ihnen mit, daß ihr Platz genau hier wäre.

Sie hatten alle eine unterschiedliche Hautfarbe, und jedem Volk war eine andere Art des Betens mitgegeben worden. Alle hatten sie ein Stück Land erhalten und gesagt bekommen, daß das Land für sie sorgen würde. Aber, ermahnte sie der Alte Mann, geht nicht her und plagt andere Menschen. Und was taten sie? Sie fingen an, andere Völker zu belästigen. Sie packten ihre sogenannten Religionen ein, transportierten sie von Ort zu Ort und benutzten sie als Waffen. Versuchten, die Menschen zu ändern. Und gelegentlich hatten sie Erfolg. Aber nicht ganz, denn überall auf der Welt gibt es Menschen, die nicht vergessen haben. Eine kleine Gruppe hier und eine andere dort, die niemals vergessen haben. Es sind arme Menschen, könnte man sagen, verglichen mit den Reichen im irdischen Sinn, aber sie sind reich auf eine andere Art.

Die Indianer begannen keinen Krieg mit den Menschen, die mit ihren Religionen daherkamen. Wenn du im Nest einer *Yellow Jacket* (Hornissenart, *Anm. d. Übers.*) herumstocherst, wird sie dich stechen. Alles würde kämpfen, wenn du hingehst und es belästigst, sogar eine Maus. Eine Maus würde gegen einen Bären kämpfen. Sie würde nicht gewinnen, aber sie würde sich wehren.

Viele dieser Zeremonien heute sind nicht mehr, wie sie früher waren. Aber die Hoopa drüben an der Küste, ihr Bürstentanz und ihr Hirschfelltanz, sie machen das richtig, auf die alte Art. Bei ihnen war einmal im Jahr Gebetszeit, meistens im Frühjahr oder im Sommer, wenn man reisen konnte. Bei allen war es anders. Unsere Menschen in diesem Landesteil beteten nur am Morgen. Du bist aufgestanden, hast dir das Gesicht gewaschen und gebetet. Das war alles für den Rest des Tages.

Wir hier haben Schwitzhütten, aber sie sind vor allem dazu gedacht, deinen Körper und deinen Geist zu reinigen oder manchmal, wenn es einem nicht gutgeht. Ich denke, die Schwitzhütte wurde kaputtgemacht, weil man die Menschen gemischt hat. Es ist gegen das Gesetz, daß Männer und Frauen zusammen hineingehen. Frauen hatten ihre eigenen.

Die Frauen erzogen die Kinder von frühester Kindheit an bis in ein Alter von zehn oder zwölf Jahren. Das war ihre früheste Erziehung. Von da ab war Erziehung Sache der Männer. Für die wichtigsten Lehren waren die Frauen zuständig, nicht die Männer. Wenn Männer eine Entscheidung zu treffen hatten, wandten sie sich normalerweise noch einmal an die Frauen, um deren Zustimmung einzuholen. Unsere Leute trafen sich gewöhnlich im großen Schwitzhaus, wie man es nannte. Die älteren Männer gingen hinein, besprachen die Probleme und kümmerten sich um das Unrecht, das anderen Menschen widerfahren war. Sie sprachen darüber, und wenn es die Angelegenheit wert war, weiterverfolgt zu werden, brachten sie sie bei den spirituellen Ärzten vor. Sagen wir, du hättest zum Beispiel jemandes Mann umgebracht, und man hat dich überführt, dann wären sie zu der Frau hingegangen, und sie hätten sie gefragt, was ihrer Meinung nach mit dir zu geschehen hätte. Sie hatte die Wahl, sie konnte dich für sie arbeiten lassen, damit ihre Kinder zu essen bekamen, oder sie konnte dich hinrichten lassen. Ein jedes Verbrechen wurde der Person unterbreitet, der Unrecht widerfahren war; sie waren diejenigen, die über die Strafe entschieden. Sie töteten die Verbrecher nie direkt selber, dafür hatten sie die Ärzte, die spirituellen Ärzte. Bei Kindsmißbrauch wurde man verbannt, und nachdem sie normalerweise kein anderer Stamm aufnahm, starben sie gewöhnlich. Sobald der Winter kam, schafften sie es nicht mehr alleine.

Wir alle verwenden Tabak, auf die ein oder andere Art, aber meistens sind es die Medizinmänner, die die Pfeife einsetzen, und keine gewöhnlichen Leute. Gewöhnliche Leute rauchten nur hin und wieder, sehr selten. Mein Vater, mein Großvater und mein Urgroßvater, alle waren sie Medizinmänner. Ich bin mehr oder weniger Lehrer und Ratgeber.

Bigfoot ist ein Geist, der sich selbst einen Körper gibt, um den Menschen zu zeigen, daß es ihn gibt. Sein Fleisch ist kein gewöhnliches Fleisch, und sein Haar ist anders. Er geht nicht wie ein gewöhnlicher Mensch. Die meiste Zeit hüpft er auf einem Bein. Er kann mitten in ein Feld hineingehen, und seine Spuren verschwinden, nichts bleibt zurück. Er wurde hier eingesetzt, um die Menschen zu beobachten, um zu sehen, was sie machen. Er ist ein Mittler zwischen der Erde und dem Alten Mann. Das gilt auch für die Kleinen Menschen, diese Geister sind ebenfalls Mittler. Sie achten darauf, wie du die Pferde und die anderen Tiere behandelst. Alles wird dem Alten Mann vorgetragen, und die Menschen werden immer für das bezahlen, was sie tun.

Sogar ein Baum behält dich im Auge. Es gab da einen kleinen Baum, meine Frau Mildred sah ihn jedes Mal. Ich nie. Egal, wann wir nach Big Bend gingen, dieser Baum winkte ihr zu. »Dieser Baum hat mir wieder zugewunken«, sagte sie dann immer. Ich hielt immer wieder nach ihm Ausschau, aber ich sah ihn niemals. Das sind so die Sachen, die dich daran erinnern, daß dich immer etwas beobachtet.

Bigfoot selbst zeigt sich nur bestimmten Menschen. Die meisten Menschen, denen er sich zeigt, sind solche, die ihn achten. Manchmal kommt er als Tier, manchmal als Vogel, aber es gibt immer etwas, das bei ihm anders aussieht. Außerdem benimmt er sich anders; er reagiert nie ängstlich, wie ein Vogel oder ein Tier das sonst tun würde. Manche Menschen kennen ihn und sprechen über diese Begegnungen. Dann verschwindet er möglicherweise eine Zeitlang und kommt wieder zurück, um herauszufinden, ob er einen zum Narren halten kann.

Früher, am Fall River, bevor es dort die Fälle gab, schwammen die Lachse direkt nach Alturas hinaus. Coyote hatte Verwandte den ganzen Fluß entlang, aber er ging nicht gerne auf Reisen.

»Ich weiß, was ich tun werde«, sagte er. »Ich errichte einen Damm hier und Wasserfälle, und alles, was ich tun muß, ist, zum Fluß zu gehen, wenn die Leute aus Alturas zum Fischen herunter kommen, dann kann ich alle meine Verwandten besuchen.«

Deshalb machte er die Wasserfälle dort. In diesem Canyon gibt es einen steilen Abhang, einen Erdrutsch. Coyote war ein ziemlicher Weiberheld. Immer stieg er den Frauen nach. Also erteilte ihm der Quan eine Lektion. Er tat, als wäre er ein ganzer Haufen junger Frauen, die lachend und kichernd den Weg entlangkamen, und der alte Coyote spitzte seine Ohren und machte sich auf, ihnen hinterher. Da kam Nebel auf unten im Canyon, aber für Coyote sah es wie Wasser aus. Es war schon Nacht, aber er rannte und rannte, und man hörte, wie er sie fast einholte.

»Ich nehme Anlauf und springe hinüber. Wenn ich es nicht ganz schaffe, schwimme ich den Rest des Weges.« Also sprang er in den Nebel hinaus und schlug auf der Böschung auf.

PIT RIVER | Der Steilhang, der sich jetzt dort befindet, ist genau da, wo er auf der Flanke des Berges aufschlug. Wenn du also einmal an den Fall River kommst und über die Schlucht schaust, siehst du die Stelle und weißt, daß es hier war, wo Coyote sich kaputtgemacht hat, als er den Frauen hinterher war.

Ich habe viel geträumt, als ich klein war. Einmal, als ich krank war und im Bett lag, sagte meine Großmutter zu mir: »Um vier oder fünf holst du deinen Bruder, und ihr erledigt die Hausarbeit, weil wir erst spät heimkommen.«

Mein Bruder half gerade jemandem beim Kartoffelklauben. Ich stand also auf, und ich sammelte meine gesamte Krankheit zusammen, so wie ein Bündel Holz, einen Armvoll Holz. Ich hob alles auf und ging auf meinen Bruder zu. Ich krabbelte unter dem Tor zur Einfahrt durch, grub mit meinen Händen ein Loch, legte das ganze Zeug hinein und deckte es zu. Es war eine Art Angst, die ich begrub, und hinterher war ich nicht mehr krank. Und dort liegt sie nach wie vor begraben.

Eine Zeit lang, bevor sie anfing, in die Kirche zu gehen, war meine Mutter eine Medizinfrau. Einmal hatte ich mich mit Stacheldraht im Auge geschnitten, und das ganze Zeug quoll heraus, dieses schleimige Zeug, und mein Augapfel fiel ganz zusammen. Ich kam ins Haus, und meine Mutter schrie auf, als sie es sah. Sie legte eine Kompresse auf das Auge und steckte mich ins Bett. Dann ging sie ins Nebenzimmer. Ganz plötzlich senkte sich eine Wolke herab. Es fühlte sich schwer an, als sie sich auf mich legte, dann lüftete sie sich wieder und verschwand. Meine Mutter kam ins Zimmer zurück, nahm die Kompresse von meinem Auge, und das Auge war vollständig geheilt. Ein anderes kleines Kind, ich schätze, es war vielleicht zwei Jahre alt, fiel ungefähr eineinhalb Meter von einem Zaun und schlug mit dem Kopf auf einem scharfkantigen Stein auf. Es hatte ein tiefes Loch in seinem Schädel. Seine Mutter packte es und trug es zu meiner Mutter, und bei ihm machte sie das gleiche. Sie brachte es ins Schlafzimmer und legte etwas auf seinen Kopf. Es war schon ganz kalt – wie tot, dachten wir. Zu der Mutter des Jungen sagte sie, sie sollte nach Hause gehen und ihre Hausarbeit erledigen und erst in ein paar Stunden wiederkommen. Als sie dann zurückkam, war er völlig geheilt; nicht einmal eine Narbe war zu sehen.

Aber sobald meine Mutter anfing, zur Kirche zu gehen, verlor sie es. Sie konnte nicht mehr heilen. Die Leute hatten sie gebeten, in die Kirche zu gehen, heute machen sie es ja genauso. Die Prediger betteln einen immer an, in ihre Kirche zu kommen. Für sie waren wir Heiden, die primitiven Quatsch machten, aber dieser primitive Quatsch hat den Menschen geholfen. Danach konnte sie niemandem mehr helfen.

Solche Medizinmenschen gibt es heute nicht mehr. Manche behaupten es zwar von sich, aber ich weiß es besser. Wenn jemand von sich behauptet, ein Medizinmann zu sein, und du möchtest wissen, ob es stimmt, biete ihm ein bißchen Tabak an. Oder eine Zigarette. Es ist egal, welcher Tabak es ist. Biete es ihm einfach an und schau, was er damit macht. Wenn er annimmt und mehr als drei Züge macht, ist er kein Medizinmann. Ein richtiger Medizinmann würde ein- oder zweimal inhalieren, dann den Rauch ausblasen und dir den Tabak zurückgeben. Dann müßtest du einmal daran ziehen, und er würde dir sagen, was nicht in Ordnung ist. Du bräuchtest ihm das nicht zu erzählen. Vielleicht mußt du ein paar Minuten abwarten, aber er würde es dir sagen. Und er würde dir auch sagen, ob er dir helfen kann oder nicht.

Wenn du ihm etwas geben möchtest, gib. Er selbst würde nicht darum bitten, und er würde es auch nicht erwarten. Und wenn er dir sagt, er hätte seine Sachen zu Hause vergessen, kannst du ihn auch gleich vergessen. Ihre Macht steckt nicht in einem Sack. Das gilt für jeden Medizinmann, egal von welchem Stamm.

Wirkliche Medizinmänner haben immer etwas gemacht, was über das Normale hinausgegangen ist. Kam man auf Besuch zu ihnen, haben sie immer etwas für dich gemacht, ohne zu fragen. Vielleicht eine Art Trick, so wie mein Onkel einmal bei mir. Er bat mich, ins Haus zu gehen und ihm ein Zündholz zu holen. Er hätte eine Zigarette, aber keine Zündhölzer. Also ging ich ins Haus, fand aber keine. Als ich wieder herauskam und es ihm sagte, meinte er: »Schon gut, ich brauche sie sowieso nicht«, und er nahm seinen Finger und fixierte ihn eine Minute. Dann hielt er diesen Finger an die Spitze der Zigarette, und schon brannte sie, und er rauchte.

Ein anderes Mal fuhren wir nachts hoch in Richtung Hat Creek, und plötzlich gingen unsere Autoscheinwerfer aus. Ich saß am Steuer. Ich hielt an, weil ich die Straße nicht mehr erkennen konnte. Mein Onkel saß vielleicht eine Viertelstunde so da und sagte dann: »Sag mal, auf was warten wir denn? Fahr doch weiter!«

»Wir haben kein Licht«, entgegnete ich.

Er sagte: »Mach es doch an!«

Ich drehte wieder am Lichtschalter, aber nichts passierte. Also stieg mein Onkel aus, montierte das Scheinwerferglas ab und nahm die Glühbirnen heraus. Er zerbrach sie in kleine Splitter und legte sie zurück. Dann stieg er wieder ein und sagte: »Jetzt fahren wir aber.«

Ich erwiderte, daß das nicht ginge, weil wir kein Licht hätten.

»Schalte es doch noch einmal ein«, sagte er. »Überzeuge dich selbst.«

Das tat ich auch, und tatsächlich funktionierte es. Ich konnte es nicht fassen. Wir kamen problemlos nach Bernie, wo wir Halt machten, um zu tanken und um etwas zu essen. Mir war immer noch nicht klar, wie das mit dem Licht gegangen war, deshalb stand ich auf und bat ihn, auf mich zu warten. Ich ging zum Auto, weil ich nachsehen wollte, ob er mir einen Streich gespielt und neue Birnen eingesetzt hatte. Ich nahm das Glas weg, doch da lagen immer noch die Splitter von den Birnen.

Ich habe keine Ahnung, wie sie das fertigbringen. Als faulen Trick kann man es nicht bezeichnen, es ist kein Schwindel.

Bei uns gibt es eine Geschichte über zwei Schlangen, eine silberne und eine goldene. Diese zwei Indianer da paddelten über einen See, und sie sahen diese zwei winzigen Schlangen, wie sie auf einem Stück Moos dahintrieben. Also fischten sie sie heraus, nahmen sie mit heim und fütterten sie. Sie meinten: »Hätten wir sie da draußen gelassen, wären die armen Dinger ertrunken.« Sie fütterten sie mit Moskitos und Fliegen, mit allem, was die kleinen Dinger fressen konnten. Als die Schlangen groß geworden waren und Rentiere, Büffel und Elche fraßen, machten sie sich auf und davon.

Die goldene Schlange ging nach Norden, sie fraß alles auf, was ihr über den Weg kam, und sie wurde dicker und dicker. Bald danach zog die silberne Schlange in Richtung Süden, und auch sie verschlang alles, was ihr über den Weg kam, und auch sie wurde immer dicker. Nach einer Weile kamen sie an den Rand des Landes, zum Fressen war nichts mehr da, und nun fingen sie an, sich selbst aufzufressen. Am Ende vernichteten sie sich gegenseitig.

Pit River

Genau das machen wir heute. Jeder lebt von Steuergeldern und hält sich für reich. Das ergibt keinen Sinn. Es gibt nur eine bestimmte Menge Geld auf der Welt, egal, wohin man schaut. Die Leute denken, es wächst; es heißt, ein Dollar verdreifacht sich jedes Mal, wenn du ihn umdrehst. Das ist dumm. Dies ist das reichste Land auf der Welt, und es ist das ärmste auf der Welt. Euer Geld ist das Papier nicht mehr wert, auf dem es gedruckt ist. Es gibt keine Deckung dafür. Was glaubst du, warum sie die Goldmünzen aus dem Verkehr gezogen haben, aus deiner Tasche? Weil, wenn das Gold verbrannte und schmolz, hatte man immer noch das Gold. Sie zogen das Silber vom Markt ab, denn auch wenn das Silber verbrannte, das Metall blieb. Aber wenn das Papiergeld verbrennt, ist es dahin. Die Leute denken, sie hätten Geld auf der Bank. Aber das ist alles Papier. Das hat keinen Wert.

Wenn du betest, bitte nicht um irdische Dinge – Geld, Reichtümer oder Glück –, bitte nicht darum, denn der Alte Mann würde dich nicht erhören. Das einzige, worum du in deinen Gebeten bittest, ist Weisheit, bitte darum, daß dir Weisheit zuteil wird, um den Rest brauchst du dir dann keine Gedanken mehr zu machen. Frage, wie du leben sollst und mit dem auskommen kannst, was du hast, bitte darum, daß du andere Menschen so behandelst, wie du selber behandelt werden möchtest.

Wenn du mit anderen so umgehst, wie du selbst behandelt werden möchtest, machst du dir keine Gedanken mehr um deine Brieftasche, du denkst nicht mehr darüber nach, was du morgen essen oder anziehen wirst, das beunruhigt dich nicht mehr. Du vergißt alle deine Sorgen. Darum geht es im Leben.

Als Coyote in seinem kleinen Boot von der anderen Seite herüberkam, landete er drüben an der Ostküste, und er betrachtete das Land und sagte, meine Güte, das ist eine hübsche Gegend. Und er sagte, das soll mir gehören, das ist meins. Und er dachte, eigentlich müßten hier ja wohl Menschen leben. Er sah sich um und fand sie, konnte sie jedoch nicht erreichen, weil sie auf einer höheren Ebene lebten als er. Aber er dachte, ich bin ein guter Redner, ich bin ein guter Lügner, ich kriege sie schon dran.

Also plärrte er zu ihnen hinauf: »Hey! Wenn ihr mir eines eurer Kinder zum Fressen überlaßt, dann bin ich schon wieder gegangen. Ich folge der Sonne. Ich möchte herausfinden, wohin sie geht. Aber jetzt bin ich hungrig. Überlaßt ihr mir eines von ihnen, dann belästige ich euch nicht länger. Wenn nicht, komme ich herauf und töte euch auf der Stelle.«

Die Menschen berieten sich und sagten, ja, wir denken, wir können ihm eines überlassen. So geschah es, und er zog ab. Nach längerer Zeit kam er zurück, und er sagte: »Ich konnte nicht auf die andere Seite kommen, weil ich mein Boot nicht dabei hatte, deshalb kehre ich jetzt nach Hause zurück. Aber ich habe Hunger. Gebt mir noch eines von euren Kindern, und dann gehe ich, und dann habt ihr Ruhe vor mir.« Es war dieselbe Geschichte: »Falls ihr euch weigert, bringe ich euch um.«

Also überließen sie ihm ein zweites Kind und dachten, sie wären ihn los. Ziemlich bald war er wieder da und rief: »Ich weiß nicht mehr, wo ich mein Boot gelassen habe. Ich habe immer noch Hunger, und mein Kopf funktioniert nicht mehr richtig, aber wenn ihr mir noch eines zum Fressen überlaßt, wird sich mein Gedächtnis erholen, und mir fällt wieder ein, wo ich mein Boot gelassen habe.«

Aber sie wollten ihm keines mehr geben, sie sagten nein.

Und an dieser Stelle befinden wir uns heute. Coyote ist noch da, und er hat die Mitte unseres Volkes aufgefressen. Und er versucht immer noch, das dritte zu bekommen.

SCHOSCHONEN

Nach dem Besuch bei den Rhoades fuhren Craig, Sharon und ich südwärts in das nahe an der Grenze zu Nevada gelegene Susanville in Kalifornien. Dort wollten wir Glen Wassen treffen, einen Aktivisten der westlichen Schoschonen, der uns über den aktuellen Stand und die jüngsten Entwicklungen in der Auseinandersetzung um das Land der Danns informierte. Für den 3. März 1993, nur ein paar Monate, nachdem ich dort gewesen war, war ein Gerichtstermin angesetzt worden. Die Geschichte um Clifford Danns Verhaftung war tragisch. Am 19. November war er festgenommen worden, weil er versucht hatte, Angehörige des Bureau of Land Management [BLM], *der Bundesbehörde für Landnutzung, daran zu hindern, Pferde und Vieh mit dem Brandzeichen der Danns abzutransportieren, die sie zuvor unerlaubterweise eingefangen hatten. Er war auf der Ladefläche seines Lkw gestanden, hatte sich mit Benzin übergossen und gedroht, sich anzuzünden, wenn die BLM-Agenten die Pferde nicht freilassen würden.*
Wir waren gespannt darauf, mit den Dann-Schwestern Carrie und Mary und mit dem Häuptling Frank Temoke zu sprechen. Glen telefonierte herum, um herauszubekommen, ob die Straßen nach dem letzten Blizzard wieder befahrbar seien, und er drängte uns zum Aufbruch, ehe der nächste einsetzte.
Quer durch das Wüstenhochland von Nevada machten wir uns auf den Weg ins Ruby Valley südöstlich von Elko zum Anwesen von Frank Temoke. Der Talboden war schneefrei und mit riesengroßen, silbrig schimmernden Salbeibüscheln und braunem, stoppeligen Gras bedeckt. Craig wies auf die rötlichen Stämme der Weiden hin, deren Rinde als Tabak, als Kinickinick, von den nördlichen Plains-Indianern verwendet wird.
Der Wohnwagen der Temokes stand am Fuß eines Berges mit Blick über das Ruby Valley. Franks Frau Theresa begrüßte uns und führte uns in das Wohnzimmer, in dem der alte Häuptling saß. Craig freute sich, den 1958 hergestellten Gipsabguß von Bigfoot zu sehen, den er Häuptling Temoke vor zwanzig Jahren durch Sonderbotschafter hatte zukommen lassen.
»Das ist der Fußabdruck, mit dem Bigfoot der modernen Welt vorgestellt worden ist«, sagte Craig. Wir überreichten Häuptling Temoke den Kilobeutel mit Piñon-Nüssen, die ich unterwegs in einem Supermarkt gekauft hatte. »Piñons«, murmelte er, als er den Beutel in der Hand hielt und hin- und herdrehte. »Die habe ich schon lange nicht mehr gesehen. Wieviel habt ihr dafür bezahlt?« »Zwei Dollar, glaube ich«, gab ich zur Antwort, obwohl ich mir nicht mehr sicher war, ob es nicht drei gewesen waren.
»Soviel verlangen sie dafür? Früher haben wir zehnmal soviel in einer Viertelstunde gesammelt.«

FRANK TEMOKE: DAS RUBY VALLEY

Als erblicher Häuptling der Schoschonen möchte ich für die Nachwelt Zeugnis ablegen davon, wie ich mich an bestimmte Dinge erinnere, die sich im Lauf meines Lebens zugetragen haben. Zum Verständnis ist es wichtig, daß damals, als ich 1903 zur Welt gekommen bin, vieles von der alten Lebensart noch erhalten war. Wir lebten im Ruby Valley, und man nannte uns die Wat-a-duca, weil wir die Samen von einem Gewächs aßen, das bei uns *wat* heißt und das im Spätsommer rot und im Frühling schwarz wird. Es wächst auf den Bänken und Inseln des Franklin- und Rubysees, und wir nahmen es her, um unseren Speisezettel zu ergänzen, indem wir daraus mit Pinienkernen und anderen Sachen *wat-a-gravy*, eine Art Soße oder Brei, herstellten.

Eine der Geschichten, die oft von unseren Leuten erzählt wird, handelt von der Situation, als mein Großvater Old Temoke [*temoke* bedeutet Seil] zum ersten Mal eine Gruppe Weißer traf. Sie fragten nach »water«, also nach Wasser. Old Temoke und die anderen, die mit dabei waren, dachten, die Weißen wollten »wat«, also boten sie ihnen etwas davon an, aber die Weißen wollten es nicht annehmen.

Ich bin der Meinung, die Wat-a-duca waren seit damals ihren weißen Nachbarn gegenüber so fair, wie man nur sein konnte. In den sechziger Jahren des vorigen Jahrhunderts, als die Gosiute im Osten und die White Knives und Paiute im Westen den weißen Einwanderern schwer zusetzten, versuchten wir unser Bestes, nicht in diese kriegerischen Auseinandersetzungen verwickelt zu werden. In Wirklichkeit bemühten sich die Führer hier im Ruby Valley nach Kräften, zur Lösung dieser Konflikte beizutragen.

Andererseits haben wir Wat-a-duca zu spüren bekommen, daß wir im Gegenzug keineswegs ehrlich und fair behandelt worden sind. Schon vor dem Vertrag von Ruby Valley 1863 hatte man unseren Leuten mitgeteilt, daß man uns nördlich vom Be-a-o-gitch [Großer Bach] oder Overland Creek ein Gebiet zur Verfügung stellen würde. Aber nur dem permanenten Druck von Seiten meines Vaters und anderer ist es zu verdanken, daß wir rund fünfzig Hektar nördlich von Overland erwerben konnten. Aber das ist nichts im Vergleich zu dem, was man uns ursprünglich in Aussicht gestellt hatte.

1865 gaben uns die Soldaten fünfhundert Rinder und forderten uns auf, Ackerbauern und Viehzüchter zu werden. Im Sommer weidete mein Volk das Vieh in den Bergen und im Winter dann auf der Ostseite des Tales bei Wat-a-bah oder Medicine Springs.

1874, kurz nachdem der weiße Mann eine Reservation bei Carlin geschaffen hatte, kamen einige Weiße und White Knive-Indianer aus Carlin und nahmen uns unser Vieh bis auf ungefähr fünfzig Stück weg. Old Temoke versuchte, sie daran zu hindern, indem er drohte, die Soldaten zu holen, aber es nutzte nichts. Die Regierungsagenten trafen mit Old Temoke zusammen und versuchten, ihn dazu zu bewegen, in eine andere Reservation zu ziehen, in das Duck Valley, die aber außerhalb des Schoschonen-Gebietes lag. Aber Old Temoke sagte: »Nein, wir haben hier unsere Reservation, fünfzehnhundert Hektar. Dies ist mein Land. Das Wild, von dem wir leben, lebt auf diesen Bergen, und wir haben Enten auf den Seen, die wir essen. Auf der anderen Seite des Tales und in den Hügeln gibt es Antilopen und die Pinienkerne, die wir für den Winter brauchen.«

Als wir mit dem weißen Mann Verträge abschlossen, wußten wir nicht, daß man uns im Lauf der Zeit mehr und mehr wegnehmen würde. Wir haben gewußt, daß man Bergwerke, Eisenbahnlinien, Städte und Viehfarmen einrichten wollte, aber man hat uns nie gesagt, daß wir nicht mehr auf die Jagd gehen durften, wo und wann wir wollten. Wir waren niemals damit einverstanden, einen Antrag auf eine Jagdlizenz stellen zu müssen. Wir gaben nie unsere Rechte auf, soviel Holz zu sammeln, wie wir brauchten, oder Pinienkerne oder andere Nahrung, die für uns lebensnotwendig war. Der Einrichtung der Forstbehörde oder des BLM haben wir nie zugestimmt, auch nicht der Ausweisung von *wilderness areas,* von Naturschutzgebieten. Genausowenig hatten wir gewußt, daß die US-Regierung die Reservation letztendlich kontrollieren und besitzen würde.

Wir dachten, die Reservationen sollten unser Besitz sein, wo wir machen konnten, was wir als sinnvoll für unsere Menschen ansehen. Wir wußten nicht, daß wir dann mit den Jahren auf den offenen Ländereien kein Vieh mehr halten durften. Mehr und mehr Zeit vergeht, und wir haben weniger und weniger. Wir warten immer noch darauf, daß uns dieses fünfzehnhundert Hektar große Gebiet bewilligt wird.

Als ich ein Junge war, überwinterten die Wat-a-duca im Piñon- und Wacholderland zwischen dem Ruby Valley und Ely am Duck Creek. Die älteren Indianer zeigten mir den Ort, an dem weiße Soldaten aus Fort Ruby viele Indianer – Männer, Frauen und Kinder – getötet hatten. Die Schoschonen, die in Fort Ruby als *Scouts*, als Kundschafter dienten, schafften es, eine Nachricht zum Duck Creek zu übermitteln, daß die Soldaten kommen würden, aber bloß die Mose- und Knight-Familien nahmen die Warnung ernst und verließen das Lager nur Stunden vor dem Massaker. Damals, als ich die Stelle gezeigt bekam, gab es dort noch viele menschliche Knochen.

In den harten Wintern 1888 und 1889 verlor meine Familie einen Großteil des restlichen Viehs, das uns die Regierung gegeben hatte. Aber in meiner Familie hat irgendeiner immer Vieh gehalten oder Pferde, im Sommer auf dem Berg und im Winter in den Ebenen. Entweder meine Schwester, ich selbst, oder meine Söhne und Enkel haben jedes Jahr Vieh geweidet auf den Bergen. Mein Vater Machoch Temoke hielt mehr Pferde als Rinder. Als ich ein Junge war, züchtete er Mustangs im Butte Valley und im Long Valley. Er verkaufte normalerweise immer alle außer den besten, die er dann auf den Ruby Mountains grasen ließ. Manchmal hielt er an die dreihundert Pferde. Wir glaubten nicht, daß wir dafür eine Erlaubnis brauchten. Jetzt sagt die Forstbehörde, wir bräuchten eine Genehmigung. Dabei finde ich, die Forstbehörde sollte uns um Erlaubnis fragen.

Wie gesagt, wir haben viele Sorgen. Vor allem haben wir nie zugestimmt, auf unsere Landnutzungsrechte zu verzichten, auch nicht für Land, das nicht als Weide oder zum Anbau verwendet wird. Zweitens, das Weideland für unser Vieh sollte vertraglich Teil des fünfzehnhundert Hektar großen Gebietes sein, das wir nie erhalten haben. Wir haben es so verstanden, daß wir keine Genehmigung bräuchten, daß wir das traditionelle Recht hätten, unser Vieh auf den Rubys weiden zu lassen, und jetzt erzählen sie uns, daß wir unser Vieh dort nicht halten können. Und drittens, die Regierung hat uns ja überhaupt erst dazu aufgefordert, Vieh zu halten und Landwirte zu werden.

Wir Indianer hielten unseren Teil der Verträge ein, aber die weißen Männer haben ihren nicht gehalten. Wie mein Vater sagte. »Das ist mein Land. Wenn ihr dieses Land hochnehmt und dort drüben wieder absetzt, gehe ich mit. Aber wenn ihr unser Land nicht verpflanzen könnt, bleiben wir hier.«

SCHOSCHONEN

CARRIE DANN: WESTLICHE SCHOSCHONEN

Carrie und Mary Dann sind Schwestern, die mit ihrem Bruder Clifford und Carries Kindern auf einer Ranch in der Nähe von Crescent Valley in Nevada leben. 1973, Mary Dann war gerade dabei, das Vieh zusammenzutreiben, hielt sie ein BLM-Agent an und forderte Einsicht in die Weideerlaubnis. Mary entgegnete ihm, sie benötige keine Erlaubnis, weil sie sich nicht auf US-Land aufhalte, es sei Land der Schoschonen, auf dem schon ihre Großmutter Vieh gehalten habe. Die Danns erhielten eine Anklage wegen widerrechtlichen Betretens. Damit begann eine mehr als zwanzig Jahre lange Auseinandersetzung durch alle Instanzen, die zur tragischen Verhaftung ihres Bruders Clifford führte.
Carrie ist die offenere, freimütigere der beiden Schwestern. Mary, groß und mit markanten Gesichtszügen, ist die ruhigere und zieht es vor, sich im Hintergrund zu halten. Beide kämpfen entschlossen dafür, ihren Bruder frei zu bekommen und die Souveränität über ihr Land zurückzuerhalten. Am 26. November wurde Clifford entlassen, nachdem er eine neunmonatige Haftstrafe verbüßt hatte. Seine Bewährungszeit beträgt zwei Jahre, eine Strafe von fünftausend Dollar steht noch aus.
Am 8. Dezember 1993 waren Carrie und Mary Dann unter den fünf Frauen aus aller Welt, die in Stockholm mit dem Right Livelihood Award *ausgezeichnet wurden für ihren Mut und die Beharrlichkeit, womit sie für die Landrechte indigener Völker eintreten. In der Urkunde hieß es unter anderem: »Die Schwestern Dann haben mehr als zwanzig Jahre an vorderster Front gestanden im Kampf ihres Volkes gegen die versuchte Enteignung ihres Landes durch die Regierung der Vereinigten Staaten und gegen dessen Degradierung durch Bergbau und Atomtests«.*
Am 9. Dezember, einen Tag nach der Verleihung der Nobelpreise, wurden die Auszeichnungen, die auch als »Alternativer Nobelpreis« bekannt sind, noch einmal im schwedischen Parlament vorgestellt.

Im Dezember 1934 bin ich im Crescent Valley in einer Geburtshütte auf die Welt gekommen. Ich gehöre zur Nation der westlichen Schoschonen. Wir sind wirkliche Überlebende. So war es in meiner Jugend. Meine Mutter hatte einen Garten, und je nach Jahreszeit sammelten und trockneten wir die Nahrung, die für uns *Natives* typisch war. Der Hirsch lieferte uns rotes Fleisch. Wir waren arm, was Geld betraf, aber wir schafften es, immer genug zum Essen zu haben, und in der Familie standen wir uns sehr nahe.

Meine Schwester und ich gingen nicht auf die Indianerschule [ein zweitklassiger, vom BIA eingerichteter Schultyp], statt dessen besuchten wir eine *Public School*, eine staatliche Schule. Mein älterer Bruder und meine Vettern mußten auf die Indianerschule, und im Zweiten Weltkrieg wurden sie dann eingezogen. Als sie zurückkamen, beherrschten sie unsere Sprache nicht mehr. Ich war damals noch ein Kleinkind, und Englisch war für mich eine Fremdsprache. Das mache ich den Indianerschulen wirklich zum Vorwurf, sie sind mit schuld, daß wir unsere Traditionen verloren haben und unsere Religion nicht mehr praktizieren.

Wir haben immer Zeremonien abgehalten, besonders im Frühjahr und im Herbst. Das waren private Zusammenkünfte, um Segenswünsche auszusprechen und um zu danken. Solange ich mich erinnern kann, gingen wir Pinienkerne sammeln, und wir begingen die Zeremonien so, wie unsere Großmutter es uns beigebracht hat. In den achtziger Jahren fiel unser Land mit Zustimmung des BLM den Kettensägen zum Opfer – über vierhunderttausend Hektar Piñonkiefern und unsere Zeremonienbäume wurden umgehauen. Einmal bin ich noch hingefahren, aber seitdem nie wieder wegen der Schändung. Diese Kettensägen sind unglaublich brutal – sie spannen eine Kette zwischen zwei Bulldozer und damit reißen sie zehn Hektar in der Stunde nieder.

Mein Vater stammt ursprünglich aus dem Grass Gully. Immer wenn er und seine Onkel versuchten, ein Feld anzulegen, um Kartoffeln oder Getreide anzubauen, kamen die Weißen, trieben Kühe über die Felder und zerstörten die Ernte. Im Herbst, wenn das Getreide reif war, zündeten sie es an. Schließlich mußten mein Vater und seine Familie wegziehen. Ich denke, er hat beschlossen, daß ihm das nicht noch einmal widerfahren sollte, und als er und meine Mutter dann heirateten, zogen sie ins Crescent Valley. Das entsprach unserer traditionellen Lebensart, wonach der Mann in den Heimatort der Braut zieht.

Mein Vater sah sich um, er sah das Wasser herabkommen und daß es gutes Land war. Er beschloß, daß niemand ihn je vertreiben sollte. Ich weiß nicht, wie er das geschafft hat, aber er kämpfte sich durch. Freunde erzählten ihm, es gäbe Farmer im Tal, die entschlossen seien, ihn von seinem Land zu vertreiben, aber er wollte sich auf keinen Fall vertreiben lassen. Irgendwie sind wir immer noch da. Ich habe keine Ahnung, wie er es überhaupt fertiggebracht hat, aber schließlich kaufte mein Dad einen rund zweihundertfünfzig Hektar großen Grund, der als Eisenbahnland bekannt ist. Daß wir immer noch würden kämpfen müssen, haben wir nicht gewußt.

1973 zeigte das BLM meine Schwester Mary wegen unerlaubtem Eindringen an, weil sie ihr Vieh ohne Genehmigung auf öffentlichem Grund und Boden grasen ließ. Sie setzte sie darüber in Kenntnis, daß sie sich auf souveränem *Western Shoshone Treaty Land*, auf Vertragsland der Westlichen Schoschonen, befinde und daß von unerlaubtem Eindringen auf ihren eigenen Grund und Boden oder dem ihrer Nation nicht die Rede sein könne. Diesen Sommer korrespondierten wir laufend mit dem BLM und baten sie um gegenteilige Beweise, denn wenn es schon kein Schoschonen-Land war, hätten wir gerne gewußt, wem es gehörte, dazu die Namen der Leute, die Geld dafür bekommen hatten, denn wir hatten keines bekommen. Ihre Antwort lautete, wir sollten in eine andere Reservation ziehen.

Meine Großmutter hatte uns von den Ungerechtigkeiten erzählt, die noch auf uns zukommen würden, und daß die Leute, zum Beispiel die Rechtsanwälte, uns anlügen würden. Inzwischen ist mir klar geworden, daß alles, was sie uns gesagt hat, richtig ist. 1974 eröffneten sie den Prozeß gegen uns, der schlußendlich vor dem *Supreme Court*, dem Obersten Bundesgericht, endete. Wir argumentierten, wir befänden uns innerhalb der Oberhoheit des *Western Shoshone Country*, die von den Vereinigten Staaten 1836 im Vertrag von Ruby Valley anerkannt worden war.

1979 nahm der damalige US-Innenminister Cecil Andrus einen Schiedsspruch des *Supreme Court* an, daß der Nation der Westlichen Schoschonen im Zusammenhang mit den Landansprüchen sechsundzwanzig Millionen Dollar zustünden. Die Indianer akzeptierten diesen Schiedsspruch jedoch nicht, wir hatten nichts damit zu tun. Der *Supreme Court* traf seine Entscheidung auf der Grundlage einer Behauptung einer *Indian Claims Commission*, einer Kommission für indianische Ansprüche, daß der Landtitel der Schoschonen schon 1872 erloschen war; diese sechsundzwanzig Millionen waren also eine Art Schadenersatz, eine Abfindung, weil man unberechtigt auf unser Land vorgedrungen war.

Ich bin nicht damit einverstanden, wenn man Ausdrücke wie »genommen« oder »vordringen« verwendet, und aus diesem Grund sind wir immer noch hier draußen und kämpfen. Natürlich basierte die Abfindungssumme auf den Preisen von 1872, die bei ungefähr zwei-

einhalb Dollar pro Hektar lagen. Heute liegen sie bei zirka fünfhundert Dollar für den Hektar. Außerdem steht meines Wissens nichts in der Verfassung der USA, das der Regierung erlauben würde, unbefugt auf Ländereien der souveränen indigenen Bevölkerung »vorzudringen« oder es »wegzunehmen«.

Ich sehe die Sache so. Im Zweiten Weltkrieg hieß es, Hitler sei einer der übelsten Diktatoren der Geschichte. Ich schaue mir das an, und dann bedenke ich die Geschichte der USA und was man der Urbevölkerung dieses Landes angetan hat. Nur Bruchteile der ursprünglichen Bevölkerung überließen ihr Land dem Staat, denn sie wußten ja gar nicht, was dieses Wort wirklich bedeutete. Man muß sich kurz in Erinnerung rufen, daß wir nicht lesen konnten, geschweige denn Englisch sprachen. Für die Dolmetscher war es eine Kleinigkeit, eine Sache zu sagen und etwas ganz anderes schriftlich niederzulegen.

Zwei Monate später entschied das Distriktgericht gegen unseren Zuständigkeitsanspruch, weil wir für unser Land vermutlich eine Abfindung erhalten hatten. Aber es stand grundsätzlich nie zum Verkauf. Dieses Land ist meine Mutter. Ich kann und werde sie nicht verkaufen. Mein oberstes Gesetz lautet, dem Schöpfer zu folgen, und dieses Gesetz werde ich nicht brechen. Aber ich breche das Gesetz der Menschen, wenn es sein muß.

Im Februar 1972 kam das BLM hierher und begann, die Pferde zusammenzutreiben und das Vieh zu stehlen. Das war das erste Mal, daß die US-Regierung je in diesem Teil unseres Landes war. Sie haben aber nach wie vor keine Rechtshoheit in diesem Gebiet. Nun kamen sie also und jagten unsere Pferde mit ihren Helikoptern. Sie trieben sie durch Drahtzäune, und mindestens vier kamen um. Im vorigen Jahr hatten wir mehr als tausend Pferde zusammengetrieben, ohne daß auch nur ein einziges verletzt worden wäre.

Später diesen Herbst kam das BLM wieder und schaffte zweihundert Pferde fort, allesamt Tiere der Nation der Westlichen Schoschonen. Sie behaupteten, auf der Grundlage des *Wild Horse and Burro Act* zu handeln, des Gesetzes über Wildpferde und Burros, aber darunter waren auch einige Pferde und Rinder mit unserem Brandzeichen. Sie kamen zusammen mit einer Polizeieinheit des Eureka County, die die Straßen sperrte, um uns daran zu hindern, vor Ort zu protestieren. Das war der Augenblick, als mein Bruder Clifford die Angelegenheit selbst in die Hand nahm.

Als ich dazu kam, sah ich meinen Bruder – er ist 59 Jahr alt –, wie er drohte, sich in die Luft zu jagen, sollte der Sheriff ihn nicht durchlassen, damit er unser Vieh identifizieren konnte. Nun ist Cliff ein ruhiger, hart arbeitender Mensch. Er war nie in irgendwelche politischen Aktivitäten verwickelt. Ganz ruhig fragte er den Sheriff, ob der schon einmal gesehen hätte, wie sich jemand selbst angezündet hätte. Der Sheriff bejahte, das sei in Vietnam gewesen. Ich war überrascht und entsetzt über die Szene, deren Zeuge ich war.

Für mich wäre es ein schrecklicher Tod, bei lebendigem Leib zu verbrennen. Schon vorher hatte ich dem Sheriff und den BML-Leuten gesagt, daß es absolut falsch wäre, was sie da machten. Daß sie – und das sei Tatsache – Vieh stehlen würden, das den Westlichen Schoschonen gehörte. Daß sie sich außerhalb ihres Zuständigkeitsbereichs bewegten.

Cliff angelte den Benzinkanister aus seinem Pickup und sagte zum Sheriff, daß er gerne jedes Rettungsfahrzeug passieren ließe, daß das Vieh aber nicht durchkommen würde. »Jemand muß sterben«, sagte er zu ihnen. Ich weiß, daß er von sich sprach und von seiner Bindung an das Land. Unserer Auffassung nach bewegen wir uns auf einen langsamen, spirituellen Tod zu, wenn unser Land verloren ist. Wir haben den Punkt erreicht, an dem der Tod besser ist als ein Leben ohne deine Spiritualität.

Als er zur Seite ging, um die Fahrzeuge passieren zu lassen, sprühten sie ihm etwas ins Gesicht und schlugen ihn zu Boden. Es schien, als lägen plötzlich sechs Kerle auf ihm. Sie hatten ihm die Brille von den Augen gerissen, und Blut lief ihm über das Gesicht. Sein Arm war fürchterlich nach hinten verdreht. Dann nahmen sie ihn fest und brachten ihn ins Gefängnis.

Wir besorgten ihm einen Anwalt, der vor Gericht zugelassen war, aber wir durften ihn nicht anrufen oder besuchen, als er im Gefängnis saß. Bis zu seiner ersten Verhandlung hatten wir kein einziges Mal mit ihm gesprochen. Ich war dort dabei und weiß, daß er nur zu dem Viehwagen gegangen wäre und nachgesehen hätte, daß sie nur Pferde hatten und keine von unseren Kühen, wenn sie ihn nicht angegriffen hätten. Er hatte nie die Absicht gehabt, jemanden zu verletzen; er wollte lediglich Antworten. Mit der Zeit kann man niemandem mehr glauben, weil dich so viele Leute herumstoßen.

Er wurde der Körperverletzung und der Behinderung eines Bundespolizisten bei der Erfüllung seiner Pflicht angeklagt; in der Verhandlung plädierte er auf »nicht schuldig«, und wir nahmen uns einen weiteren Anwalt, der schon in der Zuständigkeitsfrage für uns gearbeitet hatte. Wir hielten für Cliff auch innerhalb des Gerichtswesens der Westlichen Schoschonen unsere eigene Anhörung ab. Was er getan hat, ist in unserem Land kein Verbrechen. Es ist kein Verbrechen, dein Land zu verteidigen oder dich selbst zu verbrennen. Im Grunde gilt so etwas als sehr patriotisch. Unser Gericht entschied, daß Cliff kein Verbrechen begangen hatte, wohl aber die USA, als sie die BLM-Agenten und die Polizeieinheit in einem Gebiet einsetzten, das außerhalb ihres Zuständigkeitsbereichs lag.

Als Cliff schließlich vor dem Bundesgericht erschien, hatten wir beschlossen, nicht gegen den Anklagepunkt »Versuchte Körperverletzung« vorzugehen. Statt dessen argumentierten wir, daß der gesamte Fall außerhalb der Gerichtsbarkeit und Zuständigkeit der USA läge. Der Richter wurde sehr wütend und teilte dem Anwalt, der nicht aus unserem Staat war, mit, er dürfe uns vor diesem Gerichtshof nicht vertreten. Aber ich forderte seine Anwesenheit als Zeuge, und das erlaubte der Richter.

Als mein Zeuge reagierte er auf das Kreuzverhör, indem er über Zuständigkeitsfragen sprach. Der Richter wollte wissen, wie lange seine Entgegnung dauern würde, und er sagte: »Den ganzen Tag, wenn ich meine Sache gut machen soll.« Der Richter gab ihm fünf Minuten. Unser Anwalt wies ihn erneut darauf hin, daß die USA rechtlich für die Nation der Westlichen Schoschonen nicht zuständig seien.

Bis zum heutigen Tag glaube ich, daß die USA falsch gehandelt haben, als sie kamen und uns ihre Bundesgesetze überstülpten. Es ist offensichtlich, daß das Gerichtswesen bei den *Natives* nicht funktioniert, egal, wie recht du hast.

Cliff sitzt noch im Gefängnis [Stand Oktober 1993]. Er hat jetzt soviel Zeit zur Verfügung, und ich frage mich, was in ihm vorgeht. Er war sein ganzes Leben lang immer beschäftigt und arbeitete auf der Ranch. Er war unser Mädchen für alles und zuständig für die Bewässerung. Er kümmerte sich um unsere sämtlichen Gerätschaften. In meinem ganzen Leben habe ich kein einziges Mal gesehen, daß Cliff seine Hand gegen irgend jemand erhoben hätte. Er brüllte seine Maschinen oft an, und mich auch, weil ich seine Schwester bin, aber das ist normal. Das ist eben Familie.

Wenn ich ihn frage, wie ihm bei alledem zumute ist, sagt er schlicht und ergreifend: »Wir müssen da durch. Ich bin bereit, drei Jahre im Gefängnis zu sitzen für das, wovon ich überzeugt bin.« Das hat er mir gesagt. Und: »Wenn wir am Ende sogar noch den Streit um die Zuständigkeit vor Gericht austragen können, sitze ich gerne hier ein.«

Wir alle machen uns intensiv Gedanken über unseren spirituellen Weg. Cliff ist niemand, der seinen Verstand verloren hat. Er ist nur ein Mensch, der das Gefühl hat, daß der Tod besser ist als jetzt so zu leben.

CREE

VERNON HARPER: ACHT FEUER

Die Nation der Cree mit geschätzt dreißigtausend erfaßten und mindestens einhundertachtzigtausend nicht registrierten Angehörigen lebt verstreut über ganz Kanada und Nordamerika. Sie gliedert sich in verhältnismäßig selbständige Untergruppen – die Plains-, Woodland-, Stony-, Eastern- und French-Cree – mit jeweils eigenen Kulturen.

Vernon Harper, ein Northern Cree, ist in fünfter Generation Enkel von Mistowa-sis oder »Big Child«, einem erblichen Kriegshäuptling. Und er ist in der sechsten Generation Enkel von Big Bear, der im Mai 1885 bei Batoche die letzte Schlacht zwischen den Cree und der kanadischen Regierung geschlagen hatte.

Vern hat – typisch für die Indianer des zwanzigsten Jahrhunderts – seine eigene Schlacht geschlagen gegen Alkohol und Drogen, die ihn in der Zwangsjacke in eine Gummizelle einer Heilanstalt führte. Er gewann diese Schlacht und ist mittlerweile ein hochangesehener Medizinmann und spiritueller Führer. Er ist einer der wenigen Medizinmänner mit der Zulassung, in kanadischen Gefängnissen Schwitzhüttenzeremonien abzuhalten und als Berater zu arbeiten.

Seine Botschaft ist wie alle Cree-Lehren einfach, aber machtvoll: Erst räumt mit dem Schmutz in eueren Körpern auf und dann räumt in euerer Umgebung auf.

Für uns, und nach den Lehren der Cree, hat »das Zuhören« eine größere Bedeutung als alles andere. Cree-Indianer lernen, der Umgebung zuzuhören, dem Wind, den Felsen. Wir lernen, allem zuzuhören. Einige der Ältesten sagen, daß unsere jungen Menschen Unterstützung brauchen, um zum »Zuhören« zurückzufinden. Aus diesem Grund möchte ich sprechen. Ich hatte das Gefühl, dein Buch könnte sie zurückführen zu dieser Art des Seins. In den Lehren der Cree bedeutet das alles. Unsere jungen Menschen haben vergessen. Die Weißen haben das schon vor langer Zeit vergessen. Für alle ist es notwendig, umzukehren und zu lernen, wie man das macht. Wirkliche Achtung ist nicht möglich, solange wir nicht lernen, einander zuzuhören und nicht nur das zu hören, was wir hören wollen, sondern die Wahrheit zu hören.

Die Philosophie und die Lehren der Cree sind der Schlüssel zu der Einsicht, daß es im Leben um einen nüchternen Verstand, Körper und Geist geht. Die Indianer sind aus dem Grund so haltlos und verloren, weil wir von diesem Weg abgekommen sind. Die Indianer waren einst die freiesten Geschöpfe der gesamten Menschheit. Jetzt erlebe ich, wie der Ureinwohner als Alkohol- und Drogenabhängiger Qualen erduldet, weil wir das Gegenteil dessen sind, was unsere Vorfahren waren. Wir sind jetzt zu Sklaven geworden. Indianer hassen die Sklaverei, aber solange sie nicht vom Alkohol loskommen, sind sie Sklaven. Es ist unsere Pflicht, unsere Verantwortung, frei zu sein. Die Menschen zu befreien – mental, physisch und spirituell.

Der Sinn unserer einfachen Lehren ist es, Hüter von Mutter Erde zu sein. Wir sind die Umwelt, und die Umwelt ist in uns. Der westliche Mensch ist zu weit auf dem anderen Weg gegangen. Wir behandeln die Bäume und die gesamte Natur, als ob sie alle lebendig wären. Wenn wir zum Berg gehen, gehen wir in den Berg. Wir werden der Berg – doch dabei versuchen wir nie, ihn zu überwältigen, sondern immer Teil seiner Energien zu sein. Wir machen uns auch Gedanken über die Tiere. Der Büffel bedeutet alles für uns. Der Adler ist auch sehr wichtig, aber der Büffel und der Bär sind für die Cree sehr wichtig. Der Bär ist die Medizin des Nordens. Er ist stark im spirituellen Sinn. Als sie in den Plains den Bären ausrotteten, hat uns das zutiefst getroffen.

Manche Menschen behaupten, Tiere seien unwissend, aber in vieler Hinsicht sind sie schlauer als wir. Du wirst keinen Hund finden, der versucht, ein Adler zu sein. Du wirst kein Eichhörnchen antreffen, das versucht, ein Wolf zu sein. Das gleiche gilt auch für Pflanzen. In unserer Sprache gibt es kein Wort für »Unkraut«. Dieses Wort impliziert etwas Unnützes, doch dabei haben alle Pflanzen vom Schöpfer genaue Anweisungen erhalten, was zu tun ist. Pflanzen und Tiere folgen ihren Anweisungen. Es sind die Menschen, die den ihrigen nicht folgen.

Die magische Zahl der Cree ist die Vier, sie steht für die vier Himmelsrichtungen, die vier Jahreszeiten, die vier Farben und die vier Rassen, die unseren Heiligen Reifen ergeben. Wenn Kinder mit vier Jahren noch nicht wissen, wer sie sind, sind sie möglicherweise ihr ganzes Leben lang damit beschäftigt herauszufinden, wer sie sind. Von den Eltern erwartet man, daß sie sie beschützen, so daß sie sich richtig entwickeln können. Wir glauben, daß ein Kind unschuldig zur Welt kommt. Wenn sie dann vier sind, nehmen sie ihr eigenes Karma an. Bis dahin sind die Eltern verantwortlich.

Meine Mutter blieb am Leben, bis ich vier Jahre alt war. Ich weiß noch, daß sie mich und meinen Zwillingsbruder im Arm hielt, als sie starb. Damals lebten wir in Toronto im Regent Park, einem Getto. Es war in der Zeit der Depression in den Dreißigern, und mein Vater arbeitete bei der Bahn. Mit das Machtvollste, das meine Mutter mir gab, war unmittelbar vor ihrem Tod. Das Letzte war – und daran erinnere ich mich ganz deutlich –, daß sie uns anhauchte. Sie gab uns ihren letzten Atemzug. Wir mußten ihr aus dem Arm genommen werden, und dann steckte man uns in Waisenhäuser. Aber wir hatten das Geschenk ihres letzten Atemzuges in uns. Ich habe mit meinem Zwillingsbruder darüber geredet, und obwohl wir als Erwachsene verschiedene Wege gegangen sind, jedes Mal in unserem Leben, wenn wir ernsthaft in Schwierigkeiten geraten waren, so daß wir nahe daran waren aufzugeben – beide wurden wir drogenabhängig und Alkoholiker –, jedes Mal kam dieser Atem zu uns zurück. Ich habe diese Erfahrung einige Male gemacht, und wenn ich gerade soweit war, alles hinzuwerfen, fühlte ich den Atem meiner Mutter.

Schließlich schaffte ich es, mich von meinen Suchten zu befreien. Ich überstand die Sechziger, und ich sagte zu meiner Tante: »Das habe ich hinter mir. Ich werde nicht mehr trinken, mein Leben wird sich ändern, aber was war das für eine Verschwendung!«

Doch sie erwiderte: »Vernon, es ist so. Das Leben ist wie ein Garten. Für alles, aus dem etwas werden oder das blühen und wachsen soll, oder ertragreich und schön sein soll, braucht es eine Menge Scheiße oder Dünger.« Und genau das habe ich durchgemacht. Sie

sagte: »Jetzt liegt es an dir selbst. Du kannst in diesem Dünger steckenbleiben, und du kannst dir selbst ungeheuer leid tun, oder du kannst dich auswachsen zu etwas sehr, sehr Schönem und Ertragreichem; es liegt an dir.«

Mir wurde schlagartig klar, daß sie damit meinte, daß es nicht nur vergeudete Zeit gewesen war. Daß meine eigene Heilung das Training für meine jetzige Arbeit war. Es war, was ich mein »Crow Dog Universum« nenne. Leonard Crow Dog und ich besuchten dieselbe Schule, und wir nennen sie »Universität des Universums«, wo alles im Leben miteinander in Beziehung steht. Das war das Training, das für meine jetzige Arbeit des Heilens die Voraussetzung war. Wenn ich jetzt mit den Leuten zusammen bin, sage ich nicht zu ihnen: »Ich weiß, was du durchmachst«, denn auf diese Art möchte ich sie nicht beleidigen. Aber ich kann sagen: »Ich habe eine Ahnung, ich habe ein Gefühl dafür, weil ich eine ähnliche Erfahrung hinter mir habe.« Dann hören sie mir zu, denn sie sehen, daß ich ein gutes Leben führe, daß ich etwas mache aus meinem Leben und daß ich »meine Reden gehe«, also nicht nur quatsche.

Damals fing ich ernsthaft an, mich mit der Philosophie der Cree auseinanderzusetzen – daß Worte, Reden billig sind – und daß das Tun das Lernen ist und ein Segen. Das ist wie ein Kreis, der sich schließt, und das ist es, woran auch wir glauben. Humor ist für die Cree ebenfalls ein wichtiger Teil bei der Heilung. Die Cree ziehen andere mit Leidenschaft auf, und etliche unter den anderen Nationen und Stämmen schätzen das überhaupt nicht. Aber das gehört zu unserer Art, uns mit etwas auseinanderzusetzen und zu überleben. Humor ist enorm wichtig. Auch wenn beinahe alle anderen roten Nationen unsere Meinung nicht teilen, finden wir, wir haben »handfesten Humor«. Die anderen Stämme und Nationen sind ziemlich trocken, unserer dagegen ist eher eine Art Verrücktheit. Wir nennen es »teuflisch verrückt«. Das heißt, wenn wir uns gegenseitig auf den Arm nehmen, und jemand verträgt das nicht, macht jeder erst recht weiter. Das kann manchmal schon irgendwie gnadenlos sein.

Die Weisungen der Cree sind sehr einfach. Man lehrt uns, daß eine Frau ein vollständiges Wesen ist und ein Mann nicht. Frauen sind vollständig, weil sie das Feuer des Lebens in sich bergen, Männer dagegen müssen dieses Feuer finden, um selbst so vollständig zu werden. Unsere Weisungen lauten schlicht, Kinder und Enkel zu bekommen, damit dieses Wissen ohne Unterbrechung weitergegeben werden kann. In einigen Kulturen ist der Mann der Überlegene, wir betrachten jedoch die Frauen als die Überlegenen. In geschichtlicher und traditioneller Hinsicht sind wir immer der Frau gefolgt. Eine Frau ist, was wir als die »Ruferin«, das Feuer und das Leben bezeichnen.

Genau das erzähle ich den jungen Frauen, die Angst haben, in die Schwitzhütte zu kommen. Ich sage: »Ihr braucht keine Angst zu haben, für euch ist das einfacher als für Männer.« Inzwischen halte ich seit beinahe achtzehn Jahren Schwitzhütten ab; in all diesen Jahren sind sich die Männer, psychologisch gesehen, nur zweimal näher gekommen als die Frauen.

Im Grunde genommen brauchen Frauen keinen Mann. Männer brauchen Frauen. Wir sind unvollständig, und deshalb suchen wir eine Partnerin. Unsere Lehren sagen: »Sei ein guter Mann, und eine gute Frau wird dich auswählen.« Uns fehlt das Einfühlungsvermögen, das Gespür, das Frauen haben. Die Lehre für einen Mann lautet also, sich darauf zu konzentrieren, ein guter Mann zu sein. Bei den Cheyenne gibt es eine alte Redensart:

CREE

»Wenn die Herzen der Frauen am Boden sind, ist es um alle geschehen.« Egal, ob nun Krieger zur Stelle sind mit den raffiniertesten Waffen, wenn die Herzen der Frauen am Boden sind, ist es um alle geschehen.

Unsere Menschen haben bei ihren Entscheidungen auch immer die ungeborene Generation berücksichtigt. Wir müssen uns fragen: »Wie wird sich etwas auf unsere Kinder auswirken?« Als nun mein Großvater gezwungen war, einen Vertrag zu unterzeichnen, dachte er darüber nach, wie sich das auf mich auswirken würde, und welche Konsequenzen ich zu erdulden hätte, sollte er nicht unterschreiben. Jede Generation muß sich daher darüber im klaren sein, was sie tut. Wir sehen uns gewissermaßen als Bauern, weniger, weil wir Landwirtschaft betreiben, sondern weil wir mit der Zukunft der Kinder zu tun haben.

Ich denke, wir haben Fortschritte gemacht im Hinblick auf das, was bald eintreten wird. Nach den Lehren der Cree befinden wir uns jetzt in der Periode, die das »Achte Feuer« genannt wird. Die großen Umwälzungen, die in dieser Generation stattfinden werden, sind Teil einer größeren Reinigung, die im »Siebten Feuer« begann, die man als das Erwachen ansieht. Ich denke, die sechziger Jahre waren ungefähr das Siebte Feuer, als alle die gesellschaftlichen Veränderungen stattfanden.

Hundert Jahre vor der Ankunft der Europäer gab es eine Weissagung der Cree, in der davon die Rede war, daß Regenbogenmenschen und Menschen der Farbe auftauchen und sich wie Kinder verhalten würden. In der Weissagung war davon die Rede, daß diese Menschen unschuldig und wie Kinder sein würden, und daß dies eines der Zeichen wäre, daß große Veränderungen bevorstehen. Diese Zeit würde bekannt werden als das »Siebte Feuer«. Ich habe mit vielen meiner Onkel und Tanten gesprochen, und wir meinen, daß die Hippie-Bewegung Teil dieser Prophezeiung ist. Vielleicht ist das der Grund, warum sich viele Indianer in den Sechzigern mit der Hippie-Bewegung identifizierten.

Jetzt glauben wir, daß wir uns im Achten Feuer befinden, aber wir sehen darin kein Vorzeichen für Verhängnis und Niedergang. Wir betrachten es vielmehr so, daß Mutter Erde sich und uns wieder ins Gleichgewicht bringt. Daher ist es wichtig, daß wir körperlich und spirituell stark sind. Wir müssen uns sammeln, denn im Achten Feuer geht es um Vervollständigung. Wir glauben, daß Mutter Erde sich von jeglichem Gift reinigen wird. Die Indianer haben überlebt, weil wir sehr beweglich waren, wir passen uns an, wir verstehen es, die Werte unserer Vorfahren beizubehalten und Elemente aus anderen Kulturen zu übernehmen und für uns nutzbar zu machen. Nachdem wir uns nun auf das Achte Feuer zubewegen, müssen wir jetzt alles in spiritueller, materieller und geistiger Hinsicht zusammenfügen. Aber das gelingt nicht, wenn man durch Drogen oder Alkohol abgelenkt wird. Für die harten Zeiten, die vor uns liegen, braucht man einen nüchternen, klaren Geist. Das ist Teil der Reinigung.

Wir werden Mutter Erde heilen. Nach den Lehren der Cree ist das Leben, das du jetzt führst, Teil deiner spirituellen Reise. Wenn du voller Reue und Bitterkeit und Wut bist, wird auch deine Reise so verlaufen. Daher halten wir das Leben für etwas Heiliges. Jeder Tag sollte ein guter Tag sein mit guten Gedanken und guten Empfindungen, denn du weißt nie, wann du gehst. Ich habe dem Tod viele Male ins Auge geblickt, aber ich bin ein langsamer Lerner. Schließlich habe auch ich gelernt, das Leben wertzuschätzen, denn es ist heilig. Wenn jetzt jemand zu mir sagt, »Ich bin nicht spirituell«, entgegne ich: »Du atmest doch!« Nun ja, das ist spirituell. Atem ist Spiritualität, von dort nimmst du sie.

Meine Religion dreht sich um die Spiritualität der Erde. Wenn du in eine Schwitzhütte gehst, ist das ein religiöser Akt. Du mußt das im Zusammenhang mit all den anderen Dingen sehen, die du tust. Einmal habe ich mich gefragt: »Warum veranstalten Indianer Zeremonien?« Mir wurde klar, daß der Grund darin liegt, daß das Leben eine Zeremonie ist. Leben ist eine Zeremonie. Die Lehren der Cree betonen das sehr stark. Das Erwachen am Morgen, es ist eine Zeremonie des Lebens, man kommt aus der Welt der Träume. Wenn du einschläfst, kehrst du dorthin zurück, und du befindest dich in einem anderen Seinszustand. Aufwachen ist eine Zeremonie. Wir glauben an die Vögel, die ihren Weisungen folgen. Es gibt eine Zeit am Morgen, in der du sie nicht zwitschern hörst, und wir glauben, daß die Vögel still sind, weil jetzt wir an der Reihe sind zu beten. Und das kannst auch du hören, wenn du zuhörst. Wenn die Vögel still sind, dann ist das unsere Zeit des Gebets. Das ist so, denn alles steht miteinander in Verbindung, alles steht in Beziehung zueinander.

Jeder einzelne ist dafür verantwortlich herauszufinden, weswegen er hier ist. Und es gibt dabei nur einen einzigen Weg, auf dem man das erreichen kann: nüchternen Sinnes, durch Meditation und Gebet. Ich bin noch auf keine andere Lösung gekommen, und ich habe vier Jahrzehnte gebraucht, das herauszubekommen. Traditionsgemäß durften Cree-Männer keine Tätigkeiten für die Gemeinschaft übernehmen oder für jemand anderen sprechen, bevor sie nicht fünfzig Jahre alt waren. Denn bis zu diesem Zeitpunkt wiesen uns unsere Lehren an, zu lernen und zu lauschen. Wenn wir dann die Fünfzig erreicht hatten, waren wir imstande, uns zu äußern. Allerdings haben sich die Verhältnisse geändert wegen der Notwendigkeit, andere zu unterweisen.

Älteste sind genau genommen Geschichtslehrer. Sie unterweisen im Glauben, in der alten Geschichte des Lebens, und mit fortschreitendem Alter werden sie immer nützlicher, weil die Jungen dann zu ihnen kommen und von ihnen lernen können. Man hat angefangen, mich als Ältesten zu betrachten, noch bevor ich fünfzig wurde, und ich glaube, unser Schicksal steht fest. Mein ganzes Leben lang habe ich versucht herauszufinden, weshalb ich hier bin.

Es gibt einige Menschen hier, die auf die Welt gekommen sind, denen große Aufgaben übertragen worden sind, und andere, die sehr einfache Dinge ausführen sollen. Und meine ist sehr einfach. Nach den Lehren der Cree glauben wir an Reinkarnation, wir haben immer daran geglaubt. Und so bekommst du Blitze von den Indianern, die vor uns hier waren, die alten und die neuen Seelen. Wir glauben, daß die Menschen mit dem Achten Feuer schneller als je zuvor zurückkehren, und daß sich alles beschleunigt.

Die Cree halten nichts von Selbstmord, aber so verlieren wir viele unserer jungen Menschen. Die meisten Menschen begehen Selbstmord aus einem Gefühl des Verlustes heraus. Sie haben jemanden verloren, den sie geliebt haben, oder sie haben ihre Selbstachtung verloren, oder sie haben ihre Würde verloren. In den meisten Fällen ist es ein großer, schwerwiegender Verlust, mit dem sie nicht zurechtkommen. Wir haben derzeit die höchste Selbstmordrate unter den Jungen, und ich glaube, es liegt am Verlust unserer Kultur. Ein Verlust der Identität und Spiritualität. Aber wir glauben, daß die Dinge niemals zu Ende gehen. Wir haben die Form eines Geistes. Wir sterben nie, sondern wir kommen hierher zu einem bestimmten Zweck und wegen der Lektionen des Lebens.

So verwenden wir die Schwitzhütte. Mein Leben lang habe ich gelitten, aber immer aus selbstsüchtigen Motiven. Aber wenn ich in die Schwitzhütte gehe, tue ich das uneigennützig. Ich krabble hinein, und ich denke über meine Brüder und Schwestern nach. Ich mache mir Gedanken über die Umwelt, und ich leide und bete da drinnen. Unser Leben hier ist Teil der Reise in die geistige Welt, und die Vorbereitung entscheidet alles. Aus diesem Grund halte ich meine Lehren einfach. Wenn ich vor Kindern spreche, empfehle ich ihnen, eine gute Reise aus ihrem Leben zu machen, und dann sind sie gut vorbereitet. Nimm nur, was du wirklich brauchst. Wir alle müssen uns vorbereiten, und wenn dann unsere Zeit heranrückt, haben wir eine gute Reise vor uns. Ich bin hier, um die Kinder zu unterweisen, und das ist nicht so einfach, auch wenn es sich so anhört. Ich finde, es ist wunderschön, am Leben zu sein.

ROSE AUGER: DIE BÜFFELROBE-MEDIZINHÜTTE

Rose Auger ist eine Woodland-Cree aus dem Gebiet um Edmonton in der kanadischen Provinz Alberta. Ihre Medizin kommt von Großmutter Spinne, die schon seit ihrer Kindheit Teil ihres Lebens ist. Sie war mit den Spinnen vertraut und spielte mit ihnen, und selbst noch heute, wenn sie zu einem Treffen kommt, sammeln sich diese Tiere rund um sie.
Es gibt eine Geschichte von einer tapferen Cree-Kriegerin, die in der Schlacht von Little Big Horn kämpfte und viele Kavalleristen tötete. Nach der Schlacht wurde sie von der Regierung verfolgt, aber sie entkam nach Montana, wo sie, beschützt von ihrem Volk, ein hohes Alter erreichte.
Rose, eine Medizinfrau, stand ebenfalls an vorderster Front im Kampf um die Rechte ihrer Familie und ihres Volkes. Sie hat sechs Kinder, Fred, Ann Marie, Dale, Laura, George und Michael, die alle ihren Weg machen. Dafür sei sie dankbar, meint Rose.
In ihrer Büffelrobe-Medizinhütte, die jetzt in ihrem Haus untergebracht ist, hat sie Menschen aus ganz Kanada und den Vereinigten Staaten geheilt. Sie hofft, eines Tages eine separate, größere Hütte bauen zu können.

Ich heiße Osaka Bousko, »Frau, die unverrückbar steht«. Ich gehöre zur Nation der Woodland-Cree aus dem nördlichen Alberta in Kanada. Meine Mutter, auch sie war eine Woodland-Cree, brachte sechzehn Kinder zur Welt, aber nur zwölf von uns überlebten. Weil meine Vorfahren Nomaden waren, ist in der Geschichte kaum etwas von ihnen überliefert.
Mein Großvater war ein Trapper. Einmal wurde er sehr krank, und mein Vater mußte weit reiten zu einem Medizinmann, der kommen und eine Heilungszeremonie durchführen sollte. Ich kann mich noch erinnern, daß der Raum abgedunkelt war und daß gesungen wurde. Ich weiß nicht mehr, wie alt ich war – drei oder vier Jahre –, aber an die Zeremonie erinnere ich mich deutlich.
Der Medizinmann entfernte einen Blutsauger aus dem Arm meines Großvaters. Ich war zu Tode erschrocken, ich weiß noch, daß ich mich an meiner Mutter festklammerte und den Kopf unter ihrer Schürze versteckte.
Als die Zeremonie in vollem Gang war, lugte ich hervor und sah die Geister. Ich sah glühende Vögel hereinfliegen. Ich beobachtete, wie sie ihre Arbeit an meinem Großvater verrichteten. Nach einer Weile richtete er sich auf. Er lag nicht länger im Sterben. Ich

redete mit niemandem über das, was ich gesehen hatte, weil ich fürchtete, es könnte sich nicht wieder ereignen, wenn ich diese Dinge erzählte.

Als ich älter wurde und langsam begann, die Dinge zu verstehen, sah ich allmählich auch, wie unglücklich die Menschen waren. Besonders meine Mutter, die keine Ahnung hatte von der alten Lebensweise, denn sie war in der Missionsschule erzogen worden, und sie war eine sehr überzeugte Katholikin. Wenn wir in den Bergen oder im Buschland waren, fing ich erneut an, die Geister zu sehen. Ich hielt sie lediglich für junge Menschen, die kamen und mit mir spielten. Ich kam dann immer zurück und erzählte meiner Mutter davon, und sie versuchte, mich zu unterdrücken, indem sie mir befahl, ich sollte aufhören, mir so etwas einzubilden.

Später ließ ich es dann sein, davon zu erzählen. Aber ich ging weiterhin zum Fluß, wo die Biber kamen und um mich herumschwammen. Vögel setzten sich auf meinen Kopf, und ich ging mit ihnen auf dem Kopf oder den Schultern herum. Und die Bären – davon gab es Hunderte. Eines Tages waren wir draußen mit meinem Vater zum Beeren pflücken. Und die Bären kamen. Ganz in der Nähe waren Holzfäller, die versuchten, sie zu töten, aber mein Vater sagte zu ihnen: »Ihr braucht sie nicht zu erschießen, sagt ihnen einfach, sie sollen gehen, und dann verziehen sie sich schon.« Daraufhin ging er wirklich nahe an die Bären heran und befahl ihnen zu gehen, und das taten sie auch. Sie verzogen sich einfach. Danach hatte ich keine Angst mehr, denn ich hatte verstanden, daß wir ein Teil von ihnen sind.

Mein Großvater war Medizinmann, und ich erinnere mich, daß er sich in den Bergen verstecken mußte, wenn er jemanden heilen wollte. Einmal grassierte eine TB-Epidemie überall in den Reservationen. Unsere Traditionalisten hatten das in ihren Träumen vorhergesehen. Aber das Wissen allein war nicht genug. Medizinleute wie mein Großvater wußten, daß sie helfen konnten, und sie taten es auch. Aber sie mußten weiter weggehen und sich in den Hügeln verstecken, weil man ihnen nicht gestattete, ihr Wissen zu praktizieren.

Heute noch leben Menschen, die mein Großvater geheilt hat. Damals war das Gesetz hinter denen her, die sich angesteckt hatten; und nachdem mein Großvater sie geheilt hatte, befahl er ihnen, sich röntgen zu lassen, um damit zu beweisen, daß nichts zurückgeblieben war. Das versetzte die Ärzte und alle anderen in höchstes Erstaunen. Nach einiger Zeit wollten sie ihn dann dazu bringen, ihnen etwas zu zeigen – er sollte ihnen berichten, wie er vorgegangen war, aber er wollte nicht.

Als Kleinkind hatte ich die Gabe, die Schmerzen von Menschen zu lindern, wenn ich meine Hände über ihnen rieb. Aber dann gingen die Schmerzen auf mich über, und ich weinte viel deswegen. Also führten die Ältesten eine Zeremonie durch und baten den Schöpfer und die Geistwesen, diese Gaben von mir fernzuhalten, bis ich älter war. Es war meine Großmutter, die mir erzählte, daß der Schöpfer schon dafür sorgen würde, daß ich selbst erkennen und verstehen würde, denn damals praktizierte niemand auf diese Weise. Ich besuchte sie dann immer im Altersheim, um unsere Lebensart zu erfahren und zu erforschen.

Meine Großmutter erzählte mir viele Geschichten über unsere Verwandten und über die Fähigkeiten und die Macht, die sie gehabt hatten, und daß sie alle über die meinige Bescheid gewußt hatten. Damals war meine Begabung zum ersten Mal anerkannt worden. Aber die Fähigkeiten, die ich heute habe, hätte ich sicher nicht, wenn ich nicht dieses Lernen unbeirrt fortgesetzt hätte, oder wie man sich selbst opfert, und wenn ich nicht genauso

leben würde, wie ich es gesagt bekommen hatte. Wenn ich gesagt bekam, so und so viele Tage in den Bergen zu fasten, dann machte ich genau das. Wenn ich gesagt bekam, mit Menschen zu arbeiten, machte ich nichts anderes. Ich lebte so heilig, wie ich nur konnte, denn ich trug eine große Gabe in mir, und man sah auf mich. Egal, wie hart die Zeiten waren, ich hatte immer diese Geschichten über mein Volk, die man mir erzählt hatte, über die Großmütter, die Regen machen konnten, wenn es so trocken und ungesund war. Wie sie das Donnerwesen und die Regengeister herbeirufen konnten, indem sie sich die Haare rauften. Sie hatten diese Art von Macht.

Noch heute wird mir immer Hilfe zuteil, wenn ich irgendein Problem habe. Mein Glaube ist so stark, ich gehe ohne Angst überall hin. Ein Leben, das von deinem Geist angeregt und geleitet wird, ist ein erfülltes Leben. Das fehlt den Menschen heute, und dazu muß es wieder kommen. Daß sie anfangen, auf ihr eigenes, inneres Selbst zu hören, auf ihren Geist, oder in unserem Fall, auf unseren Schutzgeist. Aus diesem Grund ist ein traditionelles Leben kein hartes Leben, denn wenn man zuhört, erfährt man, wie man ein erfülltes Leben bekommt. Das ist es, was alle brauchen, um sich zu entwickeln, denn im Unterbewußtsein wissen alle Menschen, was richtig ist und was falsch.

Wenn du dich entschlossen hast, ein gutes Leben zu führen, wird es gut. Wenn du nur deinen eigenen Vorteil im Auge hast, wird es sich schon so entwickeln. Aber da ist ein Preis zu bezahlen, wenn du älter wirst, denn dann wirst du sehr einsam sein. Niemand wird dich lieben, niemand wird sich um dich kümmern. Wenn du ein dienendes Leben voller Liebe geführt hast, dann wird immer jemand nach dir sehen. Ich komme auf diese Angst deshalb zu sprechen, weil die Heime für alte Menschen schrecklich sind. Diese Alten sterben an Einsamkeit. Ich versuche, jedem die alte Lebensweise einzuimpfen, damit sie sich um die Alten kümmern. Jeder ist verantwortlich für sie, nicht nur die Familie.

Ich bete auch darum, daß ich alleine zurecht komme bis zu dem Tag, an dem ich gehen werde, denn ich sehe ja, wie vielen Alten von ihren Familien übel mitgespielt wird. Das bedeutet einen Verlust an Kultur, einen Verlust an Identität und einen Verlust an Tradition. Etwas ist mir aufgefallen. Die Menschen wiederholen die Muster, mit denen sie groß geworden sind und die sie selbst erlebt haben. Sie sagen dann, mein Vater war eben ein grausamer Mensch, und ich habe kein Selbstwertgefühl, und ich kann nicht verstehen, was du mich lehrst über Liebe und Freundlichkeit und Geben. Und ich erwidere, fallt bloß nicht auf diesen Unsinn herein. Der Schöpfer hat euch einen gesunden Menschenverstand und einen unglaublichen Geist mitgegeben und eine Art des Seins, so daß ihr in diesem Augenblick alles anpacken könnt! Ihr könnt diese Einstellung verändern, so wie man am Morgen aufwacht, und es ist ein neuer Tag. Euer Geist und alles andere auch können neu werden. Ich habe Härten und furchtbare Erlebnisse durchgemacht, und ich bin ein liebevoller Mensch, ein Mensch, der Anteil nimmt und gibt, weil ich mich entschieden habe, so zu sein. Ich habe beschlossen, der anderen Seite zu lauschen, damit sie mich leitet. Wir alle besitzen die Fähigkeit, mit unserem Geist die Dinge zu verändern, jetzt und heute, auf der Stelle.

Und du mußt auch an die nächste Generation denken, ob du jetzt Kinder hast oder nicht. Die Güte, mit der wir auf die Welt gekommen sind, müssen wir zurücklassen. Die Wahrheit wird sich immer durchsetzen, egal, wie viele Jahre es dazu braucht. Wenn ein Mensch also aufrecht und wahrhaftig lebt, wird er nie wirkliche Härten durchmachen müssen, denn die Wahrheit ist eine Medizin, und sie wird dich immer pflegen und beschützen. Egal, wie sehr du angefeindet wirst. Ich werde selbst heute noch angefeindet. Meine eigenen Leute sind so voller Angst. Sie haben solche Angst vor unseren Zeremonien und unserer Lebensweise wegen der Sachen, die sie auf den Missionsschulen gelernt haben.

Alles, was wir tun, ist niemals ganz umsonst. Du brauchst dich nur zu fragen, wer du bist. Und um was geht es dir? Das ist, als ob man einen großen Spiegel nimmt und sich selbst ins Gesicht schaut. Du mußt dir alles betrachten und versuchen, dich selbst zu verstehen. Angenommen, du würdest mir erzählen, du wärst krank, und du würdest mich bitten: »Großmutter, zeige mir, wie man betet«, dann würde ich fragen: »Was hast du dir angetan, das dich jetzt krank werden läßt?« Dann würde ich dir beibringen, wie du beten mußt, damit du dich selbst verstehst. Ich würde dir sagen, du sollst an den nächsten elf Tagen ein Glas Wasser nehmen und etwas aus deiner eigenen Kultur, womit du es segnen kannst – bei uns wäre es Süßgras, Zeder oder Salbei. Dann segne das Wasser und bete, früh am Morgen, bevor die Sonne aufgeht. Auf diese Art stellst du elf Morgen hintereinander zur selben Zeit deine Verbindung zum Schöpfer her. Wenn es einen Morgen nicht klappt, mußt du ganz von vorne beginnen, bis die elf Tage um sind. Dann stehst du in Verbindung mit dem Schöpfer und mit dir selbst – mit deinem eigenen Geist.

Allein von unserem Land und den Gewässern können wir nicht mehr leben. Um zu überleben, müssen wir um Hilfe beten, um unsere Kinder zu ernähren und zu kleiden, um ein Dach über dem Kopf unserer Lieben zu bauen. Wenn wir beten, sagen wir nicht: »Gib mir eine Million Dollar.« Wir beten und bitten um Hilfe, egal in welcher Form, denn so wie es dann kommt, ist es schon richtig. Ich bete oft um Hilfe. Manchmal komme ich nicht herum, weil ich kein Fahrzeug habe, oder etwas anderes fehlt mir, und ich bete, und es stellt sich ein. Irgendwer bietet mir dann genau das an, was ich brauche. Oft erlebe ich eine Familie, die dringend etwas braucht. Ich gebe es ihnen dann als ein Angebot und weniger als ein direktes Geschenk, damit sie es in Ehren halten und schätzen können und damit es einen Sinn hat. Es muß alles auf diese Art geschehen, damit die Menschen verstehen, welche Rolle das Geben spielt.

Und das ist eine enorm gute Lebensweise, denn du stärkst jeden um dich herum. Ob es an deinem Arbeitsplatz ist, zu Hause oder in der Gemeinde – jedermann profitiert davon. Vielleicht ist es ja so etwas Simples wie die Anregung, einen Garten anzulegen. Unsere Menschen müßten dringend Gärten anlegen, und wenn es mitten in der Stadt oder auf einem Hausdach ist. Oder du kannst Medizin sammeln. Es gibt eine Menge Pflanzen, die man anstelle von Kaffee oder Tee verwenden kann. Natürliche Pflanzen sind so gut für einen! Jede Jahreszeit hat Lebensmittel und Pflanzen und Medizinen, die wir früher immer genommen haben, um kräftig und gesund zu bleiben.

Ich habe versucht, diese einfachen Dinge bei meinen Leuten einzuführen. Wir gehen in die Natur in kleine Lager und verbringen die Nächte da draußen, um unsere Medizinen und Tees zu sammeln. Aber das Ganze ist ein ungeheuer langsamer Prozeß. Jedesmal, wenn jemand kommt, und ich setze ihnen diese besonderen Tees vor, sagen sie: »Donnerwetter, das tut vielleicht gut.« Und dann erzähle ich ihnen: »Aber ja, die Pflanze reinigt dein Blut und stärkt deinen Verstand.

Und sie wächst direkt da draußen, du brauchst sie nur zu pflücken.« Es gibt einige Pflanzen, die man das ganze Jahr über sammeln kann, und sie sind hundertmal gesünder als alles andere, was man kaufen kann, und man muß noch nicht einmal Geld dafür ausgeben. Es kommt nur auf dieses bißchen Wissen an, das man selbst erwerben kann, und das bewirkt, daß man sein Auskommen findet und seine Unabhängigkeit.

Das beste daran ist, daß man so werden kann in allem, was uns gegeben ist. Es ist noch da, und wenn es verschwunden ist, kann man es auf die eine oder andere Art wieder einführen. Wir müssen alle zusammenarbeiten, niemand ist als Insel gedacht. Wozu denn? Um einsam zu sein? Die Menschen werden sehr einsam, wenn sie nur am eigenen Profit interessiert sind, nur sich selbst im Kopf haben. Sie sind einsam und leer. Aber wenn du alles, was du hast, teilst, wird es dich immer erfüllen, dann bekommst du es immer zurück. Manchmal muß ich etwas verkaufen, damit es weitergeht, aber ich bin nie ohne Hilfe, nirgends, zu keiner Zeit. So war es, und so sollte es wieder werden. Gier ist sinnlos, denn du kannst nichts mitnehmen; du mußt demütig sein, um dem Schöpfer aufrichtig zu dienen und um der Gabe, Menschen zu helfen, gerecht zu werden.

Demütig sein bedeutet geben und daran denken, daß nicht du selbst die Heilung bewirkt hast, sondern daß es die Geister waren, mit denen du zusammenarbeitest. Du bist ein Gefäß, du bist nur ein Vehikel – und ein Mensch. Deshalb ist es wirklich sehr wichtig, ein Leben zu führen, das so nah wie möglich an das Leben herankommt, das es hier vor dieser Gesellschaft gab. Sicher, es ist schwierig, aber nicht unerreichbar. Wenn dieser große Glaube in dir verankert ist, kannst du überall hingehen und etwas mitteilen und dich einfügen.

Demütig sein bedeutet umgekehrt jedoch nicht, den Leuten zu erlauben, dich auszunützen, auf dir herumzutrampeln und deine Hilfsbereitschaft als selbstverständlich vorauszusetzen. Ich bin keine, die das zuläßt. Ich achte wirklich streng darauf, wie ich mein Leben lebe, und ich habe die Stärke, einzustehen für das, woran ich glaube. Es ist egal, wer es ist. Wenn ich herausbekomme, daß mir oder meinem Volk gegenüber ein Vorurteil herrscht oder eine Ungerechtigkeit begangen wird, setze ich mich dagegen zur Wehr. Und wenn mir jemand eine Kugel durch den Kopf jagen würde, würde ich sagen: »Nur zu, aber dazu stehe ich, und du bist derjenige, der sich irrt, du mußt aufhören.« Es hat Zeiten gegeben, in denen mich niemand unterdrücken durfte und demütigen und ausnützen; und es hat Zeiten gegeben, in denen ich mich handgreiflich verteidigen mußte. Aber noch jedes Mal habe ich gesiegt. Ich meine Gewalt, auch von seiten der Polizei, und ich habe mich erhoben in dem Bewußtsein, daß sie meinen Geist nie würden töten können. Niemand kann das. Du kannst den Körper auslöschen, nicht aber den Geist, und das ist so ein tröstlicher und schöner Gedanke.

Aber ich bin dankbar für solche Gelegenheiten, denn ich habe meine Lehrlinge, die weitermachen mit der Graswurzelarbeit, die ich so viele Jahre gemacht habe. Jetzt ist ihre Zeit gekommen, sie sind jung und gesund, jetzt sind sie dran. Und darüber bin ich so froh, daß ich manchmal auf Mutter Erde liege und unter Tränen danke für die Veränderungen, die sich jetzt abspielen, für unsere Frauen und Männer und für unsere jungen Leute. Aber das ist so ein langsamer Prozeß. Mir kommt es so klein vor. Ich würde lieber haufenweise Veränderungen sehen, und zwar zugunsten aller Menschen, nicht nur zugunsten der Indianer. Es gibt zu viele Kriege, es gibt zuviel Gewalt, es gibt dermaßen viel Mißbrauch aller Art, und damit muß Schluß sein, weil wir sonst alle vernichtet werden. Wir können es uns einfach nicht leisten und sagen: »Tja, daran kann ich leider nichts ändern.« Selbst Menschen, die absolut nichts haben, können etwas unternehmen. Die jungen Leute heutzutage sind

sehr mutig. Sie haben den Mut, in andere Länder zu gehen, weil ihnen nicht gefällt, was sich in ihrem Land abspielt. Viele von ihnen kommen hierher, und auf der Suche nach Antwort blicken sie auf den Indianer. Ich hatte viele junge Menschen aus anderen Ländern hier im Haus. Aber sie leben in so einer Phantasie- und Traumwelt in bezug auf die Indianer, daß sie Wunder verlangen. Dann sage ich ihnen: »Tut mir leid, mein Freund, Magie gibt es nicht, bis du dich selber anschaust und nachsiehst, wer diese Person in dir ist. Das ist die Art, wie wir es machen.«

Einige bleiben dann, andere nicht. Die, die bleiben, bekommen dann auch wirklich heraus, was sie wollen und welche Bestimmung sie haben. Aber ich setze große Hoffnungen in die jungen Menschen. Es gibt viele, die durch die verschiedenen Teile der Welt ziehen und sich fragen: »Welche Bestimmung habe ich? Wozu bin ich hier? Ich bin nicht damit einverstanden, was heute alles auf der Welt passiert, daran will ich keinen Anteil haben.« Also machen sie sich auf die Suche, sie leiden und bringen Opfer in diesem Prozeß, und das Ende wird sein, daß der Schöpfer Mitleid mit ihnen hat und sie dahin setzt, wo sie dann auf ihrem Weg sind, auf ihrer Reise in diesem Leben. Darin liegt eine große Hoffnung.

Es heißt, daß die Spinne in den letzten Phasen der Reinigung zurückkommt und zu korrigieren versucht, was passiert ist. Die Spinne ist zurück, und deshalb ist sie die ganze Zeit in meiner Nähe an der Arbeit, überall, egal, wohin ich gehe. Wenn ich irgendwohin weit weg muß, um jemandem zu helfen, fahre ich gern ein bißchen schneller, und dann muß ich sie oft zu Hilfe rufen. Und deshalb, wenn irgendwo auf dem Weg ein Polizist ist, läßt sie ihn vor sich hindösen, während ich vorbeirausche.

Die Menschen wissen, daß ich mit der Spinne arbeite. Die Spinnen kamen zum Ältestenrat im Santa Clara Pueblo. Tausende kamen, um uns zuzuhören und um uns zu helfen. Eine Spinne kam daher und sprang diesem jungen heiligen Mann auf den Schoß. Er war zu Tode erschrocken und hätte sie beinahe totgeschlagen, aber der Älteste neben ihm sagte: »Nicht! Sie hat eine Botschaft für uns.« Aber dieser junge Mann hatte sich so erschrocken, daß er direkt zitterte. Die Spinne krabbelte dann von seinem Schoß und marschierte quer durch den Raum auf den Sprecher zu. Im Grunde wußte niemand so recht, was sie mit den Spinnen anfangen sollten.

An diesem Morgen ging es mir nicht gut, und ich erschien erst am Nachmittag. Die Spinne kam zurück und machte das gleiche noch einmal. Dieses Mal bekam der Mann mit, um was es der Spinne ging, und mit der Spinne in der Hand kam er direkt zu mir herüber und sagte: »Du bist gemeint. Du bist doch diejenige, die mit der Spinne arbeitet.« Ich bejahte. Ich fragte ihn, ob er eine Botschaft von der Spinne erhalten hätte, und er nickte.

Wenn du mit dem Schutzgeist arbeitest, hast du diese Begabung. Sie wählen dich aus, um mit dir zu arbeiten. Wir sehen einen Adler am Himmel, und sofort beten wir und hoffen auf die Botschaft. Wir fragen, worum es geht, was er uns bringt. Wenn wir etwas anderes bemerken, beten wir sofort, damit wir in Verbindung treten können. Ich arbeite mit einhundertsechsundzwanzig von diesen Schutzgeistern. Sie sind meine Vorfahren, meine Leute. Ich bin noch sehr jung, also habe ich noch einen langen Weg vor mir, auf dem ich lerne, wer sie alle sind. Jedes Jahr werden es mehr, die mit mir arbeiten und mir mitteilen, wer ich bin und daß meine Aufgabe so und so aussieht. Da gibt es eine Großmutter, die Earth Blanket Woman, Erddeckenfrau, genannt wird, und sie kam zu mir. Sie kam hierher zu uns, um uns mitzuteilen, was wir tun müssen wegen dem, was auf uns zukommt. Im vergangenen Winter kam sie und wies uns an, spezielle Medizin zusammenzustellen, damit wir gesund blieben, denn es wäre eine Grippewelle im Anmarsch, schlimmer als je zuvor. Viele Menschen würden im Krankenhaus landen wegen irgend etwas in der Atmosphäre. So etwas kommt öfter und öfter vor, Krankheiten, die noch nicht da sind, die aber kommen werden.

In unseren Weisungen heißt es, daß wir uns selbst in spiritueller Hinsicht helfen müssen. Daß wir unser gesamtes Selbst reinigen müssen – mental, körperlich, spirituell und emotional. Wir müssen uns ändern. Sonst werden wir die Krankheiten, die es jetzt schon gibt und die uns töten, nicht überleben. Du weißt, Krebs, Diabetes, HIV – das ist uns alles schon vor langer Zeit vorhergesagt worden. Wir wußten, daß sie ausbrechen würden. Aber wenn wir nicht mit allem Lebendigen in Harmonie leben, und wenn wir uns nicht von den Geistwesen führen lassen, werden wir nicht überleben. Von allein würden wir niemals herausfinden, wie wir uns von diesen tödlichen Krankheiten befreien können.

Mit HIV heutzutage, das ist eine schreckliche Vergeudung. Vergangenen Herbst war ich mit dem Stamm in der Gegend von Seattle, und ich habe eine Reihe reizender junger Menschen kennengelernt – alle HIV positiv. Sie gingen in die Schulen, überallhin, wo man sie hören wollte, und erzählten ihre Geschichte. Sie erzählten ihnen, wie es ist, wenn man weiß, wie wenig Zeit einem noch bleibt.

Eine junge Frau, neunzehn, zwei Kinder, kam zu mir, weil sie mit mir reden wollte. Der Mann, der sie angesteckt hatte, war schon gestorben, und sie selbst war in einer ziemlich elenden Verfassung. Ich erzählte ihr hauptsächlich von der Welt der Geister, weil ich hoffte, daß ich ihr die Angst vor dem Sterben nehmen könnte, wenn ich ihr die Geschichten davon erzählte, was passiert, wenn du stirbst, und wie das Leben weitergeht und nicht einfach aufhört. Es ist mir gelungen, viele Menschen auf ihre Reise in die Welt der Geister vorzubereiten. Am Anfang ist es für sie sehr, sehr hart, aber nachdem sie dann verstehen – nachdem ich Zeremonien mit ihnen veranstaltet habe –, dann finden sie ihren Frieden.

Das ist etwas, das niemand macht – sie vorzubereiten. Sie sind voller Angst, und dabei ist es doch ein Teil des Lebens. Jede Kultur hat ihre Tradition und ihre Rituale, mit dem Tod umzugehen. Ich bin meinem Volk sehr dankbar. Als mein Vater 1984 starb, hatten wir unser traditionelles Leben geführt, so gut wir es eben verstanden. In meiner Umgebung war ich seit vielen Jahren ein geistiger Führer gewesen. Obwohl man mich verfolgte, als ich anfing – im Lauf der Zeit hat sich das aber geändert. Als dann mein Vater an Krebs gestorben war, hatten wir zum allerersten Mal eine Beerdigung ohne Kirche, ohne Bestattungsunternehmen, ohne alles. Wir machten es selbst.

Jeder war schockiert. Sie sagten: »Das könnt ihr nicht machen!« Ich dagegen meinte: »Oh doch, das können wir sehr wohl. Dieser Mensch war unser Vater, und es war sein Wunsch.« Er hatte nie irgendeiner Kirche angehört, und er wollte nie Priester, weil er wußte, was sie ihm und unserem Volk angetan haben. Ich nahm also nur ernst, um was er uns gebeten hatte, und das war, ihn auf diese Weise zu beerdigen.

Er starb im August an einem einmalig schönen Tag. Die Adler kamen. Wie hielten zwei Tage lang Totenwache mit Feiern und Zeremonien. Mein ältester Sohn und ich führte die Prozession zu Pferde an. Wir waren elf Reiter, die mit dem heiligen Stab voreneweg ritten, dann unsere jungen Krieger, meine Mutter und meine Schwestern in einem Wagen, und meine Brüder zu Fuß. Dann kamen die Sargträger und die Trauergemeinde mit ihren Kutschen und Pferden.

Wir mußten den Highway überqueren, und die Polizei hielt den Verkehr an, bis wir auf der anderen Seite waren. So wurde sogar die Polizei Teil unseres Zuges. Es war einfach unglaublich. Niemand hatte so etwas vorher schon einmal erlebt, niemand. Es war ein großartiges Gefühl, und die Menschen waren erstaunt, daß wir den Mut gehabt hatten, so etwas zu unternehmen, nachdem wir und unsere Kultur so lange unterdrückt gewesen waren. Und mir gingen Gedanken durch den Kopf wie: Für meinen Vater, ich habe ihn so sehr geliebt; er war ein Mann des Landes – ich will alles respektieren, worum er mich gebeten hat. Einmal hatte er gesagt: »Schafft mich ja nicht in die Kirche! Da war ich nie dabei. Der Himmel ist unser Dach und Mutter Erde unser Boden, der Schöpfer ist überall. Beten kannst du überall, du kannst ein Teil der heiligen Lebensweise sein, egal, wo du gerade bist. So sind wir erschaffen worden, und so möchte ich gehen.«

Ich bin stolz, daß ich diese Bewegung zu unserem Volk zurückgebracht habe. Bei meiner Mutter hielten wir es genauso, und die anderen Ältesten meinten, daß sie es für sich auch in diesem Stil wünschten. Ihre Kinder mußten es ihnen versprechen, und es breitet sich weiter und weiter aus. Und jedes Mal wird es besser und besser. Ich bin gut im Überleben, und mein Volk auch, selbst heute noch, nachdem wir alle unsere Rechte verloren haben und uns nicht mehr selbst versorgen können, wie das vor der Ankunft des weißen Mannes möglich war.

Es ist wie ein neues Erwachen für unsere Menschen, und es nimmt rasch zu. Jeden neuen Tag ist es mir ein Trost, daß alles, was ich unternehme, Veränderungen und Hoffnung und neue Visionen mit sich bringt. Nicht nur für meine eigenen Leute, sondern für die gesamte Welt, denn die ganze Menschheit leidet. Weißt du, sie sind sich selbst zum Opfer gefallen. Jetzt suchen sie bei uns nach Antworten, weil wir wissen, wie man mit dem Leben, mit all den Lebenskräften auf Mutter Erde umgeht.

Eine der großen Umwälzungen für die Menschen besteht meiner Meinung nach darin, daß sie jetzt davon wissen und sie sehen, aber nach wie vor Angst haben, unsere Art des Heilens anzuerkennen. Zum Beispiel ich, ich bin imstande, Krebs mit Zeremonien und Medizin zu heilen. Ich bin in hohem Maß gesegnet gewesen. Die Ärzteschaft hat das mitbekommen, denn ich habe ihre Patienten zurückgeschickt, nachdem sie geheilt waren. Sie wissen es, aber nie sagen sie auch nur eine Silbe. Ich habe keine Ahnung, wann sie mich jemals voll anerkennen und sagen, wir sollten zusammenarbeiten. Denn wenn wir das tun würden, wir könnten so viel bewirken.

Im Augenblick wünsche ich mir, eine andere Medizinhütte bauen zu können, eine größere, in der meine Leute, ich und meine Lehrlinge in größerem Stil arbeiten könnten. Ich bekomme oft Patienten mit Krebs im Endstadium, und es ist schwer, sie in einem kleinen Haus zu betreuen. Es ist schwer, denn sie haben starke Schmerzen. In dieser Hütte hätten sie ihren eigenen Bereich. Ich würde gerne ein Holzhaus bauen, denn wir haben noch Stämme, und wir brauchen diese Art der Energie. Derzeit lebe ich ja in einem wunderschönen Blockhaus, und seine Energie ist einfach wunderschön, und es bleibt heilig. Du kannst seine Heiligkeit bewahren, anders als moderne Häuser, wo es so laut ist.

CREE | Diese Hütte soll ein Ort werden, an dem wir mit allen Kräften des Lebens vereint sein können und die Freiheit besitzen, einfach nach draußen zu gehen, um mit Mutter Erde und den Vögeln und allen Lebewesen zu sein. Dieser Ort soll mehrere Funktionen erfüllen, es soll nicht nur ein Ort des Heilens, sondern auch ein Ort des Unterweisens sein. Wir möchten die Menschen unterweisen. Wir würden gerne junge Menschen aufnehmen, die Schwierigkeiten mit dem Gesetz bekommen haben, wir lassen sie arbeiten und das Ganze da lernen. Diese Hütte werde ich auch bauen, aber ich muß mich noch nach Unterstützung umsehen.

Heißen wird sie Buffalo Robe Medicin Lodge, Büffelrobe-Medizinhütte, und diese Einrichtung möchte ich zurücklassen, wenn ich in die Geisterwelt aufbreche. Und ich weiß, es wird andere Menschen geben, die sich der Hütte und dem Heilen widmen werden. Die moderne Medizin kann die Krankheiten, die wir heilen können, nicht kurieren. Ich weiß, das ist eine kühne Behauptung, aber es stimmt. Wir konzentrieren uns nicht einfach auf die physische Erscheinung, wir konzentrieren uns auf den gesamten Menschen, auf den Verstand, den Leib, seine Spiritualität und seine Gefühle.

Man muß jeden Teil einer menschlichen Existenz ansprechen, wenn man heilen möchte. Und selbst da hört es noch nicht auf, es schließt die gesamte Familie mit ein, und die Familie schließt die Gemeinschaft mit ein. Ich habe noch viele Fragen. Aber wie ich immer sage, früher hatte ich Millionen von Fragen, aber auf viele gibt es jetzt Antworten durch meine Arbeit und mein Leben. Dafür bin ich dankbar, aber es gibt immer noch Fragen, und Antworten, die ich noch brauche, zu manchen Zeiten so wie jetzt. Es muß also der Wille des Schöpfers sein. Zu den Leuten sage ich, ich gebe mein Möglichstes, ich werde alles unternehmen, um euch zu helfen, ich gebe euch von meinem Selbst. So stelle ich es auch dem Schöpfer dar, ich versuche mein Bestes. Ich führe die Zeremonie durch, was auch immer es ist, das ich tun muß. Und alles andere liegt ganz und gar beim Schöpfer.

WARM SPRINGS

VERBENA GREEN: MEDIZINSINGEN

Die kräftige Frau mit Augen so schwarz wie Schlehen und einem Lachen über das ganze Gesicht, die mich an der Tür begrüßt, erzählt mir, daß die Leute sie »Beans« [Anm. d. Übers.: full of beans: übermütig, schelmisch] nennen. Warum, ist für mich leicht zu erkennen. Von Alter und Größe abgesehen hat die Älteste das verspielte Gemüt eines Kindes.
Wir betreten das große Haus durch die Küche, in der noch in letzter Minute Vorbereitungen getroffen werden für das vier Tage dauernde Medizinsingen, eine traditionelle Heilzeremonie und ein Gebet, das am folgenden Abend beginnen soll. Jedes Fleckchen der Küche und des Eßzimmers wurde in einen Nähtisch verwandelt für die mit Bändern verzierten Kleider und Röcke, die ihre Töchter für die Zeremonie genäht hatten. Junge Hunde und die Enkelkinder streifen durch das Haus, und aus einem Kassettenrecorder dröhnt zeremonielle Lakota-Musik.
Wir gehen in ein weiteres Arbeitszimmer, das eigentlich das Schlafzimmer ist, und Beans räumt auf dem Bett einen Platz frei, damit ich mich setzen kann. Während wir miteinander reden, sieht sie Decken, Topflappen, Beutelchen aus Stoffresten und Tischdecken durch, die alle für das Give away bestimmt sind, das bei den Indianern des Nordwestens Teil jeder Zeremonie ist.
Die Reservation der Warm Springs-Indianer liegt rund einhundertsiebzig Kilometer südlich von Portland auf der Ostseite der Cascade Mountain Range. Es handelt sich um eine Konföderation dreier Stämme – Paiute, Wasco und Warm Springs. Beans ist Hüterin des Langhauses, das direkt neben ihrem Wohnhaus steht. Es ist ein länglicher, rechteckiger Bau, der aus einem großen Versammlungsraum, einem Speiseraum und einer Küche besteht.
Am nächsten Abend, nach einem Mahl, beginnt die Zeremonie. In den nächsten vier Tagen und Nächten füllt sich das Langhaus mit gut und gern vierhundert Menschen, darunter auch Kinder, die auf dem Schoß ihrer Mütter schlafen, und Babys in Wiegen. Zuschauer und Teilnehmer sitzen auf Bänken, die wie Tribünen aufgestellt worden waren, und nur die Ältesten hatten ihre eigenen leichten Klappstühle mitgebracht. Es wurden Stöcke verteilt, wobei etliche Menschen ihre eigenen Stöcke dabei hatten, deren Knaufe wie Tierköpfe geschnitzt waren. Damit wurde auf die Planken getrommelt, die unter den Bänken entlangliefen. Dan und ich waren von Beans persönlich eingeladen worden, und auch wir lassen uns rasch von der Musik mitreißen und fangen mit aller Macht zu trommeln an.
Beans sitzt mit ihrer Familie am anderen Ende des Raumes unter Dachbalken, an denen zusammengefaltet Dutzende von Decken hängen. Beans' Schwester eröffnet die Zeremonie mit einer Ansprache, einer Art hypnotischem Singsang. Während der folgenden vier Tage und Nächte wird unablässig gesungen und getrommelt, und dazwischen finden die Tänze statt. Einige davon sind den Kindern vorbehalten, andere haben heilende Funktion oder sind Ausdruck von Danksagungen.
Am letzten Tag kehrt Beans' Neffe Gary, ein Marine-Infanterist, aus dem Golfkrieg zurück. Seine

WARM SPRINGS

Rückkehr wird mit einem Umzug gefeiert, bei dem er in weißes Wildleder gekleidet ist und eine Weste trägt, die mit Perlen, Federn und auf dem Rücken mit einer amerikanischen Flagge verziert ist. Zur Musik von »Soldier Boy« bekommt Gary eine Kriegshaube aufgesetzt, und daran schließt sich der Umzug an, bei dem ihm die Ältesten eine Decke nach der anderen über die Schultern legen. Beans singt ein gefühlvolles Dankgebet dafür, daß ihr Neffe heil zurückgekommen ist, und der Klang der Trommeln, der immer kräftiger und lauter wird, füllt das Langhaus.

Meine Mutter pflegte Stoff in kleine Fitzelchen zu zerschneiden. Mir sagte sie dann: »Gib sie den Tieren. Es hilft ihnen. Die Vögel bauen ihre Nester damit. Die Enten schleppen sie herum, vielleicht verwenden sie sie als Lager. Die Frösche nehmen sie auch her, sie machen sich doch immer so gerne Kleider.« Ich ging dann immer herum und verstreute sie, am liebsten ließ ich sie mit dem Wind wegfliegen. Das mache ich nach wie vor, und in ein paar Tagen werde ich vierundsechzig. Wenn ich die Sachen für das Medizinsingen mache, hebe ich die Stoffreste auf und teile sie mit den Tieren.

Das gefällt mir, denn vor langer Zeit sagten die Alten: »Wenn du teilst, sogar mit den Tieren des Landes, dann sind sie gut zu dir. Sie werden dir zeigen, wo es die besten Wurzeln gibt. Sie zeigen dir, wo ein Wasserfall ist. Alle Vögel werden singen, und sie werden glücklich sein, und sie leisten dir Gesellschaft, wenn du irgendwo alleine bist.« Wenn du den Vögeln zuhörst, kannst du sie tatsächlich sprechen hören.

Oft, wenn ich in die Hügel hinausgehe, egal, ob jetzt zum Wurzeln ausgraben oder zum Sammeln von Medizin, sind da ein paar Vögel, an denen ich ungeheuer Spaß habe. Ich erfinde eigene kleine Wörter für sie und mit ihnen. Wir haben hier einen Vogel, und sein Lied ist sehr ähnlich wie das, mit dem wir den Babys sagen, daß sie jetzt schlafen sollen. Diesen Vogel nenne ich Babysitter-Vogel. Und ein anderer Vogel, den es hier gibt, er spricht recht viel. Das hörst du die ganze Zeit, wenn du irgendwohin gehst, weil sie richtig aufgeregt werden. Ich versuche, diesen Vögeln zuzuhören, und den Kindern erzähle ich, daß die Vögel glücklich sind, daß wir hier sind. Ich sage: »Hör jetzt genau hin. Sie sagen meinen indianischen Namen. Sie erklären, daß ich jetzt angekommen bin.« Einen anderen Vogel, der immer hier herumfliegt, nenne ich den »Geschichtenerzähler«, weil er so gerne tratscht. Meine Güte, diese Vögel tratschen wirklich gerne. Würde man hier etwas erzählen, wäre es am nächsten Tag im ganzen Land bekannt. Denn sie erzählen es sich gegenseitig von Baumwipfel zu Baumwipfel, und der Wind kommt und trägt es zum nächsten Wipfel, und dann schnappt es ein anderer Vogel auf und erzählt es jedem weiter, und so geht es in einem fort. Immer schon, seit meiner Kindheit, habe ich so auf die Vögel geachtet.

Die alten Leute haben mir viele von den Legenden beigebracht und mir auch mitgegeben, wie man Geschichten erzählt. Und sie sagten mir auch immer: »Du lernst von den Tieren. Sie wissen, welche Sorte Mensch du bist. Und sie teilen mit dir.« Unsere alten Leute sagten auch: »Wenn wir Rücksicht nehmen auf unsere Tiere, so wie man das von uns erwartet, bleibt unser Land heil. Wir müssen ihnen nur immer zuhören.«

Wie die Schwalben jeden Frühling, die immer den Columbia River entlangkamen. Das war das Zeichen, daß die Lachse bald den Fluß heraufwandern würden. Alles freute sich, und sie fingen mit dem Aufstellen ihrer Trockenschuppen an. Tausende und Abertausende von Lachsen wanderten den Fluß herauf. Es ist so traurig heute, daß nicht mehr so viele den Fluß heraufkommen.

WARM SPRINGS

Auch der Lachs hatte ein Lied, das sie sangen, wenn sie in Schulen den Fluß entlang wanderten. Wir sangen dieses Lied für die Kinder, die ihre ersten Lachse oder Forellen oder andere kleine Fische fingen. Ein wirklich hübsches Liedchen.

Das möchte ich den Kindern vermitteln, die zuhören. Zwei meiner kleinen Enkelkinder hier haben ziemlich viel Verständnis. Wenn ich jetzt vor Schulkindern spreche, habe ich gerne eines der Enkelkinder dabei, damit die Schüler sehen können, wie so etwas von der Großmutter an Enkel oder Enkelin weitergegeben werden kann. So sollte es ja sein. Früher haben unsere alten Menschen die jungen Menschen auf diese Weise erzogen. Die Großeltern waren nicht nur die Babysitter, denn sie arbeiteten mit den Kindern. Sie haben sie nicht nur einfach spielen und in alle möglichen dummen Situationen geraten lassen. Wenn sie ein bißchen was mit ihnen unternommen haben, hatten sie in den Kindern immer jemanden, der ihnen helfen würde. Ob sie nun Wurzeln ausgegraben haben, einen Bären grillten oder Beeren pflückten. Die Großmutter hatte die Kinder bei sich, und sie zeigte ihnen, wie man sich am geschicktesten anstellt und wie man den Korb wirklich schnell voll bekommt.

Sie hielten uns immer dazu an, schnell zu machen, denn wenn du lernst, etwas rasch zu erledigen, bekommst du schnelle Hände. Und wenn du lernst, deine Hände wirklich schnell zu gebrauchen, dann lernst du insgesamt schnell. Du begreifst schnell, was dir die Leute sagen. Du lernst, wie du dir etwas in Erinnerung rufst, und du vergißt es nie, weil du es auf diese Art gelernt hast.

Als ich klein war, am Morgen, das erste, was ich gehört habe, waren die Alten, die die Gebetslieder gesungen haben. Sie sangen Lieder der Verehrung, und zu mir meinten sie: »Aufstehen! Zeit zum Schwimmen!« Regen, Schnee, Sonne, wir gingen schwimmen. Sie sagten immer: »Wenn du hingehst und bei etwas mithilfst, wasche als erstes deinen Körper.« Das Bad am Morgen war eine Lektion. Dadurch konntest du lernen, stark zu sein und alle schlechten Nachrichten, Streß oder Niedergeschlagenheit auszuhalten.

Dazu haben sie uns immer angehalten, und wir zeigten nie Schwäche. Normalerweise badeten wir in einem großen Teich, den mein Vater ausgehoben hatte, und das Wasser dort war eiskalt. Wir waren nie krank in unserer Jugend. Jetzt bin ich eine alte Frau, und jedes Mal, wenn ein kalter Wind geht, bekomme ich eine Erkältung. Aber als wir jung waren, kamen Krankheiten bei uns in der Familie sehr selten vor. Auch, weil wir in die Schwitzhütte gingen.

Das Schwitzen wurde uns schon als ganz kleinen Kindern beigebracht, wir waren wohl um die drei Jahre alt. Ich habe meinen jüngsten Enkel in das Schwitzhaus mitgenommen. Wir veranstalteten eine Zeremonie eigens für die Kinder, denn einige hatten nie zuvor geschwitzt. Es war schon ein Erlebnis, und draußen war es eiskalt. Wenn man sich mit Wasser übergoß, bildeten sich kleine Eiszapfen im Haar, so kalt war es. Aber die Kinder gingen, und jetzt höre ich nur mehr eines von ihnen husten.

Unsere Ernährungsweise war in den alten Tagen viel besser als heute. Wir aßen nur unser Indianeressen, nur selten etwas aus dem Laden. Die alten Leute gingen vielleicht einmal im Monat in die Stadt für bestimmte Sachen, die die Familie brauchte. Abgesehen davon waren wir Kinder, die keine Ahnung davon hatten, wie es war, in der weißen Welt zu leben. Für uns Kinder war es ein Riesenvergnügen, ab und an ins Geschäft zu gehen. Oft war das Wetter schlecht, die Straße war schlecht, aber wir gingen trotzdem.

WARM SPRINGS

Mein Vater betrieb auch Landwirtschaft. Wir bauten Getreide an und machten Heu für unsere Pferde und das Vieh. Die Ranch war über einhundertzwanzig Hektar groß. Kurz vor dem ersten Schnee wurde gepflügt, damit die Feuchtigkeit in den Boden eindringen konnte. Natürlich benutzte er damals einen Pflug, hinter dem man herging. Wir halfen ihm dabei. Vor seiner Mittagspause sagte er immer zu uns: »Plagt die Pferde nicht. Es reicht, wenn ihr ihnen Wasser gebt.« Aber wir ritten natürlich die ganze Zeit herum, während er Pause machte, einfach herumgaloppieren. Er kam dann zurück und machte da weiter, wo er aufgehört hatte, und wir halfen ihm beim Heuaufladen.

Wir hatten immer einen großen Garten, wo wir Gemüse anbauten und etwas Obst. Meine Mutter machte Obst und Gemüse ein. Das meiste wurde getrocknet. Wir hatten auch einen kleinen Verschlag für Weizen, wo Melonen, Kürbisse und Mais aufbewahrt wurden. Sie hielten sich immer gut, das war wie ein Kühlschrank oder ein Kühlraum. Mein Vater knüpfte sie an einer Schnur auf, und dann kamen sie in den Verschlag. Zu Thanksgiving holten alle ihre Köstlichkeiten heraus, und alle bekamen etwas. Hunger hatten wir nie, wir hatten immer reichlich zu essen. Wir haben nie Not gelitten. Ich habe nie begriffen, wie der weiße Mann auf den Gedanken kam, uns arm zu nennen.

Wir waren glücklich und zufrieden mit unserem eigenen Essen und mit unserer Lebensweise, weil wir so nahe an der Natur lebten, und darauf beruht ja die Lebensweise unserer Menschen. Für alles, was uns Mutter Erde gegeben hat, taten die Leute etwas zum Ausgleich, um die Erde gut zu beschützen. Wenn sie ein Feuer gemacht hatten, wurde hinterher die Asche zugedeckt, bevor sie gingen, damit sie in den Boden zurückkehren und zu Staub werden würde.

Unsere Leute ließen ihren Müll nirgends herumliegen, denn sie hatten keinen. Die Jäger oder die Leute, die zum Fischen gingen, nahmen nur soviel mit, wie sie zum Essen brauchten, Wurzeln, Fisch oder getrocknetes Fleisch. Das war alles, was sie mitnahmen, und das genügte ihnen, bis sie wieder heimkamen.

Heutzutage, wenn wir in die Natur gehen für irgend etwas, siehst du überall Leute, die sich alle möglichen Kleinigkeiten zum Essen kaufen, Limonade, und große Schachteln mit Essen. Mir macht es allerdings auch Spaß, in der Hinsicht bin ich nicht ganz unschuldig. Manchmal gehe ich ganz gerne weg und besorge mir einen kleinen Lunch.

Unsere Leute achteten immer sehr auf ihr Wasser und ihre Wasserlöcher. Sie hätten das Vieh nie einfach so laufen lassen, wie das heute oft der Fall ist, denn es hätte die Wasserstellen verunreinigt. Normalerweise bauten sie zum Schutz einen kleinen Zaun aus Steinen um ihre kleinen Wasserlöcher. So wuchsen wir auf, bevor wir in die Schule kamen. Zu Hause sprachen wir unsere Indianersprache und erledigten alles auf althergebrachte Weise. Wenn wir aus der Schule heimkamen, mußten wir wieder Indianisch sprechen. Normalerweise wohnten zwei oder drei alte Verwandte bei uns, und man hatte uns beigebracht, sie beim Essen zu bedienen. Man hatte uns außerdem beigebracht abzuwarten, damit zuerst die alten Leute zum Essen Platz nehmen konnten. Heute, wenn du irgendwohin gehst, rennen dich die Jungen direkt über den Haufen, damit sie als erste ihr Essen bekommen. Es ist wirklich traurig, daß die Kinder fast jeden Respekt vor den alten Menschen verloren haben.

Ich konnte recht wenig Englisch als Kind, und es war mir auch immer ziemlich egal. Meine Schwestern und mein Bruder gingen zur Schule, und sie lernten eine Menge Sachen. Oft, wenn sie nach Hause kamen, brachten sie mir ein Buch mit. Aber trotzdem, ich habe mir nie besonders viel daraus gemacht, das alles zu lernen, aber ich mußte es dann, als ich schließlich selbst in die Schule ging.

Wir haben fünf Langhäuser. Zwei große stehen hier in Warm Springs, eines in Agency und ein anderes in Simnasho. Ein anderes steht beim Highway 26 in Richtung Portland. An dieser Stelle kommen wir im Herbst zur Heidelbeersaison zusammen. Dazu haben wir unser eigenes privates Langhaus; davon bin ich die Hüterin. Mein Mann hat es gebaut, lange bevor er mit dem Singen angefangen hat. Er glaubte daran, und weil er oft dabei war, wenn mein Vater und mein Bruder sangen, half er ihnen beim Bau. Dann, als mein Mann schwer krank wurde und beinahe gestorben wäre, zeigte man ihm, wie man singt.

Beim Singen ist es zu Heilungen gekommen. Die Weißen waren gegen das Medizinsingen. Das liegt lange zurück, Anfang des letzten Jahrhunderts, als viele Weiße in unser Gebiet kamen. Manche von den Weißen, die kamen, waren anfangs sehr respektvoll. Erst mit dem Militär-Typ, der unseren Lebensstil ändern wollte, wurde es anders. Sie bedachten keine Sekunde, daß wir schon Tausende und Abertausende von Jahren so gelebt hatten. Sie wollten uns »zivilisieren«, damit wir wären wie sie.

Medizinsingen steht in Verbindung mit indianischer Heilkunst. Der Regierung paßte der indianische Medizinmann, der Schamane, nicht, der seinen Mitmenschen gegenüber seinen Pflichten nachkam. Wenn sie herausfanden, daß gesungen wurde, nahm uns die Polizei fest. Es war nicht erlaubt. Aber die Menschen gaben zu keiner Zeit auf; sie hätten es niemals zugelassen, daß ihnen das weggenommen wurde. Manche Menschen brauchen bis zu vierzig Jahren des Singens, bevor sie ein indianischer Arzt werden können. Ich hatte nicht vor, ein indianischer Arzt zu werden; ich habe gesungen, weil es mich zu einer besseren Hüterin meiner Kinder werden ließ.

Nur wenn man ein zutiefst spiritueller Mensch ist, kommen die Schutzgeister zu einem. Viele der spirituellen Lieder, die die Menschen singen, sind verschieden, denn es gibt viele Geister, die einen sehr fordern und beanspruchen. Es gibt Lieder für Zeiten, in denen ein anderer Geist versucht, dir eins auszuwischen, oder er will, daß du krank wirst. Diese Art der Gesänge kann dir helfen, diesen Geist von hier zu vertreiben.

Dann gibt es Lieder, die nur für Kinder sind. Sie richten sich an die Geister, die die kleinen Kinder beschützen. Weiterhin haben wir Lieder, die viele Leute singen und die nur die Erwachsenen beschützen. Sie kommen einem leicht und ganz sanft in den Sinn und über die Lippen. Andererseits gibt es spirituelle Lieder, die dich einfach umhauen. Mir ist das alles schon passiert, wo die Geister dich einfach, ja, schlagen und dich dabei fast umwerfen. Viele davon machen dich krank, und es kommt vor, daß du mehrere Tage krank bist. Aber sie sollen dir keinen Schaden zufügen, sie treten einfach in dein Leben.

Einmal kam ein Lied zu mir, und, bei Gott, es hat mich fast umgebracht. Ich war derartig krank, und alles, was ich noch konnte, war, ins Badezimmer zu kriechen. Das sind die Sachen, die dir manchmal zustoßen. Du mußt durch, es ist wie eine Probe, eine Prüfung. Du mußt dich selbst fragen: »Bist du dazu bereit? Bist du in guter Verfassung?« Es ist, als ob sich dieses Lied um dich herumwickelt und dich abtastet, um herauszubekommen, ob du der rechte Mensch für dieses Lied bist oder nicht. Es gibt eine Reihe von Liedern, die dir das antun. Es gibt viele Lieder, die sich einfach so einfinden und dich plagen, bis du sie endlich singst. Einige Lieder kommen mit den Träumen.

Wenn mich Menschen auf das spirituelle Singen ansprechen, erzähle ich ihnen, daß ich immer ein spiritueller Sänger werden wollte. Aber zuvor muß man viele Rituale durchlaufen. Du mußt deinen Körper innerlich und äußerlich reinigen, indem du ein, zwei Jahre lang in die Schwitzhütte gehst, einmal die Woche, oder zwei, drei Tage hintereinander. Oder du könntest auch jeden Tag schwitzen, einmal am Tag, bis du das Gefühl hast, daß du dich verändert hast. Es ist wie eine völlige Veränderung deines Lebens. Du mußt vieles loslassen, hinter dir lassen, Gefühle wie Wut, Gemeinheit, Grobheit und Sturheit, und womöglich mußt du damit anfangen, auf dein Mundwerk aufzupassen und auf das, was du sagst.

Medizinsingen wird von Generation zu Generation weitervererbt. Es gibt nur sehr wenige, die auf ihrer Suche nach Visionen herausgefunden haben, daß sie das tun sollen. Wir sollten in unserer eigenen Sprache singen; hier können wir uns besser ausdrücken als in einer geborgten Sprache.

Ich kann ziemlich weit zurückschauen, auf wenigstens fünf Generationen von Medizinsängern. Sie glaubten, und sie achteten jegliche Religion. Zu mir hat nie jemand gesagt: »Daran glaube besser nicht«, und sie haben uns auch nicht gezwungen, die Lebensweise des Langhauses zu lernen. Sie sagten uns lediglich, es könnte uns eines Tages helfen, und wenn wir dann älter wären, könnten wir uns selbst für eine Religion entscheiden, um etwas über den Schöpfer zu erfahren. Wir glauben alle an ihn, an den Schöpfer aller Dinge.

Bei unserem Volk geht das Medizinsingen bis zum Anfang aller Zeiten zurück. Sie sangen, um zu überleben, sie sangen in rauhen Zeiten. Da, wo wir heute sind, sind wir wegen all der Medizinmänner und -frauen, die uns vorausgegangen sind. Sie lernten das Singen auf der Suche nach Visionen.

In unserer Kultur verschenken wir alles, wenn wir jemanden verloren haben. Damals, als mein Mann starb, hatten wir zehn Sofas in unserem Singhaus. Als wir ihn verloren haben, räumten wir alles aus, bis es ganz kahl war. Und auch aus dem Langhaus. Man gibt es weg als Andenken an die Familie und um den Menschen, die einem bei der Beerdigung geholfen haben oder vielleicht durch die Zeit der Krankheit, zu zeigen, daß man sie schätzt. Es ist eine Zeit des Teilens.

Weihnachten war unbekannt bei unserem Volk, sie hatten ja dauernd die *Give aways*. Wir mußten nicht herumsitzen und warten, bis jemand »Fröhliche Weihnachten« zu uns sagte. Viele Menschen verschenkten etwas als Ausdruck der Wertschätzung und Achtung. Sie sagten niemals: »Ich danke dir.« Statt dessen sagte man: »Ich bin aus ganzem Herzen glücklich über das, was du getan hast.«

Außerdem gibt es kein Wort für »*good-bye*«, für »Lebe wohl«. Die Leute hielten nichts davon, sich »Lebe wohl« zu wünschen. Dafür gaben sie sich die Hand und sagten: »Ich gehe jetzt, und ich sehe dich wieder.«

Ich habe viel Spaß gemacht, bevor ich meinen Mann verloren habe vor vier Jahren. Danach konnte ich keinen Witz mehr erzählen oder lachen. Meine Schwiegersöhne und Schwiegertöchter brachten mir die Trauerkleidung, und sie banden mir ein Taschentuch um, damit ich meine Augen schließen konnte. So ging das eineinhalb Jahre. Sich daran zu

Warm Springs

gewöhnen war schwer für mich. Ich habe mich völlig zurückgezogen von allem und jedem. Längere Zeit habe ich überhaupt nicht mehr gesprochen, und dann wurde ich richtig krank und konnte nicht mehr gehen. Nach zwei Monaten fand ich wieder heraus und dachte mir: »Warum um alles in der Welt mache ich das? Warum gebe ich klein bei vor dieser Krankheit?« Aber ich war richtig wieder ich selbst. »Wenn ich gut und dazu bereit bin, dann komme ich aus allem heraus, was mir zusetzt«, dachte ich mir. Und genauso war es, eines Tages fing ich wieder an und übte das Herumgehen, und ich bin einige Male dabei hingefallen. In meinem ganzen Leben war das das Härteste, mit dem ich fertig werden mußte. Der Tod kann dir wirklich ziemlich zusetzen.

Mein Mann hieß Perry Green. Er ist hier geboren und aufgewachsen. Bei der Erziehung unserer Kinder haben wir darauf gesehen, daß sie ihr gesamtes Erbe achteten, denn ich bin eine Warm Springs-Indianerin mit ein bißchen Paiute im Hintergrund. Perrys Mutter war Warm Springs und Wasco, und sein Vater war ein Nez Percé. Deswegen haben wir unseren Kindern die Kultur aller dieser Stämme vermittelt aus dem Grund, daß sie später selbst einen Stamm auswählen konnten, der sie vertreten konnte, wenn sie das wollten. Meine Kinder waren sehr stolz auf ihr Nez Percé-Erbe und vergaßen es nie.

Mein Mann liebte seinen Wasco-Stil. Ihre Kultur ist ein bißchen anders als die Art der Warm Springs. Und ihre Sprache ist anders. Aber auch die Wasco kennen das Medizinsingen. Bei Kindern war man relativ streng mit dem Medizinsingen. Kleine Kinder durften nicht dabei sein, erst die älteren durften in der Kindernacht mitmachen.

Ich bin hier groß geworden, in diesem Tal, ihr nennt es Trockenes Tal. Bei den alten Leuten und in unserer Sprache heißt es aber *Toukse*. *Toukse* ist eine Pflanze, die unsere Leute verwendet haben. Man konnte die festesten Seile und Netze daraus herstellen. Zu uns kamen immer viele Leute, solche, die ein Gebet brauchten und vielleicht etwas Pech gehabt hatten. Sie kamen dann und blieben bei uns, bis sie wieder einigermaßen auf die Beine gekommen waren. Es war ein Platz, an dem wir zusammenkamen. Und wenn du klein bist, dann bist du so unschuldig und rein, und du siehst und hörst viele Dinge.

Wir hatten einen Bach, an dem wir spielten und mit den Fröschen und Wasserläufern sprachen. Eines Tages rannte ich nach Hause und rief meiner Mutter zu: »Richte etwas zu essen her, die Menschen verhungern!«

Und meine Mutter sagte: »Gut, dann müssen wir ihnen wohl helfen.« Sie ging vor das Haus und sagte: »Wo sind sie denn? Ich sehe weder Wagen noch Pferde.«

Also rannte ich zurück zum Bach, und dort drehte ich einen Stein um. Der Frosch versteckte sich, als er meine Mutter sah. Aber dort unter dem Stein waren kleine Frösche, und ich sagte zu meiner Mutter: »Schau nur, sie sind schon fast verhungert!«

Darauf erwiderte sie: »Oh, ich dachte, du hast Menschen gemeint!«

Aber für mich waren sie das ja auch, und deswegen sagte ich zu ihr: »Sei still, sie können dich hören und verstehen.« Das glaubte ich damals, und daran hat sich bis heute nichts geändert.

Drei Schwestern

WARM SPRINGS

Sylvia Walulatuma, 76, Nettie Queahpama, 91, und Matilda Mitchell, 87, leben in dem kleinen Weiler Simnasho auf dem Gebiet der Warm Springs-Reservation. Wie die Three Sisters Mountains, *wo ihre Vorfahren einst lebten, wohnen Sylvia, Nettie und Matilda in benachbarten Häusern. Sie machen keine großen Worte, sind jedoch aufrechte Verfechterinnen der Tradition, in der sie von ihrem Vater, einem Häuptling, erzogen worden waren. Matilda, seit kurzem nach einem Schlaganfall an den Rollstuhl gefesselt, lehrt Kinder die zeremoniellen Lieder und Gesänge in der alten Sahaptin-Sprache. Nachdem 1972 ihr Mann gestorben war, war Matilda der einzige Mensch, der diese heiligen Weissagungslieder noch kannte. Sylvia unternimmt immer noch Reisen, auf denen sie Vorträge über ihre Kultur hält und an Treffen mit Ältesten aus anderen Reservationen teilnimmt.*
Warmherzigkeit und Humor sowie Güte und Freundlichkeit der drei Schwestern haben mich tief berührt.

Sylvia Walulatuma

Ich heiße Sylvia Walulatuma. Ich bin hier in Simnasho geboren, am 10. Dezember 1917. Meine Schwestern Nettie Queahpama und Matilda sind wie ich selbst Warm Springs-Indianerinnen.

Früher lebten wir in einem kleinen Holzhaus mit zwei Zimmern und einem Holzofen. Es hatte viele Ritzen, so wie viele Häuser hier in der Gegend. Unser Vater hatte das unsrige gebaut, als er jung gewesen war, und hier sind viele von uns zur Welt gekommen. Die Menschen lebten über das ganze Gebiet verstreut, hier ein Haus und da ein Haus. Manche konnte man im Winter gar nicht erreichen vor lauter Matsch. Inzwischen leben nicht mehr allzu viele hier heraußen.

Die Regierung hat uns jetzt in diese kleinen Gemeinden umgesiedelt, wo wir eng zusammen leben müssen. Damals gab es viele Farmen, und jeder baute Weizen und Roggen und Gemüse an, zum Beispiel Mais, Karotten, Kartoffeln, Wassermelonen oder Kürbisse. Wir konnten beinahe jede Gemüsesorte anbauen, denn die Anbauperioden waren lang. Seither hat sich viel verändert, Gärten so wie früher können wir fast nicht mehr haben, denn manchmal haben wir praktisch keinen Sommer, und schon wird es wieder kalt. Im Frühling gibt es häufig Fröste, und die Zeit reicht nicht aus, um etwas anzubauen.

Als wir noch so verstreut lebten, sperrten die Leute ihre Häuser nicht ab, denn wenn jemand zu Besuch kam und man war selbst gerade nicht da, konnten sie hereinkommen und es sich gemütlich machen. Jetzt geht das nicht mehr, denn die Leute kämen und würden alles mitnehmen, was du hast.

Die Leute waren immer hilfsbereit. Zum Beispiel in der Erntezeit, als die Leute von Farm zu Farm zogen, denn wir hatten eine Dreschmaschine, die aber allen gehörte. Wenn wir die Maschine brauchten, nachdem jemand anderer damit fertig war, trugen meine Brüder immer Holz und Wasser hinüber, und zwar schnell, und sie baten sie, sie dann zu uns herüberzuschaffen. Es war eine Dampfmaschine, also brauchte man Holz zum Verfeuern. Wenn die Maschine dann bei uns stand, kamen andere zum Helfen, und die Arbeit war

bald erledigt. Wenn sie dann wieder gegangen waren, brachten mein Vater und meine Brüder die Maschine zum nächsten und halfen dort mit.

Manchmal gingen auch meine Schwestern hinüber, wenn sie Hilfe brauchten beim Auftragen oder Kochen. Das war schon schön damals. Die alten Frauen wollten immer, daß ich Stockspiele mit ihnen spielte, und es machte schon Spaß, weil ich ihnen gerne beim Singen zuhörte. Sie hatten teilweise wirklich komische Lieder mit komischen Wörtern drin. Mein Vater, Frank Queahpama sen., war das Oberhaupt der gesamten Reservation, die drei Stämme umfaßte. Damals gab es nur einen Häuptling für die gesamte Reservation, während wir heute drei haben, einen in Warm Springs, einen in Wasco und einen in Paiute.

Heute steht nur noch eine kleine Hütte, wo früher das Langhaus war. Der Boden war aus Erde, und im Winter brannten drei Feuer darin, weil es so kalt war. So ab Dezember kamen dann die Leute und zogen ins Langhaus ein; damit begann, was wir das indianische Neujahr nennen, am 21., das ist der kürzeste Tag des Jahres. Alle schliefen dort und feierten, von dem Zeitpunkt an über Weihnachten bis Neujahr. Abends wurden Andachten abgehalten.

Ich kann mich erinnern, daß es nachmittags verschiedene Tanzveranstaltungen gab, als ich ein kleines Mädchen war. Es gab gewöhnlich auch einen Kindertanz, damit wir nicht im Weg waren, wenn die Erwachsenen tanzen wollten. Uns ließen sie also am Nachmittag tanzen, und dann steckten sie uns ins Bett. Unsere Mutter befestigte eine Art Hängematte an der Wand, legte eine Decke dazu und dann steckte sie uns da hinein, so daß wir den Großen von hier aus beim Tanzen zuschauen konnten. Und wenn wir dann müde wurden, schliefen wir einfach ein.

Die Tänzer trugen keine besonderen Kostüme. Die Frauen hatten Kleider an, und die Männer trugen ihre Hoheitszeichen und Federn. Sie hatten eine große Trommel, und die Männer knieten um die Trommel herum. Dahinter standen einige ältere Frauen, die zur Trommel sangen. Es gab nicht so viele Trommeln wie heute, nur die eine große, die viel Platz brauchte.

In den Wintermonaten erzählten uns die alten Leute Geschichten und Indianerlegenden. An allzu viele Geschichten kann ich mich nicht mehr erinnern, nur noch an Bruchstücke, weil es schon so lange her ist. Aber was schön war damals, unsere Mutter brachte uns etliche Leckereien, manche davon gibt es heute gar nicht mehr. Manchmal kommt mir das wieder in den Sinn, und dann wünsche ich mir, wir hätten sie noch.

Früher gab es massenhaft bestimmte Beeren, bei uns heißen sie Simnasho-Beeren. Hier draußen in den Wiesen gibt es einige Sträucher mit langen Dornen. Die Beeren hängen in Büscheln zusammen, sind voller Samen und süß. Roh konnte man nicht zu viele davon essen, sonst wurde man krank. Wenn wir zum Pflücken gingen, nahm meine Mutter immer eine Holzschüssel und einen langen, glatten Mahlstein und mahlte den ganzen Tag lang Beeren, bis die Samen ganz pulvrig waren. Daraus machte sie dann runde, flache Fladen und ließ sie in der Sonne trocknen. Getrocknet waren sie dann wirklich süß. Dasselbe machte sie mit *service berries* (Frucht des *service tree*, einer Bergesche, *Anm. d. Übers.*). Im Winter mischte sie dann alle möglichen Wurzeln darunter, zum Beispiel *howsh*, die man kochen konnte oder so essen, wie sie waren.

Dann gab es *camas* (nahrhafte Knollenpflanze, *Anm. d. Übers.*), die in einem Erdofen zubereitet wurden und noch heiß in Krüge gefüllt wurden. Sie sind wie kleine Zwiebeln, die in den Wiesen wachsen. Sie haben purpurrote Blüten, und viele Leute ziehen sie in ihren Blumengärten. Man kann sie auf verschiedene Arten zubereiten, aber meine Mutter hob immer eine runde Grube aus, und zuerst machte sie dann darin ein Feuer, damit es richtig warm wurde. Dann mußte man in der Mitte einige Steine aufschichten, und darauf kam dann das Blattzeug. Es mußten verschiedene Arten Grünzeug sein, und eines, an das ich mich erinnere, ist *skunk cabbage*, Skunk-Kohl (*Anm. d. Übers.:* mehrjähriges Arum-Gewächs). Der kam am Schluß dazu, und daneben die *camas*, denn so wurde das ganze richtig süß. Alles wurde zugedeckt, in die Mitte kam ein Stock, und man goß Wasser dazu, bedeckte es mit Rupfen und dann mit Erde. Das Feuer mußte man drei Tage und Nächte am Brennen halten, damit es gar wurde. Wir warteten gespannt darauf, bis es endlich fertig war.

Es gab vieles, was uns unsere Eltern beigebracht haben. Ich weiß aber noch genau, daß sie immer hervorhoben, daß wir unserem Leben nie selbst ein Ende setzen dürften. Obwohl es damals nur wenige Menschen gab, die Selbstmord begingen. Es war eben eine der Lehren.

Ich schätze, sie erzählten uns das für den Fall, daß uns jemals danach zumute sein sollte. Sie sagten, falls man sich selbst das Leben nähme, würde man nie das schöne Land sehen, das uns versprochen ist. Und man würde nie Frieden finden, auch nicht nach dem Tod, denn dann wäre es noch schlimmer, als wenn man noch auf dieser Erde lebte. Man müßte die ganze Zeit umherwandern, und es gäbe niemandem, der einem helfen würde.

Ich kann mich nicht erinnern, daß sich damals jemand das Leben genommen hätte, aber wie gesagt, es war eben eine Warnung für uns. Ich habe keine Ahnung, woher sie es wissen konnten, vielleicht haben es ihnen die Geister erzählt. Denn sogar in den vergangenen Tagen sprachen sie über Dinge, die jetzt eintreten. Damals waren die Zeiten für Kinder nicht so schwierig wie jetzt. Jetzt nehmen sie Drogen, sie trinken Alkohol, begehen Selbstmord und bringen sich gegenseitig um. Man hat vorhergesehen, daß all das eintreten würde, aber damals haben wir nicht verstanden, weil so etwas damals nicht vorkam. In der Weissagung war davon die Rede, daß diese Dinge kommen würden und daß wir die Augen offenhalten sollten. Und jetzt finden wir heraus, daß sie wirklich wußten, was passieren würde. Unsere Alten hatten Lieder, die sie zu singen pflegten, bevor der weiße Mann kam. Meine Schwestern kennen diese Lieder, ich nicht. Sie sprachen darüber, wie diese Weißen wohl aussehen und was sie bringen würden. Sie redeten über die Holzöfen, daß sie etwas aus Stahl dabei haben würden, wo man im Inneren Feuer machen und das Haus warmhalten könnte. Das waren so die Lieder. Sie sangen auch davon, daß sie Sägen mitbringen würden. Damit müssen die Kettensägen, aber auch die Handsägen gemeint sein, die dann später die Bäume umlegen sollten. Sie sangen auch über die Tatsache, daß einige unserer Leute fliegen und zum großen Häuptling gehen würden. Ich glaube, damit meinten sie, daß die Menschen nach Washington, D.C., zu Konferenzen fliegen würden. Darüber sangen sie, bevor der weiße Mann kam.

Wir brauchten sonst nichts, wenn wir beteten, wir beteten einfach – wie ihr in der Kirche, einfach beten. Die beste Zeit zum Beten ist, wenn du aufwachst und die Sonne aufgeht. In unseren Liedern heißt es, daß das die schönste Zeit ist, wenn dein Geist und alles andere frisch ist. Dann betest du für dich selbst und für alle Menschen um dich herum. Und bevor du am Abend ins Bett gehst, wenn du dieses wundervolles Gemälde am Himmel siehst, spät am Abend, das heißt, wenn der Schöpfer zu uns spricht, zu unseren Herzen spricht. Und wenn wir mit unserem Herzen zuhören, wenn er zu uns spricht, dann werden wir das Richtige tun, und wir werden wissen, was er uns mitteilt. Viele Menschen hören nicht darauf, und daher gibt es auf der Welt so viele Probleme. Sie hören nicht hin, wenn er spricht, dabei würde er uns leiten und führen und wissen lassen, wie wir unser Leben leben sollen, wenn wir nur hinhören würden. Meine Eltern haben mich gelehrt, wie man darauf hört. Auch wir haben unsere Zeremonien, zum Beispiel das Wurzelfest, so in der Art von Thanksgiving. Dabei danken wir unserem Schöpfer für die verschiedenen Wurzeln und den Lachs. Und besonders für das Wasser, denn das Wasser gibt uns Leben, und den Pflanzen und den Tieren ebenfalls.

Wir danken auch für die Berge, die für uns einen hohen Wert haben. Er hat uns hier direkt am Fuß der Berge angesiedelt, und die Feuchtigkeit, die wir zum Anbauen brauchen, kommt von den Bergen, sie gibt uns unsere Wurzeln. Wir glauben, daß der Schöpfer uns die Berge auch gab, um uns vor den Winden zu beschützen, damit wir also keine Tornados zu befürchten haben. Und er schenkte uns die Lachse und das Wild und die verschiedensten anderen Tiere.

Wir sind der Erde dankbar, sie gibt uns unsere Pflanzen, unsere Bäume und alles andere, was wir zum Leben brauchen. Wir sollten Mutter Erde beschützen, denn der Schöpfer hat unsere Körper daraus gemacht, und wenn wir sterben, kehren wir zu unserer Mutter Erde zurück.

In unseren Liedern gibt es keine Lehren über Reinkarnation, obwohl wir viele schöne Lieder haben, die wir singen, damit wir erfahren, was in der Zukunft geschieht, wie wir auf unseren Körper achten und wie wir leben sollen.

In einigen der Prophezeiungen heißt es, daß die Erde sich drehen wird, und ich stelle mir vor, daß das bedeutet, daß sie sich sehr rasch drehen wird. Wenn wir also einen von uns beerdigen, achten wir sehr genau darauf, ihn mit dem Gesicht nach Westen zu begraben. Viele Menschen beerdigen ihre Angehörigen mit dem Gesicht nach Osten. Wenn dann diese Zeit kommt, wird sich diese Erde wirklich schnell drehen. Wenn das eintritt, kommt auch der Große Geist, und unser Geist wird sich zu ihm erheben und gehen.

Ich glaube, wir nennen Jesus unseren Bruder, wir sagen nicht Jesus, wir sagen unser Bruder. Und Gott ist unser Vater, unser Schöpfer. Wir brauchen keine Bibel, wenn wir ihm wirklich gut zuhören, spricht er direkt zu unserem Herzen. Manchmal, wenn er uns eine Nachricht zukommen lassen möchte, spricht er unmittelbar durch uns, spricht er zu den Menschen. Ich finde, das ist schon großartig.

Vergangenen Sommer war ich in Deutschland, und ich sollte vor einigen Menschen darüber sprechen. Ich erzählte ihnen genau das gleiche, wie der Schöpfer zu unseren Herzen spricht, und daß wir richtig handeln, wenn wir zuhören. Allen Menschen auf der Erde hat er genau dasselbe mitgegeben, aber manche hören nicht zu. Deshalb hat er euch die Bibel gegeben, damit ihr nachlesen könnt, wenn ihr schon nicht auf euer Herz hört. Viele machen einfach weiter und verhalten sich so, wie sie es für richtig halten, ohne überhaupt jemals zuzuhören.

Auf der anderen Seite des Mount Hood gibt es einen Ort, der Anola Hill heißt. Wir haben für seine Rettung gekämpft, denn dort wollten sie alle Bäume fällen. Das ist eine der Stellen, an die man früher die Kinder brachte und fünf Tage dort ließ. Dann kam ein Tiergeist und wurde zu einem Teil des Kindes und lebte mit ihm zusammen für den Rest seines Lebens. Eines Tages wurde aus dem Kind möglicherweise ein Medizinmensch, der mit diesem Geist heilte.

Das war die einzige Art des Heilens, die unser Volk kannte. Heute ist das nicht mehr so, wir haben alle diese weißen Ärzte, und wir sind von ihnen abhängig. Aber es gibt noch ein paar, die auf die alte Art und Weise suchen und forschen. Aber ich glaube nicht, daß es alle von ihnen aus ganzem Herzen tun. Es gibt einige, die wir die »Als-ob«-Leute nennen, weil sie, im Grunde genommen, doch niemanden heilen.

Sie praktizieren schon noch Medizinsingen, aber es sind nicht ihre eigenen Lieder. Sie kopieren bloß die Lieder derjenigen, von denen sie sie haben. Letztere hatten die Lieder von den Schutzgeistern, und mit diesen Liedern hatten sie sehr viel Macht. Heutzutage bewirken diese Lieder aber nichts mehr, weil es nicht ihre eigenen Lieder sind. Deswegen glauben wir, daß das nichts für sie ist, außer sie suchen diese spirituelle Macht wirklich. Aber nach meinem Gefühl, ich kann nicht glauben, daß es jemals wieder so werden wird wie damals, als wir heranwuchsen, denn der weiße Einfluß auf unsere Kinder ist zu stark. Viele von unseren Kindern wollen nicht zurück zur althergebrachten Lebensweise der Indianer. Zu viele wollen leben wie die Weißen. Es gibt nur sehr wenige, die ein traditionelles Leben führen wollen. Ich glaube deshalb nicht daran, daß da je ein Weg zurückführen wird. Wir versuchen, den Kindern, die zu uns ins Langhaus kommen, etwas mitzugeben, und wir versuchen unser Bestes, sie zu lehren, was unsere Lieder uns gelehrt haben. Aber es gibt nur ganz wenige, die wirklich zuhören, denn da gibt es ja alle diese Sachen wie Drogen und Alkohol und sogar Sport, zum Beispiel Basketball und Baseball, und das zieht die Jugendlichen an. Sport an sich ist in Ordnung, aber diese Dinge beunruhigen uns schon, denn wir hoffen, daß das unsere zukünftigen Führer werden, die einen Wandel herbeiführen. Wir erwarten von ihnen, daß sie das Richtige tun, so daß sie hier in der Reservation immer etwas haben, und daß sie sie erhalten können, wie sie heute ist.

NETTIE QUEAHPAMA

Ich bin Sylvias Schwester, und mein indianischer Name ist Tunastanmi. Den Namen Nettie bekam ich in der Schule. Durch die Heirat erhielt ich den Nachnamen Schowaway, und ich bin 1902 geboren. Meine andere Schwester Matilda ist am 4. Juli 1906 geboren.

Ich bin in Warm Springs zur Welt gekommen in der Nacht, in der meiner Mutter Backpulver und Zündhölzer ausgegangen waren. Sie war rund und schwer mit mir im Bauch, als sie zum Laden ritt. Sie war gerade mit einem Paar Handschuhe fertig geworden, die sie gegen das eintauschen wollte, was sie brauchte. Im Laden wurde ihr plötzlich schlecht, und dort kam dann also ich auf die Welt. Sie wickelte mich in ihre zerrissenen Kleider, und am nächsten Morgen brachte sie mich heim zu meiner großen Schwester und zu meinem Vater.

Häuser machte man damals aus Tule-Rohr*, das in den Sümpfen am Dechutes River wächst. Man stellt das Rohr auf wie bei einem Tipi, mit einer Feuerstelle in der Mitte. Es

---

* Tule-Rohr: binsenartiges Schilfrohr zur Herstellung von Sandalen, Matten, Flößen u.a.m. *(Anm. d. Übers.)*.

war warm, aber ich weiß noch, daß wir im Inneren nicht spielen konnten. Unsere Puppen machten wir aus Stoffetzen selber, und manchmal stiebitzten wir dafür die Quilt-Flicken unserer Mutter. Au weia, wenn wir erwischt wurden, gab es Prügel! Dort lebten wir ungefähr zwölf Jahre, und dann baute mein Vater das Haus, von dem Sylvia gesprochen hat. Mein Großvater war ein Häuptling, und er hatte fünf Frauen. So war das früher. Wenn eine ihren Mann verloren hatte, nahm er sie auf. Alle fünf Frauen halfen ihm. Für sie war es kein Problem, Fisch zu trocknen und Essen zuzubereiten. Wir aßen alles. Sein großes altes Haus hatte eine Küche und ein großes altes Zimmer, und dort schliefen wir. Oben war auch noch Platz, und dort schliefen einige der Jungen.

Ich ging zur Schule, bis das Schulhaus abbrannte. Wir weinten alle, als das passierte, wir wollten es nicht brennen sehen. Dann kam ich in ein Internat. Das war im Ersten Weltkrieg, und zu dieser Zeit erkrankte jeder an einer Art Grippe, und wir mußten auch in den Ferien dort bleiben.

Ich kann mich an die glücklichen Zeiten erinnern, als wir zum Hopfenzupfen gingen. Normalerweise ritten wir, und ich galoppierte einfach drauf los. Ich ritt hinter meiner Tante her, die für uns wie eine Mutter war. Oh, das war die glücklichste Zeit! Ich gab dem Pferd einen Hieb mit der Peitsche und galoppierte ihr nach. Wir verdienten Geld mit dem Hopfenzupfen. Er kam in einen riesengroßen Korb, und wir bekamen fünfundzwanzig Cent, wenn er voll war, und für vier volle gab es einen Dollar, was ein Haufen Geld war. Alle aus der Reservation gingen Hopfenzupfen, Beeren sammeln oder Kirschen pflücken. Als wir zwei Langhäuser hatten, gab es einen ganzen Monat lang indianische Tänze. Die einzigen Tänze, die ich kannte, waren indianische Tänze. Als ich in die Schule kam, versuchte ich es auch mit den weißen Tänzen, so etwas wie Turkey Trot und Foxtrot. Ich habe es einfach ausprobiert, obwohl ich nicht wußte, wie man tanzt.

Aber als ich dann geheiratet habe, habe ich wirklich für mein Leben gern getanzt. Mein erster Mann war William McCartle, und er liebte Tanzen. Damals lernte ich tanzen. Er war halb Wasco und halb Warm Springs. Aber er bekam mich satt und suchte sich eine bessere Frau. Sieben Jahre war ich allein. Ich war traurig und weinte, aber da war nichts daran zu ändern. Ich ließ ihn einfach gehen. Aber dann fand ich einen anderen, einen besseren, und er war so ein guter Mann! Er hat mich nach Strich und Faden verwöhnt. Er hieß Elby Showaway, und er hat mich wirklich gut behandelt.

Meine erste Hochzeit wurde groß gefeiert, mit einem großartigen Austausch von perlenverzierten Beuteln, Wampum-Gürteln und wirklich schönen Decken. Die zweite war nicht so im großen Stil, obwohl wir auch diesmal Geschenke austauschten. Die Brautseite macht die Beutel, die Perlenstickereien und diese Sachen. Von der Seite der Frau kommen auch die Wurzeln. Dafür hatte man diese großen Taschen aus Maisblättern, die voller getrockneter Wurzeln waren. Von der Seite des Mannes kamen schöne Decken, und ein Koffer aus Rohhaut, in dem normalerweise Decke, Schal und andere schöne Sachen waren. Das tauschten sie dann gegen die Wurzeln ein.

Meine Eltern hatten mir ein paar Ratschläge in die Ehe mitgegeben. Ich sollte weder die Beleidigte spielen noch allzu viel herumalbern. Außerdem sollte ich auf jeden Fall früh aufstehen und für das Frühstück sorgen, niemals faul sein, und ich sollte nicht vergessen, mich um meine Schwiegermutter zu kümmern. Und das habe ich getan, solange ich verheiratet war.

WARM SPRINGS

Meine Schwester Matilda erinnert sich noch an die alten Geschichten, aber ich muß sie für sie übersetzen, weil sie kaum Englisch spricht. Sie erzählt uns die Geschichte, wie man unser Volk von Shearsbridge nach hierher umsiedelte, wo unsere Vorfahren ursprünglich im Gebiet um das Tygh Valley gelebt hatten. Die Soldaten hatten unser Volk bedroht, und es waren wiederum die Soldaten, die uns dann hierher in diese Reservation getrieben haben. Sie hat uns auch erzählt, daß unser Urgroßvater, der Großvater unseres Vaters, in Shearsbridge Häuptling gewesen war über alle. Damals hatten sie uns gesagt, es handle sich um eine große Reservation. Wir sollten eine Menge Berge haben in unserer Reservation, bis hin zu den Three Sisters, nordwestlich der Bend and John Bay. Die Three Sisters sind die Blue Montains. Später haben sie uns dann wieder viel davon weggenommen, und immer wieder machten sie unsere Reservation kleiner und kleiner.

Als unsere Leute das erste Mal vertrieben wurden, beschlossen sie alle, sich bei Kah-nee-ta [einem Kurort] niederzulassen und weiter nach unten zur Mündung des Columbia River hin. Die Menschen siedelten den ganzen Flußlauf entlang, denn auch im Winter war es warm. Dort lebten sie viele Jahre. Später siedelte die Regierung dann die Wasco um, und unsere Leute stimmten zu, sich bei Warm Springs niederzulassen. Dort lebten die Wasco. Später wurden dann die Paiute aus den Internierungslagern drüben bei Fort Simcoe, in der Yakima-Reservation, freigelassen, und dann trieben sie sie hier herüber.

Und so hatten die Paiute eines Nachts ihr Lager genau gegenüber aufgeschlagen, wo sich unser Großvater gewöhnlich aufhielt, denn sie waren auf dem Weg zurück nach Fort Hall in Idaho. Von dort waren sie ursprünglich gekommen. Unser Großvater war ein gütiger Mann, und sie taten ihm aufrichtig leid, weil sie den ganzen Weg zu Fuß zurückgelegt hatten, und ihre Füße konnten nicht mehr. Auch ihre Sättel aus Salbei waren völlig abgenutzt. Sie taten ihm leid, auch wenn sie früher einmal unsere Feinde gewesen waren und unserem Volk Schreckliches angetan hatten. Dennoch sagte er, daß sie bleiben konnten – weil er an den Weg des Schöpfers glaubte, denke ich. Also schickten sie sie in den südlichen Teil der Reservation, wo sie heute noch leben. Auch heute denken viele Leute noch, daß es verkehrt war, sie bleiben zu lassen, daß man sie besser an ihren alten Ort zurückgeschickt hätte, aber ich schätze, es war schon richtig, denn es sind doch auch Menschen, wie schon unser Großvater gesagt hatte. Mein Großvater hatte ein Langhaus, und jeden Sonntag gab es eine Andacht. Sie hatten sieben Trommeln, und jeden Sonntag bei ihrer Andacht tanzten sie. Die Wasco waren alle Christen und entweder katholisch oder presbyterianisch getauft. Wir mußten getauft werden, wenn wir ins Internat kamen. Den Christen gefiel nicht, was unser Großvater machte; sie behaupteten, er bete den Teufel an. Es gefiel ihnen nicht, daß er diese Art von Gottesdienst abhielt.

Eines Sonntags, bei der Andacht, kamen einige Wasco-Polizisten herein, packten alle sieben Trommeln und schlitzten sie auf. Dann erwischten sie meinen Großvater und schnitten ihm einen seiner Zöpfe ab, fesselten ihn an Händen und Füßen und schleiften ihn hinter dem Pferd her nach Kah-nee-ta. Seine Haut war bis auf die Knochen zerschunden. Dann warfen sie ihn in dieses Gefängnis, in diesen großen Keller mit Klapperschlangen und Schwarzen Witwen. Sie steckten ihn dort hinein, ohne seine Wunden zu behandeln. Er war jedoch ein tiefgläubiger Mensch, der die ganze Nacht lang betete und sang. Am nächsten Morgen kamen sie, ließen ihn frei und befahlen ihm, diese Reservation zu verlassen, er sei hier nicht länger erwünscht.

Unser Vater hat uns und unseren Vettern und Kusinen diese Geschichte oft erzählt, danach fühlten wir uns jedes Mal elend. Mein Großvater ging dann und nahm drei Frauen mit. Zwei ließ er zurück, sie sollten sich um das Langhaus kümmern, während er nicht da war. Er ging in ein Gebiet am Columbia River, und dort blieb er drei Jahre bei Menschen, die auch sehr gläubig waren. In der Zeit dort lernte er einen katholischen Geistlichen kennen, der ihm zusicherte, mit ihm in die Reservation zurückzukehren und ihn dort zu beschützen. Mein Großvater kehrte zurück und hatte wieder ein Langhaus, und der katholische Geistliche baute seines direkt daneben. Am Morgen beteten sie dann im katholischen Langhaus, und danach hatten sie ihren Lunch zusammen. Und darin bestand ihr Schutz.

MATILDA MITCHELL

In meiner Jugend gab es immer den Peitschenmann. Die Eltern hatte ihn ausgesucht, und einmal die Woche kam er, wenn alle versammelt waren. Unsere Eltern hatten ihm zuvor erklärt, was wir die Woche über angestellt hatten, aber er sagte uns nie, daß er es von unseren Eltern wußte, sondern, daß es ihm ein Vogel erzählt hatte. Unsere Eltern schlugen uns nie, sie waren immer liebevoll zu uns, und wir liebten und achteten sie. Der Peitschenmann tat uns nicht richtig weh. Er verwendete einen kleinen weichen Weidenzweig und schlug uns durch die Kleider auf die Beine. Er sagte: »Wenn ihr stehlen oder lügen oder trinken solltet – aber nein, nein, das tut ihr natürlich nicht!« Er erwähnte alle diese häßlichen Dinge. Also sagte ich nein. Ich wollte gut sein mein ganzes Leben lang. Ich habe nie getrunken; ich habe nie geraucht. Aber ich mochte Jungs, so wie andere Mädchen auch. Mein Vater und meine Mutter waren dagegen, daß ich einen Wasco heiratete. Sie wollten mich von den anderen Nationen fernhalten. Ich wollte einen Wasco heiraten, aber meine Mutter wollte es nicht erlauben. Also gehorchte ich, obwohl es mir weh tat. Ich versuchte immer zu gehorchen. Normalerweise ließ Vater mich seinen Scheck einlösen, und er befahl mir, danach sofort zurückzukommen. Aber da fand eine große Sache drüben in Warm Springs statt. Meine Schwester und ich gingen also und lösten seinen Scheck ein, obwohl wir dableiben und uns amüsieren wollten. Ich war damals schon groß, eine erwachsene Frau von neunzehn Jahren, aber ich mußte ihm immer noch gehorchen. Das ist schwer, jemandem zu gehorchen, richtig schwer, finde ich. Wenn Kinder ihrem Vater und ihrer Mutter gehorchen könnten, sähe die Welt anders aus. Wie die Enkelkinder meiner Schwester. Es ist schön für sie, daß sie zur Kirche gehen. Aber sie gehen in diesen Schuhen und in Shorts, und das gefällt mir nicht. Sie gehen angezogen ganz wie die Weißen.
Wir sind nicht gegen die Kirchen; solange sie ernsthaft daran glauben, daß es ihr Leben ändert, ist es gut. Wir möchten, daß sie ihr Leben so ändern, daß sie auf Alkohol und Drogen verzichten. Das gefällt uns.
Ich habe so viele Enkel und Urenkel, und sogar Ururenkel. Ich möchte ihnen gerne sagen, daß es ganz in Ordnung ist, wenn sie in die weißen Kirchen gehen. Es ist gut für sie, solange sie aufrichtig glauben. Aber wir würden uns freuen, wenn sie danach in unsere Andacht kämen. Unsere Zeremonien im Langhaus dauern den ganzen Tag. Wir glauben, daß sie dieselben Lehren haben, so wie die Bibel sie in der Kirche lehrt. Aber es würde mich freuen, wenn die Kinder ins Langhaus kämen und auch unseren Weg mitbekämen.

UTE

BERTHA GROVE: NATIVE AMERICAN CHURCH

Zum ersten Mal traf ich Bertha Grove bei einer Versammlung der Native American Church* *in der Southern Ute Indian Reservation in Ignacio, Colorado. Die* Native American Church *verwendet Peyote bei ihren Gebeten und Heilzeremonien, und obwohl mich die Geschichten faszinierten, die ich über diese Droge gehört hatte, war ich nach wie vor etwas nervös. Ich war in Begleitung eines befreundeten Nervenarztes und seiner Frau, die indianisches Blut in ihren Adern hatte und eine Heilung wünschte. Auf dem Weg dorthin versicherten wir uns gegenseitig im Spaß, daß wir ja einen Psychiater dabei hätten, der uns wieder hinbekommen würde für den Fall, daß wir ausrasteten. Wie sich dann aber herausstellte, kann man die meisten Geschichten, die mir zu Ohren gekommen waren, getrost als Science-Fiction bezeichnen.*

Die Peyote-Religion kam von südlich der Grenze und hielt bei den amerikanischen Indianern Mitte des 19. Jahrhunderts Einzug. Der kleine Peyote-Kaktus wächst nicht nördlicher als bis Texas, und er war bei den Huichol- und Yaqui-Indianern weit verbreitet. Die Missionare ächteten und verboten seine Verwendung, weil er gegen die kirchliche Lehrmeinung verstieß, wonach Prophezeiungen nicht zulässig waren. Sie waren der Auffassung, er vergifte die Indianer und verhindere deren Rettung. Heute sind viele amerikanische Indianer gegen Peyote aus dem Grund, weil es sich um ein Betäubungsmittel handle und man davon abhängig werden könne. Tatsächlich erzielen Mitglieder der Native American Church *mit dieser Pflanze jedoch beachtliche Erfolge bei der Heilung von Alkoholismus und diversen anderen Krankheiten sowohl psychischer als auch physischer Natur. Seine medizinischen Eigenschaften wurden dokumentiert und als vielseitig verwendbar und wertvoll eingestuft.*

Die Versammlung, an der wir teilnahmen, fand in der Sylvesternacht statt. Es handelt sich um eine alljährlich stattfindende Zeremonie, die wie die allsonntäglichen Treffen von Sonnenuntergang bis Sonnenaufgang dauert. Wir waren etwa fünfzig geladene Gäste und saßen im Kreis um einen halbmondförmigen Altar aus Sand und um ein Feuer, das die ganze Nacht hindurch brannte.

Man ließ leere Kaffeedosen herumgehen, und als ich fragte, was wir damit anstellen sollten, zwinkerte der Straßenmann, der die Teilnehmer durch die Zeremonie geleitete, mir zu und meinte nur: »Das wirst du schon sehen!« Ich mußte grinsen – auf unserer Fahrt von New Mexico herauf hatten wir eben eine ziemliche fettige Mahlzeit zu uns genommen.

Viele hatte Kisten oder Schachteln voller Kultgegenstände mitgebracht: Gebetsschals, Stöcke, Knochenpfeifen oder Gebetsfedern. Einige hatten auch ihre eigenen Wassertrommeln dabei.

---

* *Native American Church*: 1918 im US-Staat Oklahoma gegründete indianische Kirche, 1944 für die gesamten USA und 1955 auch für Kanada geschaffen, in der der Peyote-Kult einen zentralen Platz einnimmt und deren Mitglieder bestimmte ethische Grundsätze wie die Pflicht zur Nächstenliebe oder die Meidung von Alkohol befolgen *(Anm. d. Übers.)*.

UTE | *Im Verlauf der Nacht wurde viermal der Peyote-Tee herumgereicht. Der Stab und die Kürbisflasche gingen von Person zu Person, damit jeder die Gelegenheit zum Singen und Beten hatte, wenn die Reihe an ihn kam.*
Der Tee schmeckte bitter, und ich hatte Schwierigkeiten, ihn hinunterzubekommen. Schon bald nach der ersten Runde wurde mir klar, wozu die leeren Kaffeedosen gedacht waren. Aber zwischen den einzelnen Wellen von Übelkeit geriet ich in einen kontemplativen, ja sogar transzendentalen Zustand, der sowohl von den hypnotisierenden Trommelschlägen und Gesängen als auch vom Tee selbst herrührte. Ich hatte keine Halluzinationen, und am nächsten Tag verspürte ich keinerlei Nachwehen, von einer angenehmen Müdigkeit einmal abgesehen. Meine Freundin hatte sogar das Gefühl, geheilt worden zu sein.
Am Morgen ging das Treffen mit Reden des Straßenmannes, der Feuermänner, des Zedernmannes und einiger weiterer Ältester zu Ende. Daran schloß sich das Frühstück mit traditionellen indianischen Speisen an, wie sie bei Zeremonien gereicht werden. Mich hatten besonders Berthas Worte berührt. Sie hatte zur Einigkeit innerhalb der Familien, zu Liebe und gegenseitigem Verständnis und zur Achtung vor jeder Form des Gebets aufgerufen.
Mehr als ein Jahr danach kam ich zurück, um Bertha zu Hause in Bayfield, Colorado, zu besuchen. Sie hatte soeben eine schwere Krankheit, einen Tumor, überwunden, und das Leben hatte für sie dadurch eine ganz andere, neue Bedeutung erhalten. Wir sprachen bis spät in der Nacht miteinander, dann brachte mir Bertha ein Kissen und eine Decke für das Sofa. Als ich später aufbrach, hatte ich ein tieferes Verständnis für den Begriff »Familie« und für die den Indianern so am Herzen liegende Tradition, »einen Verwandten zu gewinnen«, entwickelt. Irgendwie hatte ich das Gefühl, eine Verwandte gewonnen zu haben.

Was ist Wirklichkeit, und was ist Illusion? Offenbar hat mich eine solche Erfahrung wie diese schwere Krankheit aus der Illusion herausgeführt. Danach bin ich aufgewacht, und ich habe mich in der Wirklichkeit wiedergefunden. Jetzt sehe ich die Dinge in einem anderen Licht. Was mich früher aufgeregt oder enttäuscht hat, oder was mich wütend gemacht hat, berührt mich jetzt nicht mehr. Wenn du diese Illusion hinter dir gelassen hast, dann siehst du mit mehr Humor auf die Welt um dich herum. Du nimmst dir Zeit und überlegst dir alles in Ruhe. Es sieht so aus, aus hätte ich jetzt den eigentlichen Sinn des Lebens verstanden. Die Alten sagten vor langer, langer Zeit, der Traum wäre die Wirklichkeit. Jetzt bin ich erwacht. Ich kann sehen, was rund um mich vorgeht.

Eines der Dinge, das wir verstehen, wenn wir erwachen, ist Vertrauen. Und Glauben. Immer, jeden Morgen danke ich dem Schöpfer. Wir müssen unsere Dankbarkeit zeigen, das ist etwas, was ich inzwischen gelernt habe. Dem Schöpfer für dein Leben danken. Unser Dank, daß es uns gibt, bedeutet dem Schöpfer viel.

Die Menschen wissen manchmal nicht, was ihnen widerfahren ist, oder sie können sich nicht daran erinnern. Sie sind unfähig, den Grund herauszufinden, warum sie so verwirrt sind, besonders bei Sachen, die in ihrer Kindheit passiert sind. In meiner Kindheit habe ich die meiste Zeit Schafe gehütet, und dort habe ich viel meditiert. Ich hatte immer ein paar Hunde dabei. Eine einsame Zeit war das. Damals habe ich mir viele Gedanken gemacht, wie ich mich auf mein Leben vorbereiten könnte. Ich hörte dem Wind zu und den Vögeln und den Tieren, während ich die Schafe nicht aus den Augen ließ. Das ist die Grundlage, auf der ich zu dem Menschen wurde, der ich bin.

UTE

Eine der traurigsten Erfahrungen in meinem Leben war der Tod meiner Mutter, ich war damals neun Jahre alt. Da wurde mir so richtig klar, wie alleine ich tatsächlich dastand. Als sie krank wurde, war ich diejenige, die sich um sie gekümmert hat. Ich mußte das Pferd satteln, um sie ins Krankenhaus zu bringen, wo sie sie operierten. Danach half ich meiner Schwester beim Hausputz, weil wir glaubten, sie wäre bald wieder zu Hause. Aber das war nicht der Fall, sie starb bald nach der Operation.

In der Nacht war die Totenwache, aber die Kinder durften nicht dabei sein. Als sie sie fertig machten, kamen meine Onkel und Tanten und holten alle Kinder zusammen, außer mir. Ich sah durchs Fenster und sah, wie sie alle Kinder über den Sarg hochhoben, damit sie »Lebewohl« sagen konnten. Und da war also ich, ich weinte und wäre so gerne auch dort dabei gewesen. Niemand kam und holte mich. Sie gingen zur Beerdigung und ließen mich allein daheim. Jeder, aber auch jeder hatte mich vollkommen vergessen, und das quälte mich jahrelang.

Ich weiß, daß die Art, wie ich als Kind behandelt worden bin, mich schließlich eingeholt hat, und mir ging es wirklich miserabel. Ich habe denselben Schmerz empfunden, den ich lange Zeit mit mir herumgetragen habe, aber ich mußte vergeben. Die Indianer kennen dafür einen Weg, der nicht allzu vielen Menschen bekannt ist. Ich erzähle auch nicht sehr vielen darüber, aber dabei geht es darum, in die Natur zu gehen und nach einem Felsen Ausschau zu halten oder nach irgendeinem anderen Gegenstand, von dem du möchtest, daß er dich vertritt, für dich steht. Dann sprichst du darüber, daß du dir selbst verzeihst und daß du den Menschen vergibst, die dich verletzt haben. Du konzentrierst dich auf alles, was dir Kummer bereitet hat, und dann läßt du ihn los und gibst ihn Mutter Erde zurück.

Nur die Spiritualität hält Welt und Menschheit zusammen. Wenn sie verschwindet, bleibt nichts zurück. Wie ein Toter, wenn der Geist ihn verläßt. Es braucht Jahre, bis man lernt, der Typ Mensch zu sein, der man sein muß. Das ist nicht wie in der Schule, wo man nach vier Jahren College seinen Abschluß macht und dann alles weiß. Spiritualität ist anders. Um ein Heiler oder ein Träger der Pfeife zu werden, muß man demütig sein. Meine Lehren laufen darauf hinaus, daß eines nach dem anderen geschaffen wurde, alle die Bäume, die Tiere, die Insekten und am Ende der Mensch. Wir waren als schönster Teil der Schöpfung gedacht, und trotzdem ermahnen sie uns immerzu, demütiger als die Insekten zu sein, demütiger als die niedrigste kriechende Kreatur.

Ich bin in einem Tipi groß geworden. Wir sind mit Pferden und Kutschen aufgewachsen. Als ich auf die Welt kam, errichtete die Regierung diese Adobe-Häuser mit zwei Zimmern. Das war 1923, um die Depressionszeit herum. Mir war nicht klar, daß wir sehr, sehr arm gewesen waren. Das war überall und bei jedem so. Ich war eines von diesen Kindern, bei denen die Eltern zu arm waren, um sie alle zu behalten, also gaben sie eines an eine Tante oder einen Onkel oder die Großeltern weiter, damit die es großzogen.

Meine Großmutter machte unser Tipi selbst, und damals gab es kein Zelttuch. Normalerweise nahm sie diese großen Mehlsäcke her. Sie nahm sie doppelt, und das hielt den Regen draußen. Ich weiß nicht genau, wie sie es gemacht hat, möglicherweise waren es vier Lagen. Die Südseite war mein »Zimmer«, mein Raum. Die Westseite, der größere Bereich, war für meinen Großvater, und die Nordseite war für meine Großmutter. In der Mitte war die Feuerstelle. Lebensmittel und Geschirr waren in dem Zwischenraum zwischen meiner

Großmutter und der Tür. Auf meiner Seite waren Holz und Wasser. Alles, was wir besaßen, verstauten wir in Futtersäcken. Mein Großvater hatte seine Sachen am hinteren Ende, was zudem die Zugluft abhielt.

Mein Großvater war ein Schamane, ein Medizinmann. Er behandelte die Menschen aus dem Navajo- und Apachen-Gebiet, Ute, eben Menschen, die ihn um eine solche Hilfe baten. Es gibt bestimmte Benimmregeln, wie man mit so einem Mann zusammenlebt. Man machte im Tipi keinen Krach, kam von Süden herein und bewegte sich im Uhrzeigersinn, und genauso bewegte man sich beim Hinausgehen.

Meine Großeltern erzählten mir viele Legenden, und sie sangen mir Lieder vor, bis ich eingeschlafen war. Die Wintermonate waren die Zeit, in der sie Geschichten erzählten. Manchmal machte meine Großmutter Bratäpfel in der Glut, und manchmal Kuchen mit getrocknetem Obst und Wildbeeren. Dazu aßen wir geröstetes Brot, das sie für uns gebacken hatte. Fleisch gab es selten, denn es war schwierig, Patronen für die Gewehre zu bekommen, damit man zur Jagd gehen konnte.

Mein Großvater redete mit uns, wenn wir alle zusammen am Boden saßen und aßen. Bei diesen Gelegenheiten erzählte er uns, wie das Leben so sein konnte. Gewöhnlich ermahnte er uns, nicht zu rauchen, denn auch damals gab es Marihuana, und möglicherweise bekam man von jemandem etwas angeboten, damit man seiner Sinne nicht mehr mächtig war. Hatte man geraucht, konnte einem das lange nachhängen. »Raucht nicht und trinkt nicht.« Ich hatte enormen Respekt vor meinem Großvater. Ich liebte ihn, und gleichzeitig hatte ich Angst vor ihm. Später begann mein Großvater dann, über spirituelle Dinge zu sprechen. Er lehrte uns, wie heilig die Zeremonien waren. Ab und zu öffnete er die große Kiste, in der er alle seine Gegenstände für die Zeremonien aufbewahrte. Wir durften sie uns genau ansehen, und vielleicht durften wir auch einmal etwas in die Hand nehmen. Und er erklärte, was Jungen berühren dürfen, Mädchen aber nicht. Und was eine Frau tun kann, ein Mann aber nicht. Er erzählte uns von den Adlerfedern und den Gegenständen, die man bei den Zeremonien braucht.

Als Kinder spielten wir auf unsere Art Doktor. Einer mußte daliegen, als ob er krank wäre, dann riefen wir einen Medizinmann herbei, und der ging dann alle Bewegungen durch, so wie wir es bei unserem Großvater gesehen hatten. Wir wiederholten sogar die Worte, mit denen er kommentierte, was er sah. Wir nahmen es mit unserem Spiel schon sehr genau. Auf diese Weise lernten wir.

Mein Großvater war außerdem Sonnentanz-Häuptling, und ich bin mit dem Langhaus-Weg groß geworden. Aber als ich in die *Native American Church* heiratete, wollte ein Großteil der Familie nichts mehr mit mir zu tun haben. Ich glaube nicht, daß die Peyote-Medizin damals illegal war. Als ich damit anfing, fanden die Zeremonien nicht in der Reservation statt, weil zu viele wichtige Familien, wie die von Häuptling Buckskin Charlie, Mitglied der *Native American Church* waren. Er war der erste, der hier damit anfing Ende des vorigen Jahrhunderts, und er starb 1936.

Bei der Versammlung nahm man vier getrocknete, ganze Stücke. Damals pulverisierte man sie nicht oder machte Tee aus dem Peyote, er blieb ganz. Sie hatten auch keinen Rauch, sie beteten nur mit der Zeder. Die Cheyenne haben den Peyote-Rauch eingeführt. Auf Versammlungen hatte ich alle möglichen Visionen. Diese innere Seite hatte ich immer. Schon als kleines Mädchen hatte ich Alpträume mit diesen getrockneten, runden Schnüren, die

UTE

mich jagten. Es war, als ob jemand versuchen würde, sie mir um den Hals zu wickeln, und davor hatte ich gräßliche Angst. Diesen Traum hatte ich immer wieder. Nachdem ich dann in diese Familie eingeheiratet hatte, sah ich den Peyote an Schnüren aufgefädelt, und da wurde mir klar, daß das die Schnur war, von der ich geträumt hatte. Seit meiner Kindheit hat sie versucht, mich zu fangen. Jetzt habe ich diese Träume nicht mehr, weil ich endlich dahintergekommen bin, was es ist.

Durch die *Native American Church* begann ich, Freundschaften zu schließen. Hier bekam ich endlich das Gefühl, gebraucht zu werden, erwünscht zu sein und daß man mich mag. Ich war nicht mehr einsam. Als ich in die Kirche heiratete, hielten nur meine zwei jüngeren Schwestern und mein Bruder zu mir. Damals dachten viele Menschen, die Kirche und Teufelsanbetung wären dasselbe. Aber der Rest meiner Familie will nichts mehr mit mir zu tun haben, und wenn wir uns auf der Straße begegnen, gehen sie an mir vorbei, als ob sie mich nicht kennen würden. Das ist heute noch so, und dabei bin ich schon sechsundvierzig Jahre dabei.

Es stimmt, daß man eine Menge Kontakte knüpft durch die *Native American Church*, denn es ist die Medizin selbst, die die Menschen zusammenbringt. Die Medizin ist wie ein Instrument, ein Werkzeug, das den Menschen hilft. Das gilt auch für Wasser und Zeder, die wir zur Reinigung verwenden. Wir nennen die Medizin »Großvater« und das Feuer »Großvater Feuer«, und jedes Jahr veranstalten wir Pilgerfahrten zu den Feldern in Texas, um an die Medizin zu kommen. Aber sogar das hat sich geändert. Anfangs gab es weder Zäune noch Ölfelder. Man konnte einfach hinkommen und draußen im Freien übernachten, ein Feuer anzünden und rauchen. Zuerst sucht sich jeder eine Stelle, dann raucht man, und dann zieht man wieder los und sucht noch mehr Peyote. Wenn du davon ißt, findest du sie leichter. Sonst könnte man darauf stehen und es immer noch nicht merken, so sind sie. Aber wenn man einen ißt, sieht man sie. Und dann verrichten wir unsere Gebete. Wir lassen ein wenig Tabak als Opfer da, und wir lassen auch ein anderes Geschenk da, einen Schal zum Beispiel oder auch eine Feder. Dann fragen wir die Medizin, ob wir sie zu unserem Volk mitnehmen dürfen, damit wir ihnen helfen können.

Ich weiß noch, einmal habe ich mit geschlossenen Augen gebetet, und ich hatte das Gefühl, daß jemand hinter mir stehen würde. Als ich meine Augen öffnete, sah ich diesen Menschen hinter mir, wie er sein Gewicht von einem Bein auf das andere verlagerte. Er trug eine Zeremoniendecke und Mokassins, und einen Augenblick lang dachte ich, es sei mein Sohn Junior, denn auf dieser Fahrt ziehen wir normalerweise Mokassins an und einen Schal, wie wenn wir zu einer Versammlung gehen würden.

Ich wunderte mich nur, warum ich ihn nicht hatte näherkommen hören. Schließlich drehte ich mich um und sagte: »Rauch doch eine mit mir!« Aber da war niemand, und Junior sah ich weiter unten am Hügel. Ich begann zu beten, und da sah ich ihn wieder. Und jetzt wurde mir klar, daß er der Schutzgeist der Medizin war. Jetzt weiß ich also, daß es ein Geist ist, so wie du und ich.

Vor einem Jahr wurde ich sehr krank. Die Ärzte machten Röntgenbilder von mir und teilten mir mit, daß ich einen Tumor im Magen hätte, und sie wollten sofort operieren. Das Wochenende, bevor ich ins Krankenhaus sollte, organisierten mein Mann und mein Sohn eine Tipizeremonie der *Native American Church* für mich.

Es kamen viele Menschen, und sie kamen von überallher, um mit mir und für mich zu beten. Sie legten mich in die Südwestecke des Tipi und flößten mir die Medizin schöpflöffelweise ein. Nach der zweiten Runde fiel ich in eine Art Trance. Es war nach Mitternacht und an der Zeit, noch mehr von dem Wasser zu trinken, und mein Mann kniete vor mir und rief, ich sollte aufwachen. Ich kam zu mir, so als ob ich geschlafen hätte, und trank das Wasser. Das nächste Ritual begann, aber mir war schlecht, und ich wollte nach draußen. Meine Schwester, mein Bruder und mein Mann begleiteten mich, und sie hatten einen Blechtopf dabei, falls mir schlecht werden sollte. Ich wußte selbst nicht, ob ich zur Toilette gehen oder mich übergeben sollte. Aber dann begann ich zu würgen, und etwas, so groß wie ein Truthahnmagen, kam heraus. Es war so hart, daß es ein dumpfes Geräusch gab, als es in den Topf plumpste. Mein Mann versuchte später, es durchzuschneiden, aber es war zu hart.

Am Montag ging ich dann wieder in das Krankenhaus. Ich wurde noch einmal geröntgt, aber auf dem Bild war nichts zu sehen. Die Ärzte konnten es nicht fassen. Ich sagte ihnen nicht, was sich zugetragen hatte, sondern ging einfach nach Hause. Jetzt denke ich, ich hätte es schon viel früher machen sollen, aber vielleicht war die Zeit dafür noch nicht reif. Ich habe gelernt, geduldig zu sein. Es hat eine Zeit gegeben, da rauschte mein Glauben zum Fenster hinaus. Aber das war eine der Zeiten, wo man wirklich am Boden zerstört ist und die Kraft finden muß, wieder auf die Beine zu kommen. Danach sind wir dann um so vieles stärker, denn jedesmal, wenn der Großvater uns eins draufgibt, lernen wir etwas dazu. Wie es aussieht, verstehen wir um so mehr, je mehr wir mitgemacht haben.

Seminolen

Sonny Billie: Ein Miccosukee-Medizinmann

Der Medizinmann Sonny Billie stammt von Josie und Ingraham Billie, den zwei berühmtesten traditionellen Medizinmännern der Seminolen im zwanzigsten Jahrhundert, ab. Einsfünfundachtzig groß und gut zwei Zentner schwer, blieben seine Heilungspraktiken ein Geheimnis. Aber heute, an einem Maitag des Jahres 1993, versammelte sich eine kleine Gruppe an Sonnys Lagerplatz in den Everglades in Florida, um The Sonny Billie Foundation for Native Cultural Studies, die »Sonny Billie-Stiftung zum Studium der Kulturen der Ureinwohner« ins Leben zu rufen. Sonny Billies Ziel ist es, einen Garten anzulegen, der zu einer nie versiegenden Quelle an Heilpflanzen werden soll, die in den durch die Umweltverschmutzung gefährdeten Everglades immer schwieriger zu finden sind.

Im frühen sechzehnten Jahrhundert bestand die Nation der Creek aus zwei Sprachgruppen, den Muskogee und der Hitchiti sprechenden Gruppe, die später den Namen »Mikasuki« (Miccosukee) annahm. Die heutigen Miccosukee-Indianer lebten einst in Gegenden, die jetzt zu North Carolina und South Carolina beziehungsweise zu Georgia gehören. Später ließen sie sich in der Ortschaft Miccosukee im nördlichen Florida nieder, die zwischen Tallahassee in Florida und Thomasville in Georgia liegt. Die Muskogee nannten diese Überläufer und Flüchtlinge »Si-min-oli«, das heißt Ausreißer. Unter ihnen waren Geächtete und Sklaven, die in den dichten Wäldern Floridas Zuflucht suchten. Während der Seminolenkriege im neunzehnten Jahrhundert gingen aus den Reihen der Miccosukee tapfere Führer hervor, darunter auch der gefürchtete Osceola. Am Ende der Kriege hatten nur an die dreihundert überlebt. Sie flohen in die abgelegenen Sümpfe und Marschen des südlichen Florida. Dort lebten sie bis ins zwanzigste Jahrhundert, abgeschnitten vom Rest der Welt. Heute gibt es knapp zweitausend Seminolen, von denen die meisten in oder nahe den fünf Reservationen in Florida leben. Auf dem Foto ist Sonny Billie mit seiner Mutter Edie Buster Billie (geb. 1889) abgebildet.

Ich bin unter den Miccosukee-Medizinmenschen groß geworden. Ich bin in die Medizin hineingeboren worden, damit aufgewachsen von dem Augenblick an, an dem ich den Leib meiner Mutter verlassen habe. Anfangs war mir das überhaupt nicht bewußt. Ich wußte einige Sachen, aber ich wollte einfach nur ein normaler Mensch sein.

Aber dann starb meine erste Frau an einer Herzkrankheit, von der ich nicht einmal wußte, daß sie daran gelitten hatte – unser Baby war damals achtzehn Monate alt. Ihre Familie hatte sie deswegen nie behandeln lassen. Das versetzte mir einen Schock. Ich wandte mich dann an meine Mutter und Ingraham Billie und Josie Billie und redete mit ihnen, und sie rüttelten mich auf. Danach beschloß ich, mich eingehend mit Pflanzenmedizin auseinanderzusetzen.

Josie Billie war ein berühmter Medizinmann. Selbst Forscher aus dem Pharmakonzern Upjohn analysierten seine Kräutertees. Jahrelang hatte sein Tee Indianer von ihrer »Geisteskrankheit« geheilt, aber Josie behauptete, die Medizin sei längst nicht so wirksam, wenn sie ohne die Gesänge und das Fasten des Medizinmannes gemacht wird. Er sagte immer, der Geist der Medizin käme aus dem Inneren des Menschen, der die Macht hätte.

Auch ein anderer von meinen Onkeln war ein sehr bekannter Kräuterdoktor, er hieß Jimmy Tommie. Wenn er zu Besuch kam, setzte er sich zu uns Geschwistern und erzählte und zeigte uns so einiges. Von ihm lernten wir, daß medizinisches Wissen abschnittweise kommt, so wie die Jahreszeiten. Wir hatten große Achtung vor ihm. Auch Ingraham Billie, der als der klügste Indianer unseres Stammes gilt, kam viel zu uns, saß bei uns und sprach mit uns. Einmal sah ich Ingraham Billie ein kleines Chickee, eine Art Hütte, für einen seiner Patienten bauen. Außer ihm und seiner indianischen Pflegerin durfte sich niemand in der Nähe dieses Chickee aufhalten. Sie bereiteten alle Mahlzeiten und Medizinen vor. Er verbot uns, in die Nähe zu kommen, aber du weißt ja, wie du bist, wenn du klein bist, also schlich ich hinein und sah mich um. Der Patient sah aus, als wäre er aus einer glibberigen Masse, er hatte keinerlei Kontrolle über seinen Körper. Aber einen Monat später sah ich ihn herauskommen und mit seiner Frau spazierengehen. Deswegen fragte ich meine Mutter: »Warum kommen diese Kranken hier in die Gegend?« Und meine Mutter erklärte mir, meine Verwandten wären Kräuterdoktoren und daß ich eine umfassende Ausbildung vor mir hätte, um das Wissen zu erwerben, das notwendig wäre, um selber einer zu werden. Sie sagte mir aber auch, wenn ich das wollte, würde die Zeit für mich schon noch kommen, um all das zu lernen.

Als ich dann älter wurde, lernte ich bei meinen Onkeln. Schriftlich festgehalten ist nichts, man muß alles auswendig lernen. Das tun sie, weil man uns gesagt hat, daß die weißen Menschen lange Zeit hier bleiben würden. Zuerst die Franzosen, dann die Spanier, aber alle waren sie so begierig auf unser Wissen wie die Weißen heute. Unsere Heiler wollten nicht, daß diese Leute uns alles wegnahmen, und daher machten sie die Information unleserlich. Du mußt alles selbst auswendig lernen, dein Kopf wird wie ein Buch. Auf der einen Seite in deinem Hirn lernst du alles, was du für die Behandlungen brauchst, und in der anderen Hälfte speicherst du alle Pflichten, wie du dein Leben organisierst und deine Familie ernährst. So hat man uns das beigebracht, alles in unserem Kopf aufzubewahren.

Als sie mir zum ersten Mal das Medizinbündel gaben, lehrten sie mich auch die Richtlinien. Sie gaben bekannt, ich wäre ein Doktor. Sie gaben es öffentlich bekannt, und von dem Augenblick an kamen die Menschen um Medizinen zu mir. Du darfst niemanden abweisen, der dich wegen seiner Gesundheit aufsucht. Du mußt ihm helfen. Das sollten eigentlich alle Medizinleute, die Rasse spielt da keine Rolle, sie müssen helfen. Nachdem sie es bekannt gegeben hatten, begannen viele Menschen, zu mir zu kommen.

Ich war also mein ganzes Leben lang von Medizinmenschen umgeben. Was Ausbildung und Gebete anbelangt, so erinnere ich mich an ein Gebetslied, das ich als Kind oft gesungen habe. Es war das Lied, das man bei kleineren Verbrennungen singt; es kühlt, damit sich keine Blasen bilden. An und für sich sollte ich es nie in der Öffentlichkeit singen, aber dieses Lied gefiel mir so gut, daß ich einfach mußte. Ich schätze, ich hatte einen gewissen Vorsprung mitbekommen, was dieses Wissen angeht. Ich lernte es etappenweise, als ich älter wurde. Und je älter ich wurde, um so mehr mußte ich lernen. Damals wurde mir langsam

bewußt, daß Nichtindianer auf die gleiche Art und Weise Medizin studieren. Bis dahin hatte ich immer gedacht, nur Indianer würden so vorgehen.
In gewissen Abschnitten meiner Ausbildung suchte ich den Arzt des weißen Mannes auf. Ich erfuhr, daß es auch in ihrer Medizin Richtlinien gab. Der Unterschied liegt darin, daß wir Heilpflanzen verwenden. Damals war das besser, denn Luft und Nahrung waren rein. Auch wenn es so aussieht, daß das Leben heute besser geworden ist, für unsere Medizin gilt das nicht. So bin ich auf den Gedanken gekommen, an dieser Situation etwas zu verbessern, indem ich eine Heilstätte gründete, wo wir unsere Medizinen anbauen können.

Ich habe viele Patienten gehabt in den dreißig Jahren, seit denen ich praktiziere. Eine von ihnen war meine zweitälteste Tochter. Sie bekam Asthma, als sie ungefähr sechs Jahre alt war. Ich begann nachzuforschen und suchte mehrere indianische Ärzte auf, um herauszubekommen, wie ihr am besten zu helfen wäre. Ich versuchte, diese Medizin gegen Asthma immer weiter zu verbessern. Schließlich zerlegte ich das Ganze in Behandlungen für Herz, Lunge, Leber, Niere und andere Systeme im Körper. Ich studierte die einzelnen Teile des menschlichen Körpers, und dann studierte ich die einzelnen Pflanzen. Ich fand heraus, welche Pflanze für welchen Teil des Körpers am besten geeignet war, und wie ich die Rezeptur zusammenstellen mußte, um ihr Asthma zu heilen.
Mir ist bekannt, daß die Lungen eines Asthmapatienten an bestimmten Tagen nicht richtig funktionieren, an feuchten oder regnerischen Tagen zum Beispiel. An warmen, trockenen Tagen funktionieren sie wunderbar. Ich machte weiter und stellte gründliche Nachforschungen an. Schließlich dachte ich, ich hätte es geschafft. Ich sprach mit meiner Frau darüber. Jeder gute Ehemann würde immer zur Mutter seiner Familie oder zu seiner Frau gehen. Besonders dann, wenn man die Verantwortung trägt für so vieles, muß man sich mit seiner Frau zusammensetzen. Also teilte ich meiner Frau mit, woran ich gearbeitet hatte und was dabei herausgekommen war. Ich erzählte ihr, daß ich das nötige Wissen beisammen hatte und daß ich meine Tochter behandeln wollte. »Aber nachdem sie ja genauso deine Tochter ist«, sagte ich zu ihr, »möchte ich nicht die alleinige Verantwortung übernehmen.« Ich brauchte ihre Zustimmung und ihr Einverständnis, was auch immer ihr Herz zu diesem Thema wünschte. Sie fragte mich, ob ich auch wirklich gut genug Bescheid wüßte. Mit letzter Sicherheit konnte ich nicht ja sagen, denn so vieles andere mußte noch erforscht werden. Sie entschied dann, daß es ihr nicht recht wäre, wenn ich die Behandlung durchführte. Darüber war ich schon irgendwie verstimmt. Aber wir beließen es dabei und unternahmen nichts weiter in dieser Sache. Mein kleines Mädchen hatte dem Gespräch zugehört, und sie hatte auch verstanden, worüber wir gesprochen hatten. Später heiratete sie dann und lebte bei ihrem Mann. Sie hatte viele Asthmaanfälle. Eines Tages kam sie zu mir und meinte: »Weißt du noch, als du mit Mama über meine Asthmabehandlung geredet hast, und sie war dagegen, und habt euch gestritten?«
»Ja«, sagte ich.
Sie sagte daraufhin: »Ja also, diese Medizin, von der du damals geredet hast, ich würde sie gerne anwenden.«
Ich erwiderte: »Schön, laß mir ein paar Tage Zeit. Ich besorge die Heilpflanzen und überlege mir die Zusammensetzung noch einmal. Aber hast du mit deiner Mutter darüber gesprochen?«

SEMINOLEN

Sie sagte: »Nein, ich werde mit niemandem darüber reden. Das bleibt unter uns, dir, mir und der Medizin.«

»Natürlich«, entgegnete ich, »du bist jetzt ja alt genug, deine eigenen Entscheidungen zu treffen. Es freut mich aber, daß du das noch nicht vergessen hast.«

Ich stellte die Medizin zusammen und erklärte ihr, wie sie einzunehmen wäre. Unmittelbar darauf bekam sie einen Asthmaanfall. Ich bekam Angst, ich würde sie umbringen; es ging ihr wirklich schlecht, und sie bekam fast keine Luft. So ging das zwölf Stunden. Danach bekam sie jedoch keine weiteren Anfälle. Manchmal sieht es schon danach aus, aber es wird nie ein richtiger Anfall daraus. Seither habe ich auch andere Patienten mit Asthma behandelt. Das ist ein Gebiet, auf dem ich die Medizin für ein Leiden wirklich verbessern konnte.

Mein nächster Schritt führte mich dazu, an Diabetes, an der Zuckerkrankheit zu arbeiten. Ich schätze, ich bin ein sturer Mensch. Meine Frau hatte lange Probleme mit Zucker. Sie war mein Versuchskaninchen, an dem ich meine Medizin ausprobierte – mit ihrer Zustimmung natürlich.

Heute sehe ich nichtindianische Ärzte in einigen Bereichen mit uns zusammenarbeiten. Wenn wir von Anfang an zusammengearbeitet hätten, gäbe es vielleicht viel mehr Verbesserungen bei den verfügbaren Behandlungsmöglichkeiten. Aber es liegt mir nicht, hinzugehen und Verwirrung zu stiften, besonders nicht bei nichtindianischen Ärzten. Meistens, wenn ich das Gefühl habe, es gibt einen Draht zwischen uns, dann arbeite ich einfach mit ihnen zusammen und versuche, sie zu unterstützen.

Ich singe ein Gebetslied in meiner Sprache, in dem es um Erziehung und Ausbildung geht und darum, allen Nationalitäten behilflich zu sein. Du kannst das von vielen Seiten her betrachten. Wenn du etwas gelernt hast, kannst du den Menschen Gutes tun und sie unterstützen. Man sagt, wenn du viel weißt, kannst du den Menschen helfen, und dadurch wirst du glücklich. Es heißt aber auch, daß viele Menschen dich um dein Wissen beneiden und versuchen werden, dich zu verletzen. In unserer Sprache gibt es keinen Ausdruck für »Es tut mir leid«.

Aus diesem Grund sagt ein wissender Indianer oft nicht allzuviel, und etliche Weiße halten ihn dann fälschlicherweise für dumm. Wir wurden jedoch erzogen, uns nicht voreilig zu äußern, außer wir waren uns unserer Sache sicher, denn Worte können wie Waffen sein, sie können verletzen. Der weiße Mann dagegen hat eine ganze Reihe von Ausdrücken für »Es tut mir leid«.

Ich weiß noch, daß die Priester uns eintrichtern wollten, unsere Medizin nicht mehr zu verwenden. Das hat viele von uns getötet, deshalb sind nur noch so wenige von uns übrig. In meinem Stamm gibt es nur noch sechs, die wissen, wie man diese Medizinen zusammenstellt und die es auch tun. Und deshalb versuche ich weiterzumachen mit dieser Arbeit. Ich muß weitermachen, unser Leben zu verbessern. Das ist mein Glaube, und das ist meine Medizin.

ANNIE JIMMIE: LEGENDEN DER SEMINOLEN

Annie Jimmie ist eine geachtete Älteste und Medizinfrau. Sie bekam ihr Wissen von ihrem Vater, dem Medizinmann Little Doctor, vermittelt. Von ihm hat sie auch die Legenden und Medizingeschichten, die sie erzählt. Annie lernte nie Englisch, und sie trägt ausschließlich die traditionelle Kleidung ihrer Nation. Wir saßen im Schatten eines Chickee und unterhielten uns mit Hilfe eines Dolmetschers.

Ich bin im Glades County in Florida zur Welt gekommen. In welchem Jahr weiß ich nicht, denn wir hatten keinen Kalender oder zählten die Jahre wie die Nichtindianer damals. Wir lebten in einem Lager, wo wir viel Zuckerrohr und Kartoffeln anbauten. Damals brannte man seinen eigenen Schnaps aus dem Zuckerrohr. Von den Weißen hatte ich lange Zeit nur gehört, aber ich hatte keinen Kontakt zu ihnen bis zu dem Zeitpunkt, als wir zu einer Touristenhochburg in Miami zogen und uns dort eine Weile aufhielten. Damals sah ich zum ersten Mal Nichtindianer. Und dort wurde mir richtig bewußt, daß es außer uns Indianern auch eine andere Menschenrasse gab.

Meine Eltern besuchten die Mutter meines Vaters, und sie hatten uns mitgenommen, damit sie uns sehen konnte, solange wir noch Kinder waren. Wir zogen dorthin und besuchten sie, als sie schon bettlägrig war. Ich denke, sie wollte uns sehen, weil sie schon im Sterben lag. Nach ihrem Tod richteten sie ihr Haar, bedeckten es mit Perlenstickereien und zogen ihr ihre besten Kleider an. Ich glaube, es war früh am Morgen, als sie mit ihrer Leiche zu den Begräbnisfeierlichkeiten in die Wälder zogen.

Meine Schwester Lena und ich mußten mit unserem Bruder Joe Doctor im Lager bleiben. Joe war damals noch ein Säugling. Er bekam Hunger und wollte seine Milch und schrie in einem fort. Endlich kamen sie wieder, sie badeten, denn das gehörte zu den traditionellen Gebräuchen nach einer Beerdigung, und dann fütterten sie das Baby. Wir blieben weitere vier Tage in diesem Lager und reisten dann heim. Damals war ich noch sehr klein.

Mein Vater brachte mir vieles über indianische Medizin bei, aber selbst praktizierte ich erst, als ich eigene Kinder hatte. Und von der Mutter meines Mannes lernte ich viele Medizinlieder. Die neuesten Lieder, die ich gelernt habe, stammen von Little Fewell, einem Medizinmann aus der Big Cypress-Reservation.

Einmal habe ich eine Legende über eine Schlange gehört. Sie reiste und reiste, bis sie endlich irgendwo dort oben verschwand, aber sie wußten nicht, wohin sie gegangen war. Es heißt, wenn der richtige Zeitpunkt kommt, kehrt die Schlange von dort zurück, wohin sie gereist ist.

Eine andere Legende handelt von einem Kaninchen, das eine Frau heiraten wollte. Mein Vater hat mir darüber erzählt. Möglicherweise hat er über sich selbst gesprochen, wie wenn er einen Witz erzählt.

Die Geschichte geht so, daß da eine Gruppe Ältester war und daß das Kaninchen viel mit ihnen zusammen war. Das Kaninchen wollte unbedingt heiraten, also bat es die Ältesten, ihm zu zeigen, wie man Weisheit erwirbt, damit es heiraten konnte. Die Ältesten erklärten ihm, daß es dazu einige Taten vollbringen müßte, zum Beispiel eine Schlange zu töten, einen Alligator zu erlegen und dessen Schwanz abzuschneiden und schließlich einen Baum

mit nur vier Schlägen zu fällen und damit zurückzukehren. Dann würden sie es lehren, wie man weise wird. Also zog es los, um diese Aufgaben zu erfüllen.

Es begann mit dem Alligator, denn es wußte bereits, wo einer anzutreffen war. Zum Alligator sagte es: »Jemand möchte, daß du etwas für sie erledigst, also komm mit mir.« Der Alligator kam aus dem Wasser und ging mit dem Kaninchen. Nachdem sie ein kurzes Stück zurückgelegt hatten, sprang das Kaninchen ins Gehölz und kehrte mit einem Ast zurück, mit dem es auf den Alligator einschlug. Der Alligator hatte keine Ahnung, was das bedeuten sollte, also lief er davon und glitt ins Wasser zurück.

Das Kaninchen war enttäuscht und unschlüssig, was es als nächstes tun sollte. Im Weitergehen grübelte es vor sich hin, als es auf ein Eichhörnchen traf. Das Kaninchen fragte das Eichhörnchen, ob es ihm wohl seinen Mantel leihen könnte – es meinte sein Fell. Im Gegenzug gab das Kaninchen dem Eichhörnchen sein Fell, das dem Eichhörnchen jedoch ein bißchen zu groß war. Es selbst zog das Eichhörnchenfell über, und es stellte sich heraus, daß es etwas eng saß. So verkleidet kletterte es auf den Ast einer Weide; es wollte wie ein Eichhörnchen wirken, damit der Alligator nicht merkte, daß es in Wirklichkeit das Kaninchen war. Das falsche Eichhörnchen warf dann ununterbrochen Weidenkätzchen ins Wasser. Schließlich bat es der Alligator, das bleiben zu lassen. Er erzählte dem falschen Eichhörnchen, daß er auf diese Art heute fast schon zu Tode gekommen wäre. Das falsche Eichhörnchen wollte wissen, wer das getan hätte und bekam zu hören, es sei ein Kaninchen gewesen. Danach bat das falsche Eichhörnchen den Alligator, aus dem Wasser zu steigen und mit ihm zu kommen. Das tat der Alligator auch und ging mit ihm.

Als sie so dahingingen, fragte das Eichhörnchen den Alligator, wo seine verwundbarsten Stellen wären. Der Alligator antwortete, sie wären auf der Hinterseite seines Kopfes und am Schwanzende, und sie gingen weiter.

Plötzlich sprang das Kaninchen auf den Alligator und biß in seinen Kopf und in das Schwanzende, bis der Alligator starb. Das falsche Eichhörnchen schnitt dem Alligator den Schwanz ab, zog seinen eigenen Pelz wieder an und kehrte zu den Ältesten zurück, so gut ein Kaninchen nur konnte, das den Schwanz eines Alligators mit sich schleppt.

Die Ältesten fragten: »Und was ist mit der Schlange?« Also spitzte das Kaninchen einen Pinienast zu und ging. Es fand eine Schlange und bat sie, liegenzubleiben und sich ganz auszustrecken, damit es sehen konnte, wie lang sie wäre. Es machte der Schlange weis, daß die Leute sie für kurz hielten, es hingegen ihnen gesagt hätte, daß die Schlange sehr lang wäre. Die Schlange streckte sich aus, und das Kaninchen begann, sie abzumessen, aber dann spießte es die Schlange blitzschnell direkt hinter dem Kopf auf. Es wickelte sie sich um die Schultern und brachte sie zu den Ältesten zurück.

Es ließ sie vor ihnen auf den Boden fallen, und sie fragten ihn nach dem Baum. Es zog ab und kam schließlich mit dem Baum zurück. Jetzt sagten ihm die Ältesten, es wäre sehr weise. Das Kaninchen dachte jedoch, sie würden ihm etwas beibringen und ihm nicht nur sagen, es sei bereits weise. Es ärgerte sich schrecklich und wurde wütend und rannte dann in die Wälder davon.

Es gibt nur wenige junge Menschen, die sich bemühen, die Lebensweise der Ältesten zu lernen. Sie fragen nach den Legenden und einigen Medizinliedern. Es gibt einige Jugendliche, die sich bemühen, ihre Tradition am Leben zu erhalten. Unsere Ältesten haben

Seminolen | uns früher oft von den verschiedenen Veränderungen erzählt, die eintreten würden, und jetzt sehe ich sie. Zum Beispiel gab es früher fast keine Häuser, sondern nur ein paar Lager und jede Menge Fisch und Wild. Sie pflegten zu sagen, daß der Erde modernes Zeug angetan werden würde, daß zum Beispiel von Menschenhand gemachte Flüsse gegraben werden würden, die vielen Fischen und Tieren den Garaus machen würden. Und dann würde es viele Menschen geben mit nichts als Häusern, die überall aus dem Boden schießen würden, und auch das sehe ich jetzt. Entwicklung in den Everglades – das geschieht jetzt also. Ja, Veränderungen überall. Es heißt, es wäre nicht mehr wie in den alten Tagen.

Zum Beispiel die Gärten, in denen jede Ernte genießbares Obst und Gemüse hervorgebracht hat, sie werden schlecht, weil die Erde alt wird und vergiftet ist, so wie jetzt. Es hieß, die Früchte würden nicht mehr wie früher sein. Schlechte Ernten sind das Zeichen dafür, daß die Erde alt wird, und darauf steuern wir jetzt zu.

Apachen

Mildred Cleghorn: Eine Kriegsgefangene

Mildred Cleghorn ist Mitglied der Kommission für indianische Angelegenheiten in Oklahoma, ferner Vorsitzende des Stammes der Fort Sill-Apachen, und früher war sie Direktorin der North American Women's Association, *des nordamerikanischen Frauenbundes. Und seit mehr als fünfzig Jahren stellt sie Stoffpuppen her, deren Kleidung die kulturellen Unterschiede zwischen den amerikanischen Indianerstämmen illustriert. Sie tragen originalgetreue Nachbildungen historischer Kleidungsstücke, wie sie um 1900 und früher gebräuchlich waren. Die Puppen waren landesweit in Museen ausgestellt, unter anderem auch auf dem ersten Folklore-Festival in der Smithsonian Institution in Washington, D.C.*

Mildred gehörte auch zu der Gruppe herausragender Ältester, die man gebeten hatte, den Entwurf des neuen National Museum of the American Indian *in Washington mitzugestalten. Ihr Großvater war George Wratten gewesen, ein Weißer, der in der Reservation gelebt und die Sprache der Apachen besser beherrscht hatte als je ein Weißer vor ihm. Er war mit dem berühmten Krieger Geronimo geritten und hatte als Dolmetscher gedient. Obwohl Geronimo häufig in Gefangenschaft geraten war, konnte er immer wieder entkommen. Seine endgültige Kapitulation 1887 spielte eine entscheidende Rolle bei der Beendigung des Guerillakrieges in den USA.*

Der bekannte Bildhauer Alan Houser, der 1992 die National Medal of Arts, *die nationale Kunstmedaille, gewonnen hat, ist Mildreds Vetter. Seine Statue von Geronimo gehört zur Sammlung der* National Portrait Gallery *der Smithsonian Institution.*

Ich heiße Mildred Imach Cleghorn. Ich bin am 11. Dezember 1910 in Fort Sill in Oklahoma als Kriegsgefangene zur Welt gekommen. Wir lebten dort bis 1913. Der Stamm war zusammen mit Geronimo in Gefangenschaft geraten, der sich 1887 bei Fort Bowie in Arizona ergeben hatte. Damals war mein Vater ein kleiner Junge mit acht oder neun Jahren gewesen.

Er konnte sich noch daran erinnern, daß er nach Fort Augustine in Florida gebracht worden und daß er mit dem Zug unterwegs gewesen war. Sie blieben ein Jahr in Florida, und infolge von Krankheiten, wegen der schlechten Wasserqualität und des Klimas starben sie dann zu Dutzenden.

Damals gab es zwei Nonnen, die die Lebensbedingungen dort und das Leid der kleinen Kinder nicht länger mitansehen wollten. Sie äußerten ihre Bedenken gegenüber Herbert Welch, dem Präsidenten der *Indian Rights Association*, des Bundes für die Rechte der Indianer, und sie gewannen seine Unterstützung. Dank seines Einflusses konnten sie sogar ins Kriegsministerium vordringen, und von dort erhielten sie die Erlaubnis, im Gefängnis eine

Schule einzurichten und sich so vieler Menschen anzunehmen, wie sie vermochten. Das Kriegsministerium gestattete ihnen, eine Zelle als Klassenzimmer zu benutzen. Als das Klassenzimmer fertig war, kamen auch die Mütter und Väter. Sie unterrichteten sie in Englisch und Religion. Die Nonnen waren sogar einflußreich genug, die Verlegung herbeizuführen. Sie brachten uns dann in die Mount Vernon-Kasernen in Alabama, und dort blieben wir bis 1894. 1894 beschlossen sie, uns nach Lawton in Oklahoma, ins Fort Sill umzusiedeln, wo wir bis 1913 blieben. Unser Volk wurde zu guten Farmern.

Mein Großvater war George Wratten. Schon als Kind hatte er großes Interesse an Geronimo und den Apachen. Er ging zu ihnen, als sie in Arizona waren und lernte die Sprache. Er wurde zum Blutsbruder von Roger Toclanny, einem von Geronimos Männern. Nachdem sie in Gefangenschaft geraten waren, wurde mein Großvater für die Apachen zuständig, weil er die Sprache verstand und weil sie ihm vertrauten. Er wußte immer über die Pläne der Armee Bescheid, und er hielt die Apachen auf dem laufenden. In Alabama verliebte er sich in meine Großmutter, und sie heirateten. Sie hatten zwei Kinder, meine Mutter und meine Tante. Schließlich verließ sie ihn und heiratete einen anderen. Meine Mutter und meine Tante kamen zu ihrer Tante, die selbst keine Kinder hatte. Mein Großvater kam für ihren Unterhalt auf. Als sie dann nach Fort Sill kamen, blieben sie von 1894 bis 1913. Danach stellte man sie vor die Wahl, entweder nach Mescalero in New Mexico in die Reservation zu gehen oder sich Farmland in Oklahoma zuteilen zu lassen. Zweiundachtzig blieben in Oklahoma, und die anderen gingen nach New Mexico. Wir zogen auf die Farm.

Alan Housers Vater war mein Onkel. Er erzählte uns oft Geschichten aus den frühen Jahren Geronimos, als er erst zwölf oder dreizehn, aber schon ein Krieger war. Mein Onkel hatte die Aufgabe, die Pferde zu halten, wenn sie auf einem Kriegszug waren. Sie brauchten jemanden, der nach den Pferden sah, und er war einer von den Jungen, die das übernahmen. Er erzählte uns die Geschichten von Geronimo und dem Leben, das sie geführt hatten, und wir saßen am Tisch und hörten stundenlang zu. Er nahm den Platz meiner Großeltern ein, denn meine Großeltern starben alle schon, als ich noch sehr klein war.

Meine Eltern waren Teenager, als sie im Gefängnis waren. Aber mein Vater machte weiter und kam auf das Carlisle-Internat, und später dann, als sie nach Fort Sill verlegt wurden, gingen er und meine Mutter nach Shelock. Sie heirateten 1907.

In diesem Gebiet gab es Kiowa, Komanschen und Apachen, und sie wollten uns nicht zu nahe beieinander haben. Ich glaube, sie stellten sich vor, daß wir wieder auf Kriegszug gehen würden. Wenn wir unsere Verwandten besuchen wollten, mußten wir Entfernungen zwischen zehn und zwanzig Kilometern in Kutschen zurücklegen. Wir gingen in öffentliche Schulen. Meine Eltern waren beide in Internaten gewesen, und sie hatten geschworen, daß keines ihrer Kinder je dorthin gehen sollte. Auf dieser Schule waren wir nur fünf Indianer, und wir kamen alle sehr gut miteinander aus. Heute ist genau das Gegenteil der Fall. Ich habe erst 1949 geheiratet. Ich habe einen Oto, William Cleghorn, geheiratet. Er arbeitete bei der *land division*, einer Landbehörde. Ich ging aufs College, machte meinen Abschluß in Hauswirtschaft und wurde *home demonstration agent*, eine Art Hauswirtschaftslehrerin, die die Leute zu Hause in Haushaltsfragen berät. Ich hatte in Kansas gearbeitet, aber dann erhielt ich die Möglichkeit, mich nach Oklahoma zurückversetzen zu lassen.

Mein Mann und ich mußten uns nach einer Bleibe umsehen. Ich ging zum Haus dieser Frau, das zu vermieten war und klopfte an. Unverblümt fragte sie: »Sind Sie Indianerin?«

APACHEN

Ich bejahte, und sie entgegnete: »An Indianer vermieten wir nicht«, und schlug mir die Tür vor der Nase zu. In meinem ganzen Leben war ich noch nie so behandelt worden. Nachdem ich überall auf der Welt gereist war und gearbeitet hatte, dann nach Hause zu kommen und die Tür vor der Nase zugeschlagen zu bekommen, nur weil ich Indianerin war! In mir kochte es, ich war rasend vor Wut. Ich war nie zuvor mit Rassismus konfrontiert gewesen, und ich war schockiert. Damals wurde ich so etwas wie ein stiller Aktivist.

In den späten siebziger Jahren bekam ich es dann mit den Angelegenheiten des Stammes zu tun. Ich hatte das Gefühl, daß unser Volk Hilfe nötig hatte. Ich habe immer Interesse an meinem Stamm und meiner Kirche gehabt.

Die *Reformed Church of America*, die Reformierte Kirche Amerikas, war 1895 zu uns gekommen, ein Jahr, nachdem wir nach Fort Sill gebracht worden waren. Einer ihrer Missionare, Frank Wright, war ein Choctaw-Indianer gewesen. Er hatte bei den Cheyenne und Arapaho gelebt, als er davon hörte, daß die Apachen in Fort Sill gefangengehalten wurden. Also kam er herunter auf einem kleinen Wagen und bekam die Verhältnisse mit, die vielen Kinder, die als Waisen zurückgeblieben waren, und er begann mit der Arbeit. 1895 richtete er ein Waisenhaus ein. Von dem Zeitpunkt an waren wir die Reformierte Kirche.

Es war nicht wie in einem richtigen Gefängnis, außer, daß wir uns in einem bestimmten Gebiet aufhalten mußten. Geronimo durfte zu den örtlichen Powwows gehen, und Theodore Roosevelt nahm ihn 1904 zur Weltausstellung nach St. Louis mit.

Zeremonien durften wir keine abhalten. Manche taten es trotzdem, aber in aller Stille. Ein Ereignis hat mich wirklich berührt, und zwar, als meine Mutter mit dem Zug aus Alabama nach Rush Springs in Oklahoma kam. Dort war Endstation, und sie mußten die Nacht im Freien zubringen. Sie mußten auf die Kutschen warten, die von Fort Sill kommen sollten. Nach Einbruch der Dunkelheit hörten sie die Coyoten, und die älteren Frauen fingen an zu weinen. Das war das erste Mal, daß sie Coyoten gehört hatten, seit sie in Arizona waren, und dadurch bekamen sie das Gefühl, nach Hause zurückgekehrt zu sein. Später, als ich einmal in unsere alte Heimat bei Truth or Consequences [Stadt in New Mexico] kam, verstand ich auch, warum sie Fort Sill als heimatlich empfunden hatten, das Gelände war nämlich ähnlich wie in New Mexico.

1976 schlossen wir uns zum Stamm der Apachen von Fort Sill zusammen. Wir gaben uns eine Verfassung, und wir hielten Wahlen ab. Ich wurde zur Vorsitzenden gewählt, und das bin ich seither geblieben. Eine meiner Tätigkeiten ist es, Jugendlichen zu einem Darlehen oder einem Stipendium zu verhelfen und dafür zu sorgen, daß die Menschen eine Unterkunft bekommen. Um Unterkünfte zu beschaffen, sollte man ein Stück Land als Grundlage haben, deshalb kauften wir ein gut zehntausend Quadratmeter großes Grundstück. 1980 bekamen wir einen Zuschuß und bauten ein Büro, das heißt, ein Mehrzweckgebäude mit Sporthalle, Unterkunftsmöglichkeiten und einem Büro.

Eines meiner wichtigsten Anliegen für den Stamm ist Gesundheit. Wir haben viele Alte. Wir haben unsere Notaufnahme in unserem Krankenhaus verloren. Wir sind von allen sieben Stämmen hier in der Gegend der kleinste. Das Geld für alle kommt in einem Batzen, und dann wird es pro Kopf verteilt. Na ja, wir sind aber nur dreihundertfünfzig, unser Anteil fällt also entsprechend klein aus.

Was mich wirklich wütend macht, ist die Tatsache, daß man uns so viele Versprechungen gemacht hat, und die Regierung hat kein einziges eingelöst. Sie haben Geronimo gefangengenommen und gesagt, in zwei Jahren wäre er wieder zurück. Es stellte sich heraus, daß er nie mehr nach Hause zurückkam, er starb als Gefangener. Und dann sagten sie, wir hätten die Wahl, entweder nach New Mexico oder nach Oklahoma zu ziehen und daß jeder von uns fünfundsechzig Hektar bekommen sollte. Keine Menschenseele bekam fünfundsechzig Hektar. Die meisten von uns bekamen gerade einmal zehn Hektar. Man machte Versprechungen, die nie eingehalten wurden. In den frühen Tagen vertrauten wir dem Wort. Wir hatten keinen Anwalt, der dir ein Papier aufsetzte, auf dem man dann mit seinem Namen unterschrieb. Wenn man mitteilte, man würde dies oder jenes tun, gab man sich die Hand oder schwor einen Eid, und damit war das geregelt. Ehrlichkeit war eine dieser Eigenschaften, die ein Muß waren; es ging um Leben oder Tod, wenn man sein Wort nicht hielt. Die Strafe für eine Lüge bestand darin, daß einem die Zungenspitze abgeschnitten wurde. Und eine Frau, die ihrem Mann untreu war, wurde verstümmelt. Ich habe einmal eine Frau gesehen, der die Nasenspitze abgeschnitten worden war.

Unser spirituelles Leben erhielt seine Nahrung durch die Reformierte Kirche. Es ist verblüffend, wie ungeheuer ähnlich die Werte, nach denen wir in unserem indianischen Glauben lebten und die im übrigen dieselben sind, nach denen unsere Vorfahren vor der Ankunft der Europäer lebten, wie ähnlich sie denen in der Bibel sind. Zum Beispiel der Heilige Geist, der durch das Feuer von Christus kam. Bei unserem Volk steht das Feuer im Mittelpunkt. Wenn wir tanzen, tanzen wir um das Feuer. Feuer ist Wärme und Licht.

Alle unsere Familien, alle Apachen wurden im christlichen Glauben erzogen, nachdem die Reformierte Kirche herübergekommen war. Wir veranstalteten weiterhin Zeremonien, obwohl es ihnen nicht recht war, denn sie hielten sie für gottlos.

Das Pubertätsfest ist eine unserer wichtigsten Zeremonien. Es dauert acht Tage mit allen Leuten und weitere vier Tage mit der engeren Familie. Eine Medizinfrau führt die Zeremonie durch, sie ist so etwas wie die Patin. Sie zieht das Mädchen an und richtet ihr Haar. Außerdem verwenden wir Farbe und Maispollen, das ist unsere Medizin. Sie ist auch eine Lehrerin, sie muß dem Mädchen zeigen, wie es sein Leben führen soll.

Während der Viertageszeremonie finden auch der Feuertanz und der Tanz der Berggeister statt. Die Mädchen tragen Kleider aus Wildleder, Röcke und Blusen. Bei ihren Tänzen tragen die Männer dieselbe Art Rock, dazu ihren Kopfschmuck. Die Menschen bekommen alle möglichen Geschenke.

Wir haben noch unsere indianischen Ärzte, Männer und Frauen, und wir haben unsere eigenen Medizinen. Ich habe viele Heilungen miterlebt. Ich hatte einen Onkel, der Pferde zähmen konnte. Ich werde nie vergessen, wie ich sie da draußen in Mescalero in New Mexico besucht habe. Das war in der Nähe von White Tail, weit draußen in der Reservation. Das Pferd stieg immer wieder, und dieser Typ konnte es nicht in seine Gewalt bringen. Das Pferd buckelte und keilte einfach immer wieder. Schließlich sagte mein Onkel: »Ich zeige es euch. Ich bringe dem Pferd Manieren bei.« Und tatsächlich ging er hinüber und sagte zu dem Burschen: »Laß mir mal die Zügel da.« Dieses Pferd spitzte die Ohren, und es sah ihn an und schnaubte. Mein Onkel zog es nur immer wieder am Zügel und redete die ganze Zeit mit ihm. Er kam immer näher an das Pferd heran. Bald darauf begann das Pferd am ganzen Körper zu zittern. Mein Onkel tätschelte es und redete die ganze Zeit mit ihm. Er streichelte es am Rücken, den Hals hinunter und an den Beinen. Schließlich führte er es weg. Das war eine besondere Gabe, die meinem Onkel gegeben war.

APACHEN | Vor langer Zeit hielten wir einmal eine Heilung ab für eine Frau mit Tuberkulose. Diese Frau wußte genau, was sie machen mußte und wie sie es tun sollte, entsprechend den Anweisungen, die ihr die Schutzgeister gegeben hatten. Aber die Patienten müssen glauben, daß es ihnen hilft, auf diese Art wirkt es. Die Macht des Glaubens. Sie verwendeten auch Pollen und Lieder und Gebete. Und das tun sie heute noch genauso.

Es ist zu schade, daß die Nichtindianer nicht erkannten, daß wir die Menschen durch Gebete wirklich heilen konnten. Und weißt du, da ist noch etwas. Eure Bibel befiehlt euch ja, zu teilen und zu lieben. Genauso sind unsere Menschen. Da ist die Rede von der Erde und daß wir alle miteinander verbunden sind. »Staub zu Staub.« Ich erinnere mich, ich habe das bei einer nichtindianischen Beerdigung gehört. Nun, genau das glauben wir auch, der nicht endende Kreis. Du gibst und du bekommst, du gibst und du empfängst.

HAIDA

LAVINA WHITE:
DIE KÖNIGLICHE FAMILIE DER HAIDA

Die Heimat der Haida sind die Queen Charlotte Islands, Kanadas westlichste Inselgruppe unterhalb des »Pfannenstiels« von Alaska. Bei den Haida heißen die Inseln Haida Gwaii. Das Land mit all seinen Tieren verkörpert ihre Geschichte und Kultur, ihre Bedeutung und ihre ureigenste Identität. Die Haida betrachten Wale und Raben als ihre Brüder und Schwestern, Fische und Bäume sind für sie Flossen- und Baummenschen.

Die Haida wurden nie erobert und schlossen mit Kanada niemals Verträge, und daher bestehen sie darauf, als selbständige, unabhängige Nation betrachtet zu werden. Lavina White entstammt der königlichen Familie. Sie ist eine redegewandte und elegante Fürsprecherin für die Sache der Souveränität. Sie ist groß, schlank und von aristokratischem Auftreten. Wenn sie auf ihre »Themen« zu sprechen kommt, wird sie so unerschrocken wie jene Krieger, die einst die rauhen Küsten ihrer Heimat verteidigt hatten.

Wir trafen uns in Vancouver, wo sie und ihr Mann Bill Lightbown einen Wohnsitz haben. Sie wollten jedoch bald wieder in ihr Zuhause in Haida Gwaii zurückkehren, um ihren Kampf fortzusetzen.

Mein indianischer Name ist Thowhegwelth, und wörtlich bedeutet das »Klang vieler Kupferschilde«. Aber nach unserem Verständnis ist damit gemeint, daß ich für vieles verantwortlich bin, denn nur Menschen bestimmter Abstammung hatten Kupferschilde. Ich bin die Tochter von Henry und Emily White. Mein Großvater hieß Charles Edenshaw. Das ist die anglizierte Form von Edunsu, und es bedeutet »So sei es«. Sein Onkel vor ihm war Albert Edward Edenshaw, er war vor meinem Großvater Großhäuptling oder Hoher Häuptling.

Bei den Haida gibt es Raben- und Adlerclans, aber innerhalb dieser Clans gibt es viele weitere. Ich zähle zu den Raben und gehöre mütterlicherseits zum Yakohanas-Clan. Auf der Seite meines Großvaters haben sie einen Adler. Ein Rabe durfte keinen Raben heiraten, du mußtest einen Adler heiraten und umgekehrt. Das war früher. Seither haben die Heiratsvorschriften praktisch ihre Gültigkeit verloren, und die *Lineages*, die Geschlechter, sind kaum mehr aufrechtzuerhalten. Vor allem, als es zeitweise nur noch fünfhundert Haida gegeben hatte, war es sehr schwierig gewesen. Vor uns liegt ein langer Weg, um die Verhältnisse wieder ins Lot zu bringen.

Unter den Haida haben drei verschiedene Epidemien grassiert. Ich weiß noch, daß ich als Kind gehört habe, daß die Ältesten darüber gesprochen haben. Sie konnten sich erinnern,

HAIDA | daß bei der ersten unsere Leute durch den Kontakt mit den Weißen dezimiert worden sind, die Krankheiten töteten so viele. Früher einmal hatten achtzigtausend Haida auf unseren Inseln gelebt, nach der letzten Epidemie waren es nur noch fünfhundert. Heute sind es an die sechstausend, aber wir leben weit verstreut. Die Insel liegt ungefähr hundertdreißig Kilometer unterhalb von Alaska und hundertdreißig Kilometer vom Festland entfernt. Sie heißt Haida Gwaii, »Insel der Haida«. Ihr kennt sie unter dem Namen Queen Charlotte Islands, aber wir verwenden wieder unsere alten Namen, die unserer Heimat, unserer Berge und unserer Flüsse. Ich hoffe, das ganze Land macht es so in diesem Jahr der Ureinwohner.

Meine Hauptsorge gilt der Freiheit. Ich bin alt genug, daß ich mich erinnern kann, wie es war, frei zu sein. Frei von der Verfolgung durch die Polizei, ohne die ständigen Schikanen der Fischereibehörden. Und deshalb ist es für mich so schwierig, den Kampf einzustellen, denn ich möchte dabei sein, wenn wir unsere Freiheit zurückgewinnen. Wenn ich Freiheit

sage, heißt das, daß ich die Anerkennung unserer Souveränität fordere – wir sind das erste Volk nicht nur Kanadas, sondern der Staaten. Ich finde, wir sollten als Ureinwohner anerkannt werden und damit verbunden das Recht haben, unsere eigenen Entscheidungen zu treffen und uns selbst zu regieren sowie wieder die Kontrolle zu übernehmen über unser Land und unsere Bodenschätze.

Viele junge Menschen in ganz Kanada begehen Selbstmord – etwas, das unserer Nation vollkommen fremd ist, denn das Leben war für uns immer etwas sehr Wertvolles. Uns ist es ein echtes Anliegen, daß unser Planet immer mehr zu einer Müllkippe geworden ist. Es schmerzt, wenn man von all den jungen Menschen hört, die Selbstmord begehen, weil sie keine Hoffnung mehr sehen. Wir nähern uns dem Jahr 2000, und wir leben immer noch in den Reservationen, ohne wirtschaftliche Grundlage, ohne ausreichend Wohnraum, und in vielen Gebieten gibt es noch nicht einmal fließendes Wasser oder Kanalisation. Ich habe diese Orte gesehen. Ich habe in Universitäten gesprochen, in allen möglichen Schulen, in Colleges – und ich habe die Schüler und Studenten aufgefordert, das System, das man uns übergestülpt hat, in Frage zu stellen. Es gibt sich den Anschein von Demokratie, aber als Ureinwohner finden wir, daß das kolonialistische Gedankengut, das dieses Land regiert, sehr ausbeuterisch ist, und zwar sogar schon den Kindern gegenüber.

Wir sind Eindringlinge auf eigenem Grund und Boden, in unseren eigenen Wäldern. Wir sind gezwungen worden, als Bettler in unserer Heimat aufzutreten. Wir besitzen keinen Quadratzentimeter Boden, wir stecken in diesem Reservationensystem. Die Regierung sagt, daß wir dank der Gnade der Krone auf diesem Land leben, es gehöre der Krone, es gehöre gar nicht uns. Zum Beispiel auf unserer Insel, auf Haida Gwaii, die unterschiedlichsten Leute sind gekommen, um Bücher zu schreiben, aber in ihren Werken findet sich keine Silbe über die Ureinwohner. Es ist, als wären wir Museumsstücke!

1976 war ich die erste Frau, die zum Oberhaupt der Nation gewählt worden ist, zur Präsidentin der Nation der Haida. Ich habe versucht, den Ausdruck »Präsidentschaft« abzuändern in Großer Häuptling und Häuptlingsamt, denn so sehen wir uns selbst.

Aber ich war eine Frau, die ihre Rechte verloren hatte. Du konntest deine Rechte durch eine Heirat verlieren, selbst wenn du einen Indianer geheiratet hast – wenn sie *non-status* waren, also ihre traditionellen Stammesrechte als Indianer nicht mehr hatten. Wir hätten niemals irgendwen gefragt, ob sie *non-status* waren, als wir jung waren, weil das nichts war, das einem irgendwie wichtig vorgekommen wäre. Und wenn man einen Ureinwohner geheiratet hatte, der seine Rechte verloren hatte, dann verlor die Frau ihre Rechte ebenfalls. Das ist, wie wenn du deine Identität verlierst, denn der Stamm gestattet dir nicht mehr, auf deinem Heimland zu leben oder in irgendeiner Weise als *Native Indian* teilzunehmen. Andererseits, wenn einer unserer Männer eine Weiße heiratete, erhält sie die indianischen Rechte.

Ich war zweimal verheiratet. Das erste Mal war ich mit einem Nordländer vom Festland verheiratet. Seine Eltern hatten die Rechte der Kinder aufgegeben, beziehungsweise sie waren dazu gezwungen worden. So wurde das geregelt, selbst wenn die Eltern eigentlich nur ihre Rechte und nicht die ihrer Kinder aufgeben wollten. Die Eltern hatten ihre Rechte verloren, weil er Professor an der UBC [University of British Columbia] werden sollte, der erste Professor, der von den Ureinwohnern abstammte. Er war ein sehr intelligenter Mann, und damit man arbeiten konnte oder innerhalb der weißen Gesellschaft zu einer Ausbildung kam, mußte man seine Rechte aufgeben, also gab er die Rechte seiner

Familie auf. Als ich damals Sonny heiratete, war mir nicht bewußt, daß er keinerlei Rechte hatte, und ich verlor meine ebenfalls. Und meine Identität, das war der größte Verlust, wie ich feststellte; ich glaube, das hat mir mehr zu schaffen gemacht als alles andere. Das Recht, in meiner Heimat zu leben, das Recht auf meine Identität als Ureinwohnerin.

Die Ureinwohner von British Columbia gehören sechsundzwanzig verschiedenen Nationen an, und wir sprechen alle verschiedene Sprachen. Das bedeutet nicht, daß es Grenzen gäbe; es bedeutet, daß man die Dinge auf verschiedene Art und Weise betrachten kann. Ich bin der Meinung, daß es deutlich weniger Zank und Streit auf dieser Welt gäbe, wenn die Welt endlich anfangen würde, die Identität der anderen zu achten. So wie unten in den Staaten, dort scheint es viele gewaltsame Auseinandersetzungen zu geben. Diese gewaltsamen Auseinandersetzungen hätten wir möglicherweise nicht, wenn wir endlich lernen würden, die jeweiligen Unterschiede zu respektieren, anstatt immer die Idee vom Schmelztiegel zu betonen.

Vor der Ankunft der Weißen verlief die Erziehung nach einem bestimmten Muster, und wir hatten unser eigenes System, uns zu regieren, je nachdem, aus welchem Teil des Landes man kam. In unserem war es das Langhaus. Und wir haben keine Unterteilungen, alles steht miteinander in Verbindung, die Versuche, uns in das westliche Erziehungssystem einzufügen, waren also sehr schwierig. Weiß Gott, wir haben es versucht, aber wir passen in kein System, in dem alles aufgeteilt ist.

Als Kinder waren wir gezwungen, unsere Heimat zu verlassen, weg aus der Reservation, und wir mußten anderswo zur Schule gehen. Wir waren zu neunt. Die Zustimmung der Eltern war dazu nicht nötig, die Regierung schickte uns kurzerhand in Internate, und das war es dann. Oh ja, der erste Tag ist mir noch gut in Erinnerung! Jahre später, bei einem Interview im Radio, stellte man mir die Frage: »Wann sind Ihnen die Übergriffe der Regierung zum ersten Mal so richtig bewußt geworden?« Ich mußte wirklich scharf nachdenken, und dann antwortete ich: »An dem Tag, an dem ich ins Internat gekommen bin.« Mir war überhaupt nicht klar gewesen, daß das Internat irgendeinen Einfluß auf mich gehabt hatte bis zu der Sekunde, als ich zur Antwort gegeben hatte, der Tag, an dem ich ins Internat kam, als sie meinen Bruder wegnahmen und ich nicht mehr mit ihm sprechen konnte. Ich war gerade erst neun geworden, ich konnte kein Wort Englisch. Und es war einfach der Blick, mit dem er sich nach uns umsah. Mir ging es gar nicht so schlecht, weil eine von unseren älteren Schwestern bei uns war. Aber er, er mußte auf die Seite der Jungen, und diese Eingangshalle wirkte so lang und riesig; es war sehr hart. Ich muß noch vieles heilen. An dem Tag, als sie mir im Radio diese Frage stellten, brach ich in Tränen aus. Ich glaube, in meinem tiefsten Inneren habe ich immer das Gefühl gehabt, daß sie mir meine Kindheit gestohlen haben.

Unsere Ältesten wurden nie senil, denn sie wurden bis zuletzt gebraucht. Die Tanten und Onkel mütterlicherseits lehrten einem die Philosophien und Grundsätze, nach denen man lebte und arbeitete. Bei den Haida führen wir die Abstammung auf die Frauen zurück. Die Eltern waren für die Kinder nicht die richtigen Lehrer, sie hätten ihren Kindern gegenüber nicht objektiv sein können, und auch Kinder können nicht unvoreingenommen sein, was ihre Eltern anbelangt. Deshalb waren die Onkel und Tanten die Lehrer für die praktischen Dinge des Lebens. So spielte sich die Erziehung bei uns ab.

Da ist etwas anderes als in einem Klassenzimmer zu sitzen; man lernt alles, indem man es praktisch tut. Es gab hochspezialisierte Tätigkeiten. Ein Stamm pflegte die Kanus zu bauen, ein anderer war zuständig für die Überlieferung der Geschichte. Man bekommt vermittelt, daß es bei Führung und Führerschaft nicht um Prestige geht, es geht nicht um Macht, und auch nicht um Kontrolle, es geht ausschließlich um Verantwortung. Wir lebten nach einem Ehrenkodex, es gab keine schriftlichen Aufzeichnungen. Man mußte das Wort eines anderen achten.

Die ganze Idee hinter den Internaten war, die Kinder ihren Eltern zu entfremden. Und das war das größte Desaster, das sich je zugetragen hat. Ich finde, das Traurigste daran ist jedoch, daß die Kinder keine Zuwendung bekommen haben. Und als sie dann selbst Eltern wurden, hatten sie keine Ahnung, wie sie ihren Kindern Zuwendung und Wärme geben sollten. Bis zum heutigen Tag schafft uns das Probleme; so vieles muß noch geheilt werden. Nachdem die Internate dann geschlossen wurden, fingen sie an, unsere Kinder einzufangen und zur Adoption durch weiße Familien freizugeben. Das kommt heute noch vor. Ich habe mich für Änderungen in der Kinderfürsorge eingesetzt. Wir haben einen Aufschub bei der Adoption unserer Kinder gefordert, noch bevor die Gesetzgebung mit ins Spiel kommt, weil ich darauf bestanden habe. Kinder standen in unserer Kultur immer in höchstem Ansehen, es gab nie irgendwelche Waisen. Wenn den Eltern etwas zugestoßen war, gab es immer noch die Familie im weiteren Sinn, die einsprang.

Viele Jahre vor den ersten Kontakten mit dem weißen Mann hieß es in den Prophezeiungen, daß Menschen mit heller Haut, hellem Haar und hellen Augen kommen und uns alles wegnehmen würden, unser Land, unsere Kinder und unser Leben, wenn es darauf angekommen wäre. Aber schließlich würde es doch zu einer Einigung kommen, und jede Seite würde sich selbst regieren ohne Einmischung durch die andere. Auf diesen Tag freue ich mich.

Eine andere Prophezeiung, über die ich unlängst nachgedacht habe, weil es vielleicht fast schon soweit ist, ist folgende Warnung: Wenn die Vögel anfangen, auf dem Boden zu nisten, ist dies das Signal für das Ende. Das muß nicht das Ende der Welt bedeuten, aber vielleicht das Ende einer Sache und den Anfang von etwas anderem. Nun weiß ich, daß sie die Wälder abholzen und die Vögel deshalb bald auf dem Boden nisten müssen, denn es werden keine Bäume mehr übrig sein, auf denen sie ihre Nester bauen können.

Unsere Leute waren geschickte Bootsbauer. Sie bauten die ersten kommerziellen Fischerboote hier an der Küste, und das waren schöne Boote. Wir hatten die größte Flotte. Aber es endete damit, daß der Gesellschaft, für die sie fischten, alle Boote gehörten. Vor Gericht sagte ich aus, daß sie alle unsere Boote gestohlen hatten, daß sie unsere Männer am Auslaufen gehindert und sie aus der Fischereiindustrie gedrängt hatten. Die Haida waren die besten Fischer entlang der Küste.

Hier an der Küste waren die Haida immer gefürchtet, weil sie so gute Krieger waren. Das mußten sie auch sein, allein auf einer kleinen Insel draußen im Ozean. Sie waren gute Krieger, aber sie waren auch gute Staatsmänner.

Die Menschen bezeichnen dieses Land als freies Land. Dabei haben sie keine Ahnung von Freiheit. Wenn du jemals Freiheit gekostet hast, so wie das bei mir der Fall ist, würdest du sie nie aufgeben wollen, du würdest dafür kämpfen, so wie ich. Es war herrlich. Man

HAIDA konnte überall hingehen. Wir waren Sammler, im Sommer haben wir gesammelt. Frühling, Sommer und Herbst waren die Zeiten zum Sammeln. Winter war die Zeit der Zusammenkünfte. Es war ein herrliches Leben. Wir wußten genau, wann der richtige Zeitpunkt war, um an den Fluß zu gehen, und wir wußten auch, an welche Stelle. Und jeder hatte seine eigenen Leute, mit denen er ging. Jede *Lineage*, jeder Familienverband, hatte seine speziellen Stellen und seinen Bereich.

In meiner Kinderzeit gab es keine Zeremonien. Sie waren verboten. Ich mochte unsere Erzählungen, Geschichten und unsere Lieder so gerne, weil ich, wenn die Ältesten zu meinem Vater und zu meiner Mutter auf Besuch kamen, normalerweise ganz still irgendwo dabei saß, noch bevor ich als ganz kleines Kind dann ins Internat mußte. Da saßen sie und sprachen über die Geschichte und gaben sie weiter. Und es war nicht eine einzelne Person, die diese Geschichte vortrug, sie ging durch den ganzen Raum, und es war, als ob man einem Schauspiel zusah. An bestimmten Stellen fingen sie alle gleichzeitig an, laut zu singen und zu spielen, und dann ging die Geschichte weiter. Dort lernte ich wirklich, unsere Kultur zu schätzen.

Unser Volk kennt seine Geschichte und die Geschichte seiner Entstehung. Sie können sogar vorweisen, wo der erste Mensch aus einer Muschelschale hervorgelockt worden sein soll, auf Rospitas, wie ihr sagt, wir verwenden einen anderen Namen – Nekut, und dort sollen die ersten Menschen aus Muschelschalen hervorgelockt worden sein. Der Rabe ist in unserer Kultur das Symbol für den Schöpfer. Unsere Lehren sagen, daß der Rabe, als er die Erschaffung der Welt abgeschlossen hatte, bemerkte, daß er einsam war. Also ging er auf die Landspitze hinaus und schuf die Menschheit aus der Muschelschale. Ich dachte immer, damit waren Mann und Frau gemeint, bis ich dann den Rest der Geschichte hörte, nach der die Frauen aus einer anderen Muschelart vom Südende der Insel hervorgegangen sind. Warum ich diese Geschichte erzählen wollte? Sie versuchen ja nach wie vor zu behaupten, daß wir über eine Landbrücke eingewandert sind. Aber unser Volk weiß, daß wir immer hier gewesen sind, seit dem Anbeginn der Zeit.

Bella Bella

Emma Humchitt: Das Potlatch

Die vom Fischfang lebenden heutigen Waglisla (Bella Bella) stammen von mehreren Heiltsuk-sprachigen Stämmen ab, die ein fünfzehntausend Quadratkilometer großes Gebiet an der Küste Mittelkanadas besiedelten, das jetzt als British Columbia bekannt ist. Die vier Clans der Heiltsuk sind Rabe, Adler, Killerwal und Wolf.
Emma Humchitt ist die Witwe des erblichen Häuptlings Wigvilba Wakas (Leslie Humchitt) und Mutter des derzeitigen Häuptlings Harvey Humchitt sen. Sie ist schüchtern und zuvorkommend. Connie, ihre Tochter, und Glen Tallio, der Schwiegersohn, unterstützen sie bei unserem Interview.
Sie spricht über das Potlatch-Fest, das sie kürzlich zu Ehren ihres vor zwei Jahren verstorbenen Mannes veranstaltet hat. Die Potlatch-Feierlichkeiten dauern zwei Tage; Anlaß dafür sind Initiationen, Geburten, Hochzeiten, Trauerfeiern oder die Einsetzung eines neuen Häuptlings. Die gastgebende Familie verschenkt Decken, Kleidungsstücke, Kunstgegenstände, Kanus – die Vorbereitungen dazu nehmen Jahre in Anspruch und können die Familie ihren ganzen Besitz kosten. Was sie jedoch an materiellen Werten einbüßen, gewinnen sie an Ansehen.
Zwischen 1884 und 1951 hatte die kanadische Regierung diese Zeremonie verboten, erst danach wurde sie wieder legalisiert. Das letzte große Potlatch 1922 wurde von Indianeragenten gestürmt, die die vielen Reliquien und Schätze konfiszierten und alle Teilnehmer ins Gefängnis steckten.
Zum Potlatch der Humchitts, mit dem gleichzeitig die Initiation von Emmas neunzehnjährigem Enkel Harvey jun. gefeiert wurde, kamen Häuptlinge und Älteste aus dem ganzen Küstengebiet mit ihren Familien.
Auf dem Foto ist Emma mit ihrer Enkelin Megan abgebildet.

Ich war zwölf, als ich mein erstes Potlatch erlebte. Man hatte uns befohlen, uns hinzusetzen und uns nicht einzumischen oder herumzurennen, also saß ich einfach neben meiner Mutter, wenn etwas los war. Die Tänzer trugen alle Arten indianischer Festkleidung, die in Stil und Design verschiedenen *Button Blankets*, also Decken, die mit Knöpfen aus Muschelschalen, Perlmutt, Abalone oder Münzen verziert sind. Wir durften nicht zu ihnen hin, außer, sie forderten uns dazu auf, und deshalb saßen wir bei unseren Eltern. Wir saßen auf zwei Reihen von Bänken in einer Gemeinschaftshalle, und unsere Mutter brachte uns Schalen, Teller und Löffel, und wir trugen sie nach Hause und wuschen sie ab. Wir aßen, bevor das Tanzen anfing.
Wir trugen ganz normale Kleider. Damals trugen wir keine Hosen, nur Kleider. Ich hatte langes Haar. An den Tänzen beteiligten wir uns nicht, sie waren denen vorbehalten, die das Potlatch veranstalteten. Der Grund konnte die Geburt eines Babys sein, eine Totenfeier,

ein Fest, weil jemand seinen Namen bekommen hatte oder weil man zur Frau oder zum Mann geworden war.

Als ich eine Frau wurde, ließen sie mich vier Tage im Bett bleiben, ohne Essen, nur mit einer Tasse Tee am Tag. Ich stand immer sehr früh am Morgen auf und zwei meiner Tanten machten mir ein Bad mit klarem Wasser. Eine Zeitlang durfte ich bei nichts mitmachen, bis ich meine Mondzeit bekam. Meine Mutter beschäftigte mich mit allem möglichen, Nähen, Sticken oder Stricken. Ich mag das recht gern, ab und zu gehört das zu meinem Zeitvertreib. In diesen vier Tagen durfte man weder Messer noch Schere berühren.

Unsere Clans sind wie verschiedene Familien, ihre Wappentiere können Adler, Wal, Rabe oder Wolf sein. Und dann gibt es noch die einzelnen Familien, die zu diesen vier Tieren gehören. Innerhalb des eigenen Clans sollte man nicht heiraten. Die Leute im Norden lachen einen aus, wenn man innerhalb des eigenen Stammes heiratet. Es ist so, als wäre man ein Abkömmling des Adlers oder des Raben, aber das ist nicht wie eine Religion. Es ist schwierig, die richtigen Worte dafür zu finden, aber ich würde sagen, es hat eher etwas mit Kultur als mit Religion zu tun. Mein Name ist Ola. Ich habe noch zwei andere Namen; das war der Name meines Vaters, und der Wal ist sein Wappentier.

Ich hatte mit Potlatch-Festen nicht besonders viel zu tun, erst dann, als mein verstorbener Mann als Häuptling geehrt werden mußte. Deswegen mußten wir bei den Potlatches dabeisitzen bis zu ihrem Ende. Die Zeremonie begann ungefähr zwischen vier und fünf Uhr und dauerte wirklich bis spät in die Nacht. Es war interessant, denn wir lernten mehr und mehr über unseren Lebensstil und unsere Kultur allein dadurch, weil wir dasaßen und beobachteten, was alles geschah, was die Menschen einem anbieten und was sie tun. Das Potlatch beginnt damit, daß jemand Haushaltsgegenstände hergibt. Die Gemeinschaftshalle ist geschmückt mit Zedernzweigen und -stämmen, und es sieht wie in einem Wald aus. Sie beginnen mit einem Tanis-Tanz und den Trommeln und den Liedern in unserer Sprache. Sie haben außerdem Pfeifen aus gelber oder roter Zeder, und manche sind so gemacht, daß sie wie ein Adler, ein Rabe oder wie ein Seetaucher klingen, je nach Anlaß.

Für den verstorbenen Vater meines Mannes haben wir kein Potlatch veranstaltet, sondern ein Ausgleichs- oder Grabmalfest. Mein Mann selbst hatte dieses Festessen organisiert, als er seine zeremoniellen Namen erhielt. Wir verschenkten viele Dinge, bevor er diesen Namen erhielt, denn je mehr Feste oder Festessen oder Potlatches, desto höher ist dein Ansehen, deine Stellung als Häuptling. Der Häuptling ist quasi die einzige Person, die für ihre Familie verantwortlich ist; mein Mann vergewisserte sich also, daß jeder gut gerüstet war für den Winter, in bezug auf Vorräte, Holz und alles andere.

Wenn man zum Gedenken an jemand ein Potlatch veranstaltet, beginnt man mit den Trauergesängen, denn sie zeigen, daß man die Menschen, die vor einem gegangen sind, achtet und ehrt. Nur die Sänger singen. Heute verwendet man ausgehöhlte Blöcke aus roter Zeder zum Trommeln, und die gewöhnlichen runden Trommeln sind aus Hirschhaut. Normalerweise läßt man die Trauernden dort Platz nehmen, wo die geschnitzten Grabsteine sind, während die Sänger die Trauergesänge singen. Diese Menschen trauern normalerweise ein oder zwei Jahre, und die Zeremonie soll ihnen helfen, ihre Tränen zu trocknen und den Zustand des Trauerns hinter sich zu lassen.

Die Trauernden tragen ihre Knopfdecken. Solange gesungen wird, sind die Grabsteine normalerweise zugedeckt, und wenn die Gesänge zu Ende sind, werden sie enthüllt. Dann tanzen die Häuptlinge den Friedens- oder Willkommenstanz. Alle Häuptlinge tanzen mit ihrem Kopfschmuck und ihrem Adlerflaum auf dem Kopf. Wenn sie tanzen, fliegt der Flaum durch die ganze Halle, und der Boden bedeckt sich mit dem Flaum. Man betrachtet es als Reinigung. Dann sprechen sie ein Tischgebet für das Mahl, und jeder beginnt mit dem Essen.

Beim Fest gibt es viele unserer traditionellen Gerichte, zum Beispiel Lachs in verschiedenen Zubereitungsweisen – geräuchert, gebraten, gebacken, gedünstet oder gefüllt. Dann gibt es Heilbutt, Krabben, Hummer, Austern, Kartoffelsalat, Reis, Algen, fritierte Meerestiere und Muschelsuppe. Es sind vor allem die Leute, die das Potlatch veranstalten, die die Speisen für den ersten Tag des Festessens auswählen, aber sie lassen jemanden kommen, der das Kochen für die Familie übernimmt. Wir müssen viele Menschen verköstigen, so zwischen dreihundertfünfzig und fünfhundert Menschen. Wir laden Freunde von überallher zu den Potlatches ein.

Am nächsten Tag gibt es entweder Rindsbraten oder Wild, und manchmal bietet die engere oder erweiterte Familie an, an diesem Tag oder für das Dinner zu kochen. Unseres dauerte drei Tage, und wir mußten nur an einem einzigen kochen, und die Halle war gesteckt voll. Das *Give away* findet in der letzten Nacht statt, und alle nur denkbaren Sachen werden verschenkt, Decken, Handtücher, indianische Sachen. Wir haben eine Menge Knopfdecken gemacht, Westen, Tuniken, die verschenkt worden sind, bevor das Potlatch überhaupt begann. Man verschenkt Kissenbezüge, Handtücher, Geschirr, alles, was man im Haus brauchen kann. Manches mußten wir kaufen. Vielleicht ein Viertel oder fast die Hälfte der Sachen sind aber selbst gemacht.

Ich weiß nicht, welche Einstellung die Regierung in bezug auf die Potlatches hatte, als sie sie verbat. Ich erinnere mich, daß ich etwas über die Razzia von 1922 gelesen habe. Ich denke, vielleicht hatten sie einfach genug von den *Natives*, die bankrott oder arm waren oder eine Menge Sachen verschenkten, denn wir nahmen normalerweise unsere Fischereigelder her, um die Sachen zu kaufen, die dann verschenkt wurden. Zeremoniemasken und -decken wurden beschlagnahmt, und ich habe Geschichten gehört, daß sogar Totempfähle niedergebrannt worden waren. Die Leute wurden verhaftet. Aber ich weiß nicht, wie lange sie im Gefängnis waren. Ich finde, das war wirklich nicht gerecht. Nach der Razzia tanzten die *Natives* auch weiterhin ihre Tänze, und sie sangen ihre Lieder, aber ich glaube, sie führen kaum mehr zu einem Potlatch. Sie versuchen ja immer noch, diese Zeremonien zurückzugewinnen. Sie mußten ein Kulturzentrum bauen, allein, um die Kunstgegenstände aufzubewahren.

Wir sind keine Materialisten. Wir betrachten unsere Familie als unseren Reichtum. Bei unserem Potlatch haben wir einige Schalen mit Äpfeln verschenkt, das ist so Tradition bei Potlatches für die Häuptlinge. Die geschnitzten Festschüsseln sind so, wie sie schon vor Jahren verschenkt worden sind, und man gibt sie an Häuptlinge und enge Freunde – wir sagen *umaqs* –, zum Beispiel an eine Prinzessin oder an eine Frau oder die Tochter eines Häuptlings. So ist das mit den Schalen, und spezielle Freunde und Familien verteilten sie unter die Menge.

Weil wir diejenigen waren, die das Potlatch veranstaltet hatten, als mein Mann gestorben war, bekamen wir nichts. Die Familie verschenkt nur, selber bekommen wir nie etwas. Und wir haben fast zwei Jahre für die Vorbereitungen gebraucht. Als mein Mann ernsthaft krank wurde und die Ärzte ihm nur noch sechs Monate gaben, habe ich angefangen, die Dinge bereitzustellen, die wir nach seinem Tod brauchen würden. Ich ließ als erstes einige getrocknete Sachen beiseite räumen, die wir dann beim Vermächtnisfest hernahmen. Danach begann ich wieder zu sparen, denn wir mußten ja ein Potlatch für meinen Mann veranstalten, weil er so angesehen war.

Wir bekamen Anweisungen, was zu tun war, schwarze Kleider mit seinem Zeichen »Adler und Wal« anfertigen zu lassen. Wir trugen sie am zweiten Tag, und am dritten Tag hatten wir Westen mit seinem Zeichen an. Das ist die wichtigste Zeremonie in unserer Kultur. Jeder Häuptling hat einen Tanis-Tänzer, das ist der wilde Mann aus den Wäldern. Harvey jun. war immer der Tanis meines Mannes, und um spirituell und rituell ein richtiger Tanis zu werden, mußte er initiiert werden. Das hatte es in Bella Bella seit siebzig Jahren nicht mehr gegeben. Dazu mußte er vier Nächte lang in die Wälder hinaus, ganz allein. Er durfte kein Essen bei sich haben, Wasser war alles, was er dabei hatte.

Es gab drei Begleiter, die ihn genau beobachten sollten, aber, im Grunde genommen, waren sie nicht bei ihm. Manchmal wußten sie nicht einmal, wo er war, weil er eine Krone aus Schierling trug, dazu Schierlingspflanzen am Handgelenk, an den Knöcheln, in der Mitte und am Hals, als Tarnung, um in den Wald einzugehen. Dort meditierte er, um mit seinem spirituellen Ich in Verbindung zu treten, um zu erfahren, wer er sein würde, welchen Weg er einschlagen würde, ob er sich zu einem guten oder zu einem schlechten Menschen entwickeln würde. Das alles hängt davon ab, was in deinem Geist vorgeht und in deinem Herzen, wenn du in die Wälder gehst, um dein inneres Ich zu finden.

Unser Potlatch begann, als Harveys Sohn als der Tanis zurückkam, den er in den Wäldern durch Fasten und Meditation gesucht hatte. Er war schwach und müde, und er konnte sich nicht daran erinnern, daß er in die Halle gekommen war und all die vielen Menschen gesehen hatte, die unseren Tanis erleben wollten. Bei der Initiation von Harvey jun. zuzusehen war ein bewegendes spirituelles Erlebnis, kaum ein Auge in der Halle blieb trocken. Sie ließen unseren Tanis viermal um die Halle tanzen, dann ging er in seinen kleinen Unterstand aus Zedernzweigen, der mit rotem Stoff geschmückt war.

Die Tanis-Stange ist aus Zeder und hat Stufen, damit man hinaufklettern kann. Oben ist eine Kupferplatte – das ist wie ein Familienschild. Striche auf dem Kupfer stehen für die Potlatches, also eine Art Geschichte der Familie. Das ist wie Nahrung für den Tanis-Tänzer, der hinaufklettert und dann wieder herunter, während die Trommeln immer lauter werden und ihn anspornen, wieder zu tanzen.

Das dauert ungefähr drei Stunden. Sie trommeln und singen, bis sie das Wilde aus dem Menschen vertrieben haben und er langsam wieder normal wird. Das ist wirklich spirituelles Tanzen. Vor Jahren wären Fotos niemals erlaubt gewesen, im Fall von Harvey jun. durfte nur die Familie fotografieren.

Nachdem das Potlatch vorbei war, haben wir uns alle zusammengetan und zusammengearbeitet und uns gegenseitig geholfen. Es hat eine Weile gedauert, bis wir wieder auf die Füße gekommen sind, aber wir haben es geschafft. Meine Tochter war schon drei Wochen vorher gekommen, und sie hatte einige Decken geschickt, die zu nähen waren. Wir mußten Knöpfe auf sämtliche Decken nähen. Ihr Mann und ihr Sohn machten Masken für die Zeremonie. Nach dem Potlatch haben wir alles verbrannt, zum Beispiel die Tanis-Stange, das entspricht der Tradition. Sie müssen verbrannt werden, und niemand darf sie jemals wieder zu Gesicht bekommen. Nach dem Potlatch reiste jeder mit einem sehr guten Gefühl ab; daran kann man erkennen, daß alles richtig gewesen ist.

Wenn Menschen unter den Gästen sind, die man besonders ehren möchte, schenkt man ihnen besondere Sachen, zum Beispiel graviertes Silber, Armbänder, Ohrringe oder Anhänger oder indianische Decken. In manchen Berichten, die ich gehört habe, heißt es, daß die Gastgeber sogar Anrichten und Stühle, Kanus oder Motorboote verschenkt haben. Andere machen nur ein ganz bestimmtes Geschenk, zum Beispiel Ooliganfett. Das nennen wir dann ein Ooliganfett-Potlatch. Bei uns gab es das Fett zu geräuchertem Fisch oder getrocknetem Hering oder Kartoffeln. Man taucht es ein, und es schmeckt sehr gut.

Wir haben achtundvierzig Kübel mit je vier Litern gesalzenem Heringsrogen verschenkt, den wir für die verschiedenen Dörfer gehortet haben, die ihn normalerweise nicht bekommen. Außerdem waren unter den Geschenken Algen, Zucker und Reis, Handtücher und Laken. Mein Mann hatte einen besonderen Vetter, den er immer sehr geschätzt hatte, und der kam die letzte Nacht und brachte uns Lebensmittel wie Zucker, Mehl und Reis, um uns damit auszuhelfen. Meine Enkel packten sie ab, und wir verschenkten sie anschließend. Mein Mann hatte auf den Festen immer Decken bekommen und Schalen mit Äpfeln und Obst, also verschenkten wir das auf dem Potlatch auch. Aber kaum etwas von seinen Kleidern, ich habe sie für seine Enkel aufgehoben. Nur ein paar von seinen Hemden haben wir seinen engsten Freunden geschenkt.

Wir hatten noch eine ganze Menge übrig, als mein Enkel ungefähr ein Jahr nach dem Potlatch krank wurde. Er hatte Leukämie, die aber jetzt zurückgegangen ist. Wenn sie in den nächsten fünf Jahren nicht wieder auftritt, ist er außer Gefahr. Er bekam eine Knochenmarkstransplantation mit seinem eigenen Knochenmark, und das hat bei ihm prima angeschlagen. Auch für ihn hatten wir ein Ausgleichsfest beziehungsweise ein Willkommensdinner. Unsere Bekannten und Freunde haben uns sehr unterstützt, und sie waren sehr großzügig, als er krank war; das war also meine Art, den Menschen dafür zu danken. Wir nannten es Feier, aber wir veranstalteten noch einmal ein *Give away*. Auch damals haben wir viel Geld ausgegeben. Und jetzt müssen wir von vorne anfangen. Vielleicht veranstalten wir ein Fest zur Namensgebung, denn wir haben neue Kinder, denen wir noch keine Namen gegeben haben. Man kann ihnen schon Namen geben, wenn sie noch im Bauch ihrer Mutter sind.

In unserer Kultur zählen nicht die materiellen Dinge; es kommt darauf an, wer in deiner Familie ist, das macht dich reich. Ich glaube, darauf kommt es bei den *Natives* sowieso an, sie achten sehr auf starke Beziehungen in den Familien. Das andere Gute am Potlatch ist, daß die Familie die beste, wertvollste Zeit erhält, und das ist unglaublich wichtig. In unserer Jugend hat man uns immer gesagt, unseren Brüdern und Schwestern zu helfen und sie nie zurückzuweisen, auch wenn sie etwas falsch gemacht haben. Deswegen mag ich die Bella Bella, weil sie so großzügig sind und freundlich, und wenn jemand Schwierigkeiten hat, fragen sie nicht lange, sie kommen einfach.

Kiowa

Gus Palmer: Die Black Legging Gesellschaft

Die Kiowa zählten zu den kriegerischsten der frühen Plains-Stämme, sie waren die Feinde der Cheyenne und der Sioux. Ende des siebzehnten Jahrhunderts lebten sie am Oberlauf des Yellowstone River nahe den Black Hills. 1805 wanderten sie dann in das heutige östliche Colorado und ins westliche Oklahoma, wo sie gegen Navajos und Ute ebenso Krieg führten wie gegen die weißen Siedler aus dem Osten. 1867 schlossen sie bei Fort Sill in Oklahoma mit dem Vertrag von Medicine Lodge schließlich Frieden mit der US-Regierung und wurden zusammen mit den Komanschen in einer nahegelegenen Reservation angesiedelt. 1901 wurde die Federal Allotment Policy, *die Landzuteilungsverordnung der Regierung, erlassen. Danach wurden die Reservationen, die durch frühere Verträge entstanden waren, auf- und das Land einzelnen Familien zugeteilt. Heute leben die meisten Kiowa im westlichen Oklahoma bei Anadarko.*
Gus Palmer ist Kommandant der Black Legging Gesellschaft und Priester der Native American Church. *Er wohnt in einem schönen Haus und ist sehr stolz darauf, daß er es innen und außen selbst gestrichen und ausgemalt hat. Seine Familie lebt in der Nähe in Häusern, bei deren Bau er mitgeholfen hat. Gus ist ein Mensch, der stolz ist auf sich und auf das, was er erreicht hat.*

Ich bin Gus Palmer sen. vom Stamm der Kiowa. Ich bin hier in Anadarko in Oklahoma am 1. Januar 1919 auf die Welt gekommen. Ich habe hier an die fünfzig Jahre gelebt. Ich habe meine Kinder hier großgezogen. Der Vater meines Vaters war Ire, und seine Mutter war eine Choctaw, sie sind aus dem östlichen Oklahoma. Mein Vater war irisch und halb Choctaw, und meine Mutter war eine Vollblut-Kiowa. Die Kiowa kommen ursprünglich aus dem Norden, aus der Gegend von Wyoming. Sie zogen allmählich nach Süden und gelangten in den Westteil von Wyoming und in Teile von Kansas, Colorado und New Mexico. Dort lebten sie, bis die Regierung 1867 mit fünf Stämmen, den Kiowa, Komanschen, Apachen, Arapaho und Cheyenne, einen Vertrag schloß. Das ist der Vertrag von Medicine Lodge. Die Regierung überließ ihnen hier in Oklahoma gut 1,2 Millionen Hektar Land. Die drei Stämme, die hier angesiedelt wurden, erhielten knapp fünfundsechzig Hektar, den Rest verkaufte die Regierung an Nichtindianer. Wir leben heute noch auf diesen fünfundsechzig Hektar.
Im Zweiten Weltkrieg diente ich bei der Luftwaffe, bei der Achten *Air Force* in Übersee. Ich gehörte zu der neunköpfigen Besatzung eines Bombers. In der *96th Bomb Group*, dem 96. Bombergeschwader, war ich Schütze im Mittelteil einer B 17. Man nannte sie »Fliegende Festung«. Wir flogen einundzwanzig Einsätze. Ich wurde mehrmals ausgezeichnet, mit zwei *Air Medals,* Auszeichnungen für Luftwaffenangehörige, eine davon mit Eichen-

laub für Einsätze auf dem europäischen Kriegsschauplatz, einer Siegermedaille für den Zweiten Weltkrieg, und einer lobenden Erwähnung durch den Präsidenten für die gesamte Einheit. Als ich im Krieg war, habe ich mir fest vorgenommen, daß ich es zurück nach Hause schaffen würde, und daß ich auch etwas für den Stamm tun wollte. Als ich dann zurück war, hielt ich es für eine gute Idee, ein Treffen aller Kiowa-Männer, die beim Militär gedient hatten, zu arrangieren. Wir trafen uns in Carnegie in Oklahoma in der VFW-Halle. Fünfzig Mann kamen. Ich teilte ihnen mit, daß wir uns zusammenschließen müßten, denn die Vereinigten Staaten, für die wir gekämpft hatten, würden sich eines Tages nicht mehr daran erinnern, daß wir in der Armee gewesen waren und für dieses Land gekämpft hatten. Wenn wir uns also organisierten, können wir es ihnen ins Bewußtsein rufen. Im Herbst, am Veteranentag, feiern wir das. Zumindest dürften sie erkennen, daß wir das getan haben, und unsere Namen gehen niemals verloren.

Die Black Legging Gesellschaft hat es immer gegeben, die Regierung hatte jedoch versucht, sie aufzulösen. Es war unsere Kriegergesellschaft, und sie hat die Menschen beschützt. Ich war der Meinung, wir sollten etwas Vergleichbares wiederentstehen lassen. Aus diesem Grund gab ich bekannt, wir würden die »Black Leggings«, die Krieger der Kiowa, wieder ins Leben rufen.

Der Name »Black Leggings« stammt von ihnen selbst, denn sie hatten ihre Beine unterhalb der Knie und die Arme von den Ellbogen abwärts schwarz angemalt. Brust, Rücken und Oberschenkel waren gelb angemalt gewesen. Damals trugen sie Lendenschurze aus Wildleder. Einige von uns tragen einen roten Umhang, und das hängt mit meinem Urgroßvater zusammen. Er war ein geraubter weißer Junge, der von unserem Stamm aufgezogen worden war, seit er ein Baby war. Als er ein kleiner Junge und ungefähr drei Jahre alt war, fiel ihnen auf, daß er im Gesicht ganz rot anlief, wenn er wütend wurde. Also nannten sie ihn »Goolhla-e«, das heißt »Er läuft rot an« oder »Roter Junge«. Das war der Name, den er verdiente. Die jungen Männer damals wollten sich einen Namen als Soldaten oder Krieger machen, wenn sie heranwuchsen. Manchmal berührten sie die Feinde mit der Lanze, so wie man Treffer zählt. Mein Großvater schloß sich also diesen Kriegern an, und sie machten sich auf den langen Weg nach Mexiko.

Diese Züge dauerten lange, manchmal waren sie Monate oder sogar Jahre fort. Einmal stießen sie auf mexikanische Soldaten, und der Offizier trug einen roten Umhang. Mein Großvater tötete diesen Offizier und nahm seine Uniform und behielt den Umhang als Kriegstrophäe. Wir stammen von unserem Urgroßvater ab, und deshalb tragen wir ihm zu Ehren diesen roten Umhang. Nur unser Vetter und meine Brüder als direkte Abkömmlinge. Seit wir die Black Legging Gesellschaft ins Leben gerufen haben, haben wir die Rückkehr des Kriegers gefeiert. Wir kommen mindestens zweimal im Jahr zusammen. Sonst tanzen wir nicht, nur diese beiden Male.

Die Gesellschaft hat ungefähr zweihundert Mitglieder, von denen vierzig in besonderen Kostümen auftreten. Wir tragen Lanzen. Wenn du etwas ganz Besonderes getan hast, befestigst du auch eine Adlerfeder daran. Bei mir sind es einundzwanzig Federn, und sie stehen für die einundzwanzig Einsätze, die ich über Feindgebiet geflogen bin. Die Weißen bekommen Medaillen, wir haben Adlerfedern. Vor Jahren befestigten sie auch die Skalps daran, überhaupt schmückte jeder seine Lanze so, wie es ihm gefiel.

KIOWA | Mein indianischer Name ist Mypah. Ich habe ihn vom Vetter meiner Großmutter erhalten, der in unseren Verwandtschaftsbeziehungen als mein eigentlicher Großvater angesehen wird. Sie erzählte mir, daß er mir gegeben wurde, nachdem ihr Vater, der ein Büffel-Medizinmann war, mit den Kriegern in den Kampf gezogen war. Wenn sie verletzt worden waren, hat er sie behandelt. »Mypah« bedeutet, daß sie von der Wucht des Stoßes ins Wanken geraten, wenn du einen Feind triffst.

Ich bin mit der *Native American Church* groß geworden. Mein Vater war ein Priester, und sie hatten einen Assistenten, einen Helfer, der dafür zuständig war, daß das Feuer die ganze Nacht brannte. Manchmal, als Kind, begleitete ich meinen Vater, und er sagte dann zu mir: »Ich gehe jetzt zu dieser Zusammenkunft für jemand, der krank ist.«

Bei meinem ersten Treffen war ich neun Jahre alt. Mein Vater leitete es. Ich bekam damals nicht so richtig mit, was sich abspielte. Ich konnte auch nur vier Lieder. Aber mein Vater sagte zu mir: »Nach Mitternacht kannst du dann diese vier Lieder singen.« Die Trommel und das Kürbisgefäß machten die Runde, und alle sangen, die ganze Nacht lang. Weil ich noch zu klein war, wurde mir vieles nicht so recht klar, ich weiß nur, jeder betete und sang diese Lieder. Ich nahm die Medizin, aber nur drei- oder viermal und sehr wenig. Ich verstand nicht alles, aber ich wußte, daß auch ich beten sollte.

Ich erlebte öfters Heilungen, wenn mein Vater und die Ältesten diese Treffen abhielten. Alles, was sie dazu brauchten, war die Medizin. Sie hatten auch indianische Ärzte, die die Menschen behandelten. Sie pflegten zu sagen: »Das ist die Medizin, die der Schöpfer gemacht hat. Sie kann dich gesund machen, wenn du sie nimmst und den Schöpfer bittest, dich gesund zu machen.« Heute ist das weniger üblich, jetzt, wo wir die moderne Medizin haben. Aber vor zwei Wochen haben wir eine Hütte gemacht für eine Frau mit Krebs, und sie kämpft immer noch, sie gibt nicht auf. Ich habe ihr einen getrockneten Peyote gegeben und zu ihr gesagt: »Ich mache einen für dich, ich spreche Gebete darüber, und ich gebe ihn dir«.

Wenn jemand krank ist, habe ich die Wasservogelfedern, die schon mein Schwiegervater gehabt hat. Sie nennen sie Wassertruthähne. Der Vater meiner Frau hat sie verwendet, um Menschen zu heilen. Ich bin kein Medizinmann, aber ich verwende sie, um den Menschen zu helfen. So machen sie es. Ich nenne mich nicht Straßenmann, das kommt von anderen Stämmen. Ich würde sagen, ich bin wie ein Priester.

Ich habe Menschen erlebt, die wegen einer Heilung hierher kamen. Zum Beispiel jemand mit Magengeschwüren, sie nehmen dann die Peyote-Medizin, und sie wird sie heilen. Wenn man zu sehr Angst hat, sie einzunehmen, dann wirkt es nicht. Mein Schwager hatte ein Magengeschwür, und er ist auf diese Art und Weise wieder gesund geworden. Aber trotzdem kommen die Leute kaum mehr wegen einer Krankheit. Man kommt zusammen, weil jemand Geburtstag feiert oder vom Militär zurück ist.

Ich habe die Feuerstelle gehütet bei den Versammlungen meiner Verwandten. Ab und zu leite ich die Versammlungen, wenn sie, egal aus welchem Grund, einen Gottesdienst der *National American Church* abhalten.

Ich bin ausgewählt worden, diese Ortsgruppe der Kirche bei einem Unterausschuß in Washington, D.C., zu vertreten. Sie waren daran, einen Gesetzentwurf als eine Ergänzung zum Gesetz über die Religionsfreiheit vorzulegen, der die *National American Church* betrifft, der uns das Recht einräumen sollte, Peyote zu verwenden. Ein Mann von der *Food and Drug Administration*, von der Bundesernährungs- und Gesundheitsbehörde, teilte dem Unterausschuß mit, daß, was die Klassifizierung von Peyote als Droge betrifft, das ganze kein Problem sei, wenn man ihn wie die Indianer im Rahmen der *Native American Church* verwenden würde. Jemand aus dem Norden behauptete, dort gäbe es zweihundertfünfzigtausend Mitglieder.

Ich habe das nicht getan, um die Kirche, sondern um den Peyote zu schützen. Ich würde ihn als Sakrament bezeichnen, das wir vom Schöpfer erhalten haben. Ich glaube, er hat Peyote eigens für die Indianer erschaffen, lang vor dem Christentum. Wir gebrauchen Peyote wie die Katholiken die Hostie, und bei denen ist auch noch kein Mißbrauch beobachtet worden. Bei uns ist es dasselbe. Der Schöpfer hat ihn für uns erschaffen. Der Schöpfer ist im Peyote, er ist in allem, was wir einatmen, er ist überall. Ich habe ausgesagt, daß niemand über die Verwendung von diesem Peyote Bescheid weiß, und wir wollen, daß er geschützt wird, denn wenn wir davon essen, dann in Zeremonien.

Der Peyote-Kult entstand im südwestlichen Oklahoma. Ende des neunzehnten Jahrhunderts lebte ein Anthropologe, James Mooney, bei den Kiowa. Er ist derjenige, der seine Verwendung eingeführt hat, und er bekam einen Freibrief, ihn in der Kirche einzusetzen. Die Regierung war dagegen, aber er machte weiter und legte es 1918 schriftlich fest. 1944 nahmen auch die Navajo den Peyote in ihre Religion auf, und in den fünfziger Jahren übernahmen ihn auch die nördlichen Stämme.

Es wird erzählt, daß die Frauen als erste mit dem Peyote Bescheid wußten. In einer Geschichte heißt es, eine Frau und ihr Kind hätten sich verlaufen. Die Geister befahlen ihr, die Pflanze, die sie gefunden hatte, zu nehmen und zu essen, weil sie Nahrung und Wasser enthalten würde. Sie sagten ihr, daß sie dann auch ihr Volk wiederfinden würde. So geschah es dann. Sobald sie davon gegessen hatte, bekam sie dieses Wissen.

Wenn du den Peyote ißt, bewirkt er, daß du dich demütig fühlst. Ich bin absolut nicht dafür, bei diesen Gebetszusammenkünften Menschen mit Alkoholproblemen zu kurieren. Aber wenn sie hereinkommen, sage ich ihnen: »Hier ist der Ort, an dem ihr lernt, in euerer Muttersprache zu beten.« Diese jungen Menschen verfangen sich im Weltlichen. Und jetzt sage ich, es ist schwierig, sie zu heilen, weil sie süchtig danach sind, nach dem Weltlichen. Es ist schwierig für sie, hierher zu kommen, wo sie doch eigentlich lieber da draußen wären. Aber wenn du hereinkommst, dann hörst du die Menschen zu diesem Gott beten. Du hörst diese Lieder, diese wunderschönen Lieder der *Natives*, die den Indianern gegeben worden sind. Und das Ergebnis wirst du dann schon sehen, und dir geht es gut.

Jetzt hätten sie gerne, daß ich Sprachkurse abhalte. Sie hätten gerne, daß ich ihnen einiges von dem Guten in unserem Stamm übermittle, das sie bewahren müssen und nicht verlieren dürfen. Am wichtigsten für unseren Stamm ist es, die Jugend nicht zu verlieren, denn heutzutage haben sie sich diesem anderen Lebensstil angeglichen. Sie haben vieles von ihrer Sprache verloren. Zum Beispiel wie sie ihre Verwandten ansprechen sollen und woher das kommt, denn du sprichst sie ja nicht mit ihrem Namen an. Sie könnten das viel stärker respektieren. Für sie ist es ziemlich seltsam, dich mit deinem gegebenen Namen anzusprechen. Es wäre, wie wenn »Enkel« und »Großvater« dieselben Wörter wären. Wir werden ihnen beibringen, wie die Menschen zu grüßen sind. Ich glaube schon, daß das viele bewahren oder lernen möchten, um es dann weiterzugeben.

KIOWA | Alle diese Geschichten werden mündlich überliefert, sie werden nicht aufgeschrieben. Die Großeltern erzählen sie den Enkeln. Eine nach der anderen. Sie erzählen ihnen von den zehn Bündeln und woher sie kommen – unsere Schöpfungsgeschichte.

Verkürzt geht die Geschichte so: Eine Großmutter hatte für zwei Jungen ein Rad zum Spielen gemacht. »Du darfst es nie in die Luft werfen«, sagte sie zu dem einen. Den packte natürlich die Neugier, also warf er es in die Luft. Als es wieder herunterfiel, wollte er rasch zur Seite springen, aber es verfolgte ihn. Es spaltete ihn in der Mitte und machte zwei Menschen aus ihm. Es waren keine Zwillinge, man nannte sie »die gespaltenen Jungen«. Sie betrachteten sich als Brüder.

Einer der beiden sagte, daß er in den See gehen wollte. Und der andere sagte, er würde alle seine Gliedmaßen in diese zehn Bündel geben. Wir haben sie immer noch. Die einzelnen Völker haben verschiedene. Eines hatten wir immer hier. Es wurde von Generation zu Generation weitergegeben. Der Bruder meines Schwiegervaters hatte es. Sein Bruder hatte es. Zuvor hatte es der Großvater seiner Frau. Sie waren die Hüter. Sie mußten es mit sich nehmen, wenn sie irgendwohin gingen. Sie können es nicht einfach irgendwo liegenlassen. Jetzt bewahren sie es in einem Haus auf, aber früher wurde es in einem Tipi aufbewahrt. Jetzt, wo die Leute Auto fahren, nehmen sie es im Auto mit, wenn sie irgendwohin fahren. Solange noch ein Kiowa lebt, wird es diese Bündel geben. Es ist noch immer hier, und das schon seit urdenklichen Zeiten.

Diese Geschichten helfen mit, den Kindern zu vermitteln, wie sie leben sollen, wie sie sich verhalten sollen. Vor ungefähr fünfzehn, sechzehn Jahren, im Sommer, habe ich das übernommen. Die Kleinen nennen wir Kaninchen, und sie können zu mir ins Haus kommen. Ich habe ihnen vorgesungen, und ich erzähle ihnen ein paar von diesen Geschichten. Zu ihren Müttern und Großmüttern sage ich, sie sollen Kassettenrecorder mitbringen und die Geschichten aufnehmen und aufheben, damit sie nicht verlorengehen. Einmal hat jemand ein Kinderfest organisiert, und da waren gleichzeitig zwei-, dreihundert Kinder auf der Tanzfläche. Eines der Lieder, das ich gesungen habe, handelt von den gespaltenen Jungen, und ich habe erklärt, was die Wörter bedeuten. Sie sprechen ja kein Kiowa mehr.

Einige der Lieder sind praktisch schon verlorengegangen. Ich habe die Lieder von meiner Großmutter gelernt. Aus dem ein oder anderen Grund sind sie mir in Erinnerung geblieben, und ich weiß, wovon sie handeln. Zum Beispiel Kinderlieder, von diesem Büffel zum Beispiel, es war ein kleiner roter Büffel. Hast du gewußt, daß Büffel rot sind, wenn sie klein sind?

Ein anderes Lied geht über die Präriehunde. Da war ein Mann, ein großer, kräftiger Mann. Er nannte jedermann *sagee*, Neffe. Es bereitete ihm großes Vergnügen, zu lügen, zu betrügen und zu prahlen. Alles war falsch bei ihm. So sprach man von ihm, weil er so schlecht war. Eines Tages stieß er auf ein Rudel Präriehunde, die beisammenlagen. Alles, was er wollte, war, ein paar davon zu fangen, um sie zu kochen und zu essen.

Deswegen sagte er zu ihnen: »Das mache ich nur für euch. Ich werde euch etwas vorsingen, und ihr tanzt. Wenn ich dieses Lied singe, das Lied der Präriehunde, dann müßt ihr eure Augen zumachen und tanzen. Laßt eure Augen zu, solange ich singe.«

Dabei hatte er die ganze Zeit einen Stock, und er schlug sie auf den Hinterkopf, und sie wußten es nicht. Er betrog sie, er tötete sie. Alle bis auf einen kleinen, der seine Augen nicht zugemacht hatte. Der Kleine kroch in sein Loch, und dadurch rettete er sein Leben. Sie erzählen diese Geschichte, um zu erzählen, warum es bis zum heutigen Tag noch Präriehunde gibt.

Zu den Kindern sage ich, bringt eure Mütter mit, bringt eure Großmütter mit, zieht euch schön an, bevor ihr hierherkommt, wie die Erwachsenen, wie die Ältesten. Bemalt euch, ganz wie ihr wollt. Zieht euch schön an, und dann kommt her, setzt euch ganz vorne hin, wo ich euch sehen kann. Dann verteilen wir Preise, wir schenken euch etwas. Und eure Mutter oder Großmutter sieht zu, wie ihr tanzt. Sie werden stolz auf euch sein, und sie werden etwas verschenken, euch zu Ehren, wie bei einem Erwachsenen. Eines Tages werdet ihr ein Führer sein oder etwas anderes, was sinnvoll ist im Leben. Sie kommen mit Schals und solchen Sachen.

Ich möchte als Ältester nicht beiseite geschoben werden. Wir haben fünf Enkelkinder, und einer wird bald anfangen zu laufen. Ich werde ihn nach Gool-hla-e, meinem Großvater benennen, nach dem »Jungen, der rot anläuft«. Weil er so eine helle Haut hat und weil er rot wird im Gesicht.

Yurok

Georgiana Trull: Eine Lehrerin

Georgiana und John Trulls Haus steht auf Yurok-Territorium im nördlichen Kalifornien, zwanzig Kilometer östlich der Kleinstadt Hoopa und dreißig Kilometer nordwestlich der Brücke über den Klamath River. Ich fuhr auf einer engen, einspurigen Straße, die sich hügelauf, hügelab den Fluß entlangschlängelt. Die Abhänge sind steil und dicht bewaldet mit Eichen, Ahorn und der zarten Madrone (Anm. d. Übers.: immergrüner Arbutus-Baum) mit der roten Rinde.
Das blauweiße Haus der Trulls sitzt wie ein Vogelnest auf einem Abhang über dem Fluß. Eine große Hündin und ihr Wurf haben unter der Veranda Quartier bezogen, und überall waren große und kleine Katzen. Das niedrige, aber luftige Wohnzimmer hing voller Bilder von Kindern und Enkelkindern. Georgiana bewegt sich leichtfüßig und behende, sie wirkt jünger als ihre 77 Jahre. Um sie herum herrscht eine friedvolle Atmosphäre; sie bricht gerne in Gelächter aus, insbesondere über die Geschichten ihres Mannes.
Bei unserem Gespräch sitzen wir auf der Veranda, und ab und zu sehen wir zu einem Habicht auf, der über uns seine Kreise zieht.

Ich gehöre zur Nation der Yurok vom Nordufer des Klamath River. Wir sind aus Shregon, einem Dorf einen knappen Kilometer von hier. Früher war das eine große Indianersiedlung. In meiner Jugend gab es keine Straßen und keine Autos, wir lebten abgeschieden von allem rund um uns. Wenn wir einkaufen mußten im Laden, dann per Boot oder zu Pferd, oder wir gingen zu Fuß. Ich finde, in mancher Hinsicht war das Leben besser, es gab kaum Alkohol und gar keine Drogen. Wir waren nicht einsam, denn wir konnten ins Dorf hinuntergehen zu Leuten in unserem Alter. Die einzige Unterhaltung am Abend war, den Geschichten zuzuhören. Aber dann, weil das Dorfleben auseinanderbrach, hat auch die Trinkerei zugenommen.

Die Yurok haben sich nie besonders organisiert, aber trotzdem haben wir überlebt und sind unabhängig. Vielen von uns ist es in ihrem Leben nie richtig schlechtgegangen, wir haben eben hart gearbeitet für das, was wir haben. Vom BIA [Bureau of Indian Affairs] waren wir nie abhängig, wenn wir etwas gebraucht haben. Auch unsere Jungen werden überleben, ohne auf die Pro-Kopf-Zahlungen oder so etwas ähnliches angewiesen zu sein. Denn sie wissen, wenn sie etwas haben wollen, müssen sie dafür arbeiten.

Meine Muttersprache spreche ich noch fließend. Jetzt gebe ich für junge Leute Sprachkurse in Yurok; ich bin erst letztes Jahr in Rente gegangen. Ich habe ungefähr zwanzig Jahre an der Schule Unterricht gegeben, Teilzeit. Die kleinen Kinder ab dem Kindergarten bis zur dritten, vierten Klasse lernen die Sprache gern. Aber später, als Teenager, haben sie dann andere Interessen, denen sie nachgehen wollen. Von ihren Eltern hat keiner die Sprache gelernt, das ist eine traurige Angelegenheit. In der Gegend hier, zwischen Wietchpec und weiter unten, ungefähr ein Gebiet von dreißig Kilometern, gibt es, glaube ich, nur zwei von uns. Wir sind ganze elf Leute im ganzen Gebiet zwischen Eureka, Klamath und Wietchpec, die die Sprache fließend beherrschen. Ich finde, wenn wir die Sprache fließend beherrschen, wissen wir, wer wir sind. Die Grundlage unserer Yurok-Kultur ist unsere Sprache. Das ist das Wichtigste. Denn sogar bei den kleineren Zeremonien, zum Beispiel beim Besentanz, klingen die Lieder nicht mehr so wie damals, als die Alten sie gesungen haben. Denn wenn die jungen Leute die Sprache lernen, bekommen sie den Akzent, die Aussprache nicht mit, und es hört sich anders an, als es sein sollte. Erst vergangene Woche war ich oben und habe gehört, wie einige Mädchen das Besentanzlied gesungen haben. An diesem Flußabschnitt veranstalten sie alle zwei Jahre den Bootstanz.

Meinen Schülern erzähle ich, daß alle Nationalitäten ihre eigenen Sprachen haben und daß sie sie auch benutzen. Du gehst in die Stadt, und du hörst die Chicanos, du hörst Chinesen, Italiener – und alle sprechen sie ihre eigene Sprache. Außer die Indianer. Die Indianer hörst du nie in ihrer Sprache reden. Dafür sagen sie: »Wir schaffen es nicht, sie zu lernen. Es ist zu schwierig.«

Ich habe mit vielen verschiedenen Leuten gesprochen, die in das Hochland gehen, um zu beten, die Tolowa, die Hoopa oder die Karuk zum Beispiel. Die Hoopa gehen hoch in die Trinity Alps. Von den Tolowa und den Karuk weiß ich, daß sie zum Chimney Rock gehen, so wie wir. Und alle sprechen sie verschiedene Sprachen.

Ich habe drei Enkelkinder, und ich würde schon gerne wissen, wie ihr Leben aussehen wird. Weil diese jungen Menschen, meine Enkel und Urenkel, lernen müssen, in zwei verschiedenen Kulturen zu leben. Denn für einige von den Jungen ist es schon schwer, ihre Sprache zu lernen und imstande zu sein, an ihren eigenen Zeremonien und Tänzen teilzunehmen und zu wissen, um was es da insgesamt geht.

Die Yurok sind der Auffassung, Frauen sollten nicht schwitzen. Das ist etwas für Männer. Von schwitzenden Frauen haben wir nie gehört. Ich hatte eine Großmutter, als ich klein war, die Arthritis hatte. Meine Mutter nahm dann eine dieser großen Waschwannen aus Aluminium und legte große, heiße Steine hinein. Darüber goß sie dann Wasser, das sie zuvor über dem Feuer heißgemacht hatte, und sie stellte die Wanne auf den Boden und einen Stuhl darüber. Sie wickelte meine Großmutter bis zum Hals in eine Decke ein, und so bekam sie ihr Dampfbad. Das war die übliche Methode bei Frauen.

Die Menschen waren sehr zurückhaltend mit dem, was sie machten; es hätte ihnen nicht gepaßt, wenn jemand dabei gewesen wäre, wenn sie zum Beten gingen. Es hätte ihnen nicht gepaßt, wenn jemand zugehört hätte, um was sie beteten. Das blieb unter vier Augen zwischen ihnen und dem Schöpfer. Das geschah alles ohne die Öffentlichkeit.

In meiner Jugend hatten die Leute viel weniger Kleider für die Tänze als heutzutage. Alles mußte damals ja von Hand gemacht werden, und wie man Kleider näht, wurde von einer Generation an die nächste weitergegeben. Jetzt gibt es, glaube ich, Kurse, wie man Festkleidung und Hoheitszeichen macht. Und Nähkurse ebenfalls. Sie benutzen jetzt ja auch elektrische Bohrmaschinen, wenn sie Muscheln oder Pinienkerne brauchen.

Früher, im Dorf, wenn jemand einen Hirsch erlegt hatte, bekamen alle etwas davon ab, sie teilten ihn auf. Weggeworfen wurde nichts, niemals. Und gefischt wurde, bis jeder den Vor-

rat hatte, den er für den Winter brauchte, dann holte er seine Netze ein und ließ andere fischen. Heute ist alles so kommerziell geworden. Wir haben nie Fisch verkauft, wir verschenkten ihn an jemand, der ihn gerade brauchen konnte. Wenn bei meiner Mutter Kinder ins Haus kamen, bekamen sie etwas zu essen. Bei meiner Mutter wäre es nie vorgekommen, daß ein Kind, das zu Besuch war, nichts zu essen bekommen hätte. Kinder und Jugendliche wies sie nie ab, und sie bot ihnen immer einen Platz an, wo sie bleiben konnten, wenn sie einen brauchten. Sie behandelte jeden, als ob er zur Familie gehören würde. Ob es Indianer waren oder Weiße oder sonst etwas, es war egal. Sie sah immer zu, daß sie etwas zu essen und ein Dach über dem Kopf hatten.

Die Menschen haben sogar die Bäume anders behandelt. Zum Beispiel, wenn es um Brennholz ging, man besorgte sich nur soviel, daß man damit über den Winter kam. Man wußte ja, wieviel man brauchen würde, verschwendet wurde nichts. Ich glaube, das alles hat aufgehört, vielleicht weil sich die Eltern nicht mehr die Zeit nehmen, ihre Kinder mitzunehmen und ihnen etwas beizubringen. Meine Großmutter hat mich immer mitgenommen und mir verschiedene Sachen beigebracht wie nichts kaputtmachen, was anderen gehört, denn wenn man das machte, mußte man es ihnen erstatten. Sie hat mir auch vieles mit Medizin erklärt. Das habe ich meinem Arzt erzählt, als ich vor ein paar Wochen zu einer Untersuchung bei ihm war. Er kam auf meine Raucherei zu sprechen, und ich sagte daraufhin: »Doktor, meine Großmutter wurde 115, und sie hat ihr ganzes Leben lang geraucht.« In ihrem ganzen Leben ist sie nicht einmal bei einem Arzt gewesen. Sie war kein einziges Mal beim Zahnarzt, und sie hatte mit 115 praktisch noch alle ihre Zähne. Ihre Zähne waren bis aufs Zahnfleisch abgenutzt. Wenn sie lachte, sah es aus, als hätte sie kleine Knöpfe in ihrem Kiefer stecken.

Und Heilkräuter. Das war die ganze Medizin, die wir hatten. Und sie wirkten. Das habe ich auch zu meinem Mann gesagt, als ich wegen dieser Untersuchung loszog. Ich sagte: »Nur damit du Bescheid weißt, bei mir ist alles in Ordnung.« Darauf er: »Wirklich?« Und ich sagte dann: »Ja doch, mein Arzt hat gesagt, ich wäre der gesündeste Mensch in meinem Alter, den er jemals erlebt hätte. Ich bin 77, und alles ist in Ordnung mit mir.«

Unsere Indianer hielten gar nichts von Übergewicht. Neulich sagte ich zu meinem Mann: »Ich würde gerne wissen, was meine Mutter und meine Tante sagen würden, wenn sie manche von den Enkeln meiner Mutter sehen könnten, wie wenig sie auf ihr Gewicht achten.« Ich weiß, daß unser Stamm nichts davon hielt, wenn jemand fett war. Es war beinahe eine Sünde, wenn man sich so aus dem Leim gehen ließ. Das bedeutete nämlich, daß man seinen Körper nicht pflegte. Denn man sollte seinen Körper mit nichts vollstopfen, was ihm schaden konnte. Und man hat sich nie überfressen. Man nahm einen Löffel voll, und dann legte man seinen Löffel solange aus der Hand, bis man heruntergeschluckt hatte, und dann saß man einfach da, wartete ein bißchen, und dann nahm man den nächsten Bissen. Mir hat das einfach zu lang gedauert, und deshalb hat man uns immer gepredigt, wie die Indianer essen.

Sie lebten gewöhnlich von dem, was Wälder und Flüsse hergaben; sie hatten keine Gärten. Das lernten sie erst in der Generation meiner Mutter, erst dann fingen sie an, Gärten anzulegen. Und jetzt, die junge Generation sagt, alles muß biologisch sein. Ich habe noch immer nicht ganz begriffen, daß wir jetzt also hingehen und diese ganzen biologischen Lebensmittel kaufen, die ich schon als Kind bekommen habe, denn so war unser Essen ein-

Yurok | fach. Ein paar Leute gehen ja noch und sammeln Eicheln und Heidelbeeren, aber im Lauf der Zeit vergißt man doch, wie es geht.
Mein Großvater erzählte uns immer die Prophezeiungen über den Fluß. Daß er am Ende verschwinden würde. Was mit ihm genau geschehen würde, sagte er nicht, nur, daß er verschwinden würde. Und jetzt kann man ja sehen, wo sie Fischdämme anlegen wollen und dafür den Fluß ausleeren. Aber das erschöpft den Fischbestand. Der jungen Generation ist nicht klar, daß sie den Fischbestand erschöpft, wenn sie ihre Fischerei so kommerzialisieren, und dann erklärt man das Ganze zu einem toten Fluß. Dann gehen die Fischfarmen auch ein. Vielleicht in meiner Generation noch nicht, aber vielleicht in der Zukunft …

PUEBLO

SANTIAGO LEO CORIZ:
DER HÄUPTLING EINES KIVA

Über den Südwesten verstreut, liegen zwanzig Pueblos, kleine Dörfer mit Häusern aus getrockneten Lehmziegeln. Es heißt, die Anasazi seien die ältesten bekannten Bewohner der Hemisphäre. Jedes Pueblo ist autonom und hat eine eigene Sprache, und trotz einer gemeinsamen Religion unterscheiden sie sich in ihren Ritualen. In ihrer Schöpfungsgeschichte heißt es, die ersten Puebloindianer seien aus der Unterwelt aufgetaucht aus einem See im Norden, der als Sipapu bekannt ist. Danach begannen ihre Wanderungen unter der Führung des Großen Geistes. Auf diesen Wanderungen gab ihnen der Große Geist ihre ursprünglichen Weisungen. Er zeigte ihnen die Pflanzen, die im Überfluß in diesem Land wuchsen, wie man sie anbaute und wann man sie erntete. Sie erhielten Rituale und Gebete um Regen und Danksagungstänze für die Ernte, die heute noch abgehalten werden.

Sie bekamen Weisungen, wie man ein wohlgeordnetes, friedliches Leben führt, Weisungen, die von Generation zu Generation weitergegeben worden waren. Der Große Geist warnte sie auch vor den Katastrophen, die über sie hereinbrechen würden, falls sie diese Weisungen mißachten sollten.

Die Dörfer sind in Clans unterteilt, und jeder Clan hat sein Kiva, eine Kultstätte, die man durch Öffnungen im Dach und über Leitern betritt. Kivas dürfen nur von Männern betreten werden.

Santo Domingo liegt südlich von Santa Fe am Ufer des Rio Grande und am Fuß der Sandia Mountains, wo man früher nach den überaus geschätzten Türkisen gesucht hatte.

Im Unterschied zu vielen Puebloindianern, die von Außenseitern genug haben und in ihrem Verhalten sehr zurückhaltend sind, ist Leo, ein Kiva-Häuptling, Fremden gegenüber aufgeschlossen. Ihm ist daran gelegen, daß alle seine weitverstreuten Enkel von seinem Volk wissen. Und wie sein Vater und vor ihm der Vater seines Vaters ist Leo ein meisterhafter Juwelier, dessen Arbeiten in Museen ausgestellt werden.

Ich bin in diesem Haus hier im Pueblo Santo Domingo geboren, im Juni 1913. Ich bin hier auf eine Schule gegangen, auf der in Spanisch unterrichtet wurde. Als ich dann sieben oder acht Jahre alt war, schickten sie mich auf eine katholische Schule in Santa Fe. Mir hat es dort nicht besonders gefallen. Sie wollten, daß wir unseren indianischen Lebensstil vergaßen und die katholische Lebensweise lernen sollten. Sie halten das für die einzig wahre Religion.

Aber mein Lebensstil war die indianische Kultur. Schon bevor ich in die Schule kam, habe ich von meinem Großvater und von meinem Urgroßvater gelernt, wie man ein respektvolles, frommes Leben führt. Heute glauben viele von uns an die katholischen Lehren, aber

hauptsächlich bewahren wir doch unseren eigenen Glauben. Die Zuni, die Isleta, alle die Indianer, die den Rio Grande entlang leben, kommen einmal im Jahr hier zusammen. Das ist das wichtigste Dorf, um unsere Kultur unverändert lebendig zu erhalten. Alle Kinder hier lernen die Sprache. Das ist die Alltagssprache hier. Aber in anderen Dörfern bringen sie sie ihnen nicht einmal mehr bei, sie sprechen nur noch Englisch. Damals, als ich in die Schule kam, hast du ein Wort Indianisch gesagt, und du bist bestraft worden. Aber jetzt machen sie ein Gesetz in Oklahoma, daß sie in der Schule auch Indianersprachen lernen. Das finde ich gut.

Ich war fünf Jahre auf der Indianerschule in Santa Fe. Ich habe aber trotzdem keinen Abschluß. Ich bin in der achten Klasse von der Schule geflogen, weil ich ein freches Mundwerk habe. Solange ich in der Schule war, bin ich im Sommer immer zu meinem Onkel nach Santo Domingo gekommen, um bei ihm auf der Farm zu arbeiten. Hauptsächlich haben wir Mais, Bohnen, Melonen und Chili angebaut. Das waren unsere Hauptnahrungsmittel. In den Pueblos ist Mais die wichtigste Feldfrucht. Sie haben damit Handel getrieben mit den Komanschen, Apachen und Navajo.

Dann bekam ich Arbeit in Albuquerque und lebte im Pueblo und versuchte, meine Eltern zu unterstützen. Mein Vater hat nie eine Schule besucht, aber er hat sich trotzdem gut um uns gekümmert. Er machte Türkisschmuck und handelte mit den Hopi und Navajo. In den zwanziger und dreißiger Jahren war das Haus voller Steine, Silber und Gürtel.

Um 1938 habe ich geheiratet, und ich hatte vier Kinder mit meiner ersten Frau. 1940 wurde ich zur *Navy* eingezogen. Ich hatte langes Haar, das mußte ich abschneiden. Sie bekamen heraus, daß ich Metallschmied war, also beförderten sie mich zum *Federal Officer*, zum Bundesoffizier dritter Klasse, und ich mußte die Flugzeuge wieder zusammenflicken, die die Japaner heruntergeholt hatten.

Als ich wieder nach Hause kam, gingen die Schwierigkeiten mit meinem Magen los. Ich konnte nichts mehr behalten. Ein Jahr lang ging ich im Krankenhaus ein und aus. Der Arzt meinte, man müßte meinen Magen verkleinern, aber ich sagte: »Ihr operiert nicht an meinem Magen herum!« Statt dessen bat ich meine Tante, sich für mich nach einem Medizinmann umzusehen, und ihn fragte ich, ob er etwas für meinen Magen tun könnte.

Er antwortete: »Ich werde meine Gottheit fragen, meinen Gott, meine Schutzgeister bitten, mir Licht zu bringen, damit ich dich behandeln kann. Aber du mußt tun, was ich dir sage, und du mußt an das glauben, worum du bittest. Ich bin nicht derjenige, der dich kuriert, der Schutzgeist kuriert dich. Morgen komme ich mit einigen Kräutern wieder. Ich bringe dir an die vier, fünf Liter, und du mußt alles trinken. Und du wirst eine Weile tot sein. Aber du brauchst keine Angst zu haben. Du wirst sterben, aber du wachst wieder auf. Wenn du aufwachst, wirst du Hunger haben.« Und seither, seit 1952, habe ich keine Probleme mehr mit dem Magen.

Als Baby war ich dauernd krank. Meine Mutter gab mich dann zu jemand anderem. Sie adoptierten mich auf die indianische Art, mit Maismehl. Ich wuchs dort bei ihnen auf, vier oder fünf Jahre. Die Indianer glauben, daß andere Mütter oder Väter vielleicht mehr Einfluß auf die Geister haben. Deswegen lebte ich bei ihnen, und ich wurde gesund.

Kaninchenjagd ist ein alter Brauch. Wir gehen nicht auf die Jagd, um zu töten. Wir jagen, um den Schutzgeist zu nähren. Und um um ein weiteres Jahr bei guter Gesundheit zu bitten. Alles, was wir hier in der Reservation tun, ist traditionell und zeremoniell. Wir versuchen, ein Kaninchen oder eine Wachtel aufzuspüren. Wir verwenden Kaninchenstöcke. Wenn das Kaninchen aufspringt, wirfst du den Stock vor ihn und triffst ihn am Kopf. Mit Großwild ist es anders. Wir müssen beten, und heute brauchen wir natürlich einen Jagdschein, wenn wir auf Hirschjagd gehen.

Im August, also jetzt, sind wir fertig mit unseren normalen Zeremonien. Aber später kommt dann noch der Erntetanz. Nur die Männer tanzen. Das ist die Zeit für gute Ernten. Danach haben wir die Wintertänze, zum Beispiel den Adlertanz und den Büffeltanz. Wir haben alle möglichen Tänze. Einige sind in Vergessenheit geraten, sie werden wohl nie mehr aufgeführt werden, und andere finden nach wie vor statt. Viele sind in Vergessenheit geraten. Die Tänze finden immer zu bestimmten Zeiten statt, zum Beispiel an Weihnachten, Neujahr oder Ostern. Unsere Tänze sind eine Kombination aus spanischen, mexikanischen und indianischen Elementen. Da gibt es die Matachina-Tänze. Beim Maistanz mache ich mit, seit ich laufen kann. Als ich ein Junge war, haben vielleicht dreißig Leute getanzt, aber heute sind es beim Maistanz ungefähr zwei- oder dreihundert Tänzer pro Gruppe. Für einige der großen Zeremonien müssen wir mehrere Tage lang fasten.

Ich bin ein Kiva-Häuptling. Ich bemühe mich, unsere Kultur zu erhalten. Ich gehöre zum Fuchs-Clan; meine erste Frau war aus dem Mais-Clan, und alle ihre Kinder waren dann auch Mais. Meine zweite Frau war eine Eiche, und alle meine Kinder, die sie hatte, sind Eiche. Der Clan kommt von der Mutter. Im Frühjahr fangen die Männer an, die Gräben zu säubern. Wir haben vier Gräben an jeder Seite des Dorfes. Sie ziehen mit Schaufeln los und machen sie mit der Hand sauber, damit wir unser Land bewässern können. Ungefähr im März beginnen wir dann mit dem Anbau, wir pflanzen blauen und weißen Mais, Chili und Melonen. Im Mai sind wir damit fertig, und ab August, September haben wir frisches Gemüse; Haupterntezeit ist dann im Lauf des Oktobers.

Das größte Problem, das wir im Dorf momentan haben, ist der Lebensstil der Weißen. Jeder möchte so leben. Wir können den Pueblo jederzeit verlassen, aber weiß können wir nicht sein. Wir haben immer noch unsere eigene Regierung, unsere Kriegskapitäne und -häuptlinge. Das war schon so, bevor die Spanier überhaupt in dieses Land kamen. Die Regierung des Dorfes oder die Häuptlinge sind für alles im Dorf verantwortlich. Der Staat hat hier nichts verloren, er kann uns keine Vorschriften machen. Aber das Problem ist, daß wir nichts mehr haben. Die Weißen haben uns unser Land weggenommen. Die Reichen kaufen hier in der Gegend viel Land auf.

Die Familie hilft uns, unsere Kultur aufrechtzuerhalten. Das älteste Familienmitglied unterweist die Kinder. Die Regierung des Dorfes oder die Kriegshäuptlinge sind dafür verantwortlich, wenn etwas schiefgeht. Sie sagen uns, worauf wir zu achten haben, und wie wir zu unseren Traditionen zurückfinden. Viele Kinder sind das, was wir als »Stadtindianer« bezeichnen – sie gehen in die Städte und arbeiten dort. Aber sie kommen zurück, wenn sie älter sind. Sie kommen zurück zu ihrer Tradition und zu ihrer Kultur. Ich finde, das ist ein viel besseres Leben als in eine Stadt zu ziehen. Hier glauben wir nicht an Gewalt und all so etwas. Hier ist jeder ein Mensch, und jeder macht so seine Fehler. Sie haben eine Art, etwas auf die richtige Art und Weise zu machen, nicht mit Gewalt oder mit Geld, sondern einfach mit Achtung und Aufmerksamkeit.

Überall in den Jemez-Bergen verstreut, stehen viele Ruinen, wo früher unsere Leute gelebt haben. Einige Weiße begannen mit Ausgrabungen, aber sie kamen nicht weit. Ich

PUEBLO | finde, sie sollten die Natur in Frieden lassen. Es gibt eine Reihe von Stellen, – an denen du etwas für dich selbst lernen kannst, auf die althergebrachte Art, mit den Bildern, aber sie haben viel kaputtgemacht von dieser Lebensweise. Bei uns kommen ja immer noch junge Generationen nach; wir möchten, daß sie unseren Stil kennen, unser Leben, und sie möchten es auch. Deswegen müssen wir diese Leute davon abhalten, an diesen Ruinen herumzumachen. Die meisten tun es für Geld.

Meinen Kindern erzähle ich: »Der Schöpfer hat uns den Mais gegeben. Ihr steckt ihn in die Erde; er wächst und ihr eßt. Wenn ihr nicht so etwas macht, dann hat er uns Ton gegeben, um Töpfe zu machen, und er hat uns Türkise gegeben für Perlen. Arbeitet damit, und ihr habt zu essen.« Deshalb stehlen Indianer nicht, sie nehmen nichts, was ihnen nicht gehört. Das ist ein zentraler Punkt in unserer Religion, nicht anderer Leute Eigentum zu nehmen. Du kannst losziehen und Geld verdienen, wenn du Arbeit findest, aber was ist Geld? Das ist nie wie Essen. Irgend jemand muß dieses Essen anbauen, diese Tomaten, Chilis und Bohnen. Es gibt Zeiten, in denen man keine Arbeit findet. Dann schaff dir selber Arbeit, mach deinen eigenen Schmuck, deine Türkise, deine eigenen Töpfe. Besorg dir Samen, steck sie in die Erde, und du bekommst Essen. Das ist meine Lehre. Das erzähle ich meinen Kleinen. Ich entwerfe meinen Schmuck selbst, und ich zeige es jedem, der es lernen möchte. Wenn jemand überhaupt kein Geld hat, mache ich es umsonst. Das, was ich kann, werde ich nicht mit mir nehmen. Das, was ich auf dieser Erde kann und weiß, möchte ich zurücklassen, damit auch andere etwas davon haben.

Der Schöpfer hat uns hier an diesen Platz gesetzt. Es heißt, wir haben die Welt nur geliehen, sie gehört uns nicht. Sie gehört niemandem. Mein Großvater sagte: »Gut, es gibt alle möglichen Menschen auf dieser Welt. Aber wir kamen alle vom selben Schöpfer. Es gibt Schwarze, Rote, Gelbe und Weiße, alle Hautfarben, aber alles Menschen. Deshalb achtet sie als Menschen. Wir sind alle Brüder und Schwestern. Eines Tages, kurz vor dem Ende der Welt, werden alle beisammensein.« Ich finde, er hatte recht. Heute heiraten viele einen Schwarzen oder Roten oder Gelben. Ich habe einen Urenkel, der Vietnamese ist. Aber er sieht aus wie die Menschen hier. Es stimmt schon, was sie vor langer Zeit vorhergesagt haben.

Ich weiß nicht, aber ich glaube, bevor die Welt untergeht, vergehen schon noch einmal tausend oder eine Million Jahre. Sicher, jeder hat seine eigene Vorstellung. Egal, wohin die Reichen gehen, sie graben den Boden auf, verderben und ruinieren die Erde und vergiften das Wasser. Aus lauter Habgier. Sie machen nichts, was den Menschen in der Welt nützt, sie machen alles nur aus Eigennutz. Wenn sie sterben, wohin schaffen sie dann eigentlich ihr Geld? Sie könnten noch mehr Grund und Boden kaufen, den sie zerstören könnten, das ist alles.

Wir selbst machen die Welt kaputt, die Welt, die uns der Schöpfer gegeben hat, damit wir sie genießen und glücklich damit sind. Er hat uns all das Schöne gegeben, Bäume, Berge, Essen. Alles ist da, sogar Medizin, aber wir wissen nicht mehr viel über Medizin. Heute brauchst du Geld, wenn du zum Arzt gehst, und dabei ist alles umsonst auf dieser Erde. Ich gehe zu keinem Arzt, ich gehe los und suche mir meine Medizin selbst zusammen. Deswegen bin ich so gesund.

Ich hatte zwei Großväter, die beide Medizinmänner waren. Im Frühjahr zogen sie immer in die Berge und brachten eine Menge Wurzeln und Sachen zurück, die sie auf der Veranda zum Trocknen ausbreiteten. Danach wurde alles zerkleinert und in Säcken verstaut.

Für diesen neuen Hanta-Virus [ein grippeartiger Virus, manchmal tödlich, der angeblich von Nagern herrührt und 1993 im Südwesten auftrat] machen sie ein Tier verantwortlich. Du darfst nie ein Tier für etwas verantwortlich machen. Es wurde vom selben Schöpfer erschaffen, der auch uns erschaffen hat und der nichts in die Welt gesetzt hat, das uns töten oder krankmachen würde. Ich glaube, dieser Virus kommt aus der Atmosphäre oder ist etwas, das der Mensch gemacht hat. Der Schöpfer bringt keine Krankheiten. Wir sind diejenigen, die alle diese Krankheiten hervorgebracht haben. Die Indianer waren gesund, bevor die Weißen kamen.

In Los Alamos verwenden sie alle Arten von Chemikalien. Dann kommt ein Wind und verweht sie und verteilt sie über das ganze Land, vielleicht auch ins Wasser, und dann wird Gift daraus. Wenn die Welt untergeht, sind wir daran schuld, nicht der Schöpfer. Genau das sagen die alten Leute.

PUEBLO

LAKOTA / SEMINOLEN

MIKE HANEY: EIN ÄLTESTER VON MORGEN

Mike Haney, halb Seminole und halb Lakota, wuchs im Seminole County in Oklahoma auf. Dort leben mehr als dreihunderttausend amerikanische Indianer aus sechsunddreißig verschiedenen Stämmen. »Jeder Stamm, der den USA den Krieg erklärt hatte, landete in Oklahoma.« Der Kampf für die Rechte der Indianer führt Mike durch das ganze Land. 1972 war er Gast in der Oprah Winfrey-Show, in der er darüber sprach, daß Sportmannschaften indianische Namen wie Maskottchen verwenden. Unlängst gründete er die Koalition gegen den Rassismus in Sport und Medien. Er machte darauf aufmerksam, daß es zwar keine Chicago Caucasians *oder* New York Negroes *gäbe, wohl aber die* Atlanta Braves *und die* Washington Redskins. *Im Januar 1992 stellten Mike und eine Aktivistengruppe beim Spiel um den Super Bowl vor einem Tor des Metrodome in Minneapolis ein sechseinhalb Meter hohes Tipi auf; damit protestierten sie und zweitausend weitere Demonstranten gegen den Mannschaftsnamen der* Washington Redskins.

Außerdem richtet sich sein Protest gegen die Namen bestimmter Fahrzeuge – Beispiele dafür wären Cherokee Jeeps, Winnebago Wohnmobile *und* Dakota Lastwagen *– mit der Begründung, man verstärke dadurch nur die stereotypen und klischeehaften Vorstellungen vom* dime-store Indian *(dime-store Indian: karikaturartige Indianerfigur, die zu Reklamezwecken vor* dime-stores, *Billigkaufhäusern, steht. Anm. d. Übers.)*

1973, während der einundsiebzig Tage dauernden Besetzung und Belagerung von Wounded Knee war Haney ständig am Kommen und Gehen; er reiste kreuz und quer durch das Land, sprach in Universitäten und sammelte Geld. Zwei Agenten des FBI, die eifrig Notizen machten, folgten ihm auf Schritt und Tritt. »Unterwegs waren die Burschen wirklich nett. Sie quartierten sich im selben Hotel ein, erkundigten sich, wo wir zum Abendessen hingingen und wann wir wieder abreisen würden. Man hätte beinahe vergessen können, daß sie versuchen würden, uns zu töten, sobald wir wieder zum Knee zurückkamen.«

Wie sich herausstellte, wurden zwei Indianer getötet und viele weitere schwer verletzt.

Mike hat seinen Aktivismus zum Teil geerbt. Sein Onkel, Jerry Haney, ist der gewählte Häuptling der Seminolen Oklahomas; und ein Vetter, Enoch Kelly Haney jun., ist ein angesehener Künstler und Senator des Staates Oklahoma.

Mike, ein zukünftiger Ältester, wurde zum zweiten Häuptling der Newcomer-Gruppe des Alligatoren-Stamms innerhalb der Seminolen gewählt.

Ich wurde 1972 Mitglied der ersten *American Indian Movement*-Untergruppe in Oklahoma. Das war eine Zeit, in der viele Stämme sehr zu leiden hatten. Meinem Stamm, der Nation der Seminolen, stand ein Budget von ungefähr zwanzigtausend Dollar zur Verfügung, und wir kamen in Kirchen oder im Gerichtsgebäude zusammen, denn wir hatten kein eigenes Versammlungslokal. Wir waren nichts weiter als ein Haufen Indianer, der laut über Vertragskompromisse redete und darüber, wie verkehrt das gewesen war; wir forderten unsere eigene Gerichtsbarkeit und unsere eigenen Schulen – Themen, die meiner Meinung nach von zentraler Bedeutung waren, wollten wir jemals zu einer Lösung der Probleme kommen. Aber die Vorstellung, der Gedanke, daß es innerhalb des Geltungsbereichs des Rechts der Vereinigten Staaten Nationen geben könnte, die davon unabhängig mit gewissen Rechten ausgestattet waren, erschien dem *Bureau of Indian Affairs* und der amerikanischen Regierung unerhört.

Nachdem ich aus Oklahoma stamme, waren meine Erfahrungen mit Reservationen sehr begrenzt. Allerdings erfuhr ich von den Ältesten, daß diese Verträge nicht einfach Grundstücksverhandlungen gewesen waren, sondern daß es sich um heilige Dokumente handelte. Unsere Ältesten hatten über ihnen gebetet, als sie sie unterzeichnet hatten.

Wir hatten uns geirrt, denn das hatten wir nicht verstanden, und es war unser Fehler, daß wir die neue Generation, die heranwuchs, nicht mit spirituellen Weisungen versorgt hatten. Die Generation unserer Eltern hatte sich größtenteils von den traditionellen Lehren abgewendet und die völlige Assimilierung angestrebt. Ich weiß, wie gefährlich das für uns war; die Ältesten hatten schon recht, als sie sagten, daß eine spirituelle Wiedergeburt für uns unumgänglich wäre. Zu wiedergeborenen Wilden und Heiden werden – wie diese Anstecknadeln, die ich dann und wann zu Gesicht bekomme.

Die ursprünglichen Weisungen enthalten viel Kraft und Stärke. Als ich ihnen nicht gerecht werden konnte, nahm ich es sehr persönlich und wandte mich dem Alkohol zu. Bis ich dann meine Lektion in Spiritualität in Form einer Erfahrung auf Leben und Tod bekam, als ich gesetzlich für tot erklärt wurde.

Ich habe über die Jahre eine Menge Herausforderungen angenommen, und irgendwie ist es mir immer gelungen, damit fertigzuwerden. Aber dann kam mehr auf mich zu, als ich selbst mit Alkohol und Drogen bewältigen konnte.

Drei Jahre lang war ich betrunken. Ich war in den Zwanzigern und einer der jüngsten Führer der AIM. In dieser Zeit lebte ich im selbstauferlegten Exil in Oklahoma.

Eines Nachts geriet ich in eine Schlägerei auf einer Party im Haus dieser Frau. Ich erkannte einen Typen wieder – er war einer von den dreien, die meine Kusine vor sechs Monaten vergewaltigt hatten. Sie war noch sehr jung und klein, und sie hatten ihr den Kiefer zerschmettert und das Becken gebrochen. Sie hatten sie wirklich schwer verletzt. Es war unmöglich, sie zu belangen, denn meine Kusine hatte sich so geschämt, daß sie sich selbst einigermaßen sauber gemacht und damit alle konkreten Beweise vernichtet hatte. Von den Knochenbrüchen hatten sie nie etwas erfahren, denn sie schämte sich viel zu sehr, um es ihnen zu erzählen. Der *District Attorney*, der Distriktstaatsanwalt, sagte, er könne die Burschen schon verhaften lassen, aber ein guter Anwalt bekäme sie wieder frei.

Auf der Party in dieser Nacht, als ich einen der Vergewaltiger meiner Kusine wiedererkannt hatte, forderte ich ihn auf, mit nach draußen zu kommen. Er kannte mich nicht, aber in dem Moment, als wir vor die Tür traten, gingen wir aufeinander los. Dann stürzte sich sein Bruder auf mich. Ich bin ziemlich groß, ein Meter neunzig, und an die zweieinhalb Zentner schwer. Es war deshalb kein größeres Problem für mich, mit den beiden Zwanzigjährigen fertigzuwerden. Aber dann tauchte hinter meinem Rücken ein dritter auf.

Ich hatte ihn vorher schon einmal gesehen, er war ohne Hemd, trug Armeehosen und -stiefel und an der Seite ein Bajonett. Was mir nicht klar war, war, daß er ihr Vetter war. Als er nun mich mit diesen Jungs sah, fiel er von hinten über mich her und stach elfmal auf mich ein. Ein Stich ging in meinen Magen, einer direkt durch meinen Arm. Ich wußte, wo das nächste Krankenhaus war; irgendwie schaffte ich es ins Auto, und ein Freund fuhr mich in die Notaufnahme.

Ich hatte beim Militär als technischer Spezialist in der Notaufnahme gearbeitet, und ich wußte, wenn ich dort noch ankam, würde ich am Leben bleiben. Ich kam herein, blutüberströmt – es war wohl zwei oder drei Uhr nachts –, und die Krankenschwester, die Dienst hatte, stieß einen Schrei aus. Ich dürfte ziemlich furchterregend ausgesehen haben. Blut überall. Sie löste Alarm aus, und alle kamen angerannt. Sie forschten nach Lebenszeichen; aber ich schätze, ich hatte so viel Blut verloren, daß sie keinen Blutdruck mehr feststellen konnten. Ich weiß nicht, vielleicht versuchten sie sich gegen eventuelle Prozesse oder so zu schützen, jedenfalls hielten sie fest, kein Blutdruck und die Lebenszeichen kaum wahrnehmbar, so daß sie mich für tot erklärten.

Die ganze Zeit über sagte ich, ich bin nicht tot. Aber es war eine solche Wohltat, die Augen zu schließen. Sie mußten meine Jeans und mein Hemd aufschneiden. Daß ich nackt war, war mir nicht peinlich, aber dann machten sie etwas, das mich aufweckte. Sie fingen an, meine Stiefel aufzuschneiden. Ich lag nackt da, und plötzlich richtete ich mich auf und sagte: »Moment mal!« Ich erschreckte sie wirklich zu Tode. »Es hat mich vier Monate gekostet, diese Stiefel abzubezahlen.« Es waren wirklich schöne Stiefel aus glattem Leder, und ich wollte auf keinen Fall, daß sie sie zerschnitten. »Moment«, sagte ich und zog sie selber aus.

Während sie mich operierten, hatte ich eine Erfahrung außerhalb meines Körpers. Kennst du das Gefühl, daß du im Traum manchmal auf dich herabblicken kannst und dich selbst in irgendeiner Szene erlebst? Genau das habe ich gesehen, ich habe mich auf dem Müll liegen sehen. Ich dachte nicht, daß ich sterben würde. Ich war mir sicher, daß ich durchkommen und stärker denn je werden würde.

Aber in diesem Augenblick hatte ich wirklich das Gefühl, ganz unten zu sein. Ich mußte wirklich ziemlich betrunken gewesen sein, um es mit drei Kerlen aufzunehmen, von denen einer ein dreißig Zentimeter langes Bajonett dabei hatte. Und ich mußte wirklich ziemlich betrunken gewesen sein, daß ich im Haus von jemandem, den ich nicht kannte, um halb drei Uhr nachts mit Indianern kämpfte. Damals schwor ich mir, niemals mehr die Hand gegen einen anderen Indianer zu erheben. Ich begriff, daß der Schöpfer mir eine zweite Chance gegeben hatte. Offenbar hat der Schöpfer ja noch andere Sachen für mich auf Lager, vielleicht gibt es noch etwas zu tun, für das ich vorgesehen bin, und damals war es noch nicht Zeit für mich abzutreten.

Nach dieser Nah-Todeserfahrung bekam ich neuen Glauben an das Leben und an meinen eigenen Zweck. Mein Onkel Philip Deer, ein geistiger Führer der Muscogee, führte mich hinterher durch eine Reihe von Schwitzhüttenzeremonien. Ich erbrach und erbrach mich, bis ich sauber war. Das habe ich viermal gemacht. Nach dem dritten Mal würgte es mich nur noch, und mein Magen und meine Brustmuskulatur schmerzten und taten weh, aber ich hatte immer noch viel Gift in meinem Organismus. Mein Onkel er-

LAKOTA / SEMINOLEN

hitzte die Schwitzhütte so stark, daß ich nur mehr darum betete, diese Zeremonie einfach zu überleben – und nicht darum, ein besserer Mensch zu werden oder daß er mich zu einem besseren Mensch machte oder mir half, aus mir einen guten Versorger für meine Familie werden zu lassen. Nein, nur mir beizustehen, durch diese Zeremonie zu kommen. Ich mußte auf den tiefsten Punkt sinken, der möglich war. Noch tiefer konnte ich nicht fallen. Ich lag nackt auf dem Boden, und nur mein Freund und Lehrer war bei mir. Auch er litt. Ich war nicht der einzige hier in der Hütte, der weinte. Ich sage dir, ich weinte, ich war so vom Schmerz überwältigt, und ich hatte so großes Mitleid mit mir, aber er hatte es auch, weil er mich liebte. Das weiß ich jetzt. Er stellte den äußeren Rahmen, die Atmosphäre zur Verfügung, aber ich mußte die Willensstärke aufbringen, den Alkoholismus abzuschütteln. Mit dem Alkoholismus kommen ja auch die anderen »-ismen«. Ich kümmerte mich nicht um meine Familie; ich war ein Schandfleck für meine Mutter und meinen Vater und meine Onkel. Vermutlich mußte ich leiden, vermutlich war es mir bestimmt, die Tiefen des Selbstmitleids und den Verlust des Selbstwerts zu erfahren, um zu verstehen, daß ich niemals will, daß meine Kinder das durchmachen müssen. Ich möchte erleben, daß meine Kinder uneingeschränkt nach Glück streben, nach einer Ausbildung und Erfolg im Beruf. Ich möchte, daß sie gute Beziehungen zu Gleichaltrigen aufbauen und natürlich auch zu den Ältesten. Ich bin durch den Gruppenzwang unter dem Alkohol zusammengebrochen. Und das soll keine abwertende Bemerkung sein über die außergewöhnliche Arbeit, die die *American Indian Movement* geleistet hat und weiterhin leistet. Ich habe mit dem Trinken erst angefangen, als ich vierundzwanzig war. Davor war ich in Deutschland, beim Militär, und ich hätte Bier und Wein gehabt, soviel ich nur wollte, aber ich habe nie einen Tropfen angerührt.

Als ich für die AIM-Gruppen in Oklahoma zu arbeiten anfing, organisierte ich Pressekonferenzen, auf denen ich mich immer gegen den Alkoholismus aussprach. Andererseits wollte ich einer von den Jungs sein, in der Clique drin sein, also fing ich an zu trinken, und das konnte ich bald ziemlich gut. Ich wurde ein guter Alkoholiker. Natürlich mußte ich Platz machen, denn die Sauferei stand jeder anderen Tätigkeit wirklich im Weg. Mir wurde klar, daß man nüchtern sein mußte, wenn man traditionell sein wollte. Wir redeten davon, traditionell zu sein, aber das taten wir in einem Zustand der Trunkenheit. Nicht nur, daß es einen negativen Einfluß auf unsere Jugend hatte, es warf auch ein schlechtes Licht auf unsere Ältesten. Wir hatten ihre Botschaft übernommen und verdreht. Vermutlich waren wir Rollenbilder für die Jugend.

Ja, ich war sehr krank, spirituell und geistig. Ich bin dankbar, daß ich jemanden hatte, der mich liebte und der sich, wie Philip Deer, Zeit für mich nahm. Es muß ihn schrecklich getroffen haben, wenn er die Geschichten über mich hörte, daß ich in Bars herumhing und nichts aus meinem Leben machte. Ich brauchte jemanden, der mich behandelte und beriet. Der die Hand ausstreckte, die meine nahm und mich auf den roten Weg zurückzog. Ich weiß, die Weißen haben dazu ihr Zwölf-Schritte-Programm, die Anonymen Alkoholiker, und das auf der Grundlage ihrer Bibel. Ich danke dem Schöpfer nur dafür, daß ich als Indianer auf die Welt gekommen bin und daß uns der Schöpfer diese Zeremonien gegeben hat, um uns selbst zu heilen. Ich will sie heilig und in hohen Ehren halten.

So wie ich unsere Legenden verstehe, ist der Grund dafür, daß wir die vier Farben haben, daß wir alle Kinder Gottes sind. Nicht vier Rassen, sondern eine Rasse mit vier verschiedenen Farben: weißer Lehm, roter Lehm, schwarzer Lehm und gelber Lehm. Und wir glauben, daß alle Menschen vom Schöpfer ursprüngliche Weisungen erhalten haben. Diejenigen, die davon abgewichen sind, haben gelitten. Man hat mir berichtet, daß Bier in Afrika eine Behandlungsart war und immer noch ist, die von ihren Medizinmännern angewendet wird. Aber Alkohol und Zucker waren hier in diesem Gebiet ursprünglich nicht bekannt, deshalb konnte unsere Chemie, unser Stoffwechsel nicht damit fertig werden. So wie manche Krankheiten uns dahingerafft haben, die in unsere Kultur eingeschleppt worden sind, weil wir keine Abwehrmechanismen hatten, um sie zu bekämpfen. Dasselbe gilt für Zucker und Alkohol. Er wirkte und wirkt sich immer noch auf unseren Stoffwechsel aus, bis zum heutigen Tag. Das kann nachgewiesen und dokumentiert werden, und genau das haben uns unsere Ältesten immer gelehrt.

Ich glaube, daß unsere Traditionalisten recht haben, wenn sie uns erzählen, daß uns der Schöpfer alles Notwendige gegeben hat, um auf diesem Land zu überleben. Rund um uns wachsen Heilkräuter, Nahrungsmittel, Medizinen – und es liegt an uns, von unseren Ältesten zu lernen. Es liegt in ihrer Verantwortung, das Wissen zu bewahren und weiterzugeben an ihre eigenen Clans und an die Jungen, die heranwachsen. Wir müssen diesen Ältesten mehr und mehr zuhören; diese Legenden und Geschichten sind nicht bloß Märchen, sie sind wissenschaftlich nachweisbar. Unsere Geschichte hat ihren Wert.

Neuerdings befassen sich die Forscher mehr und mehr mit Mikrobiologie und Mikroarchäologie. Jetzt zur Zeit kommen sie mit ihren wissenschaftlichen Ergebnissen dahinter, was mir mein Großvater schon vor vierzig Jahren erzählt hat. Alles, was sich jemals zur Zeit meiner Vorfahren abgespielt hat, ist in den Informationen meiner DNS-Struktur verborgen. Genaue Untersuchungen dieser DNS ermöglichen Aussagen über Wanderungen, Krankheiten, und sogar über unsere früheren Ernährungsgewohnheiten. Ich hoffe, daß die Praxis, menschliche Überreste für diese Untersuchungen auszugraben, sich dadurch überholt. Jetzt brauchen sie dafür keine Leichen mehr; sie können ein Härchen oder einen Knochensplitter hernehmen und die ganzen Tests am Computer durchführen.

Unmittelbar nach seiner Rückkehr aus Europa und Afrika sprach Philip Deer vor dem Ältestenrat, und er hatte einen dieser perlenbestickten Heiligen Reifen dabei, ungefähr zwanzig Zentimeter im Durchmesser und mit den vier Himmelsrichtungen in der Mitte. Er legte ihn vor uns in die Mitte – wir saßen in einem großen Kreis – und fragte: »Kann mir jemand sagen, woher er kommt?«

Wir ließen ihn herumgehen und sahen ihn uns an. Jemand meinte: »Meiner Meinung nach könnte er von den Arapaho sein wegen dem Peyote-Stich hier.« Ein anderer sagte: »Er sieht aus wie von den südlichen Cheyenne, denn diese Perlen gab es nur in einer bestimmten Periode.« Jeder hatte also seine eigenen Vorstellungen darüber, von welchem Stamm er kam. Er versetzte uns alle in Erstaunen, als er sagte, er käme aus Afrika. Darauf waren die vier Farben der Menschheit zu sehen. Unsere Legenden berichteten über die Ankunft des weißen Mannes, des »Kalani«, was »blond« oder »gelb« bedeutet. Und sie berichteten über die Völker Afrikas. In unseren Geschichten heißt es, daß wir von einem dunkleren Volk abstammen, daß die Afrikaner das Urvolk waren; Schwarz schwächt sich zu Weiß ab, aber du kannst nie schwarz werden von Weiß aus. Unseren Legenden zufolge waren die Farben dazwischen Zwischenschritte bei dieser Entwicklung.

Ich verstehe immer besser, wie wichtig unsere traditionellen Lehren sind und wie wichtig es ist, sie dadurch lebendig zu erhalten, daß wir in Klassenzimmern und zu Hause am

Abendbrottisch darüber sprechen. Der tatsächliche Grund, warum es uns fünfhundert Jahre nach der Ankunft von Kolumbus immer noch gibt, ist der, daß wir unsere ursprünglichen Weisungen heilig und in Ehren gehalten haben, wie der Schöpfer uns das geheißen hat. Wir sprechen noch unsere Sprachen, und wir führen noch dieselben Zeremonien durch wie schon die Generationen vor uns. Belohnt werden wir dafür mit unserer Jugend. Erst letztes Jahr bin ich zum ersten Mal Großvater geworden. Das zeigt, daß der Schöpfer will, daß mein Geschlecht weiterexistiert, und ich fühle mich gut bei diesem Gedanken. In diesem Jahr erhielt ich auch eine Auszeichnung für mutige Taten – »abscheulich« habe ich sie genannt. Wir haben ein Museum in Illinois übernommen und es besetzt. Das Museum stellt zweihundertsiebenunddreißig Skelettreste von Indianern öffentlich zur Schau, und die Leute zahlen Geld, um hereinzukommen und zu glotzen. Und sie werfen mit Zigarettenkippen und Bonbonpapieren und Münzen nach ihnen. Wir versuchten, mit der Regierung zusammenzuarbeiten, und erreichten einige rechtliche Vereinbarungen. Als wir dann aber den Gesetzentwurf bekamen, sahen wir, daß sie uns angelogen hatten. Sie hatten nicht vor, etwas zu unternehmen, und so besetzten wir das Museum. Wir bedeckten einige der Skelettreste mit der Erde, auf der sie lagen, verhandelten mit dem Gouverneur über eine vollständige und umfassende Amnestie, und dann gingen wir.

Ich erhielt diesen Preis von der *National Conference of Christians and Jews*, der christlich-jüdischen Nationalkonferenz, und ausgezeichnet wurde ich, weil ich der Architekt dieser Aktion war. Als sie ihn mir überreichten, fragten sie: »Welche der Auszeichnungen, die Sie erhalten haben, würden Sie als die denkwürdigste bezeichnen?« Ich gab ihnen nicht die Antwort, die sie vermutlich erwartet hatten. Meine Antwort lautete, daß mich der Schöpfer vor zwei Wochen mit meinem ersten Enkelkind gesegnet hatte und daß das eine wirklich bemerkenswerte Auszeichnung wäre. Er heißt Ishokpi nach dem Kriegshäuptling der Santee Sioux, der zusammen mit Häuptling Little Crow die Menschen angeführt hatte. Ich habe einen Sohn, Kungetankalo, er ist mein Ältester, und er heißt nach dem Häuptling Little Crow. Ich wollte diese Namen lebendig erhalten, um sie zu ehren. Mein jüngster Sohn heißt Hin-Han-Ska Hoksila, Weiße Eule-Junge. Und ich habe auch eine Tochter, sie ist diejenige, die mir den Enkel geschenkt hat. Sie heißt Akidoi, das ist ein alter Kiowa-Name, der Medizinblume bedeutet. *Aki* bedeutet Blume, und so nennen wir sie. Ihre Mutter ist eine Kiowa, und bei den Kiowa gibt es eine Tradition, einen Namen niemals aussterben zu lassen.

Ich wollte keine englischen Namen für meine Kinder. Sie sollten indianische Namen bekommen und stolz auf sie sein. Wenn eine Lehrerin die Schülerliste sieht, erkennt sie sofort, wer Indianer ist. Mein indianischer Name ist Caske, und er bedeutet Erstgeborener oder der Verteidiger des Dorfes in der Kriegergesellschaft. Mein Seminolen-Name ist Kuakagee, Wildkatze. Es gab einen großen Führer mit diesem Namen. Die Traditionalisten daheim, mit denen ich zusammenarbeite und von denen ich Ratschläge bekomme, treten immer noch für die Rechte der Seminolen ein. Das ist das höchste Ziel in ihrem Leben. Ich bringe viele von den Jugendlichen zurück zu den Gründen, auf das Gelände, wo man die Fortsetzung unserer traditionellen Lebensart feiert.

Einerlei, wo ich auf dieser Erde gehen würde, ich müßte durch vier Schichten Erde, um diese Kruste zu durchdringen und um in die Mitte der Erde vorzudringen. So lange sind wir hier gewesen, so lange haben unsere Menschen hier gelebt und sind hier gestorben. Wenn ich hier gehe, gehe ich auf den Gebeinen meiner Vorfahren. Unsere anderen Nachbarn haben nicht diese Beziehung zu diesem Land, und vielleicht fällt es ihnen deshalb so schwer, die Auswirkungen ihrer Politik auf uns zu verstehen – Tagebau oder die Entsorgung von Giftmüll in die Flußsysteme, die schlußendlich das Erdreich vergiften. Und sie ignorieren hartnäckig die warnenden Alarmzeichen, daß die Atmosphäre nicht noch mehr Luftschadstoffe verkraften kann.

Ich muß an die Hippies vor zwanzig Jahren denken. Im allgemeinen mochte ich sie ganz gerne. Sie waren immer richtig freundlich, und sie trugen Perlen – Liebesperlen nannten sie sie –, und sie trugen Blumen im Haar. Und sie redeten voller Achtung über die Erde. »Nanu«, sagte ich, »diese Burschen sprechen indianisch!« Wir haben vierhundertachtzig Jahre darauf gewartet, daß sie anfangen, indianisch zu sprechen. Und da sind sie, diese Generation von Jungen. Ich weiß noch, sie beklagten sich immer über ihr Verhältnis zu ihren Eltern, Generationenkonflikt nannten sie es. Das verwirrte mich immer. Die Hippies hatten einen Slogan, »Hinterfragt die Autoritäten«, und den fand ich ziemlich gut – zumindest in Bezug auf die weiße Autorität, aber für mich wäre es nie in Frage gekommen, die indianische Autorität in Frage zu stellen. Aber trotzdem, ich mochte ihr Gespür für die Freiheit und daß sie völlig frei von Vorurteilen waren.

Der Name »Hippie« hat mich immer an Hopi erinnert, und die Hopi sind eines der traditionellsten und spirituellsten Völker, die ich kenne. Einige von diesen Hippies sehe ich zwanzig Jahre später, und entweder sind sie gefriergetrocknet durch Alkohol und Drogen, eingesperrt, oder sie arbeiten in Papas Firma.

Wie haben die »Ich«-Generation überlebt, jetzt haben wir die »Nintendo«-Generation. Ich glaube, daß sie sogar mit noch größeren Hindernissen fertigwerden müssen als wir – Teenager-Schwangerschaften, Drogen- und Alkoholmißbrauch, alles schwierige Entscheidungen in einem immer früheren Alter. Dazu kommt der Mangel an Spiritualität, der heute schon epidemisch ist. Und ich finde, das hängt mit den wirren Botschaften zusammen, die wir unserer Jugend übermitteln. Einerseits zu sagen, das Leben sei heilig, und andererseits die Todesstrafe zu unterstützen, ist eine verwirrende Botschaft an die Jugendlichen. So wie Christen, die lehren, deinen Nächsten zu lieben und ihn zu behandeln, wie du selbst behandelt werden möchtest. Die Idee wird hochgehalten, aber heutzutage sehr selten in die Tat umgesetzt.

Auch unser Volk ist nicht ohne Widersprüche. Wir haben Stammesführer und Medizinmänner, die kreuz und quer durch das Land reisen und über Umweltfragen sprechen. Sie sagen, daß die Indianer die ersten Umweltschützer waren, daß sie die Verwalter des Landes sind und daß Indianer die Antworten auf viele Umweltprobleme parat hätten. Aber fahr' einmal in unsere Dörfer und wirf einen Blick in die Hinterhöfe; möglicherweise sind wir selber die übelsten Umweltverschmutzer. Wir sprechen über Spiritualität und die Heiligkeit der Adlerfeder, und trotzdem siehst du, daß auf den Powwows Alkohol verkauft wird und daß Firmen wie Coors (große amerikanische Brauerei, *Anm. d. Übers.*) Wettbewerbe sponsern. Ich habe Frauen gesehen im traditionellen Ornat und mit Adlerfedern geschmückt, die bei diesen Wettbewerben aber gleichzeitig die Werbeaufschriften für Coors getragen haben.

Viele dieser Leute würden tausend Kilometer für ein Powwow zurücklegen, aber sie würden keine fünfzig Kilometer fahren, um eine ihrer eigenen Zeremonien zu besuchen. Diese Art von Widersprüchen verwirrt unsere Kinder. Sie haben größte Schwierigkeiten, Tatsachen von Erfindungen zu trennen, das, was theoretisch gut ist, aber unpraktisch im Alltag. Es gibt gute Gründe, sich einmal die Fernsehprogramme anzusehen, die unsere Kinder so anschauen. Nicht nur die Sendungen, die für Jugendliche unter achtzehn nicht geeignet sind, sondern auch die negative Bildersprache der Filme aus den vierziger und fünfziger Jahren, durch die grunzende und knurrende Indianer schlurfen, die gebrochenes Englisch sprechen und nachts nie angreifen, weil wir viel zuviel Angst haben. Wir konnten nicht einfach durch einen Wald »gehen«, wir mußten »schleichen«. Und alle diese Sprüche und rassistischen Beleidigungen in diesen Filmen werden nun abgestaubt und für die nächste Generation koloriert. Mit diesen Fernsehprogrammen ziehen wir eine ganz neue Generation von Rassisten heran.

Mein größtes Anliegen ist derzeit, daß man sich in den Stämmen in Oklahoma um meine Ältesten und Traditionalisten kümmert. Ich bin Vorsitzender in einem Komitee mit dem Namen Repatriierungskomitee, dem es darum geht, für Gesetzgebung und gesetzlichen

Schutz für unsere Ältesten und Vorfahren zu sorgen. Wir arbeiten auch daran, das *American Indian Religious Freedom Act*, das Gesetz über die freie Religionsausübung für amerikanische Indianer, um drei neue Zusätze zu ergänzen. Bei meinem Volk ist der Eindruck weit verbreitet, daß ein Großteil unserer Mißerfolge direkt darauf zurückzuführen ist, daß wir uns zu wenig Gedanken um unsere Vorfahren gemacht haben. Wir müssen landesweit ihre Überreste aus den Magazinen und Ausstellungsräumen herausbekommen. Die heiligen Gegenstände, die sich in Museumssammlungen oder versteckt in den Kellern befinden, müssen zurückgegeben werden. Die Stämme brauchen diese religiösen Artefakte.

Ich denke, es gibt eine Verbindung zwischen unserer spirituellen Gesundheit und der Anordnung und Aufstellung dieser alten Gegenstände. Wir sind in vielen verschiedenen Staaten gewesen, und in sieben davon haben wir gesetzliche Regelungen erreicht. Aber die Arbeit geht weiter. Nicht nur Museen haben ihre Magazine, sondern auch das Verteidigungsministerium mit dem *Corps of Engineers*, den Pionieren, und die *Navy*, die Marine, mit der Suitland-Sammlung in Suitland im Bundesstaat Maryland. Suitland, Maryland, hat die Sammlung umgestaltet und nennt das Ganze jetzt *Cultural Resource Center*, Zentrum für Kulturgeschichte, in dem alle diese Sammlungen untergebracht werden sollen. Nicht nur heilige Gegenstände, sondern auch Grabbeigaben. Ich will, daß sie die Objekte, die aus Gräbern oder aus der Nähe von Gräbern stammen, zurückgeben. Wenn sie sie schon haben wollen, sollen sie doch Kopien anfertigen, aber mir wäre es lieber, wenn sie sie zurückgeben und vergessen würden, was sie gesehen haben.

Die Regierung vergleicht die Repatriierung – also die Rückgabe der Skelettreste an die Stämme, die sie dann angemessen bestatten – mit Bücherverbrennungen. Wir sehen dabei aber nichts Zerstörerisches, es ist Teil der natürlichen Ordnung des Lebens. Sobald wir sterben, legt man uns in die Erde, und die Säuren und chemischen Substanzen arbeiten an unseren sterblichen Überresten, sie zersetzen sie, damit wir wieder eins mit der Erde werden. Diese Nährstoffe sorgen für das Leben der Pflanzen, damit sie wachsen, und der Kreislauf beginnt aufs neue. Sicher bin ich der Ansicht, daß man dadurch wertvolle Informationen über unser Leben und unser Geschichte gewinnen kann. Aber an diese Information kann man auch anders herankommen, man braucht dazu nicht unsere Vorfahren auszugraben. Sprecht mit unseren Ältesten, sie sind die beste Quelle. Diese Knochen werden euch kaum die Lieder vorsingen, die wir gesungen haben, wenn unsere Kinder krank waren. Sie werden euch auch nicht erzählen, warum wir jahreszeitlich bedingt von einem Teil des Landes in einen anderen wanderten oder von der Wanderung, die mit der Ausrottung einer ganzen Gruppe endete, oder der Assimilierung mehrerer Gruppen in eine einzige.

Alles, was sie mit ihrem Sachverstand herausbekommen, sind kluge Vermutungen. Auf den Ausgrabungen, bei denen ich dabei bin, kann ich ihnen ein ganze Menge darüber erzählen, was sie in diesen alten Stätten finden, denn die Art, auf die wir unsere traditionellen Menschen heute beisetzen, ist der sehr ähnlich, auf die sie sie vor Hunderten oder Tausenden von Jahren auch schon beigesetzt haben, wenn es nicht die gleiche ist. Sie könnten einiges mehr erfahren, wenn sie diese Ältesten fragen würden, anstatt die Gräber unserer Ahnen zu entweihen. Diese historischen Stätten werden von Grabräubern und Topfjägern ohne Lizenz geplündert. Oder von Grabräubern wie die Archäologen und die Anthropologen von den Universitäten, die daherkommen und unsere Vorfahren ausgraben. Es ist eine Entweihung, ob sie nun eine Lizenz haben oder nicht.

Lakota / Seminolen

Wir müssen die Gemeinschaft der Akademiker, die medizinische Forschung und die spirituelle Gemeinschaft zu der Einsicht bewegen, daß uns dasselbe Recht zusteht wie jedem anderen Amerikaner auch, nämlich in Frieden zu ruhen.

Die Traditionen, die mein Clan, der Alligator-Clan, weitergegeben hat, stehen jetzt im Mittelpunkt meines Lebens. Aber es war ein langsamer Prozeß. Anfangs war ich begeistert, mich zu erheben und als Revolutionär und Aktivist zu gelten. Ich genoß die Anerkennung, die uns auf Powwows zuteil wurde, ich genoß es, in Universitäten und Colleges zu Vorträgen eingeladen zu werden, wo ich dann darüber sprach, welches Gefühl es ist, als Indianer in einer weißen Gesellschaft zu leben und wie man dem Druck zur Assimilierung standhält.

Als mich Vern Bellcourt, ein früher AIM-Führer und guter Freund, anrief und mich bat, nach Rapid City zum *National Indian Civil Rights Day*, dem nationalen Tag für die Bürgerrechte der Indianer, zu kommen, war ich eben aus Washington, D.C. zurückgekehrt, wo wir einen kleineren Sieg errungen hatten, denn es war zur Wiederaufnahme eines Verfahrens im Zusammenhang mit den Verträgen gekommen. Eine Karawane aus Hunderten von Indianern aus dem ganzen Land war in einer Protestaktion, dem *Trail of Broken Treaties*, dem Pfad der gebrochenen Verträge, nach Washington, D.C. marschiert, die am BIA-Gebäude in D.C. endete. Versprechungen in bezug auf Unterkunft, Essen und Treffen mit Schlüsselpersonen der Regierung waren nicht eingehalten worden, und das Ganze endete mit der Besetzung des BIA-Gebäudes. Das FBI nannte es Machtergreifung im BIA. Man gab uns sechzigtausend Dollar in bar, damit wir die Stadt verließen, und das taten wir auch. Wir nahmen es und verschwanden und klopften uns gegenseitig auf die Schultern. Das war 1972 während der Präsidentschaftswahlen, und es sorgte für Schlagzeilen auf den Titelseiten aller größeren Zeitungen im ganzen Land.

Sie nannten es zivilen Ungehorsam. Wir nannten es Schutz unserer Rechte auf Souveränität und Selbstachtung entsprechend den Vertragsbestimmungen. Eine Menge Berühmtheiten und Bürgerrechtsorganisationen setzten sich für uns ein. Niemand wurde verfolgt nach dieser Sache, und ich fühlte mich mehr oder weniger unbesiegbar. Ich reiste zurück nach Oklahoma, wo mich dann Verns Anruf erreichte, ihn in Rapid City zu treffen und von dort nach Wounded Knee zu gehen. Ich war der Meinung, er würde mich zu einer Art Powwow dort einladen.

Ich kam an am 26. November in der Nacht. Es waren vielleicht an die dreihundert bis dreihundertfünfzig Menschen anwesend. Als ich am nächsten Tag aufwachte, bemerkte ich, daß wir umzingelt waren von Panzern mit Maschinengewehren, gepanzerten und mit Funk ausgerüsteten Personentransportern und Helikoptern mit der allerneuesten Technologie. Ich war gerade erst aus der Armee entlassen worden, und ich war vertraut mit der Ausrüstung, die sie verwendeten – Abhörvorrichtungen, so daß sie dich töten konnten, und du hättest noch nicht einmal mitbekommen, woher die Kugel gekommen war, Gerätschaften, mit denen sie dich sehen konnten, du sie aber nicht.

Da war ich nun, umzingelt von der Armee, aus der ich eben erst herausgekommen war. Sie eröffneten das Feuer auf uns, und das ging so über mehrere Stunden. Viele der Indianer waren Vietnam-Veteranen, die erst vor kurzem ihr Leben eingesetzt hatten für eben dieses Land, das nun versuchte, uns zu töten. Aber wir waren Verteidigungsexperten; wir hoben

Bunker aus und bauten Unterstände an strategisch günstigen Stellen. Wir bekamen auch Hilfe von Mutter Natur und von den Geistern der Menschen, die vor hundert Jahren gestorben waren; sie waren mit uns.

Die Temperaturen sanken auf zehn und zwanzig Grad unter Null, dazu kam der eisige Wind. Wenn du jemals in Wounded Knee gewesen bist, dann weißt du, daß es dort keine Bäume gibt, und die Windgeschwindigkeit nimmt gewaltig zu, wenn er so von den Black Hills herunterfegt. Aber auch das half uns, jetzt weniger mir persönlich, aber den Menschen aus den Landesteilen, die an Leiden und Hunger gewöhnt waren. Sie unterbrachen unsere Lebensmittelversorgung, aber das berührte die Menschen, denen Verhungern nichts Neues war, nicht besonders. Das kam uns also tatsächlich zugute, denn obwohl es gut ausgebildete Kräfte waren, für diese Witterung waren sie nicht ausgebildet. Sie waren gerade aus dem Dschungel und den Tropen zurückgekehrt, und plötzlich fegten drei Blizzards über sie hinweg. Wir konnten direkt durch ihre Vorposten hindurchgehen, wenn wir Nachschub brauchten – Medizin, Munition, Lebensmittel –, denn für sie war es zu kalt herauszukommen.

Der eigentliche Grund für uns, nach Wounded Knee zu kommen, waren die Ältesten und die Frauen. Jahrelang waren unsere Leute verfolgt worden von Dick Wilson, einem engstirnigen Diktator, der Präsident des Pine Ridge-Stammesrates war, und von seinem vom BIA unterstützten System, dem »Schlägertrupp«, das den Interessen der Mischlinge und Christen entgegenkam und gegen die Traditionalisten eingestellt war.

Die Ältesten fragten uns: »Was wollt ihr dagegen unternehmen? Was wollt ihr gegen den schlechten Gesundheitszustand hier in der Reservation unternehmen? Die Menschen hier sterben am Alkoholismus und an Diabetes, unsere Kinder kränkeln – was wollt ihr dagegen machen? Wir haben ungeklärte Todesfälle, Morde – was wollt ihr dagegen machen? Gibt es denn niemanden unter euch mit dem kämpferischen Blut und dem Geist derer, die vor uns gegangen sind – Crazy Horse und Gall und Sitting Bull?« Diese Ältesten und Frauen, die sagten: »Keine Menschenseele hat uns geholfen, ihr seid unsere letzte Chance, ihr Jungs von der *American Indian Movement*.« Sie hatten uns herausgefordert.

Ich erinnere mich an Zeiten während der Besetzung, in denen ich Angst hatte, aber dann nahm ich hin, daß ich möglicherweise sterben würde, und die Angst verschwand. Ich dachte mir, vielleicht ist es meine Aufgabe im Leben, Aufmerksamkeit zu erwecken für die Zwangslage, in der sich die amerikanischen Indianer heute befinden. Dort drinnen habe ich nie eine Waffe getragen. Viele hatten aber welche. Pete Catches hatte seine Pfeife mit sich. Das war besser als jede Waffe, die sie hatten. Und es funktionierte.

Es gab eine Zeit, in der wir auf die Hilfe unserer Vorfahren angewiesen waren. Ich kann mich noch an das erste Mal erinnern, als mir zu Bewußtsein kam, daß diese Geister sehr wohl existierten und daß man mit ihnen rechnen mußte. Das war, als Leonard Crow Dog einen Geistertanz aufführte, zum ersten Mal seit hundert Jahren oder so. Er machte es, um den Schutz zu erhöhen, damit uns die Geister halfen, die Geister derer, die 1890 beim ersten Wounded Knee getötet oder ermordet worden waren. Wir baten sie, uns fast hundert Jahre später in demselben Gebiet zu helfen, und es funktionierte.

Dennis Banks und Russel Means kamen als Anführer der Besetzung von Wounded Knee in St. Paul in Minnesota vor Gericht. Es war eine der längsten Gerichtsverhandlungen der Geschichte. Die Anklage dauerte neun Monate, die Verteidigung einen Tag. Dennis' und

LAKOTA / SEMINOLEN

Russels Freispruch wurde schließlich mit dem Fehlverhalten der Regierung begründet. Der einzige vergleichbare Präzedenzfall in der Geschichte für einen solchen Freispruch war das Verfahren um die Pentagon-Papiere.

Ich weiß noch durch die Anträge, die wir gestellt hatten, daß die Anwälte bändeweise Abschriften erhielten, mit den Funksprüchen und täglichen Schichtberichten, und zwar von verschiedenen Militäreinheiten, die dort im Einsatz waren, Aufklärungsmannschaften eingeschlossen. Und die Abschriften waren voller Eintragungen über mysteriöse Gestalten zu Pferde. Die Armee wollte sie verfolgen, und sie waren nirgends zu sehen; sie hörten Stimmen und Pferde und Bewegungen, für die es keine Erklärungen gab, Störungen im Funkverkehr. Unter den Leuten herrschte allgemein Angst, besonders unter denen am Rand; per Funk übermittelten sie diese Ängste an ihre Basiseinheiten und baten sie um zusätzliche Überwachung. Sie konnten nichts finden. Ich weiß, daß diese Zeremonien gewirkt haben, und ich weiß, daß die Geister dort draußen waren. Niemals werde ich je wieder die Lehren dieser Ältesten in Zweifel ziehen, die so vieles wissen und die mir zeigen, wie wenig ich weiß.

Ich schätze mich wirklich glücklich, daß ich diese Zeremonien habe, die mir und meinem Volk zur Verfügung stehen, und ich wünschte, auch andere Menschen hätten Zeremonien. Ich schätze, sie haben welche, Christen, die wirklich an diesen Weg glauben, sie haben ein gewisses Maß an Trost und leben in Frieden. Für mich ist die Religion eines anderen Menschen so heilig und unantastbar wie die, die meinem Volk geschenkt worden ist. Das habe ich von Pete Catches gelernt.

Epilog

Meine Reisen waren an ihr Ende gekommen. Vor drei Jahren war mir Pete Catches' Gesicht erschienen, und heute weiß ich, daß es eine Vision war. »Manchmal erscheine ich den Menschen als Adler«, hatte er mir einmal gesagt. Ich war in alle vier Himmelsrichtungen gereist, von den Reservationen im nordöstlichen Kanada zu den Everglades in Florida, von Victoria Island in British Columbia bis in die Wüste von Arizona.

Und jetzt war die Zeit der Sonnentänze, die Zeit, »in der der Mond noch am Himmel hängt, wenn die Sonne schon aufgeht und die Kornelkirschen reif werden.« Pete lud mich nach Pine Ridge ein zum Sonnentanz, den sein Sohn Peter, der ebenfalls Medizinmann ist, leitete.

Das Sonnentanzgelände liegt hoch oben auf einem Hügel. Von dort sieht man herab auf die mit Salbeibüschen bewachsene Hügel und die hohen Pyramidenpappeln, und über allem wölbt sich ein unendlich blauer Himmel. Längst nicht alle Tänzer sind Lakota, einige kommen von anderen Stämmen, und andere sind nicht einmal Indianer. Sie alle haben gelobt, alljährlich zu tanzen, und zwar vier Jahre lang. Es sind zermürbende vier Tage voll persönlicher Opfer, Tage des Tanzens von Sonnenaufgang bis Sonnenuntergang bei glühender Augustsonne und ohne Essen oder Wasser. Am letzten Tag wird *Wakan Tanka,* ein Fleischopfer, dargebracht, ein Gebet für das Leben der Menschen. Manche sagen, dies sei ein Weg, eine Möglichkeit, einen Teil des eigenen Geistes wiederzugewinnen, der verlorengegangen sei.

Die Trommeln und Lieder setzen ein, die Pfeifen aus Adlerknochen erklingen, und die Tänzer, sechzehn an der Zahl, betreten das Sonnentanzgelände. Die Männer mit nacktem Oberkörper tragen lange, meist rote Tuniken, die Frauen lange Kleider. Sie gehen barfuß und tragen Salbeikränze um den Kopf, um ihre Handgelenke und Knöchel. In ihrem Haar, das offen herabfällt, stecken Adlerfedern. Der Salbei dient der Reinigung, die Farben, Medizinbeutel und Schilde, die die Tänzer tragen, haben sie jeweils selbst ausgewählt. Alles ist *wakan*, heilig.

Sie tanzen langsam und stetig um den Sonnentanzpfahl, und ihre Augen sind auf die Sonne gerichtet. Eine Pappel, die während einer Zeremonie ausgesucht und gefällt worden war, steckt in einem Loch, in das auch das Herz eines Büffels gelegt worden ist. Opfergaben in Form von Tabakbündeln und Bändern in den Farben der vier Himmelsrichtungen sind am Pfahl befestigt worden.

Ich stehe unter dem Schutzdach, das das Tanzgelände mit den Freunden und Familienmitgliedern umgibt, die gekommen sind, um die Tänzer zu unterstützen. Die Erde vibriert von den Trommelschlägen, und wir tanzen mit kleinen Schritten auf der Stelle, wir spüren den Herzschlag der Erde. Er pulst durch unsere Fußsohlen und strömt durch uns hindurch und wird eins mit dem Schlagen unserer eigenen Herzen.

EPILOG

Ich sehe Pete zu, der, ebenfalls in zeremonieller Kleidung, am Altar kniet und Tabak in die Pfeifen der Tänzer stopft. Jedesmal hält er den Tabak hoch in die vier Himmelsrichtungen und spricht laut seine Gebete in Lakota. Dann neigt er seine Stirn so ehrfürchtig zum Boden, daß mir die Tränen in die Augen steigen.

Am dritten Tag kam sein Sohn Peter zu mir herüber. »Dad möchte, daß du dich in den *doorway* stellst.« Ich starrte ihn verblüfft an. »Jetzt?« »Ja, jetzt. Geh nur!«

Der *doorway*, ein Bogen aus Pinienzweigen, steht dort, wo die Pfeifen herumgereicht werden, jedesmal, wenn sie gefüllt werden. Unsicher ging ich hinüber und stand dort mit meiner kleinen Adlerfeder, einem Geschenk, in der Hand. Pete kam tanzend auf mich zu, er war nicht mehr alt, seine Schritte waren kraftvoll und sicher, und er hatte seine Arme wie Adlerschwingen ausgebreitet. In einer Hand hielt er einen Fächer aus Adlerfedern.

Ich sah in sein Gesicht, in seine freundlichen und mitfühlenden Augen, die mir so lieb geworden waren, als er anfing, mit den Adlerfedern mir über Haar und Schultern zu fächeln. Dabei sang er ein Segenslied, das von den Hügeln bis zum Großvater Geist hinauf widerhallte.

Vor meinem geistigen Auge sah ich die Entfernungen, die ich zurückgelegt hatte, und zwar nicht nur in Kilometern, sondern in dieser anderen Dimension, die zwischen dem Herzen und dem Verstand liegt. Ohne daß es mir damals klar gewesen wäre, hatte ich eine Brücke überquert in eine Welt, die mir einst so verborgen gewesen war wie den allermeisten Angehörigen der weißen Kultur. Eine Brücke ins Gestern, in das Land, über das die ersten Menschen gezogen waren. Sie hatten mich in ihren Heimen willkommen geheißen, hatten ihre Geschichten mit mir geteilt, und ich wurde für immer verändert.

Ich dachte an diesen einen Augenblick in meiner New Yorker Wohnung, der zum Anlaß meiner Reise geworden war, und ich war felsenfest davon überzeugt, daß andere Mächte mich von dieser Stelle, aus diesem Leben weggeholt hatten, weil ich hier stehen sollte, in dieser Minute.

Um den Hals trug ich das Geschenk, das Sara Smith mir gemacht hatte, ein Silberkettchen mit einer Schildkröte, die einen kleinen Kristall hält – das Symbol für ihren Clan. Weiter unten an meiner Brust hing der große, perlenverzierte Medizinschild, den mir »Beans« nach dem Medizinsingen gegeben hatte. Und es gab noch eine Geschenk, einen Medizinbeutel voller Kräuter und heilender Gegenstände, die andere Älteste dort hineingelegt hatten. Alles Geschenke, die wie Fäden aus dem goldenen Vlies der nichtsehenden Welt zurückzubringen sind.

Und ich dachte an die Krankheit, die mich während der Reise befallen hatte, und an den Traum, den ich hatte, als es mir am schlechtesten ging. Eine Männerstimme hatte gesprochen. Er hatte gesagt: »Du mußt gesund werden, du mußt eine Schwitzhütte für George Bush bauen.« Ich wachte auf und mußte lachen und konnte es kaum erwarten, Pete davon zu erzählen, der solche Scherze immer genossen hatte. Aber seltsamerweise blieb er ganz ruhig. Dann sagte er: »Aber genau das mußt du tun. Du mußt eine Schwitzhütte für alle diese George Bushes bauen.« Ein seltsamer Auftrag für ein Mädchen aus Philadelphia, das in New York zu Hause war.

Alle meine Überzeugungen waren auf den Kopf gestellt worden. »Jedesmal, wenn du etwas in der Natur bewunderst, ist das ein Gebet an den Schöpfer«, hatte Vern Harper mir erklärt. Und ein Medizinmann, der gesagt hatte, ich dürfte seinen Namen nicht nennen, aus Furcht, unsere auf Zeiteinteilung versessene Welt würde sich zu seiner Tür vorkämpfen, hatte mir gezeigt, daß es möglich ist, die Zeit anzuhalten. Vor Gericht möchte ich es lieber nicht beschwören, aber ich glaube, eines Tages auf dem Weg zum Flughafen habe ich es selbst getan. Ich hatte umkehren müssen, weil ich etwas vergessen hatte, und ich war drauf und dran, meine Maschine zu verpassen. Im Grunde bestand in dieser Welt keine Aussicht, daß ich es schaffen konnte. In dieser Welt hatte ich nicht die geringste Chance. Also konzentrierte ich meine Aufmerksamkeit auf die andere Welt, in der die Zeit nicht existiert, so wie ich es gezeigt bekommen hatte, und irgendwie schaffte ich meinen Flug doch noch, ich war sogar noch zu früh dran. Und alles ohne einen Strafzettel wegen Geschwindigkeitsüberschreitung.

Die Ältesten haben mich gelehrt, Vertrauen zu haben, also habe ich aufgehört, die Wunder zu hinterfragen oder zu analysieren. Ich bin Zeuge von Heilungen geworden, schwierigeren, als es meine eigene gewesen war. Es ist eine Zeit des Wiedergewinnens.

POSTSKRIPTUM: EINE BEISETZUNG

Am ersten Dezember kam Dan Budnik nach Santa Fe, um mich für die Umschlagklappe des Buchs zu fotografieren. Als die letzte Aufnahme im Kasten war und die intensive Sonne Mexikos ihre ersten kühlen Abendschatten warf, bedankten wir uns gegenseitig und umarmten uns zum Abschied. Aber als ich schon fast in meinem Auto saß, fiel Dan noch etwas ein. Er langte nach hinten in seinen Scout und holte einen großen Umschlag hervor. Es war ein Abzug des Portraits von Pete Catches, das er für das Buch aufgenommen hatte, und das ich bis dahin noch nicht gesehen hatte. Eine Welle der Traurigkeit erfaßte mich, als ich den Ausdruck im Gesicht eines Menschen betrachtete, der um sein Volk weint. Bewegt dankte ich Dan und fuhr mit meinem wertvollen Geschenk davon.

Das Telefon läutete, als ich mein Haus betrat. Der Anruf kam aus Pine Ridge, von Petes Schwiegertochter Cindy Catches. Vielleicht war es der Ton in ihrer Stimme, als sie meinen Namen aussprach, oder die Tatsache, daß sie mich mitten am Nachmittag anrief, aber mir stockte der Atem.

»Wir haben den ganzen Tag versucht, dich zu erreichen«, sagte sie, und ihre Stimme klang dünn und weit weg. »Pete ist heute nacht um 3 Uhr 37 gestorben.« Wie betäubt hörte ich ihr zu, als sie die Einzelheiten erzählte. Erst als sie von den Anweisungen sprach, von der Art, wie er beigesetzt werden wollte, brach ich zusammen. Er hatte verlangt, in dem Zeremonienhemd beerdigt zu werden, das ich ihm im Sommer zuvor gemacht hatte.

Noch vor zehn Tagen hatte ich mit Pete gesprochen, unmittelbar, nachdem er aus dem Krankenhaus entlassen worden war (er war bei schlechter Gesundheit gewesen, seit seine Frau Amelia im Oktober verstorben war). Ich erzählte ihm, daß ich vorhatte, hochzukommen und ihn zu besuchen, bevor die starken Schneefälle einsetzten. »Ja, das wäre schön«, hatte er gemeint, und nach einer Weile ruhig hinzugefügt: »Ich glaube, diesen Winter überlebe ich nicht mehr.« Später erfuhr ich, daß ihm die Schutzgeister den genauen Zeitpunkt genannt hatten, an dem er seine Reise zu den Vorfahren antreten würde.

POSTSKRIPTUM

Es war Nacht, als ich in Pine Ridge ankam. Die Menschen waren um das Haus herum zur Totenwache versammelt. Die Frauen in der Küche bereiteten Essen vor, mit dem man die gesamte Sioux-Nation hätte versorgen können, jedenfalls schien es so. Alle anderen waren in dem großen Raum, sie saßen auf Bänken, die dem mit einem Tuch bedeckten, geschlossenen Sarg gegenüberstanden. Ich ging hinein und stellte Petes Fotos, das ich hatte rahmen lassen, daneben auf einen Tisch. So stand ich einen Augenblick da und konnte mir unmöglich vorstellen, daß Pete tot in diesem Sarg lag. Etwas schien falsch. Sollte er nicht eher, eingehüllt in eine Büffelrobe, hoch oben auf einem Hügel aufgebahrt liegen, so wie das einem heiligen Mann zukam? Ich erfuhr, daß das ungesetzlich sei. Ungesetzlich? In einer indianischen Reservation? Wie war das mit dem Gesetz über die Religionsfreiheit? Ich fragte Pat Locke, eine politisch aktive Wissenschaftlerin aus der Standing Rock-Reservation in North Dakota und eine enge Freundin von Pete. Sie berichtete, daß verschiedene Gruppen seit der Verabschiedung des Gesetzes über die Religionsfreiheit für amerikanische Indianer im Jahre 1978 mehr als fünfzig Fälle im Zusammenhang mit der Religionsfreiheit verloren hatten. So wie es aussah, war Pete noch nicht ganz frei.

Die ganze Nacht über reihten sich die Menschen auf, sie saßen da mit gesenkten Köpfen und tief in ihre eigenen Gedanken und persönlichen Erinnerungen versunken. Manche wachten die ganze Nacht über. Draußen kümmerten sich die Männer um das Feuer, das die ganzen vier Tage und Nächte brennen würde. Ich ging in die Küche, um zu helfen, und war froh über die viele Arbeit und die Kameradschaft der Frauen, die zu meiner indianischen Familie geworden waren.

Bruder Simon von der Red Cloud-Mission kam dazu und saß bei den anderen. Nach einer Weile erhob er sich und sprach ein Gebet. Natürlich drängte sich mir die Frage »Ob dir das wohl recht ist, Großvater?« auf. Ich kam zu dem Schluß, daß es das wahrscheinlich war. Für den Schöpfer waren nach Petes Auffassung alle Menschen wie die vielen Farben in einem Garten.

Später kam Kevin Locke herein und spielte hinreißend schöne Gebetslieder auf seiner Flöte, und Isaac Dog Eagle und Virgil Taken Alive sangen.

Ein klarer und überraschend heller Morgen zog herauf. Ich saß vor Amelias Haus in der Sonne und nahm meine Küchenpflichten wieder auf. Andere Frauen kamen dazu, und wir saßen um große Wannen herum, schälten Kartoffeln und erzählten uns Pete-Geschichten.

An diesem vierten Tag, dem Tag, an dem Petes Geist seine Reise in die Welt der Geister beenden würde, lachten wir; es mußte seine Freude gewesen sein, die wir empfanden – endlich erlöst zu sein von einem weiteren Winter in der Reservation, der wie eine Strafe sein konnte. Ich hatte Schnappschüsse dabei, die wir vergangenen Sommer, nur ein paar Schritt von unserem jetzigen Platz entfernt, aufgenommen hatten – vier weiße Frauen, die einen Büffel zerlegten.

Arvol Looking Horse erschien. Er war auf seiner Fahrt von Green Grass herunter in einen fürchterlichen Schneesturm geraten – Green Grass liegt schon bei gutem Wetter mindestens vier Stunden Fahrt entfernt. Er erzählte, er sei schon die Nacht zuvor angekommen, kurz nachdem ich gefahren war, um die Nacht bei den Brave Hearts zu verbringen. Er war unter denen, die die ganze Nacht gewacht hatten. Sein Anblick erneuerte meinen Kummer. Wieder flossen Tränen.

POSTSKRIPTUM

Mittags servierten wir für mindestens dreihundert Menschen Lunch. Es ging zu wie am Fließband. Sie stellten sich vor unserem improvisierten Buffet auf, und wir füllten Suppe, Kartoffeln, Eier, Obstsalat, Wildreis, gebackenen Schinken, gebratenen Truthahn, Brot und *wasna* auf ihre Teller; bei letzterem handelt es sich um ein traditionelles Festtagsgericht der Lakota, das aus Kornelkirschen zubereitet wird.

Die Stelle für die Beisetzung, die Pete sich ausgesucht hatte, lag hoch oben auf einem Hügel über seinem heiligen Sonnentanzgelände. Um zwei Uhr begann die sieben Kilometer lange Prozession durch das stille, schneebedeckte Tal. Der hölzerne, von Pferden gezogene Wagen mit dem Sarg wurde von vier Pferdeführern aus dem Stamm der Blackfeet geführt. Dahinter transportierten Autos und Pickups so viele Menschen, wie nur hineinpaßten. Petes Tochter Pat, Basil Brave Hearts Sohn Bob und ich zwängten uns in Basils robusten Lastwagen, und wir waren mit die ersten, die an der Spitze des langen, gewundenen und vereisten Hügels ankamen. Von dort aus konnten wir den ununterbrochenen Strom von Autos beobachten, sie hatten die Scheinwerfer an und wirkten wie eine Riesenschlange, die zurückging, so weit das Auge reichte und nur ins Stocken geriet, wenn ein Auto seitlich ausbrach.

Den Rest des Weges mußten wir durch beinahe kniehohen Schnee zu Fuß zurücklegen; die Sargträger brauchten ein Seil, damit sie den Sarg an die Spitze bekamen, wo das Grab ausgehoben worden war. Neben einem Unterstand aus Pinienästen war ein Altar aufgebaut worden, auf dem die Medizingegenstände lagen, die während der Zeremonie gebraucht wurden. Alle Kleider und Besitztümer Petes, die nach den Traditionen der Lakota verbrannt wurden, lagen in einen Sternenquilt eingewickelt auf einem Gestell.

Angehörige von Stämmen aus Montana, Minnesota und Kanada waren gekommen, auch Cree, Navajo, Lakota und Dakota waren vertreten. Ebenso mehrere Weiße, um einem Menschen, den viele aufrichtig verehrten, ihr Referenz zu erweisen.

Schweigend und bewegungslos standen Familie und Freunde im Kreis um das Grab, die Augen richteten sich auf den Sarg, bis die Trommeln die Stille sprengten, und dann, unter einem unendlich weiten und makellosen Himmel, sangen die Sänger mit lauter Stimme die Sonnentanzlieder, die Pete so geliebt hatte. Ein Lakota, der die Bestattungsriten leitete, holte seine Pfeife hervor und stopfte sie, während das *Canupa*-Lied gesungen wurde. Dann sprenkelte er das Bild eines Männerkopfes, das Pete darstellen sollte, auf die rote Filzdecke, die den Sarg bedeckte. Er träufelte vier Schluck Wasser in den Mund und gab etwas Essen als Proviant für die Reise dazu, die Pete antreten würde. Ein Mann mit einem weißen Tuch ging zwischen den Familienmitgliedern hin und her und wischte ihnen die Tränen aus dem Gesicht.

Zwei von Petes Töchtern, die im Süden standen, hielten ein weißes Tuch, das mit einem Messer eingeschnitten war und dann rasch durchgerissen wurde; so befreiten sie mit einer schnellen Bewegung Petes Geist. Ein lautes, glückliches Trillern stieg aus der Menge auf, und das Feuer unter dem Gerüst wurde angezündet.

In eben diesem Moment ging die Sonne unter hinter den bläulich schimmernden Hügeln über dem weiten, stillen Tal, und ein höchst gewöhnlicher Sarg mit den sterblichen Überresten eines außergewöhnlichen Menschen wurde behutsam in die heilige Erde gesenkt, die er so geliebt hatte.

Frederik Hetmann
Die Büffel kommen wieder und die Erde wird neu
Märchen, Mythen, Lieder und Legenden der nordamerikanischen Indianer
304 Seiten, gebunden mit Schutzumschlag

Mythen und Märchen sind die vielleicht verläßlichsten Zeugnisse über Zustand und Bewußtsein der Indianer, da sie aus einer Zeit herrühren, in der indianische Kultur und Zivilisation noch nicht durch die Weißen ge- oder zerstört waren. In Mythen und Märchen wird einmal mehr klar, wie stark die indianische Überlieferung von dem durchdrungen ist, was in der Zivilisation der westlichen Industrienationen erst in den letzten Jahrzehnten wiederentdeckt worden ist. In sieben Kapiteln, die jeweils thematische Einheiten bilden, versammelt der vorliegende Band die schönsten mythologischen und märchenhaften Überlieferungen der indianischen Nationen und Stämme Nordamerikas. In bewußter Absetzung von den beiden historischen Klischees der Indianerbetrachtung – dem des »edlen Wilden« und dem des zur Ausrottung freigegebenen Barbaren – entsteht hier ein Bild von der faszinierenden Phantasiewelt der Ureinwohner des amerikanischen Kontinents.

Eugen Diederichs Verlag

Jack Weatherford
Das Erbe der Indianer
Wie die Neue Welt Europa verändert hat
312 Seiten, gebunden mit Schutzumschlag

Vaseline, Chinin, Gold und Silber, Kautschuk, Kaffee, Kakao, Kartoffeln und Mais; das von den Indianern entlehnte amerikanische Regierungssystem und ökologischer Landbau der Maya: Geschenke Amerikas an Europa. Und was hatte Europa den amerikanischen Ureinwohnern im Austausch dafür zu bieten? Unterdrückung und Ausrottung! Der Anthropologe Jack Weatherford hat ein ebenso kenntnisreiches wie engagiertes Buch geschrieben über das, was die beiden Amerikas der Welt gegeben haben. Was wäre die ungarische Küche ohne Paprika, die chinesische ohne Chili? Wären Preußen und Rußland zu den großen Kontinentalmächten aufgestiegen, hätte es nicht die Kartoffel gegeben? Wie kommt es, daß Aspirin die gleiche chemische Zusammensetzung hat wie bestimmte fiebersenkende Rindersude der Indianer? Was wäre Europas Wirtschaft ohne das peruanische Silber? Weatherfords zentrale These, auf überzeugende Weise und in einem mitreißenden Stil vorgetragen, lautet: Wir haben den Beitrag der amerikanischen Indianer beider Kontinente zur Weltwirtschaft und zur Zivilisation der Weißen viel zu lange unterschätzt oder einfach ignoriert.

Eugen Diederichs Verlag